小坂眞二著

安倍晴明撰『占事略決』と陰陽道

汲古書院

緒言

六壬式占は、日本の陰陽道で古代・中世を通じて実用された占法である。陰陽道では易筮が用いられたなどとよくいわれるが、実際には必ずしもそうではなく、特に十世紀ごろから、十六世紀中ごろにその伝統が断絶するまでの六百年間程は、陰陽道では六壬式占が専用されていたのである。

六壬式占は、易筮などと同じく中国起源の占法で、陰陽道では中国の六朝期ごろの方法が利用された。ただし、六朝期ごろの方法そのものが実用されたのではなく、おそらく中国のある地方で行われていたものが参考にされたのであろうが、九世紀中ごろに陰陽道独特の部分を含むものが考案され、それが陰陽道通用の方法として実用されていた。ところが、それも十六世紀中ごろの陰陽道の中絶と相前後して喪われてしまい、近世初頭に陰陽道が再興された時にも復興されることなく、ついに断絶してしまったのである。

こうして陰陽道で六壬式占が実用されていたことも、それが陰陽道独特の方法であったことも全く忘却されたまま近年に至った。しかし最近、といってももう二十年近く前のこととなるが、ほぼ再現を果たすことが出来た。前著、一九九三年執筆の『陰陽道の占い　六壬式占』では、その再現結果を一通り紹介してみたが、本著では、その基となった六壬式占書の紹介を試みてみたいと思う。

すなわち、本著で紹介する六壬式占書は、日本の陰陽師の手に成るものでは、十世紀後半の高名な陰陽師安倍晴明撰『占事略決』と、室町時代の賀茂氏勘解由小路家の者の撰とみられる『六甲占抄』の両書、中国で撰述された占書では、六朝期を代表する六壬式占書である『黄帝金匱経』『神枢霊轄経』の両占書をはじめ、陰陽道でも利用された北宋代ごろまでの古占書である。そのうち完全な形で残っているのは『占事略決』だけである。『六甲占抄』も大分欠巻があるようであり、そのほかは佚文の形でしか伝わっていない。特に『黄帝金匱経』は陰陽道の教科書とされた書であるが、それらが散佚してしまった中で、唯一『占事略決』だけが完全な形で現在にまで伝わったということは、その子孫たちが家祖の晴明の撰述書をいかに珍重していたか察して余りあるものがあるといえよう。

『占事略決』は、『黄帝金匱経』と『神枢霊轄経』に主に基づいて撰述された占書であり、陰陽道の実際の方法とはややかけ離れた面や、後人により補正された面もあるが、現存本にはこの両書以外の古占書の佚文も注され、何よりも北宋以前の古い占法を伝える占書としては唯一の完全本という、非常に貴重な書である。

『六甲占抄』は、賀茂氏の当主が子息に六壬式占法を教授した際の子息が書留めた講義録のようなものとみられ、断片的にではあるが陰陽道の実際の方法が知られるほか、この一家独特の解釈や伝学の様子も窺うことが出来る、これまた貴重な書である。

『黄帝金匱経』ほかの佚文は、中国で六朝期から北宋代にかけての古占法の実態や、その発達度、あるいは日本にいつごろ伝わり、どのような影響を与えたかという、日本の陰陽道史上の問題等々の解明に大いに役立つものである。

本著第一部では、『占事略決』の解説編として、晴明撰述の本記文や、後人追補の注記文の分析などを通じて、その典拠や晴明の撰述態度、晴明の六壬式の知識程度、陰陽道の六壬式占史における晴明の位置などを解明する。

第二部では、『占事略決』の本文・参考史料編として、晴明撰述段階の本記の姿の再現に努めるとともに、後人の追補にかかる注記のすべてを翻刻し、合わせて本記・注記の読解の参考になりそうな古占書・古典籍の条文を掲出する。

第三部では、『六甲占抄』の分析を通じて、室町時代の賀茂氏の伝学状況を解明する。また、古占書の佚文の集成を試みる傍ら、佚文に対する各陰陽師の接し方の分析を通じて、賀茂氏・安倍氏の所持本の問題などについても検討を加える。

なお、『占事略決』の読解編では、本著の成果を踏まえてその訓読と解釈を試みる予定であるが、いずれ機会を改めて公表したいと思っている。

陰陽道の六壬式占法を解明する上で貴重な書は、上掲のものだけではない。本著でも利用する『安倍有行記』や『諸道勘文』『六壬占私記』『卜筮書』などの諸書は、それ自体の解明作業も行わなければならないものである。また、陰陽道の六壬式占法の実態を知る上では、本著でも安倍晴明の占例で扱った怪異占をはじめ、災異占・神事占・占定占・病事占・産事占等々多様なものがある。部分的には筆者もすでに紹介したものもあるが、まだ大部分は手着かずのままに残されており、追々にそれらの解析作業も進めて行かなければならないであろう。

本著は、陰陽道の六壬式占史の解明としては、ようやくその入口にさしかかったかどうかという未熟な段階のものであるが、興味をお寄せいただけるようなところがなにがしかでもあれば幸いである。

目次

緒言……i

第一部　安倍晴明撰『占事略決』――解説編――……3

序章……5

第一章　六壬式占と陰陽道……11
はじめに……11
一　六壬式占の占い方……12
二　陰陽道の占法との異同……22
三　安倍晴明の占文の性格……32
おわりに……44

第二章『黄帝金匱経』との関係……47
はじめに……47
一　四課三伝法等の諸法……48
二　課経と「課経集」……60

三　課体による卦遇等……70
四　『卜筮書』にみえる卦遇……80
五　本書課経の本文構成と　安倍晴明の撰述態度……91
おわりに……104
第三章　雑事占と　その『神枢霊轄経』との関係……111
はじめに……111
一　雑事占の占い方……112
二　『六壬占私記』にみえる雑事占……125
三　『六壬占私記』にみえない雑事占……135
おわりに……148
終　章……155
一　安倍晴明の位置……155
二　尊本と京本と……165
第二部　安倍晴明撰『占事略决』――本文・参考史料編――　175
第三部　六壬式占の古占書の研究　265
第一章　吉田文庫本『六甲占抄』について……267

はじめに……267
一　『六甲占』と『六甲占抄出』……268
二　『新撰六旬集』との関係……270
三　『占事略決』との関係――その一――……273
四　『占事略決』との関係――その二――……276
五　家説と伝学……282
おわりに……285
付　『六甲占抄』翻刻……292
第二章　六壬式占の古占書の伝存状況を巡って……301
はじめに……301
一　十二月将・十二天将の名称を巡って……302
二　賀茂・安倍両氏の所持本と　その相伝を巡って……312
おわりに……324
第三章　『黄帝金匱経』について……333
はじめに……333
一　『黄帝金匱経』の諸本……335
二　卦遇を除く諸法――教科書と十巻本――……339
三　卦遇法――総合書の課経と独立書の「課経集」――……347

おわりに……364
第四章　『黄帝金匱経』の佚文集成……371
第五章　『神枢霊轄経』等の古占書と　その佚文集成……403
後記……463

安倍晴明撰『占事略決』と陰陽道

第一部　安倍晴明撰『占事略決』——解説編——

序章

『占事略決』は、平安時代中期の高名な陰陽家の安倍晴明が撰述した、六壬式という当時陰陽道で実用されていた占法の解説書である。

本書は、天元二年（九七九）に撰述されたとみられるが、晴明自筆の原本は早くに失われたようで、現在に伝わるのは、前田育徳会尊経閣文庫所蔵の巻子仕立ての一巻と、京都大学附属図書館所蔵の清家文庫本の冊子一冊、それに、尊経閣文庫所蔵本を初世初頭に転写した、宮内庁書陵部所蔵の土御門家本一冊、京都府立総合資料館所蔵の若杉家本一冊などである。

尊経閣文庫所蔵本（以下尊本と略称）と、京都大学附属図書館所蔵本（以下京本と略称）は、ともに晴明の末の院政時代の安倍泰親が、子息たちに授けた本から出ており、尊本は、三男泰茂ないし八男泰忠に授けられた本の、鎌倉時代中期、ないし同後期の再転写本、京本は、五男親長に授けられた本の再転写本の姿をよく留めているとみられる本である。字句に多少の異同もあるが、おおむねはほぼ同様の内容を伝えているとみてよいようである。

尊本と京本には注記もみえる。一部を除き大部分が六壬式に関するものであるが、両者に共通するものはほとんどなく、晴明の段階に施されたものではない。泰親が子息たちに授けた際に、別途に施された可能性が強いように思うが、現在のところは鎌倉時代前期までのいずれかの段階に施されたものとしかいえないようである。

本書は、主に『黄帝金匱経』と『神枢霊轄経』という、中国の六朝期を代表する両六壬式占書に基づいて撰述されているようである。

『黄帝金匱経』は、奈良時代から陰陽生必修の陰陽道の教科書とされた書である。この系統の書には、教科書とされた簡略な書以外にも、詳密な専門書もいく種類かあったようであるが、本書が基づいたのは、簡略な教科書の方だったのではないかとみられる。

『神枢霊轄経』は、六朝の陳の楽産の撰で、この書もやはり奈良時代から陰陽道の専門書として重用されていたようである。

尊本・京本の注記は、北宋代ごろまでの数種類の六壬式占書が利用されているが、『黄帝金匱経』や『神枢霊轄経』も利用されている。多くは、本書を補強する意味合いで施されたものであるが、中には本書の不備を補う意味が込められているのではないかと思えるようなものもみえる。

そもそも六壬式は、前漢末から後漢初のころ、紀元前後のころに誕生し、魏・晉を経て、南北朝の南朝、つまり六朝期に発達していった占法であり、『黄帝金匱経』や『神枢霊轄経』の段階では、すでに相当程度に発達した占法となっていた。

半島には四五〇年に、六朝の宋から百済に公伝したとされており、日本にも百済との交流の過程で、六世紀末までには六朝期の法が伝わっていたとみられる。

中国では、その後も初唐を経て、中・晩唐から北宋にかけて少しく発達したようで、北宋代の法が、金・元と歴朝の公式の法とされている。一方、地方によっては、特に揚子江域では、中央の公式の法とは多少異なる発達をとるところもあったようである。南宋から明・清代の占法は、この北宋代の公式の法とは異なる部分のある法が、次第次第に発達していったものである。

さて、日本では七世紀末の律令官制の整備とともに、六壬式は、その他の中国起源の占法、易筮や太一式・遁甲式などとともに、中務省被管の陰陽寮の陰陽師の用いる占法とされた。ところが、十世紀末ごろまでに、六壬式は、神祇官の亀卜と並ぶ、陰陽寮の公式の占法として、陰陽道専用の占法となっていた。易筮と遁甲式は早くに使用されなくなり、太一式もある特定の場面でしか使用されず、陰陽道で用いられる占法は、専ら六壬式となっていたのである。

しかも、陰陽道で実用された六壬式の方法は、『黄帝金匱経』などの六朝期から初唐ごろの法とは異なるところのある、陰陽道独特の部分を含むものとなっていた。日本には、六朝期段階のもののほか、七世紀後半から八世紀にかけて、新羅僧の行心らを介して、あるいは遣唐使によって直接、初唐のころまでの占法が伝わっていた。この段階の法は、六朝期段階のものより多少は発達していたであろうが、質的に異なるという程のものではなかったようである。しかし、その後おそらく最後の遣唐使となった承和度に渡唐した春苑玉成がもたらしたものであろう、江南地方のものではないかとみられる異質な法が伝わり、陰陽道独特の法が生み出される基となった。

現在、陰陽道独特の部分を含む陰陽道の法は、陰陽師が実際に占った占文や、鎌倉時代ごろ成立の『新撰六旬集』という書によって知ることが出来る。『新撰六旬集』は、その冒頭に、

滋岳川人が、貞観十三年（八七一）に勅を奉けて撰進した『六甲』によって撰進した、

とみえ、筆者は、『新撰六旬集』は、九世紀中ごろの陰陽道の大家の滋岳川人撰『六甲』の配列を、検索がし易いように改変したもので、内容的には『六甲』の内容をよく伝えているのではないかとみている。つまり、陰陽道独特の部分を含む陰陽道の法は、滋岳川人の段階で創案されたのではないかとみるのである。

おそらく、春苑玉成の弟子の滋岳川人が、師のもたらした、陰陽道の教科書とは異質の部分のある法を参考にして、陰陽道独特の法を創出したのであろう。晴明が『占事略決』を撰述するより百年以上前のことである。

晴明もこの陰陽道独特の法を実用していたであろうことは、子息の吉平が実際に占った占例の中に、陰陽道独特の部分を実用した例がみえるので、間接的にではあるが、確認出来るとみてよい。実際、本書の中にも、晴明がこの点を承知していたであろうと思えるような条文もみえる。

しかし、本書自体は、大部分が『黄帝金匱経』と『神枢霊轄経』の条文を簡略にまとめたものであって、陰陽道独特の部分を具体的に説明するというようなことも行われていないので、陰陽道の実際の法を解説した書とはいえないのである。

晴明は、『黄帝金匱経』が教科書であり続けたこの時期に、しかも、陰陽道の実際の法とは異なるところもあるようなものを、なぜ撰述したのであろうか。本書には、その注記の方で修正されているような不審な点もいくつかみえるが、晴明の六壬式の知識はどの程度のものだったのであろうか。本書が撰述された天元二年は、実は晴明の師の賀茂保憲が没した二年後に当たるが、この点に何か意味があるのであろうか。

本著は、『占事略決』の各章のどの部分が、どの占書のどの部分より引出されたものか、各条文の引出に際し晴明がどのような態度で臨んでいるかという、本書の各条文の典拠と晴明の引出態度の解明を主題とするが、このような疑問にも目を向けながら解析を進めて行きたいと思う。

なお、陰陽道の六壬式占法の解明作業の結果は、すでに前著で報告してあるので、その内容の細部は、そちらを御参照いただきたい。(1)

また、『占事略決』の本記・注記の筆者なりの翻刻と参考史料の掲出は、本著第二部の方で行なってあり、本記・注記や参考史料の条文番号は、そちらに付したものをそのまま利用しているので、随時御参照いただければ幸いである。(2)

註

（1）筆者の前著『陰陽道の占い　六壬式占』（一九九三年執筆）はまだ公刊されていないので、とりあえず六壬課式（総局）については、「陰陽道の六壬式占について」（『古代文化』三八ノ七〜九。八六年）、怪異占の所主推断法については、「物忌と陰陽道の六壬式占」（『後期摂関時代史の研究』所収。九〇年）、「安倍泰親の占験譚をめぐって」（『東洋研究』一二二。九九年）、六壬式占文の復元法については、「自筆本『御堂関白記』の物忌注記について」（『東洋研究』一二七。九八年）などを御参照いただきたい。

（2）本論中では、本書の本記・割注文・注記については①などの条文番号、『卜筮書』『黄帝金匱玉衡経』等々の参考史料については㈠など、『六壬占私記』については㋑などの条文番号を利用することがあり、さらに短い章句についてはⓐなどの章句番号を利用することがある。これらの条文・章句の番号は、本著第二部で付したものをそのまま利用しているので、対応する個々の条文については、そちらを御参照いただきたい。

なお、本論中で参考史料として利用した六壬式占書などの性格については、本著奥に一括して解説してある。また、『六甲占抄』、あるいは『黄帝金匱経』『神枢霊轄経』等の古占書の佚文については、その章番号・佚文史料番号とともに、本著第三部所収の別稿の方を適宜御参照いただきたい。

『占事略決』の解説は、中村璋八氏著『日本陰陽道書の研究増補版』や村山修一氏編著『陰陽道基礎史料集成』でもなされているので、御参照いただければ幸いである。

第一章　六壬式占と陰陽道

はじめに

六壬式占は、六壬式盤という特殊な占具を用い、六壬課式という、易筮でいえば六十四卦に相当する基幹部分を組み立て、その基幹部分に現れたさまざまな性格（所主とか象とか呼ばれる）を判断して占う（推断する）というものである。

『占事略決』では、このような六壬式占の課式の立て方や、推断の仕方、あるいはその理論面が、三十六章にわたって簡単に説明されている。その内容は、本書の冒頭に目次の形で一括して掲げられている。

そのうち、第一章四課三伝法から第二十六章三十六卦大例所主法までは、六壬課式の立て方や、六壬課式面に現れたものの性格、あるいは六壬課式を立てる際や推断する際に利用される理論面が主に説明される。これらの二十六章を、とりあえず本書の前段と呼んでおく。

一方、第二十七章以下の十章は、病事や産事、待人・盗失物・晴雨などの特殊な占事の推断の仕方が説明される。これらのいわゆる雑事占の十章を、本書の後段と呼んでおく。

『六甲占抄』という室町時代の賀茂氏の撰とみられる占書では、本書の前段に属する各章の内容を「九用法」という編名で一括して説明している。本書のこのような区分けは、陰陽道では一般的に行われていたようである。

まず、前段の各章の内容の紹介から始めるが、安倍晴明の占例の一つを実例に挙げて、六壬式占の占い方の手順に沿って解説を進めて行きたいと思う。

一　六壬式占の占い方

六壬式占で用いられる占具、いわゆる六壬式盤は、上が円形の天盤、下が方形の地盤という二枚の盤からなり、方形の地盤の上に天盤が乗り、天盤が回転するような構造となっている。天盤・地盤には、天盤には、中心から北斗七星・十二月将・十干十二支・二十八宿などが刻され、地盤には、中央寄りより、十干・十二支・二十八宿と、四方・四角の八つの門とその八卦などが刻されている。普通は木製で、天盤は楓、地盤は棗を用いたようである。大きさも天子や王・公などの身分によって異なるとされている。本書では、六壬式盤の形状などについては説明されていない。六壬式盤の形状については、前著に詳しく解説してあるので、そちらを御参照いただきたい。

六壬式占は、この天盤と地盤を組み合わせることから始まるが、多くの場合は、天盤の十二支と地盤の十二支を用いて天地式盤を組み合わせる。この天盤の十二支と地盤の十二支との組み合わせ方にもさまざまなものがあるが、最も六壬式らしく、本書でも前段で説明される、いわゆる四課・三伝の法で用いられるものは、占いを行う時点、いわゆる占時の歳・月・日・時刻に配される干支のうちの、月の支と時刻の支であり、天盤が月の支（十二月将）、地盤が時刻の支という組み合わせ方である。

その際、占時となるのは、何か事が起こったり、見付けたりした時点、占申の依頼を受けた時点、何か行事を予定している時点などである。

実例としては、『本朝世紀』寛和二年（九八六）二月二十七日条にみえる、太政官正庁に鴿が入った怪（け）を占った晴明の占文を取り挙げてみよう。占文の形としては、怪異（けい）、いわゆる物怪（もっけ。もののけではない）の内容、つまり占文の事書きの部分や、推断理由の部分が欠けており、不完全なものであるが、晴明の占文としては、六壬課式の部分まで示される唯一の例である。陰陽寮占文か、晴明個人の占文かも不詳であるが、太政官という国家的な官庁で起こった物怪であることと、国家的な災害である「闘戦」の「奏」上が推断されていることとから、陰陽寮占文の形で再現して示しておく。解説上の便宜のために、占文の各部位に、Ⓐ〜Ⓕ、ⓐ〜ⓗの符号を付しておく。

【占例2】『本朝世紀』寛和二年二月二十七日条

「陰陽寮、

［占、怪異吉凶、二月二十七日乙丑、未二剋、鴿入二正庁母屋内一、集二右大臣倚子前机前一、指レ西歩行、飛三去従二同屋第二戸一、

Ⓐ今月二十七日乙丑、時加レ未、見レ怪時、三月節、

Ⓑⓐ伝送臨レⓑ午為レ用、ⓒ将勾陣、ⓓ中河魁・ⓔ朱雀、ⓕ終神后・ⓖ天一、ⓗ卦遇、重審、

Ⓒ推レ之、非レ奏下自二午・申方一闘戦事上、怪所辰・午・亥年人、有二口舌事一歟、

Ⓓ期、怪日以後二(三)十五日内、及来四月・五月・七月節中、並庚・辛日也、

Ⓕ於二怪所一致二攘法一、無二其咎一乎、

寛和二年二月二十七日　　天文博士安倍朝臣晴明

Ⓐ占時

Ⓑ六壬課式
ⓐ初伝の十二月将、ⓑ初伝の地支、ⓒ初伝の十二天将、ⓓ中伝の十二月将、ⓔ中伝の十二天将、
ⓕ終伝の十二月将、ⓖ終伝の十二天将、ⓗ卦遇、
Ⓒ推断内容（推条）
Ⓓ物忌期
Ⓔ推断理由
Ⓕ祈攘措置
○「　」で示した占文の冒頭は欠けるが、事書き部分は、記事の地の文から再現した。
○Ⓔ推断理由は欠けるが、Ⓒ推条から次のようなものであったと推定される。
Ⓔ何以言レ之、用起二金神一、将得二勾陳一、中・御年上帯二朱雀一、辰上得二玄武一、以レ是皆主二闘戦・口舌之事一之故
也、

以下、手順に沿って一通り解説して行くが、次第に掲出する六壬式盤概念図や図解を随時御参照いただきたい。

手順1　占時を確認する

占時は、Ⓐに「怪を見る時」とあるように、物怪を見付けた時点が用いられている。寛和二年は、大歳が丙戌歳。二月二十七日は、Ⓐに「三月節」とみえるとおり、三月の節のうち。二十七日の干支は、乙丑。物怪を見付けた時刻は、未刻で、旦治（寅刻〜酉刻）の間。季節は春。

このように陰陽道では、月の区切りは節気によっており、節気により月を区切る多くの暦注と同様の区切り方が採

用されている。また、一日の時刻の区切り方は、寅刻から丑刻までとし、昼（旦）は寅刻から酉刻、夜（暮）は、戌刻から丑刻としている。

なお、月将、日の干支、時刻の支で示される占時は、正時とか、正日時とか呼ばれる。この正日時は、古占書では節気以外の月の区切り方でも、共通して用いられる占時の示し方として利用されている。

手順2　天盤・地盤を組み合わせる

地盤に時刻の支の未をみ、その上に天盤三月将・従魁・酉が来るように天盤を回転する。この天盤酉—地盤未の天地式盤の状態が、この占時での式盤の状態となる。別掲の六壬式盤概念図参照。

本書では、第一章四課三伝法のはじめの部分に、

　月将をもって、占時に加え、

とみえる。この一文は、正日時による式盤の組み合わせ方を意味している。

なお、この占時でのこの式盤の状態では、一日の始まりの時刻の地盤寅刻の上には、天盤八月将天岡辰が加わる（臨む）ので、陰陽道ではこの式盤の状態を、地盤寅刻上の天盤八月将の数を採って局数8と呼んでいる。さらに、この局数8と日の干支の乙丑とから、この占時の局を、乙丑8と呼ぶ。このような局数と局の呼び方は、『新撰六旬集』に特徴的なものであるが、滋岳川人撰『六甲』の段階ですでに採用されていたとみられる。おそらく六朝期段階から、正日時による示し方のほかに、このような日の干支と局数による局の示し方も存在していたのであろう。

天盤・地盤を組み合わせる際の式盤の持ち方については、本書では省略されているが、昼間（寅刻〜酉刻）は、南を向き、夜間（戌刻〜丑刻）は北を向いて、左手で地盤の鬼門の辺りを持ち、つまり、地盤の子の側を手前にして、右手で天盤を（左行、つまり時計回りにであろう）回転するとされる。

【六壬式盤 十二天将盤 概念図】（占例2より、乙丑8局、春季・旦治）

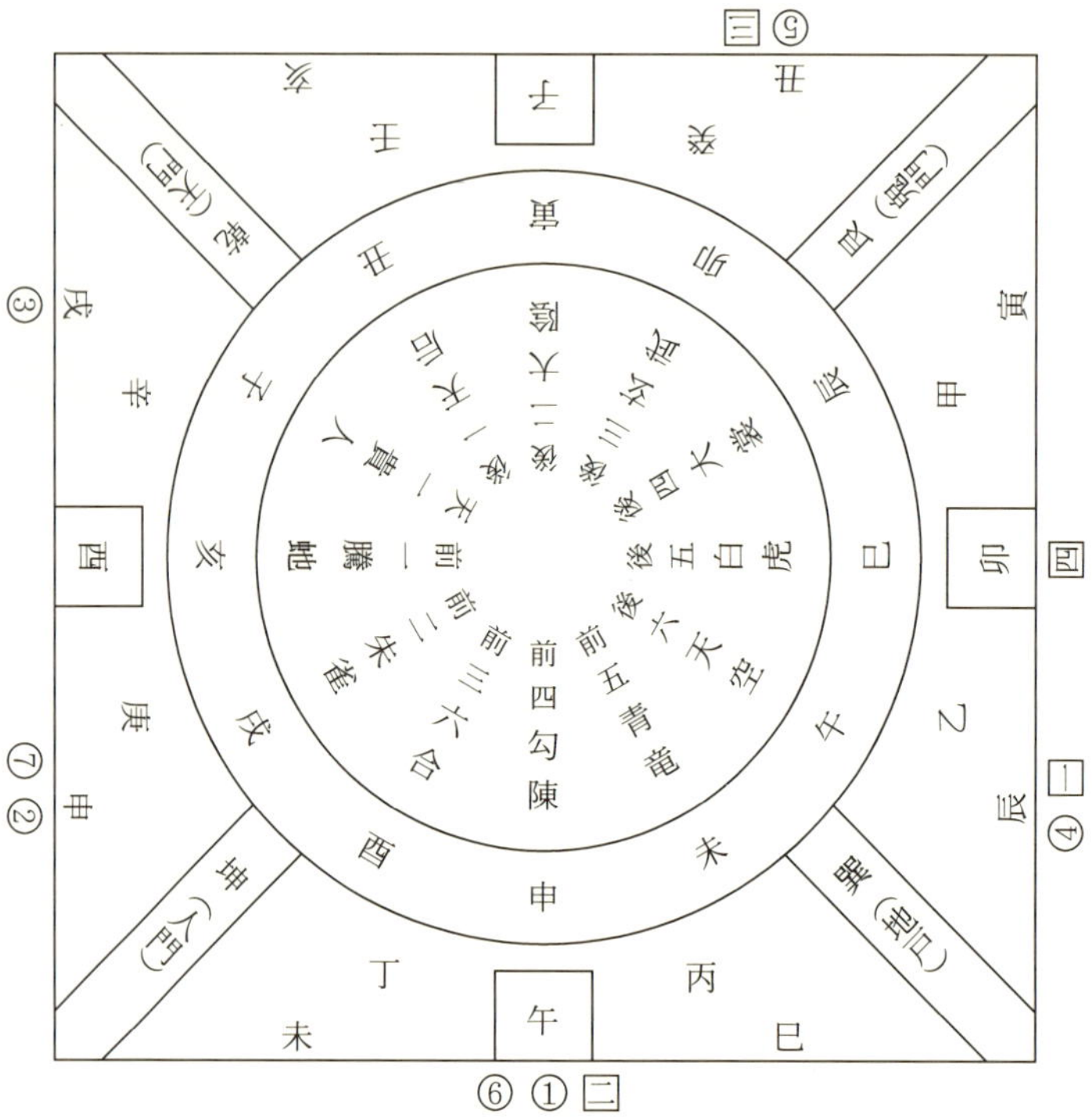

本式盤は、六壬式盤そのものではない。中央より、小さい円盤が十二天将盤、大きい円盤が天盤、外側の方盤が地盤。十二天将盤は、もともと六壬式盤には刻されない。

天盤と地盤も、説明上必要なもののみを抽出してある。本来、天盤には、中心部より、北斗七星・十二月将・十干十二支・二十八宿、地盤にも、上掲のほか、二十八宿や時刻点などが刻される。

天盤－地盤の関係は、占例２の占時より、天盤三月将・従魁・酉－地盤未刻の状態。この時、地盤寅刻上に八月将・天罡・辰が臨むので、局数は８、局は乙丑８局となる。

十二天将盤は、乙丑８局の旦治（未刻）の際のもの。日干乙の旦治の天一貴人位置は、天盤子－地盤戌。地戸の側の天盤亥に前一騰蛇、天門の側の天盤丑に後一天后が乗る。

地盤の外側に示した一～四は四課。①～⑦は六壬課式。

①初伝申に勾陳、②中伝戌に朱雀、③終伝子に天一貴人が乗っている。

手順3　四課を立て、四課の四通りの天盤・地盤の十二支の五行の関係をみる

次に、この天地式盤の状態で、日の干支を用いて四課を立てる。四課の立て方は、本書の第一章四課三伝法に説明される。

[一]第一課、日の干（寄宮）を地盤にみて、その上の天盤の支（天支）をみる。
[二]第二課、第一課の天支を地盤にみて、その上の天支をみる。
[三]第三課、日支を地盤にみて、その上の天支をみる。
[四]第四課、第三課の天支を地盤にみて、その上の天支をみる。

乙丑8局では、次のようになる。

[一]第一課　火午――乙（辰）木
[二]第二課　金申――午　火　下剋上（用）
[三]第三課　木卯――丑　土　上剋下
[四]第四課　火巳――卯　木

第一課の地盤の日干は寄宮による。寄宮については、本書第八章課支干法で説明されるが、要するに地盤の各辺の干と支との関係である。たとえば東方木郷でいえば、甲は寅に寄位し、乙は辰に寄位するので、乙の寄宮は辰となる。この乙（辰）を、第一課の地盤にみるのである。

次に、四課の八つの支に五行を当てる。この時、第一課の地盤の五行は、寄宮となる支の五行ではなく、あくまでも日干の五行である。乙の場合は、寄宮の辰の土ではなく、乙の木を当てることになる。乙木・辰土のように日干の五行と寄宮の五行が異なる時、どちらの五行を用いるかという点については、本書には特に説明されていない。第二

課から第四課の地盤の五行も、普通は地支の五行そのものをみるが、二六頁で触れるとおり特殊な場合もあるので、注意が必要である。

次に四課の四通りの天地、上下の相剋関係をみる。乙丑8局では、第二課に、地支の午火が、天支の申金を剋する、地剋天、下剋上がみえ、第三課に、天支の卯木が、地支の丑土を剋する、天剋地、上剋下がみえる。

このように、六壬式では、地支が天支を剋するのを下剋上、天支が地支を剋するのを上剋下と呼んでいる。この点は本書には特にはみえない。

なお、四課は、式盤の状態と日の干支とで決まるが、式盤の状態は十二通り、日の干支は六十、つまり四課は、一二×六〇より七百二十通りあることになる。このことから、六壬課式は、総べてで七百二十局あるという。

手順4　用を求める

普通は、四課の四通りの天地の関係の中から最優先される課の天支を用とする。用の求め方は、第一章では一般論として説明される。

乙丑8局では、第三課の上剋下より、第二課の下剋上の方が優先されるので、第二課の天支の申が、用となる。

手順5　用を初伝として、三伝を求める

普通の三伝の求め方、いわゆる常の三伝法についても、第一章で説明される。その三伝法は、

①初伝、用を初伝とする。

②中伝、用の支を地盤にみて、その天支を中伝とする。

③終伝、中伝の支を地盤にみて、その天支を終伝とする。

乙丑8局では、次のようになる。

①初伝　伝送ⓐ・申——午ⓑ
②中伝　河魁ⓓ・戌——申
③終伝　神后ⓕ・子——戌

占文では、Ⓑの部分に、ⓐ初伝の十二月将伝送、ⓑその地支午、ⓓ中伝の十二月将河魁、ⓕ終伝の十二月将神后とみえている。

乙丑8局は比較的単純な局であり、四課中の下剋上一つで、用そして三伝が決まったが、実際にはこのように単純な局ばかりでなく、用の決め方、三伝の求め方には、非常に複雑なものもある。

第二章課用九法では、非常に複雑な部分もある四課から用を求め、そして三伝を求める方法を九通り（九つの課体）に分けて説明している。中には陰陽道で実際に用いられた法と異なる部分もあるので、次節でもう一度取り挙げたいと思う。

乙丑8局の場合は、第二章の第一に説明される元首課と重審課のうちの、四課中の上剋下の有無にかかわらず、一つの下剋上で用が決まる重審課に相当する。

手順6　天盤の十二月将（天支）に、十二天将を配当する

十二天将は、式盤には刻されず、別途に天盤の十二月将（天支）に配当し（乗せ）ていくことになる。その配当の仕方は、本書の第三章天一治法に説明される。また、十二天将の前後の順序については、第四章十二将所主法にみえる。

乙丑8局の場合は、日干は乙、未刻は旦治（寅刻〜酉刻）の間なので、日干乙、旦治の天一貴人位置の子を用い、天支の子に天一貴人が立つ（乗る）。天支の子は、地支の戌の上にあるが、この時、地盤の地戸の側の亥—酉の天支の亥に前一騰蛇が乗り、天門の側の丑—亥の天支の丑に後一天后が乗る。天一貴人を中心とするこの前後の向きの順に十

二天将を配当していく。こうして配当された十二天将を、三伝ほかの天支に乗る十二天将とするのである。別掲の六壬式盤概念図中の十二天将盤概念図参照。

乙丑8局、旦治の三伝の十二天将は、次のようになる。

①初伝　ⓒ勾陳・ⓐ伝送・申――ⓑ午

②中伝　ⓔ朱雀・ⓓ河魁・戌――申

③終伝　ⓖ天一・ⓕ神后・子――戌

占文では、Ⓑの中に、ⓒ初伝の十二天将勾陳、ⓔ中伝の十二天将朱雀、ⓖ終伝の十二天将天一とみえる。

手順7　卦遇を求める

六壬式の卦遇は、九つの課体や、天地式盤・四課・用・三伝の特殊性や、季節との関係の特殊性に、特別な意味を持たせたものであって、易筮の六十四卦のように、それ自体が占断の基幹となるものではない。

卦遇の求め方については、本書の第二十六章三十六卦大例所主法に説明されるが、個々の細かい解説は、前著や本書の読解編の方に譲りたいと思う。

乙丑8局の卦遇、つまり占文ではⒷの部分のⓗに該当する卦遇の重審卦は、課体の重審課の卦遇名である。

手順8　六壬課式を完成させる

六壬式で推断の際の基幹となる六壬課式は、普通三伝の十二天将・十二月将と卦遇のほか、日干上・日支上・大歳上・行年上の十二天将・十二月将から成り立っている。乙丑8局のⒷには三伝と卦遇しかみえないが、陰陽師の占文では、大歳上・行年上もⒷに記されることがあり、また、Ⓔの推断理由の部分には、三伝などの七件の十二天将・十二月将と卦遇のうち、推断の根拠に利用されたものが記されている。このことから、六壬課式は、これらから成り立っていることが知られるのである。

また、占事によっては、本命上の十二天将・十二月将を利用することもあったようである。

日干上は、第一課、日支上は、第三課であり、大歳上は、占時の歳の支を地盤にみて、その上の天支（十二月将）とそれに乗る十二天将、行年上は、占申依頼者の行年の支を地盤にみて、その上の天支（十二月将）と十二天将、本命上は、占申依頼者の本命の支（生まれ歳の支）を地盤にみて、その上の天支（十二月将）と十二天将。

行年の求め方は、本書では、第二十三章知男女行年法で説明される。六壬式盤を用いる特殊な行年の求め方で、男の行年の求め方は、地盤大歳の支の上に天盤本命の支を加えた式盤の状態で、天盤男の象の寅の下の地支を男の行年とするなどと説明される。

乙丑8局の例でいうと、次のようになる。寛和二年は丙戌歳、よって大歳の支は戌。占申依頼者は、陰陽寮占文の形式を採ったので、時の天皇花山天皇。花山天皇は、安和元年（九六八）戊辰歳生まれ、よって本命の支は辰。行年の支は、

┌辰──戌　────　┌本命──大歳
└寅──申　　　　　└寅　──行年

より、申が行年の支となる。これらから三伝以外の六壬課式は、次のようになる。

④日干上　天空・勝先・午──乙（辰）
⑤日支上　玄武・大衝・卯──丑
⑥大歳上　天一・神后・子──戌
⑦行年上　朱雀・河魁・戌──申

（本命上　大裳・天岡・辰――寅）

手順9　六壬課式面に現れたさまざまな性格（所主・象）を総合的に判断して、推断する

以上に求めて来た、六壬課式面の七つの十二天将・十二月将や卦遇の所主、用や七つの天支と季節との関係等々の所主などを総合的に判断して、推断を下すことになる。推断の結果は、占文では©の推条に記され、推断の根拠は、本占文にはみえないが、Ⓔの推断理由部分に示される。

本占文の推断の仕方の解説に移る前に、以上ではあまり触れなかった前段の各章を概観しておきたいと思う。ただし、第二十六章の卦遇については、次章で若干の解説を行うが、詳細は前著や本書の読解編で扱っているので、そちらに譲りたいと思う。

二　陰陽道の占法との異同

前節で解説したとおり、六壬課式の作製に直接関係するのは、第一章四課三伝法、第二章課用九法、第三章天一治法、第二十六章三十六卦大例所主法の四章である。

十干の陽と陰の別を説明した第六章十干剛柔法、十二支の陽と陰の別を説明した第七章十二支陰陽法、日干を十二支に直す、いわゆる寄宮を説明した第八章課支干法、五行の相生と相剋の関係を説明した第十一章五行相生相剋法、十二支の相刑・相破の関係を説明した第十二章五行相刑法と第十三章五行相破法、日干の徳の関係を説明した第十四章日徳法の各章では、六壬課式の作製の際の理論的裏付けとなる支干陰陽五行説が説明されている。

支干陰陽五行説については、あえて章は立てられないが、陽干と陽支、陰干と陰支という陰陽比和の関係が第二章

の第二、十二支の孟・仲・季の関係（これは地盤の各辺の三支の孟・仲・季の関係）が同章第三ほか、十二支の相衝の関係が同章第八に説明され、十二支の五行の三位の関係（五行の生位・盛位・死位などの関係）が第二十六章の第一、第二十一〜第二十五に説明されている。

推断の際に利用される所主については、第四章十二将所主法に十二天将の所主が説明され、第五章十二月将所主法に十二月将の所主が説明される。第九章五行王相等法と第十章所勝法では、用（初伝）ないし六壬課式の天支と占時の季節との関係の見方と、その所主とが説明される。

第十五章日財法と第十六章日鬼法の両章は、日干と、主として用（初伝）との間の相剋関係の特殊な見方を示したものであり、第十七章干支数法・第十八章五行数法・第十九章五行干支色法と、第二十四章空亡法という支干陰陽五行説に関わる四章も、推断の際に利用されるものである。支干陰陽五行説に関わる諸関係については前著奥付載の諸表を参照されたい。

第二十章十二客法・第二十一章十二籌法・第二十二章一人問五事法の三章では、六壬課式の特殊な立て方が説明されている。六壬課式は、占申依頼を受けた時点などを占時として作製されるので、同時に何人もの客から占申依頼を受けたり、一人の客から同時に何件もの占申依頼を受けたりしても、同じ課式となってしまうので、客一人毎、占事一件毎の推断の区別がしにくい。十二客法などは、それを避けるために、正日時によるものとは別に、天盤—地盤の組み合わせ方に工夫を加えて、課式を違えるようにしたものである。陰陽道では、十二籌法の実用例のほか、一人問五事法も十二籌法の補助手段として実用された例がみえる。十二籌法などについては、前著で詳しく解説してある。

これらの各法は、おおむね陰陽道でも通用されているが、中には陰陽道で実用されたものとは異なるものもある。まず、月や日、旦・暮の区切り方は、陰陽道と六朝期段階とでは異なっていた可能性が高い。本書では陰陽道通用の方に改められているようであるが、この点については次章で扱いたいと思う。

第二章課用九法の中には、陰陽道と六朝期段階とで異なっていた部分がある。ここでは異同のある部分を中心に一通り解説しておこう。

四課から用そして三伝を求める九つの課体については、本書では、第二章の第一で、四課中に下剋上が一つの時の重審課と、下剋上がなく、上剋下が一つの時の元首課が説明される。

第二では、四課中に上剋下の有無にかかわらず下剋上が二つ以上ある時、あるいは下剋上が一つもなく上剋下が二つ以上ある時、その天支と日干との陰陽比和の関係で用を決める比用課、第三・第四では、比用課で用が決まらない時の、地盤の孟・仲の関係などで用を決める渉害課が説明される。

第五・第六は、四課中に相剋関係がない時の用の決め方で、第五では、四課の四つの天支と日干との遙かな相剋関係をみる遙剋課、第六では、遙剋課でも用が決まらず、天盤・地盤の昴星（酉）との関係で用を決める昴星課が説明される。昴星課は三伝法も常とは異なる。

第七・第八は、天盤—地盤の関係が特殊な場合の用の決め方で、第一〜第六より優先される。第七では、子—子のように天地が同位の時の伏吟課（局数は10）、第八では、子—午のように天地が反位の時の反吟課（局数は4）が説明される。伏吟課・反吟課は、三伝法も特殊となる。

第九では、日干の寄宮と日支とが同じで、第一課と第三課、第二課と第四課が同じ天地の関係となる甲寅など五つの干支の日（五柔日・八専日）で、四課中に相剋関係のない時の八専課が説明される。この八専課も、三伝法は特殊となる。

以上の九つの課体のうち、元首課一一九局、重審課二一八局、比用課八一局、遙剋課六五局、八専課一八局（うち二局は反吟課と重複）は、六朝期から現代まで変遷はない。昴星課二五局については、北宋ごろ以降別責課九局の異法が生じているが、六朝期段階では別責課の異法はなかったようである。本書にはみえず、陰陽道でも採用されていない。

問題となるのは、渉害課七六局、伏吟課六〇局、反吟課六〇局（うち二局は八専課と重複）である。

渉害課は、天支の陰陽と日干の陰陽との間に比和の関係が二つ以上あり、あるいは一つもなく、比用課で用が決まらない時の用の決め方で、地盤の孟（寅巳申亥）の上の天支を最優先し、まず孟上が一つの時、その天支を用とする。孟上がない時は、仲（子卯午酉）の上の天支をみ、それが一つの時、その天支を用とするなどというもの。渉とは、地盤の各辺を孟仲季と時計回りに渉ること、害とは相剋、孟上は二回、仲上は一回相剋関係が生ずるので、孟上を渉害の深、仲上を渉害の半という。第三ではここまでが説明され、第四では、孟上が二つあって用が決められない時の用の決め方、いわゆる渉害の先挙の法が説明される。解釈が難しいが、結論的にいうと第一課と第三課間では第一課、第一課と第二課ないし第四課の陰課間でも、第一課が優先されるという意味のようである。

要するに本書第二章の第三・第四の段階では、先挙の法が必要な、陽干日・戊日の戊辰3局・戊辰4局・戊戌4局の三局と、陰干日の丁卯9局など九局との計一二局は、先挙の法のこの解釈に従い、第一課の天支が用とされたとみてよいようである。

ところが陰陽道では、この一二局と、渉害の深で用が決まるはずの陽干日・戊日の戊子1局・戊申3局との計一四局は、第一課ではなく、第三課、ないしは第二課・第四課の陰課の天支が用とされている。この点は、本書でも第二十六章の方は陰陽道と同様であり、第三十二の高蓋駟馬卦で例示される正日時の局、陰干日の癸酉1局は、第一課より第三課の方が優先され、第三課の天支が用とされている。

この間には、解釈上次の二つの発展があったようである。一つ目は、地盤の各辺の三支を孟仲季と時計回りに渉る段階から、各辺の陽干・陰干をも加えた二十三支を渉るという解釈に発展したこと、二つ目は、その際の季支の五行の見方が変化したことである。三支の段階では、地盤の五行の見方は、第一課の地盤を日干の五行でみるほかはその地支の五行自体をみるので、季支は土性でみられた。また、それに連動して、第一課の孟仲季と渉る間の剋数を数える際も、季支は土性でみられていた。ところが二十三支の段階になると、第一課に相剋関係がない場合は従来どおりであるが、第一課に相剋関係がある場合は、日干と同じ辺の季支に限り土性ではなく日干と同性でみられるようになった。それに連動して、第一課の剋数を数える際も、季支は土性ではなく、日干の属する辺の五行でみられた。

この二つの解釈上の発展により、先挙の法に関連して問題となる一四局は、第一課より、剋数の多い第三課ないし陰課の方が優先され、その天支が用とされたのである。また、この解釈の段階では、すべて剋数の多さで用が決まるので、先挙の法自体が不必要となる。本書の渉害課の説明文が、この発展の前の段階の表現となっているのは、この発展があくまでも解釈上のものに止まり、説明文としては従前のものがそのまま踏襲されていたからなのであろう。

ただしこの発展は、後漢代から六朝期までのいずれかの時期に起こったことであり、六朝期の教科書段階では、陰陽道実用の法と同様であったとみてよさそうである。その意味では、陰陽道の実用の法と本書第二章段階との相違については注目しなければならないものの、六朝期段階に限っていえば、次の伏吟課・反吟課のように陰陽道の実際の法と教科書との異同を問題視する必要はないといってよいであろう。

なお、第一課に相剋関係がある場合の季支を土性とみるか日干と同性とみるかという問題は、先の九つの課体に属する局の数にも微妙に影響して来る。先に触れたのは現代の占書に基づいているので、陰陽道段階とは多少相違する。この点注意が必要である。

ちなみに、南宋以降は、渉の解釈が右とは異なり、その課より時計回りに天支の本位まで渉る間と解釈されるようになるので、理論的には渉害課全局が、六朝期段階ごろの法とも陰陽道の法とも相違することになる。

伏吟課は、三伝中に自刑神（辰午酉亥）が現れた時の次伝の求め方の相違から、陰陽道の法と六朝期段階ごろの法との間に異同が生じている。三伝中に自刑神の現れるいわゆる伏吟杜伝課一八局は、六朝期段階ごろは衝法を用い、自刑神の次の伝はその衝神（対衝の支）とする。それに対し、陰陽道では破法を用い、自刑神の次の伝はその破神（破の関係にある支）とする。このため、初伝は同じであるが、中伝・終伝に相違する部分が生ずることになる。自刑神が現れないいわゆる伏吟任信課四二局は、相違は生じていないとみられる。

本書の第七では、この点がよく分からないが、説明文の表現をみると、もとは『景祐六壬神定経』（以下『神定経』と略称）にみえるような本文であったものを、晴明が長文にわたって省略してしまったもののようである。いま『神定経』で補って解説すると、本書そして六朝期段階ごろの説明文は、次のようなものであったようである。「　」内は、本書で省略された部分である。

四課中に相剋する課があれば、その課の天支を用とする。これは日干が乙と癸の日に起こる。「その三伝法は、乙の日は、用辰が初伝、辰は自刑神なので、中伝は、初伝辰の対衝の戌、終伝は、中伝戌の刑の未。癸の日は、用丑が初伝、中伝は、初伝丑の刑の戌、終伝は、中伝戌の刑の未」。

四課中に相剋する課がない時は、陽干の日は、日上神（第一課の天支）を用とし、陰干の日は、辰上神（第三課の天支）を用とする。その三伝法は、用を初伝とし、中伝は、初伝の刑、「終伝は、中伝の刑となるが、用が自刑神の時は、陽干の日は、中伝は日支上の天支、終伝は中伝の刑、陰干の日は、中伝は日干上の天支、終伝は中伝の刑となる。さらに、もし中伝が自刑神の時は、」中伝の衝神を終伝とする。

本書と『神定経』では表現は多少異なるが、このように丁度文章が接続するので、方法上の相違ではなく、文章が省略されたものとみてよいであろう。

陰陽道では、右の説明文のうちの自刑神の次の伝の求め方を、すべて破神を用いるとするので、理論上伏吟杜伝課は一八局とも相違することになる。この破法の理論がどこから来たか不詳であるが、筆者は、次の反吟課の破法を拡大解釈した可能性もあるかとみている。

『小右記』寛仁元年（一〇一七）九月十日条にみえる安倍吉平の占文は、伏吟杜伝課で破法を用いた例。局は乙巳10局、三伝を「辰・戌・未」とする。先の説明文では、乙日の三伝を「辰・戌・未」とするので明らかに相違するが、吉平のは、初伝の辰が自刑神なので、中伝は、初伝辰の破の丑、終伝は、中伝丑の刑（または初伝辰の衝）の戌と、自刑神の次の伝を破法で求めたものである。

ただ、次章でも触れるとおり、院政時代の安倍泰親だけは、同じ破法でも陰陽道通用のものとは異なる三伝を採用した例がある。『本朝世紀』久安五年（一一四九）七月九日条にみえる泰親の占文は、局は乙酉10局、三伝を「辰・丑・未」とする。陰陽道通用のとおりであれば、吉平の占文と同じく「辰・丑・戌」としなければならない。終伝の未は、中伝丑の衝神。筆者は、泰親は本書の脱文に気付いていたのかどうか、ともかく本書の脱文部分に接する「其刑神為二伝、（脱文）其衝神為三伝」の部分から曲解して、乙日では初伝の衝神とすべきところを中伝の衝神としたものとみている。泰親の実質上の師でありながらのちに不和となった安倍晴道は、『本朝世紀』久安三年十月十二日条にみえる壬寅10局、同久安五年五月十三日条にみえる己酉10局の両占文で、吉平と同じく陰陽道通用の三伝を採用しており、泰親は、晴道への敵愾心から意図的に曲解したのかもしれない。『新撰六旬集』では、傍注の形で泰親の異法も採用しており、その後この泰親の異法は、泰親流（のちの土御門家）独特の家説となった可能性がありそうである。

反吟課は、八専課と重複する二局を除く五八局が、陰陽道と六朝期段階ごろとで相違していたようである。少なくとも『新撰六旬集』とは、理論的には五八局すべてが相違したとみておいてよさそうである。

本書の第八の説明文の中には不審な点もあるが、もともとは『神定経』と同様の内容を伝えているのであろう。それによると、反吟課は、四課中に相剋のある場合とない場合とに大きく分かれ、四課中に相剋のあるいわゆる反吟無依課五四局は、相剋のある課の天支を用とする。その用の決め方は、元首課〜渉害課が準用される。

四課中に相剋のない、日干が丁・己・辛、日支が丑・未の六局（うち丁未4・己未4の両局は八専課、残り四局がいわゆる反吟井欄課）は、日干がみな陰干日なので、反吟無剋柔日の井欄課の法により、「辰之衝」を用とする。普通「辰」は日支、「衝」は支干陰陽五行説でいう対衝を意味するが、ここはこの意味ではなく、丑日は徴明亥、未日は太一巳、これを用とするのである。本書の説明文には、次章でも述べるとおり「辰之衝」の意味説明の部分（割注文）に晴明段階では不審な点があるようであるが、その点を修正すれば（その修正は、尊本は割注文の中で、京本は頭注でなされている）、本書と陰陽道との間に相違はないことになる。

問題は、三伝法の方である。六朝期段階ごろは、無依課は、初伝は用、中伝は初伝の衝（初伝の本位上神）、終伝は中伝の衝（中伝の本位上神）としたようである。これは『卜筮書』にみえる甲子4局・癸未4局の両局の三伝から再現した理論であるが、要するに常の三伝法である。本書ではこの部分の説明文がないが、はっきりさせるためには「其三伝如常」などといった割注文が必要だったであろう。

しかし、陰陽道では常の三伝法ではなく、特殊な三伝法が採られている。初伝・中伝は同じであるが、終伝は破法を採用する。細部の変化が著しいので、詳細は前著に譲るが、六朝期段階と陰陽道とでは、無依課五四局はすべて終伝が相違することになる。六朝期段階の用・三伝の求め方は、元首課〜渉害課が採用されるので、あえて反吟課を立てなくともよさそうであるが、ここでは陰陽道との相違をはっきりさせるために分けておく。右の三伝法の説明文で、本位上神という常の三伝法の表現ではなく、対衝で表現したのも、前の伏吟杜伝課との共通性を意識してのものである。

陰陽道の破法は、中国のある地方で行われていたものを参考にしたのではないかと思われる。明代の『六壬大全』に引載される『観月経』により、十局だけではあるが尉山人なる人物が破法を採用していたことが知られる。また明代の『武備志』でも、「釈」説ではなく「経」説の方に「終伝は中伝の刑、中伝が自刑の時は、中伝の破」という説明文がみえる。おそらく尉山人の破法が『武備志』の経説に引き継がれたのであろう。常の三伝法では、たとえば甲子4局の「寅・申・寅」のように初伝と終伝が同一となる。北宋代の公式の法を伝える『神定経』や、それに従う『武備志』の釈説は、常の三伝法を採っているようであるが、この尉山人の破法はこれを避けるために案出されたある地方の特異な説から出たものであろう。

しかし、陰陽道の破法は、この尉山人の破法そのものではなかった。尉山人の破法、つまり『武備志』経説は、自刑の際の次伝の求め方に利用されるものであるのに対し、陰陽道では刑・自刑に関係なく破法が採用されている。尉山人の破法の知識が不完全に日本に伝わり、某陰陽師が、正しく理解しないままに反吟有剋五四局すべてに適用してしまうというような事情があったのではないであろうか。また、伏吟杜伝課についても、中国には破法を採用した例はなさそうなので、某陰陽師が、同時にそれを伏吟杜伝課にも拡大利用してしまったのかもしれない。もっとも細部にいくつか問題があるので、詳細は前著を参照されたい。

反吟無剋の井欄課四局の三伝法は、本書も『神定経』も、用が初伝、中伝は日支上、終伝は日干上とする。しかし、陰陽道の場合は、事情が少し複雑である。『新撰六旬集』は、四局とも破法を採っているようである。おそらく先述の某陰陽師の段階では、伏吟無剋、反吟有剋・無剋はみな破法を採用していたのであろう。このことから筆者は、この某陰陽師とは九世紀中ごろの滋岳川人ではないかと想像している。

ところが、院政時代の陰陽師の占例の中に、破法ではなく、本書の三伝法の方を採用した例がみえる。『玉葉』養和元年（一一八一）二月十三日条にみえる己丑4局の占文で、三伝を「亥・未・丑」とする。破法の場合は「亥・寅・申」となるので、相違は明らかである。この占文は、賀茂在憲・安倍泰親ら六名の連署であるので、上首在憲の説が前面に出ているとはいっても、泰親にも異論はない陰陽道通用のものとみてよいのであろう。この点をどう理解するか難しいところではあるが、筆者は現在のところ、賀茂・安倍両氏が陰陽道の主導権を握った十一世紀初頭ごろか、あるいは十二世紀代に入ってからか、いずれにせよ、『新撰六旬集』の基となった九世紀の滋岳川人撰『六甲』六帖より後に、この四局は本書の三伝法の方が陰陽道通用の法となったと理解してもよいのではないかとみている。

要するに、本書と陰陽道ないしは『新撰六旬集』の伝える法との間には、六朝期段階ごろでは、理論上は、中伝・終伝の中に異なるところのある伏吟杜伝課一八局、反吟無依課五四局、反吟井欄課四局が相違したことになる。総局七二〇局のうち、相違するのは計七六局。そのうち伏吟杜伝課二局は結果が同一となる可能性があるので、それを除くと七四局。ただし、院政時代ごろ以降の陰陽道通用の法では、反吟井欄課四局が本書と同様となっているので、これを除くと、相違する局は、七二局ないし七〇局。いずれにせよ十分の一強が相違していたことになるのである。

また、『新撰六旬集』が伏吟杜伝・反吟無依・反吟井欄の各課に共通して破法を採用しており、それをその基となった滋岳川人撰『六甲』六帖の段階にまでさかのぼらせてもよいとすると、共通して破法を採用した某陰陽師とは、先述のとおり滋岳川人自身であった可能性が出て来ることになろう。院政時代の陰陽道で、反吟井欄課の三伝を破法ではなく本書の法とした例があり、それが当時の陰陽道の通用の法であったとすると、院政時代ごろの陰陽道の通用の法とは異なるものを採用する『新撰六旬集』は、少なくともその六壬課式部分については、後世の偽書ないし仮託説の成立する可能性は薄く、冒頭の記事をそのまま信用してもよいことになるように思えるのであるが、この点からも、共通して破法を採用し、陰陽道独自の部分を含む陰陽道の六壬課式を案出したのは滋岳川人であった可能性が高いように思えるのであるがどうであろうか。

本書の中では、第二十五章知吉凶期法にも陰陽道の実際の法と少し相違するものがみえるが、この点については、次節の晴明の実占例の物忌期の指し方を解説する際、合わせて解説したいと思う。

三　安倍晴明の占文の性格

さて、話しを安倍晴明の実用していた占法に戻すと、晴明は、六壬課式は、滋岳川人が創案したとみられる陰陽道通用のものをそのまま利用していたとみてよいようである。

現在晴明の実占例ないしは実占例とみてよいもののうち、試占で六壬課式を再現出来るものは四件ある。いずれも単純なもので、陰陽道独特の六壬課式をどう扱っていたか知られない。しかし、子息の吉平の実占例の中に、先述のとおり伏吟杜伝課の乙巳10局で、陰陽道独特の六壬課式を採用したものがある。従って、晴明も、すでに定着していたであろう陰陽道通用の法を実用していたとみてよいであろう。次章で解明するいくつかの徴候をも参照すると、晴明は、式盤を組み合わせて局を知ったあと、四課を立てることなく、『六甲』六帖に照らして、その局の課式を立てたのではないかと思われる。

その他の各法も、おおむねは陰陽道通用の法に従っていたようであるが、推断の仕方（推断法）の中には、晴明の特徴が窺えるようなものが少しくあるようである。

先引の乙丑8局の占例（占例2）では、Ⓔ推断理由部分が欠け、どのような根拠に基づいて推断を下したのか正確には分からないが、Ⓒ推条の内容からみると、次のような所主がみられていたのではないかと推察される。次掲の図解【占例2】参照。

「闘戦」は、初伝の十二天将の勾陳、中伝・行年上の十二天将の朱雀、それに初伝の十二月将の申の金神から来ていよう。「口舌」も同様である。これらは、陰陽道の怪異占では各時期を通じて、兵革・闘乱・闘諍・動揺・口舌などの兵革―口舌系の所主とされたものである。

また、日支上の十二天将の玄武もみられた可能性がある。玄武は、十世紀末から十一世紀前半には兵革―口舌系の所主とされた特徴がある。初伝の申の金性の無気からも、みられた可能性がある。金性は、春季では囚気に当たり無気（死・囚・老の三気）となる。無気も口舌系列の所主とされている。

「闘戦」の「奏」、つまり闘戦が天皇に奏上される国家的なものとされたのは、一つには太政官正庁という国家的な官衙で起こった怪異であることによるが、占法上は、初伝に勾陳がみえることによるのであろう。ただ、国家的なものの場合は、九世紀段階から兵革・兵乱と表現されるのが普通である。「闘戦」の表現は、『占事略決』の勾陳の所主の「戦闘」の表現から来ているのではないかとみられる。晴明の占例の特徴の一つとして、所主の表現は九世紀以来の陰陽道の怪異占の伝統的なものではなく、『占事略決』にみえるものをそのまま使用するという点を指摘出来そうに思うが、これもその一例であろう。

「怪所」の「口舌」という個人的な責任もみているのは、国家的な性格の怪異とみられている中ではやや異例であるが、右大臣の倚子という個人性も兼ねた怪異によるのであろうか。「怪所」の所主は、十一世紀以降では普通、初伝の天支と日干との比和の関係がみられるが、初伝の天支申は陽、日干の乙は陰で、比和の関係にはない。一応日干上の天下・天皇の所主に対する、日支上の所主であり、日支上に玄武がみえることから「怪所」が推断されたのではないかと推察しているが、日支上の怪所の所主は院政時代にはみえない。十世紀末段階の特徴ないし晴明の特徴とみるべきなのであろうか。

「闘戦」を奏上する諸国の方位を指す(推断する)いわゆる指方法は、晴明独特のものとなっている。乙丑8局の占文では、「闘戦」を示した、初伝勾陳の地支の午と、中伝朱雀の地支の申とから、「午・申の方」が指されている。兵革を奏上する諸国の指方は、九世紀後半から八卦の八方角が用いられており、晴明より一世代後の賀茂光栄・安倍吉平らの段階になると、六壬式で直接指される十二支の方位を、午は離方(南方)、申は坤方(西南方・未申方)などと八卦の八方角に直す工夫が加えられている。晴明のこの占文では、その工夫はまだみられないことになる。

怪所構成員の共同責任を問う、物忌を行うべき生まれ年の人の年回りを指す、いわゆる指年法も、晴明独特のようである。乙丑8局の占文では、「辰・午・亥年生まれの人」が指されているが、これは、それぞれ「口舌」を示した中伝朱雀から辰、初伝勾陳から午、日支上玄武から亥が指されたとみられる。この指年法は、『新撰六旬集』に示されるものや十世紀前半のもの、十世紀後半でも対抗勢力の行なっていたものとは明らかに異なる。一方、『占事略決』の京本の奥に記される院政時代には陰陽道通用の法として固定していたものと比較すると、手順は同様であった可能性が高いが、所主に相違が認められる。京本の奥にみえる指年法では、口舌の所主は朱雀と勾陳に固定されている。この所主の固定された指年法の実用例は、十一世紀初頭の賀茂光栄・安倍吉平らの段階で確認され、十世紀最末期にまでさかのぼらせてもよさそうである。

筆者は、この指年法は、手順は賀茂保憲か晴明の新案になり、所主は、晴明の最晩年期か光栄・吉平の段階に固定化が進行し、賀茂・安倍両氏の陰陽道支配が確定的となる十一世紀後半には固定化も完了し、陰陽道通用のものとなったとみている。

「闘戦」や「口舌」といった災厄の侵害から身を守るために行われる物忌の期日を指す、いわゆる指期法の場合は、九世紀中ごろ以降の陰陽道通用の法を、そのまま採用していたようである。指期法は、数期・月期・日期の三法からなる。乙丑8局の占文では、Ⓓ物忌期の部分に、「二十五日の内」とあるのが数期、「来たる四月」などとあるのが月期、「庚・辛の日」とあるのが日期である。この指期法は、『新撰六旬集』や十世紀前半の六壬式占例にみえるものと同様とみてよい。数期「二十五」は、正しくは「三十五」であるが、これは記録の転写の際などの誤りであろう。

問題は、『占事略決』の第二十五章知吉凶期法と晴明の実占例との間に相違する点があることである。陰陽道通用の法では、月期は、初伝の天支の十二月将・十二月建と、その地支の十二月建の三ヶ月とし、この占文でも、初伝申の四月将・七月建より四月と七月、その地支の午の五月建より五月と、理論どおりの三ヶ月が採られている。それに対し、本書第二十五章では、初伝の天支の十二月将と十二月建の二ヶ月のみとし、その地支の十二月建は採られていない。これは、本書の方に問題があるのであり、晴明がうっかり記載し忘れたなどといった単純な理由によるものであろう。本書撰述の段階ではまだその知識に不足するところがあり、記載出来なかったなどといった理由も成立しないわけではないが、そこまで穿った想像を巡らす必要はないであろう。

【占例2】『本朝世紀』寛和二年二月二十七日条

【乙丑8】寛和二年丙戌歳、二月（三月節）二十七日

乙丑日、未刻、春季・旦治、責任者花山天皇

①初　伝　勾陳・申――午　勾陳　……闘戦・口舌

申金無気……闘戦・口舌

②中　伝　朱雀・戌――申　朱雀　……闘戦・口舌

③終　伝　天一・子――戌

④日干上　天空・午――乙

⑤日支上　玄武・卯――丑　玄武　……闘戦・口舌
⑥大歳上　天一・子――戌
⑦行年上　朱雀・戌――申　朱雀　……闘戦・口舌
卦　遇　重審卦
推　条：午・申方闘戦、怪所辰・午・亥年人口舌
物忌期：三十五日、四月・五月・七月、庚・辛日
　数期：天盤戌5×地盤申7＝35
　月期：初伝申四月将・七月建・地支午五月建

　日期：日干乙木を剋する金性の庚・辛日
指　方：中伝　朱雀・戌――申　の地支の申
　　　　初伝　勾陳　申――午　の地支の午
指　年：朱雀戌―申　　勾陳申―午　　玄武卯―丑
　　　　寅―申　　　　寅―午　　　　寅―丑
　辰←辰―戌　　午←午―戌　　亥←亥―戌

乙丑8局の占例と同様の傾向は、晴明の他の占例でも認めることが出来る。

『本朝世紀』寛和二年（九八六）二月十六日条にみえる占例（占例1）は、拙稿「晴明公と『占事略決』」（晴明神社編『安倍晴明公』所収）で扱ってあるので、ここでは推断法の特徴だけを指摘しておく。次掲の図解【占例1】参照。

その占文は、太政官正庁の東の庇内に蛇が入った怪を占ったもので、局は甲寅7局、春季・旦治の際のもの。推条には「奏㆓盗兵㆒、就㆓官事㆒有㆓遠行者㆒」とある。その推断の根拠は、占例にはみえないので正確なことはいえないが、おおよそ次のようなものであったであろう。

「盗」の所主は不明であるが、「兵」は、初伝申の金性、中伝・行年上の朱雀、日干上・日支上巳の金位の神が想定される。「奏」は太政官という国家的官庁であることと、初伝・日干上という天皇・国家の象から来ているのであろう。「官事につき遠行者」は、初伝青竜の文官の象と、初伝申の遠行の象から来る。特に申遠行の象は、本書の所主を

そのまま利用したものであり、晴明の推断法の特徴を非常によく伝えているといえよう。「丑・未・辰年人」の慎みという指年もみえる。国家的怪異に太政官着座人の責任を示す年回りも指されているのは、初伝申陽、日干甲陽と、初伝と日干が比和の関係にあり、怪所の象がみえることから来ているのであろう。その指年法は、手順は京本の奥にみえるものと同様であったとみられる。ただ所主が異なり、この占例では、初伝申の口舌（兵ないし遠行）、中伝朱雀の口舌、終伝寅の「徴召」が利用されたとみられる。この物忌は口舌系統のもので、口舌の象を示すこの三つを所主としたのであろう。三伝だから所主としたというわけではないであろう。寅徴召を所主とするのは、後述のほかには類例をみないが、これも本書の所主をそのまま利用する晴明の特徴をよく伝えているといえよう。

物忌期は、陰陽道通用の法どおりに、月期三ヶ月が指されている。

【占例1】『本朝世紀』寛和二年二月十六日条

【甲寅7】 寛和二年丙戌歳、二月（二月節）甲寅日、
未刻、春季・旦治、責任者花山天皇

		将　神		将神	
①	初　伝	青竜・申―巳	吉吉	青竜	…文官
				申	…遠行
				申金	…兵事
②	中　伝	朱雀・亥―申	凶凶	朱雀	…兵事
				亥	…牢獄・闘訟
③	終　伝	天后・寅―亥	吉吉	寅	…徴召
④	日干上	大裳・巳―甲	吉凶	巳金位	…兵事
⑤	日支上	大裳・巳―寅	吉凶	巳金位	…兵事
⑥	大歳上	天一・丑―戌	吉吉		
⑦	行年上	朱雀・亥―申	凶凶	朱雀	…兵事

卦　遇　重審・玄胎四牝

推　条：奏盗兵、就官事有遠行者

物忌期：四十日、四月・七月・四月、庚・辛日
数期：天盤戌5×地盤未8＝40
月期：初伝の天支申の四月将・七月建、地支巳の四月建
日期：日干の甲木を剋する金性の庚・辛の日
指　年：丑・未・辰年人の慎み（口舌系統の慎み）

終伝寅徴召	初伝申遠行	中伝朱雀
寅—亥	申—巳	亥—申
寅—亥	寅—巳	寅—申
丑←丑—戌	未←未—戌	辰←辰—戌

○「奏」という国家的な性格の怪異に対し、怪所の太政官着座人の責任を示す年回りも指されたのは、初伝申陽が、日干甲陽と、日比の関係にあることから来ている。

○初伝の申金は、日干甲木を剋する日鬼の関係にあるが、日鬼の病事の象はみていないようである。

○初伝の申金は、春季の囚気に当たり、囚気の所主の繫囚は、兵事—口舌系統の象としてみられた可能性がある。「盗兵」の「盗」の所主ははっきりしないが、囚気から連想されたものであろうか。『六壬占私記』第三章占人善悪法には、巳が日干上・日支上にある時は盗賊という所主もみえるが、もしこれを利用したとすると、占事の異なる所主を利用するという別の問題が生ずることになる。初伝の地支巳火は、春季の相気に当たるが、相気所勝の「憂銭財」の所主はみていないようである。

『権記』長保二年（一〇〇〇）八月十九日条にみえる占例（占例4）は、目立った特徴はない。藤原行成の宿所で鼠が宿物を喰らった怪を占ったもの。推条が「口舌・病事」と伝わるのみであるが、占時がはっきりしているので再現出来る。癸亥9局、秋季・旦治の占例で、日支上白虎から病事、行年上朱雀から口舌が推断されたとみられる。己身の

象の初伝にも日鬼・老気の病事の象がみえるので、行成の重い病事の象として重き物忌が設定されたとみられる。実際該当日に物忌を行なった記事がみえる。晴明最晩年期のこの段階で、当時の怪異占の類型どおりの推断が下されていることが特徴といえばいえるであろうか。次掲の図解【占例4】参照。

【占例4】『権記』長保二年八月十九日条

【癸亥9】 長保二年庚子歳、八月（八月節）十九日癸亥、卯刻、秋季・旦治、責任者藤原行成

①初　伝　大裳・丑――子　丑日鬼・老気……病事
（丑無気……口舌）
子王気所勝……口舌
②中　伝　玄武・寅――丑（玄武……口舌）
③終　伝　大陰・卯――寅
④日干上　玄武・寅――癸（玄武……口舌）
⑤日支上　白虎・子――亥　白虎……病事
⑥大歳上　大裳・丑――子
⑦行年上　朱雀・未――午　朱雀……口舌
卦　遇　元首
推　条：口舌・病事
物忌期：（三十日、十一月・十二月、戊・己日）

○初伝己身の象より、責任者行成の病事の物忌が設定されたとみられる。同二十四日戊辰・十二月六日己酉などの物忌記事はこれであろう。

○初伝丑日比により、怪所も推断され、行成家の家族や家司らの年回りの者の物忌も設定された可能性がある。

筆者が注目しているのは『小右記』長徳三年（九九七）三月十日条にみえる、外記庁に馬が入った怪を占った例（占例3）である。占者が知られないが、先述の占例1と同様の特徴を伝えているので、晴明の占例ではないかとみている

ものである。推条と物忌期のみが伝わるが、占時もはっきりしているので、再現が可能である。次掲の図解【占例3】参照。

推条に「徴召」「夏」「新営造」という、当時の怪異占の類型から懸け離れた表現がみえるが、この「徴召」は、本書にみえる中伝寅の所主とともに、初伝徴明亥の徴字から来たのではないかと思われる。京本頭注にも「徴、召也」という『説文』の解字がみえる。「新営造」は玄胎四牝卦の所主にみえる新・建立の象から来たとみられる。これは怪異占では他に類例をみない非常に特徴的なものである。また「夏」が終伝の巳の四月建孟夏の象から来たとすると、終伝結果の象、巳火神火災の象なども合わせみられていた可能性がある。つまり、火災の結果新営造が必要になると推断した可能性があることになるが、これも非常に特徴的といえそうである。「怪所」「公家」も類例をみない所主から推断された可能性がある。

占例3でもう一つ注目されるのは、その指年法である。これは徴召つまり口舌系統の年回りを指したものとみられるが、課式面には直接口舌の所主とされる朱雀・勾陳はみえない。ところがこの占例では、初伝徴召の象の亥と、課式面にみえない朱雀・勾陳とから指されているようなのである。院政時代の固定化された指年法では、朱雀・勾陳のいずれかが課式面に現れ口舌と推断された時、一方がみえなくともこの両将で指年するという方法が定着している。ここでは推断の根拠となった所主自体を利用する以前からの特徴と、課式面にみえるみえないにかかわらず口舌の象の朱雀・勾陳の両将で指年するという後世に連なる特徴との両方が混在しているのである。

この占例は、賀茂・安倍両氏の対抗勢力の文氏・惟宗氏らの実占の可能性は薄いように思われ、指年法も手順上の問題ではなく、所主上の問題だけとみてよいと思う。ただこの段階では、すでに賀茂光栄五十九歳、子息の吉平四十四歳と活躍中であり、賀茂・安倍両氏勢力側の者の実占例とはいえようが、それが誰かということは特定出来来ない。

従って、晴明の特徴を伝え、その実占例とみてもよいのではないかとは思うものの、厳密には晴明の最晩年期か光栄・吉平の段階という表現しか出来ない。ともかく、十年程前の寛和段階より、十一、十二世紀代に陰陽道通用のものとなっていく法に近付いていているとはいえるのではないかと思うのである。

【占例3】『小右記』長徳三年三月十日条（推定）

【壬申10】長徳三年丁酉歳、三月（三月節）八日壬申、酉刻、春季（春季土王時？）・旦治、責任者一条天皇

①初　伝　天空・亥—亥　亥徴字　……徴召
②中　伝　六合・寅—寅　寅　……徴召
（寅火位　……火災）
③終　伝　天一・巳—巳　巳金位　……口舌
（巳火　……火災）
④日干上　天空・亥—壬
⑤日支上　玄武・申—申　玄武　……口舌
⑥大歳上　大裳・酉—酉
⑦行年上　大陰・未—未
卦　遇　伏吟・類・玄胎四牝　玄胎四牝……新・建立

推　条：怪所子申戌人徴召、夏公家新営造
物忌期：二十五日、十月・正月、戊・己日
数期：天盤戌5×地盤戌5＝25
月期：初伝亥正月将・十月建、地支亥十月建
日期：日干壬水を剋する土性の戊・己日
指　年：

初伝亥—亥	朱雀卯—卯	勾陳丑—丑
寅—亥	寅—卯	寅—丑
子←子—酉	申←申—酉	戌←戌—酉

○「怪所」の所主は不詳。類卦によるか。
○初伝亥自刑の理運の象はみていない。初伝亥水の春老気（土王時死気）の病事の象もみていない。ただ無気口舌の象はみた可能性がある。初伝が指年で利用されたのは、徴字徴召の象のほか、口舌の象もみたものか。

○「公家」の象は不詳。「夏」は、結果を示す終伝の巳四月建（孟夏）から来るか。新営造は火災の結果によるものとすると、終伝巳の火神、中伝寅の火位神もみられた可能性がある。

○責任者は、外記庁着座人の首座の者であった可能性もある。その場合、責任者は藤原道長となろうか。道長の行年上は大歳上と同じとなる。

陰陽道の怪異占は、国家的性格の怪異、いわゆる大事の怪異という意味での大怪と、各官衙や氏族集団・家族集団など当時の貴族社会を特徴付ける各集団ごとの怪異、いわゆる小事の怪異という意味での小怪との二つに大別され、大怪占の推断内容は、九世紀後半の滋岳川人の晩年期には整備し尽されており、小怪占の推断内容も、十世紀前半までに、大怪占に準ずる形で整備されていた。しかも小怪占の場合は、六壬式占で果たされていた。九世紀から十世紀前半までの大怪占の陰陽寮の占法が何であったのか、六壬式占であったのかどうか何ともいえないが（筆者は、六壬式占ではなかった方向を考えている）、小怪占では、六壬式占の一つの伝統が、十世紀前半にはすでに確立しており、九世紀にまでさかのぼる可能性もありそうなのである。

『新撰六旬集』の怪異・悪夢占の推断内容、つまり、言い伝えどおりであるなら滋岳川人撰『六甲』六帖の推断内容には、大怪・小怪の区別もなく、その内容も十世紀前半段階のものと異なるようである。実際には陰陽道のどの段階のものとも異なっており、この書の怪異・悪夢占と病事占との推断内容の部分には、偽書説はともかく、仮託説は想定しておく必要があるのではないかと思える程の不可思議さが残る。筆者は現在のところ、配列順を改変する際に起こった混乱の方向で考えているが、難しい問題となっている。

また『新撰六旬集』つまり『六甲』六帖は、滋岳川人の実占例を反映してはいない可能性も考えに入れておく必要がありそうなので、事情はさらに複雑となる。とりあえずは滋岳川人の創案になるものが、九世紀後半以降実占に堪えられるように整備されていったというのが十世紀前半ごろまでの陰陽道占の実態だったのではないかという方向で考えておくしかなさそうである。

一方、十世紀後半の賀茂保憲・安倍晴明の段階になると、大怪占の方も、六壬式占での対応が必要となってくる。現在のところ大怪占の六壬式占専用化が、十世紀前半のことか十世紀後半のことかはっきりしない。もし十世紀前半に果たされていた場合は、保憲・晴明の段階は、他勢力が六壬式占での対応を済ませていたものを、さらに改変したということになり、もし十世紀後半に果たされたとすると、保憲・晴明がその推進役となり、六壬式占での対応を新たに創案していったということになる。いずれにせよ、十世紀後半の保憲・晴明は、九世紀後半には確立していた大怪占の推断内容に対し、六壬式占でどのように対応するか、六壬式の推断法の新たな開発の必要に迫られていたのである。

この点に関し、保憲がどのような役割を果たしたのかははっきりしない。現在のところ保憲と六壬式の関係を示す記事が、明確なものは一件も見出せないからである。ただ、後の晴明も当初はそれ程の役割を果たしていたとはいえないようであるので、意義ある役割は果たしていなかったのではないであろうか。

晴明の果たした役割については、先に解説した乙丑8局の占例2はじめ、推定を含め四件の占例の性格を整理し直して結論的に述べると、次のようになろう。

まず、六壬課式や物忌期については、すでに小怪占で実用され、陰陽道の伝統として通用の法となっていたものを、そのまま採用した。推断の際の所主の見方については、本書の所主、つまり本書の基となった『黄帝金匱経』の所主を、そのまま利用した。これは、占例1・2・3に共通して見出される晴明のこの段階での特徴である。ただし、このことは、晴明の最晩年期、ないし一世代後の賀茂光栄・安倍吉平の段階と対比すると、大怪占の推断内容への晴明の対応が充分ではなかったことを意味している。この段階での晴明の対応には、未熟な点が残っていたということになろう。ただ、占例４は伝統的な小怪占の内容を伝えているので、最晩年期には伝統に即応する方向に向かったといえようか。

大怪占で特徴的な指方法については、晴明は、所主の地支をそのまま指方とする十二支の十二方位を採用している。光栄・吉平の段階になると、十二支の十二方位を八卦八門の八方角に変換することで、九世紀後半以来の大怪占の指方の伝統に従う工夫をみせている。晴明は、この段階ではまだ、いま一工夫足りなかったということになるであろう。

小怪占で特徴的な指年法については、晴明は、『新撰六旬集』にみえる法や、十世紀前半までの法、同時期他勢力の者が採用していた法とは異なる新たな方法を案出した可能性が高い。しかし、それは手順の範囲に止まり、所主の面での一工夫は、晴明の最晩年期ないし光栄・吉平の代に果たされた。当初の段階では、まだ未熟な点も残っていたということになるのであろう。

要するに、晴明の推断法には、本書撰述段階やそれから数年を経た段階では、また試行錯誤の域を出ない部分も含まれており、晴明の最晩年期から光栄・吉平の段階に先送りされていたものもあったということになるであろう。晴明は、その後の陰陽道の伝統の創出に直接関与する側面もあったが、それは非常に限定的であり、しかも限界のあるものであったといってよいように思えるのである。

おわりに

本書の前段に属する各章のうち、卦遇の求め方に関する第二十六章を除いて、六壬課式の作製に直接・間接に関係する各法やその理論面について、六壬課式の立て方の手順に沿って簡単に解説してみた。月・時刻の取り方や、課用九法などについては、陰陽道の実際の法についても触れ、中に本書と相違するものもあることを指摘してみた。

また、手順の解説で取り挙げた占例のほか、計四件の晴明の実占例ないしは実占例と推察されるものから知られる晴明の実際の占法を解析して、十世紀後半という段階における晴明の位置についても触れてみた。

そして、晴明は、式盤の操作は行なったが、改めて六壬課式を立て直すというようなことはせず、すでに陰陽道通用の法として定着していた九世紀の滋岳川人作製のものをそのまま利用していたらしいこと、推断の仕方には晴明の特徴めいたものが認められ、本書の所主をそのまま利用したことや、指方法や指年法に独自の工夫を加えたことにこそれが認められること、ただ最晩年期や一世代あとの賀茂光栄・子息の吉平の段階と比べると、その工夫には未熟な点もあったことなどを指摘してみた。

次章以下では、本書と『黄帝金匱経』『神枢霊轄経』などとの条文を対比し分析することで、本書の典拠の問題を考察して行くが、そこでも、晴明の六壬式の知識がどの程度であったかという点を念頭に置いて解析を進めて行きたいと思う。

第二章　『黄帝金匱経』との関係

はじめに

本書の前段に属する各章は、その多くが『黄帝金匱経』、それも陰陽道の教科書とされた『黄帝金匱経』に基づいて撰述されているようである。

『黄帝金匱経』は、中国の六朝期から唐代にかけて発達していった占書であるが、もともとは六朝期の梁以後に亡佚したとされる『六壬式経』三巻に、いく人もの学者が注釈を加えていった占書群の総称であったようであり、『隋書』や『新唐書』あるいは『日本国見在書目録』などといった中国・日本の書目類には、この系統の占書が六種類以上みえる。十世紀以降の陰陽道で実用されたものとしても、教科書とされたもののほかに、専門書として扱われたものが少なくとも二種類はあったようである。

この系統の占書は、その大部分が、中国でも日本でも早くに散佚してしまったが、中国北宋代の『景祐六壬神定経』（『神定経』と略称）や、日本の『安倍有行記』『諸道勘文』などの諸書の中に、かなりの量の佚文が伝わる。『卜筮書』巻二十三（『卜筮書』と略称）は、奈良時代に請来された初唐ごろの古鈔本であるが、この系統の某占書の三巻目に相当するとみられる。一部分ではあるが、初唐段階の姿そのものが知られることになる。

また、書名は明示されないが、本書や『神定経』、それに南宋代の『黄帝金匱玉衡経』（『金匱章』『玉衡章』とも略称）

等々の中には、『黄帝金匱経』に由来するとみられる条文が数多くみえる。さらにその全貌も、本書や『神定経』などによってある程度までは窺うことが出来そうである。

ここでは、書名の明示される佚文のほか、書名は明示されないが関連性がありそうな条文をも利用しながら、前段の各章の『黄帝金匱経』との関係を探って行きたいと思う。まず、第二十六章を除く各章の検討から始めることにしよう。

なお、以下の所論については、本著第三部第三章の拙文、および第四章の佚文史料集成や、本著奥付載の表ⅢⅣⅤⅥなどをも御参照いただきたい。

一　四課三伝法等の各法

本書第一章四課三伝法は、『黄帝金匱経』の本文をほぼそのまま伝えているようである。その佚文を伝える『神定経』の条文（佚文史料6）と対比すると、ほぼ同文とみてよい。特に本記③で陰神（第二課・第四課の天支）を「本位所得之神」と表現する点は、『黄帝金匱経』段階の姿をよく伝えているようである。

ただ、本書起筆の条文の前に接して記されている式盤の持ち方などの説明文、いわゆる式儀は、本書では省略されている。

また、本記④の日（日干）・辰（日支）の説明文や、③の割注文の「是謂一課」などには、晴明の私案が入っているかもしれない。日・辰については『黄帝金匱経』段階では、他の章で説明されていたとみられる。

第二章課用九法は、本文そのものではなく、文意をとって簡略化されているようである。『神定経』では、上述佚文史料6に続けて、章を分けずに説明されているが、それも本文そのものではなく、『神定経』撰者による改変が加わっているようである。特に昴星課の中の別法のいわゆる別責課九局は、『黄帝金匱経』段階にはなかったとみられ、おそらく唐代以降に発生したものを『神定経』撰者が追補したものであろう。また後述するように、渉害課の先挙に関する『神定経』撰者の私案文には不審な点があり、本書では省略されているために六朝期段階の完全な姿が知られなくなった可能性の残る伏吟課・反吟課についても、六朝期ないし唐代以降の発展の跡を反映する部分がないかどうか慎重に検討する必要はありそうである。

しかし、『神定経』の条文は、大部分が『黄帝金匱経』段階の内容を伝えているとみてよいであろう。大部分が本書と同趣旨を伝えているとみてよいからである。たとえば前章で問題視した渉害課の場合は、第三の渉害の深、第四の渉害の先挙とも、本書より『神定経』の方に省略された条文が目立つが、内容的にはほぼ同様のものを伝えており、二干三支に発達する以前の三支段階の表現が踏襲されているとみてよい。ただし、『神定経』撰者の私案文とみられる剛日用、柔日用の部分、特に柔日用の部分は、三支段階でも二干三支段階でも、これが必要となりそうな局はないので、先の別責課の問題と同様に理解すべきかとも思われる。

本書と『神定経』とでいずれがより『黄帝金匱経』段階の姿を伝えているかというと、『神定経』の方がやや優っているのではないかとみられる。先の渉害課では本書の方が優っているので、この点は解釈が非常に難かしいのであるが、本書の方で省略された条文のある伏吟課・反吟課については、一応『神定経』の方がよく『黄帝金匱経』段階の姿を伝えているとみている。

前章で述べたとおり、『神定経』と対比すると、本書第七の伏吟課には長文にわたる脱文がある。すなわち、まず本記②の有剋の際の乙・癸日の下に記されるべき三伝法の部分が省略され、また無剋の際で④中の三伝中に自刑神がある場合の中伝・終伝の求め方の細かな変化の部分も、中間が省略されている。特に後者は長文にわたる。厳密にいうと方法上の発展の有無は不明といわざるを得ないが、文章構造の上からみると、同様の体裁を取るものの一部を省略したものとみてよさそうに思える。特に④中の無剋・自刑の際の説明文は、省略された部分の上下が相い接して一つの条文を構成しているとみてよさそうであるので、ほぼ同様の文章構造をとっていたものを、本書の方が中間を省略したものであることは、ほぼ確実であろう。

本書が②の乙日の三伝法と、④の無剋・自刑の説明文を長文にわたって省略したことは、後世に大きな禍根を残すことになってしまった。前章で述べたとおり、子孫の泰親が本書のこの部分に脱文のあるのを、おそらく承知しながら意図的に曲解して、陰陽道の伝統とは相違する泰親流独特の三伝を案出してしまったからである。

第八反吟課では、②の有剋の無依課の三伝法と、③の無剋の井欄課、特にその用の求め方の部分に問題がある。

反吟無依課の三伝法は、先述のとおり『卜筮書』にみえる両局によって、『黄帝金匱経』段階では常の三伝法であったと断定してよいと思うが、この点を明瞭にするためには、次の第九八専課の②有剋の際と同様「其三伝如常」という割注文を施すべきだったであろう。『神定経』では反吟課も八専課も有剋の際の三伝法は示されない。『黄帝金匱経』段階では、まだ有剋の際は常の三伝法で一統されていたのかもしれない。とすると伏吟有剋の乙癸日も『黄帝金匱経』段階では常の三伝法であった可能性も出て来るが、それはともかく、『黄帝金匱経』では、これらの有剋の際の三伝法は明示されていなかったのかもしれない。晴明も反吟無依課ではそれに従ったが、八専日有剋では、私案によって割注文を付したという見方も出来るであろう。

反吟無剋の井欄課、特にその用の求め方の部分、つまりその割注文の部分は問題が複雑となるが、筆者が現在考えていることを結論的に述べると、次のようになる。

この部分尊本④と京本⑤では割注文に相違がみられるが、京本⑤の方が晴明段階の割注文を伝えている。ところがこの晴明段階の割注文には二点の省略という誤りがあり、そのうちの一点の重要性に気付いた後世の加注者は、京本では、割注文⑤には手を加えず、頭注⑪の方で修正し、尊本では、割注文自体を修正して、一部分はその頭注⑨で断わるように紙背の小紙片（現在は剝落し、墨色の割印のみが残る）に移し、省略された一文を付加して、④の割注文を作文し直した。

すなわち、反吟井欄課の用の求め方の部分は、『神定経』では、㈡でこの課が該当する六干支日（うち二干支日は八専課）、㈣〜㈥で陰干日の用の求め方の「辰之衝」の意味が正しく示されている。尊本の割注文④と京本頭注⑪には、そのうち用の求め方の部分が示されている。ところが、京本の割注文⑤は、六壬式に特有の対衝関係と、六干支日とが示されるが、二干支日が八専課に属することと、用の求め方の説明文が示されていない。これは、京本の割注文段階では、反吟井欄課の意味と、その用の求め方が正しく理解されていなかったことを意味している。『黄帝金匱経』段階では『神定経』と同様の説明文があったであろうから、京本の割注文のこの二点の省略は問題である。これは、晴明段階で起こったことであろう。このことから、京本の割注文⑤は、晴明段階の姿を伝えているとみるのである。

一方、二干支日が八専課に属することは、尊本・京本とも省略されたままであるが、「辰之衝」の正しい説明文のうち、用の求め方の部分は、尊本では先述のとおり割注文④で示されている。しかし、京本でも頭注⑪で示されている。つまり、尊本の加注者と京本の加注者は、ともに晴明段階の誤りに気付いており、ただ修正の仕方が異なっただけということになる。このことから、筆者は、尊本の加注者と京本の加注者は、同一人の可能性が非常に高いとみている。その候補としては、安倍泰親の可能性が一番高く、尊本と京本の修正の仕方の相違は、伝授した三男泰茂ないし八男泰忠と、五男親長という子息の上下関係、ないしは伝授の時期によって、対応に差異が生じていたからであろうと思うのである。

ちなみに、「辰之衝」の部分では正しい修正を施した尊本の加注者は、本書反吟課のもう一箇所の③の部分の誤りでは、頭注⑧で晴明と同様の誤りを犯してしまっている。後述のように本記③では、反吟無剋の岡日の際の説明文を誤って加筆しているが、尊本の頭注⑧では、この誤った部分がそのまま施注されているのである。

伏吟課・反吟課で三伝法の説明文に不備のあったことは、この部分が陰陽道の法との相違に関係して来るだけに重大な問題を孕んでいることになるが、晴明は果たしてこの点に気付いていたのであろうか。

第八反吟課の末尾に、次のような割注文⑦がみえる。

　反吟の時は、三伝に異端の説もあるが、ここでは省いて載せない。

これは晴明の私案文であり、おそらく反吟無剋の時だけでなく、有剋の時にもかかるものであろう。本書が『黄帝金匱経』に基づいているとすると、晴明はそれとは異なる三伝法が存在することを承知していたことになる。これは、滋岳川人撰『六甲』六帖ないし陰陽道通用の法を念頭においての言葉であろう。また本書には『黄帝金匱経』段階ではなかったとみられる破法が、第十三章であえて一章を立てて説明されている。この破法は、伏吟課・反吟課の陰陽道独特の三伝の求め方に利用されたものである。

これらのことから、晴明は、反吟課の三伝法については、『黄帝金匱経』と陰陽道の法との間に相違のあることを、それも結果だけでなく、その求め方にも相違のあることを承知していたとみてよいことになろう。そしてそれは、伏吟杜伝課についても当てはめてよいのであろう。『黄帝金匱経』段階で説明文があったかどうかはっきりしない伏吟有剋と反吟有剋の場合はしばらく置いて、伏吟無剋の杜伝課の三伝法が長文にわたって省略されているのは、長文の故かもしれないが、陰陽道の法と相違する部分であるからあえて引載する必要もあるまいという晴明の判断が働いていたのかもしれない。

第二章では、晴明の私案文も大分加わっているようである。第二の本記②の比の説明文や、第三の割注③（京本。尊本では本記の形となっている）の孟・仲・季の説明文がこれである。第六〜第九の割注文の中にも、先述のとおり晴明の私案文が含まれているように見受けられる。支干陰陽五行説や式盤に関連するものは、もともと『黄帝金匱経』段階では別の章で説明されていたものもあったであろう。この章でも同種の説明文があったかもしれないが、晴明自身の意釈の文とともに、晴明なりの表現で整え直されているとみられる。

また、第一の③の元首課・重審課の所主文は、後述するように元首卦・重審卦の「卦経集」段階の本文を伝えているのではないかとみている。

先述の第八反吟課の「辰之衝」の説明文の部分の省略の問題でも窺えることであるが、晴明の私案文の中には、晴明が果たして六壬式の細部にまで精通していたのか疑いを懐かせるようなものもある。

第五遙剋課の本記⑤の「若倶比、倶不比者、以渉害深為用」という一文と、第八反吟課の本記③の無剋の際の「岡日、以日之衝為用」という一文は、実際にこれが必要となる局は一局もなく、無用のものである。『神定経』にもこれらの説明文はみえない。おそらく『黄帝金匱経』段階でもなかったであろう。第五の⑤の一文は、第一〜第四までの四課中有剋の際の一連の求め方のうちの渉害課からの連想、第八の③の一文は、すぐ下の柔日の際との対比から来たものであろうが、晴明の蛇足としかいいようのないものである。

第八の「辰之衝」もそうであるが、これらが必要でないことは、課式を一つ一つ立てていればすぐ気付くことである。特に第八の一文は、そこに例示される柔日の六干支日をみれば、岡日の無剋が存在しないことはすぐ分かることである。なぜ晴明は、その誤りがすぐ分かるような一文を加筆したのであろうか。

おそらく、晴明の段階ではすでに滋岳川人撰『六甲』六帖に示される六壬課式が陰陽道通用のものとして定着しており、占時により式盤を組み合わせて局を知り、『六甲』六帖のその局を検索すれば、その局の三伝はすぐに判明するので、一局ずつ課式を立て直すというようなことは行われていなかったのであろう。そのため、四課三伝法・課用九法の理解もごくごく表面的な程度に止まり、細部の具体的な変化については理解の届かないところもあったのであろう。このようなことから一局ずつ課式を立てたことがあればすぐ気付くような誤りを犯してしまうことにもなったのであろう。

第三章天一治法は、前半部の天一治の説明文と、後半部の旦暮法の説明文との両段からなる。『神定経』は前段の内容と後段の内容を、別々の章で説明しているが、『黄帝金匱経』も章を分けて説明していたとみられる。前半部は、その一部分、本記③が『黄帝金匱経』の前段階の『六壬式経』の佚文（史料1）として伝わるが、同内容は六朝期の銅製式盤の背面記事㈡にもみえるとおり、六壬式には必要不可欠であり、当然『黄帝金匱経』にもあったであろう。『黄帝金匱経』段階の本文は、本記②が対応する天一貴人位置の天門・地戸との関係による十二天将の前後の向きの求め方の説明文と、本記③が対応する『六壬式経』佚文にもみえる日干、旦・暮ごとの天一貴人位置の説明文とからなっていたとみられる。つまり本記②③の「常背天門」以下は、その本文の姿をよく伝えているとみてよいであろう。

ただ、本書でその前に記される本記①の後半の、天一貴人位置と地盤の天門・地戸との関係による十二天将の前後の向きの求め方を、亥・戌・辰・巳という天門・地戸を狭む四支の四通りの具体例を挙げて説明した部分は、晴明の私案文であろう。『黄帝金匱経』段階では、六朝期の銅製式盤背面記事㈠のような抽象的な表現の一文があったかもしれないが、具体的な説明文はなかったのではないであろうか。

後半部の本記④旦・暮法の説明文は、全くの晴明の私案文であろう。陰陽道通用の一日の時刻の採り方、および旦・暮の分け方に従ったのであろうが、『六壬式枢機経』佚文史料1も十二支の時刻で説明するので、これに従った可能性もある。

『黄帝金匱経』は、佚文史料8にみるとおり、星の出没で説明されている。おそらく『神定経』と同様に一章を立てて、二十四節気ごとに決められた二十八宿の宿度と、四分暦法による旦・暮の基準星の位置関係とで決める方法が説明されていたのであろう。京本の注記⑤（「金」佚文）は、この間の事情を伝えているのであろう。

本書にはみえないが、『黄帝金匱経』では月の採り方も、月ごとにあらかじめ設定された二十八宿の宿度への、四分暦法による太陽の入宿時点による方法が、一章を立てて説明されていたであろう。陰陽道では、このような月の区切り、一日そして昼夜の区切りを採用していないので、晴明はこれらについては『黄帝金匱経』に従わなかったのであろう。

なお、京本の注記（第四章の㋑）には、次章に付して、天一治法の非常に特殊な天一貴人位置の説がみえる。これは唐代の太一式占書『太乙金鏡式鏡』（清代の『六壬類聚』もこれに同じ）にみえる天一貴人位置説を、庚日だけ明代の『武備志』の「釈」説のものに変更したようなものである。鎌倉時代以降の後人が注したものではあろうが、このような天一貴人位置説は、いつ頃、どのようにして日本にもたらされたのであろうか。

第四章十二将所主法と第五章十二月将所主法の両章は、『五行大義』に引かれる『玄女式経』ではなく、『黄帝金匱経』に従っているとみてよいであろう。『玄女式経』佚文史料2・3にみえる十二天将・十二月将の所主は、本書や、『神枢霊轄経』『黄帝竜首経』などの黄帝式の系統に属するとみられる占書類にみえる所主とは大分異なる。

ただ、その体裁は、『黄帝金匱経』にそのまま従ったものではなく、本書なりに体裁を整えているようである。『黄帝金匱経』段階の姿は、十二天将は佚文史料9・10、十二月将は佚文史料11〜16で窺うことが出来る。それによれば、十二天将についてははっきりしたことは分からないが、十二月将はかなりはっきりした姿を知ることが出来る。すなわち『神定経』所引の佚文と陰陽師所持本の佚文とを対比すると、字句に多少の相違があるものの、ほぼ同様の体裁・内容を伝えているとみてよいようである。それに対し、本書とそれらの佚文とを対比すると、本書の方で大幅に簡略化された部分がある一方、本書には、佚文にはみえない五行・陰陽・神格（徴明の河神など）が追補された形となっている。五行は『玄女式経』にもみえるが、これらは、他の占書や晴明の私案で加筆された可能性が高いといえるのではないであろうか。

なお、十二月将の『黄帝金匱経』文は、賀茂在憲・安倍泰親・安倍広賢の三者の所持本のものが知られる。神后につき在憲所持本に一ヶ所誤字があるほかは、ほぼ同一の書といってもよい程に共通性の高いものとなっている。これはおそらくこれらの佚文が教科書とされた『黄帝金匱経』に拠っているからであろう。とすると、佚文とは相違するところのある本書は、教科書に忠実に従ったものではなく、晴明なりに取捨選択し、体裁も整え直されているとみた方がよいことになるであろう。

第九章王相等法・第十章所勝法という、占時の季節との関係をみる両章も、『黄帝金匱経』に基づいているとみてよいであろう。特に、王相死囚老の五気の順序と老気（休気）の表現は、『五行大義』『神枢霊轄経』や、『神定経』所引の『黄帝』（『神定経』が基づいた『黄帝金匱経』系統の一書）などとは異なり、後漢の班固撰『白虎通徳論』に一致する。つまり老気は『五行大義』ほかでは休気と表現されている。おそらく本書が基づいた『黄帝金匱経』は、六朝期以降というより、後漢代の古い段階の姿を留めたものだったのであろう。

第十五章日財法・第十六章日鬼法等々の支干陰陽五行説に関連する各章も、『黄帝金匱経』に基づいているとみられる。特に第十一章・第十二章に説明される相生・相剋説と、相刑説とについては、佚文史料17～20、および同21にみるように、『黄帝金匱経』段階の本文の全貌を知るに足るだけのものが伝わる。その内容は、『五行大義』にみえるものとは相違するところのあるものである。もちろん本書は、必要箇所だけを極端に簡略化して抽出しているので、その典拠を窺えるような状態にないが、『黄帝金匱経』に各条文が認められる以上、あえて他に典拠を求める必要はないであろう。

なお、相剋説の説明文を伝える佚文史料20の賀茂道平所持本、および日鬼法にかかる京本の注記文から、陰陽師の所持する『黄帝金匱経』は、賀茂・安倍両氏とも佚文史料17のような本文のものであったとみてよいようである。これは、教科書としての『黄帝金匱経』段階からのものとみてよいのではないであろうか。

第十四章日徳法も、同内容は『五行大義』にもみえるが、『卜筮書』にもみえ、『黄帝金匱経』にも説明文があったとみておいてよいであろう。『卜筮書』は卦遇のみを説明する課経集であろうが、『黄帝金匱経』から課経集が独立する際、理論面で必要なものは、このような形で移されていったのであろう。

第十八章五行数法も、『黄帝金匱経』に基づいていよう。『五行大義』にもみえ、京本の二件の注記のうち「五行大義第一云」として示されるもののほか、「伝曰」として示される頭注も『五行大義』に拠っている。ただ『陰陽道旧記抄』に引かれる一文は、書名はみえないが、京本や『五行大義』が「成数」とするところを「成員」とする。この点は尊本と一致する。「成員」字の一本は、泰親流の所持する『黄帝金匱経』の姿を伝えているのであろうか。あるいは「成員」字は、教科書段階からのものであろうか。それに対し、京本には再転写時の修正が加わっているのであろうか。あるいは注記に利用した『五行大義』の影響があるのであろうか。

第六章～第八章、第十七・第十九・第二十四章なども、『神定経』や『卜筮書』『金匱章』『六壬式枢機経』などにみえ、六壬式に必要不可欠のものであり、当然『黄帝金匱経』にもあったとみておいてよいであろう。

しかし、第十三章五行相破法は問題が残る。この相破法は、本書や『黄帝金匱経』段階のものとは異なる陰陽道独特の六壬課式のうち、伏吟杜伝課と反吟無依課、それに『新撰六旬集』に特有の反吟井欄課の中伝・終伝の特異な求め方に利用されるものである。すなわち、初伝ないし中伝が自刑神の時は、普通は衝法を利用するところを、陰陽道では破法を利用するというのである。ところがここでいう相破法は、『神定経』にはみえず、『五行大義』の「衝破」とも異なる。確認は出来ていないが、この相破法は『黄帝金匱経』段階では無かった可能性の方が高いのではないであろうか。おそらく、晴明は、この破法がこれらの課の特異な三伝の求め方に利用されるものであることを承知しており、あえて一章を割いて説明を加えたのであろう。

第二十五章知吉凶期法は、部分的に『黄帝金匱経』にもみえる法に拠ったところもあるが、全体的には陰陽道通用の法の方に従っているといってよいであろう。陰陽道通用の知吉凶期法つまり吉・凶の指期法は、数期・月期・日期の三法からなっているが、数期は『黄帝金匱経』佚文史料22に同内容のものがみえる。月期も、これと同一のものはみえないが、用あるいはその地支の十二月将あるいは十二月建を採るという同趣旨のものは『黄帝竜首経』などにもみえ、陰陽道通用の月期は、それらを参考にしたものとみて誤りないであろう。しかし日期は、『黄帝金匱経』段階では六壬式特有の方法が採られており、本書にみえるものとは異なる。陰陽道通用の指期法は、十世紀前半には実用されていたことが確実であり、『新撰六旬集』にみえるものも同様であるので、おそらく九世紀中ごろの滋岳川人の段階にはすでに創出されていたとみてよいであろう。筆者は、これ以前から日干との相生・相剋関係で吉期・凶期を択ぶ択日法がすでに行われており、この択日法が六壬式の日期法に応用されたのではないかとみている。

問題となるのは、本書では月期を、陰陽道の通用とは異なり、用の十二月将・十二月建の二ヶ月とし、用の地支の十二月建は採っていないことである。この点については、晴明が通用とは一部異なるところのある方法に立っていたというよりは、うっかり記載し忘れたか、知識に欠けるところがあったかなど、単純な理由によるものとみておいた方がよいであろう。従って、この章の説明文は、このような陰陽道の実情に沿いながら晴明が作文したものといってよいであろう。

第二十三章行年法は、陰陽道で創案された可能性があり、本書の説明文も、晴明が作文したものかもしれない。中国の典籍類にみえる行年法は、『神枢霊轄経』『五行大義』『卜筮書』などいずれも、男は丙寅より順に、女は壬申より逆に、行年（数え年）の数だけ六十干支を数えたところの干支を行年の干支とするというものである。本書のように六壬式盤を利用する方法は独特のものであるが、この方法は、陰陽道の指年法と密接な関連があるとみてよいので、おそらく十世紀後半の保憲・晴明の段階に案出されたものであろう。その可能性が高いように思うのである。

一方、第二十・第二十一・第二十二の三章は、『黄帝金匱経』とは関係のないものである。現在第二十章十二客法は、『玄女式経』佚文史料4に同内容のものが見出され、第二十一章十二籌法も、解釈次第ではあるが『神枢霊轄経』佚文史料9に同内容のものを見出すことが出来る。ただ、これらの佚文を引く『神定経』は、たとえば地盤の四方と四門の説明に『神枢霊轄経』と『黄帝金匱経』とを利用するというように、古占書を引用する際一書に片寄らずに等しく採録する傾向がみられるので、『神枢霊轄経』には、これと同様の十二客法も載っていた可能性はありそうに思える。この十二客法と十二籌法は同様の趣旨に立つ一連のものとみた方がよさそうに思えるからである。このような推定から、筆者は両章とも『神枢霊轄経』に基づいているとみてよいのではないかとみている。

第二十二章一人問五事法は、某陰陽師の創案にかかるものとみられる。全く同一の内容の典拠が見出せないからである。ただ、同趣旨の理論に立つものは、『神枢霊轄経』佚文史料8として伝わる十二客法に見出すことが出来る。おそらくこれを参考に、十二籌法の補助手段として案出されたのであろう。

陰陽道では、同時に何件もの占申依頼を受けた際は十二籌法の方が優先的に利用されるが、すでに十二籌法を利用している上に、さらにいく件かの占申が必要となった時は、一人問五事法も利用される。その実例は十二世紀以降に下るが、六壬式が陰陽道の国家的な事柄の占申に利用される占法として定着化に向かった十世紀後半には、十二籌法の上に一人問五事法をも必要とする場面は、神の祟りで指方された神社を占定する際などで何度も出来していたはずである。一人問五事法は、そのために保憲・晴明の段階ごろに創出されたものではないかとみるのである。

二　課経と「課経集」

第二十六章三十六卦大例所主法も、『黄帝金匱経』に基づいていることは確実である。ただその『黄帝金匱経』とは、陰陽道で実用されたこの系統の占書群のうちのどの書であったのかが問題となる。本章の典拠とされたのは、陰陽道で教科書とされた書自体であったのであろうか。それとも専門書として扱われたこの系統の別の占書であったのであろうか。卦遇については、総合書の卦遇の章、いわゆる課経に基づいたものか、総合書から課経を独立させた課経集に基づいたものか、総卦遇数が三十六卦であったのか、それとも六十四卦であったのか、その発達段階はどの程度のものであったのか等々の問題があり、それらの問題が本章の本質の問題ともからんでくるからである。そこで、本章の立ち入った検討に移る前に、『黄帝金匱経』と通称される占書群について、簡単に解説しておきたいと思う。

本著第三部第三章の「『黄帝金匱経』について」でも述べるとおり、『黄帝金匱経』は、六朝期の梁以降に亡佚したとされる『六壬式経』三巻に、いく人もの学者が、漢代以降の諸典籍や私案によって注釈を加え、増補改変していった占書群の通称である。『六壬式経』や、その注釈書としての原初的な『黄帝金匱経』は、本書や『神定経』と同様、課経を含む六壬課式や理論面を説明した、いわば総合的な占書であったとみられる。おそらく原初的な総合書としての『黄帝金匱経』は、『六壬式経』と同様三巻本であり、その三巻目が課経に当てられていたのであろう。筆者は、陰陽道で教科書とされた『黄帝金匱経』は、この原初的な書自体か、原初的な姿を留めながらやや発達したものか、ともかく三巻本系統の総合書だったのではないかとみている。

陰陽道で実用された総合書には、教科書のほか、『神枢霊轄経』などの後続の占書でさらに注を補入した「注」字の注釈文を有する詳密な占書もあったようである。筆者は、この陰陽道で専門書として扱われた「注」字を有する詳密な総合書は、『日本国見在書目録』に『黄帝注金匱経』十巻とみえる、いわゆる十巻本が、これに相当するのではないかとみている。ただこの十巻本では課経がどのように配されていたのか、教科書のように一巻ではなく、三巻か四巻が当てられていたのではないかとも思うが、現在では全く不詳としかいいようがないようである。

一方、いつのころにか課経を独立させた課経集のみの占書も出来たようである。『隋書』にみえる『黄帝式経三十六用』一巻や、『日本国見在書目録』にみえる『式経尺（釈）三十六用決』一巻といった一巻本は、原初的な総合書の課経に簡単な整備を加えて独立させた比較的初期の段階の課経集であろう。『日本国見在書目録』にみえる『釈六壬式六十四卦法』四巻は、発達した段階の四巻本課経集である。『黄帝金匱疏』四巻は、「疏」字の注釈文を有する四巻本課経集ではないであろうか。『卜筮書』巻二十三は、具体的な占書名は不詳であるが、初唐に入って撰述された、ないしは書写された、四巻本課経集の三巻目に相当するとみている。これらの四巻本課経集は、一巻本課経集段階の総卦遇数三十六卦を、六十四卦に増大したものとみられるが、注釈面でもおのおの発達の度を加えていっているようである。

陰陽道では、この独立した課経集も専門書として実用されていたようである。陰陽道側の史料類をみていくと、本書の課経よりは発達しているが、『卜筮書』よりやや未発達とみられる課経の条文が相当量見出される。しかもその総卦遇数は、三十六卦というより、六十四卦に相当しそうなのである。

これらのことから筆者は、三十六卦を採用し、未発達の段階の姿を伝える本書の課経は、教科書のそれに基づいているのではないか、それに対し、陰陽道側の史料類から知られる、六十四卦を採用し、本書の課経より発達した姿を伝える条文は、専門書として扱われた独立した課経集に基づいているのではないかとみている。

ただ、陰陽道の教科書、ないしは専門書の課経集を、書目類にみえるこの系統の占書群のうちのどれに比定するかは、なま易しい問題ではない。『日本国見在書目録』には『黄帝金匱玉門曾門経』三巻がみえるが、この三巻本という性格が教科書と共通しそうであることから、この書が教科書だったのではないか、また、本書には、「疏」字を有する占書をも利用したのではないかとみられる箇所があるが、この「疏」字を有する占書は『黄帝金匱疏』四巻に該当し、この書が専門書として扱われた四巻本課経集だったのではないかという可能性がまず考えられる。筆者も、この可能性は大いにあり得るとみている。

しかし、記録類には別の解釈に立った方がよいのではないかというような示唆的な徴候もみられる。すなわち『黄帝金匱玉門曾門経』は、上巻『金匱経』、中巻『玉門経』、下巻『曾門経』の三巻を集成した書であるが、これは三巻本課経集だったのではないかという徴候である。中でも、十一世紀中ごろの陰陽師賀茂道平の「曾門経」についての主張には説得力がある。いかにも「曾門経」は課経集の三巻目と主張しているようにも窺えるのである。筆者は、この点については別の解釈も可能であろうとみているが、問題が複雑となるので、ここでは比定の問題はしばらく置いて、かりに、本書が典拠とした簡略な総合書は典拠書（教科書）、陰陽道で実用された専門書の課経集は「課経集」、そして専門書として扱われたものの中で最も詳密な総合書は十巻本と呼んで、話しを進めて行きたいと思う。

さて、本書が典拠として利用した『黄帝金匱経』は、陰陽道の教科書とされた書であり、本書第二十六章も教科書の課経に基づいて撰述されているとして話しを進めて行くが、本書が典拠とした『黄帝金匱経』がその教科書自体であったという点は、前章で扱った各法では、必ずしも明確な徴候は見出せないようである。

本書の第一章の性格などから、本書は『神定経』に引載された『黄帝金匱経』とも非常に共通性の高い総合書に基づいていることは確実といってよいであろう。また、第九章の「老気」の使用例から、本書の典拠書は六朝期中ごろ以降のものより古い段階の面影を色濃く留めたものという印象を受ける。

が何よりも、晴明が所持した占書の性格からみて、本書の典拠書は教科書以外には考えにくいという点が挙げられる。現在のところ、総合書の最善本の十巻本は、賀茂氏は所持していたが、安倍氏は所持していなかった可能性もありそうである。それに対し、先述の第五章や、第十一章・第十六章などで扱った賀茂・安倍両氏の所持本の性格から、中でも第五章に関連する賀茂在憲・安倍泰親・安倍広賢の三者の所持本の性格から、賀茂・安倍両氏は同一の書といってもよい程共通性の高い占書を所有していたことは明らかであるが、このような性格の書は、教科書以外には考えにくいのである。

この、晴明が典拠に利用した『黄帝金匱経』は、古い段階の面影を色濃く留めた総合書という性格は、本書の課経の方では、かなり明確な徴候として窺うことが出来る。

先にも触れたことであるが、本書の課経が古い段階の姿を伝える特徴としてまず挙げられるのは、本書の課経が三十六卦を採用していることである。「課経集」では六十四卦を採用しており、この点は特徴的といってよいであろう。

また、これも先に触れたことであるが、本書の課経の説明文は、「課経集」や『卜筮書』のものより未発達の段階のものを伝えていることが挙げられる。三者の表現や内容を比較してみると、共通性も高い一方で、相違も目立ち、その相違性から、本書・「課経集」・『卜筮書』の順で発達していった形跡が認められそうなのである。

さらに後述するように、本書の課経の三十六卦の順序が未整備な点も、古い段階の姿を伝える徴候として挙げることが出来そうである。「課経集」や『卜筮書』など六十四卦の場合は、元首卦という卦遇を首として、ある構想の下に整備されて配列されており、その配列順の基本は、総合書の課経を独立させた、三十六卦を採用する一巻本課経集の段階に整備されていたのではないかとみられる。三十六卦を採用し、その配列順も未整備な本書の課経は、一巻本課経集より古い段階の姿を伝えているとみることが許されるのではないかと思うのである。

このようなことから、筆者は、本書の課経は、「課経集」や『卜筮書』などの独立した課経集ではなく、教科書の課経に基づいたものとみている。

もちろん、本章の末尾に記される晴明の私案文をみると、晴明は、三十六卦説のほかに、三十五卦説や六十四卦説の存在自体は承知していた。実際本章には『黄帝金匱疏』四巻を利用した箇所もありそうである。また、本章の末尾文で晴明自ら弁明しているように、晴明は、煩雑な部分は省略し、簡略化してしまうというように、大分手も加えているようである。

『黄帝金匱経』の本文は、『六壬式経』の「経」文と、「経」文の注釈としての「釈」文とからなるのが基本となっていたことが、その佚文史料1から知られる。

課経ないし課経集の場合は、「経」文・「釈」文は、ともに卦遇の構成要件を説明した構成要件文と、卦遇の所主を説明した所主文とからなり、さらに「仮令」として、その卦遇が構成される正日時を例示し、その正日時の局の構成要件文と、理想的な推断内容の仮令の所主文とを付するというのが基本的な体裁となっている。経文の構成要件文・所主文があまりに抽象的であるために、それを具体的に理解するための釈文の構成要件文・所主文、およびその例示としての仮令文の構成要件文・所主文が必要とされたのであろう。

その典型的な例が、『卜筮書』第十一経（三交卦）に見出される。そこでは、次のような体裁がとられている。各条文の冒頭を掲出し、本書との対応関係をもみてみよう。

経曰、三交相因（経文の構成要件文）
　家匿罪人（経文の所主文）
謂、太衝（釈文の構成要件文、一件目）
　又四仲（釈文の構成要件文、二件目）
以此占人、家匿（釈文の所主文）
仮令、正月己未（仮令文、正日時の例示、一件目）
　太衝為（仮令文の構成要件文）
　以此占人（仮令文の所主文）
仮令、正月丁酉（仮令文、正日時の例示、二件目）
　勝先臨（仮令文の構成要件文）
　亦匿罪人（仮令文の所主文）
門戸出入（『卜筮書』独自の新加文カ）
欲知何人（十二天将ごとの所主の変化）
好悪皆以神将決之（常套句）

本書の本記とは、次のように対応する。

謂、　　　　　　　（構成要件文の明示字句）
以大衝　　　　　　（『卜筮書』「謂」文の一件目）
又以日辰　　　　　（『卜筮書』「謂」文の二件目）
占事、　　　　　　（所主文の明示字句）
家匿罪人　　　　　（『卜筮書』「経」文の所主文）
仮令　　　　　　　（仮令文、正日時の例示、割注で示される）

『卜筮書』の場合、経文・釈文、およびおのおのの構成要件文・所主文などが、この三交卦のように明確な形で示されるものはほとんどなく、わずかに帷薄不修卦がこれに近い程度である。それは、『卜筮書』の場合は本文の基本的な構成部分でも原初段階より相当改変されているためとみられる。従って、本書や「課経集」との対比の際も区別し難い場面の方が多いので、厳密さはあまり望めない。ただ、佚文史料37の賀茂在憲が安倍泰親を非難した言葉の中に「本釈の義を忘れ、仮令の文を引く」とあるように、在憲は「本」すなわち経文と、「釈」すなわち釈文、「仮令」すなわち仮令文の別を明瞭に理解していたが、このように経・釈・仮令の区別には十二分に注意を払わなければならないであろう。

経文・釈文の性格は、基本的には次のように捉えておいてよいであろう。経文は、多少各撰者によって改変された部分があろうが、おおむねは原初段階の姿をよく伝えている。釈文は、各撰者ごとに相当程度改変が進んだ部分がある。現在知られる限りでは、釈文には「釈」字で明示されるものはなく、経文との対比で判別するしかないが、仮令文とともに、内容面から発展の跡をたどることが出来るものもありそうである。また中には「法」字・「章」字で明示されるものもあったようであるが、これらは、撰者ごとの説の発展が累積されていった跡を留めているようである。

本書の課経の性格を検討する際は、総卦数や、その配列順のほか、説の発達度、経文・釈文の条文構成や表現、例示される正日時、およびその所主文の表現などのさまざまな要素が、教科書・「課経集」などの占書ごとにどのような関係にあるのか、そして晴明は、本書を撰述する際に、教科書の条文にどのような改変を加えたのか、教科書以外の占書の影響はどの程度のものであったのかなどといった問題にも目を向けながら、慎重の上にも慎重な態度で臨まなければならないであろう。

教科書の条文と確信をもって断言できるものは一件もなく、さまざまな要素の性格も、ある種の徴候の範囲内のこととしてしかいえない現在、どれ程のことが解明出来るかはなはだ心許ないが、以下に検討を進めて行きたいと思う。まず、三十六卦と六十四卦という総卦数、およびその配列順の検討から始めよう。

六壬式は、はじめから四課三伝の法が確立していたわけではない。四課三伝の法は、むしろ六壬式がかなり発達した段階に、改めて整備され直された際に誕生したものである。式盤の組み合わせ方だけをみても、正日時による式盤の組み合わせ方は、ある程度発達した後の段階のものとなる。この間の事情については、雑事占の解説の方で若干扱いたいと思う。

卦遇の場合は、正日時を利用する段階から始まるが、その場合も、日辰の段階、つまり四課でいえば第一課と第三課だけをみる段階、日辰陰陽の段階、つまり四課ともにみる段階、用の段階、つまり、用の諸関係の特殊性をみる段階、三伝の段階、つまり三伝間の特殊な関係をみる段階という発達段階をとっている。課体による卦遇は、用ないし三伝の段階のものであるので、発達段階としては大分後次のものとなる。

本書にみえる三十六卦について、それぞれの発達段階による位置付けと、『黄帝金匱玉衡経』（『金匱章』・『玉衡章』とも略称）・『卜筮書』の配列順とを対比してみると、次のようになる。本著奥付載の表Ⅲをも御参照いただきたい。

㈠　課体による卦遇
3元首卦（金匱章一）・4重審卦（金匱章二）・20聯茹卦（金匱章三）・5傍茹卦（金匱章四）・6蒿矢卦（金匱章五）・7虎視卦（金匱章六）・8伏吟卦（金匱章七）・9反吟卦（ナシ）・17陰陽無親卦（玉衡章七）・12帷薄不修卦（卜筮書二）

㈡　日辰の段階の卦遇
26九醜卦（金匱章八）

㈢　日辰陰陽の段階の卦遇
28無禄卦（卜筮書六）・29絶紀卦（卜筮書七）

㈣　用の段階の卦遇
16贅聟寓居卦（金匱章九）・14乱首卦（玉衡章八）・1気類物卦（玉衡章一）・2新故卦（玉衡章二）・27天網卦（玉衡章五）・36天獄卦（玉衡章九）・31三光三陽卦（玉衡章十）・15竜戦卦（卜筮書九）・35斬関卦（卜筮書十）・11狡童迭女卦（卜筮書五）・18跰跪卦（卜筮書十四）

㈤　三伝の段階の卦遇
10無婬卦（玉衡章六）・13三交卦（卜筮書十一）・19玄胎四牝卦（ナシ。以下同）・30五墳四殺卦・21曲直卦・22炎上卦
23稼穡卦・24従革卦・25潤下卦・32高蓋駟馬卦・33斲輪織綬卦・34鑄印乗軒卦

右のうち元首卦は、「金匱経第一篇」にあったことが陰陽道側の史料（佚文史料32）から確認される。この「金匱経」については問題も残るが、「課経集」では元首卦が六十四卦の首に置かれていたと断定してよいであろう。また後述するように、第五傍茹卦の尊本の頭注⑥は、聯茹卦の「課経集」の釈文の所主文を誤って加注したものとみられるが、このことから「課経集」では聯茹卦が傍茹卦の前に置かれていた可能性が高いとみられる。

現在のところ「課経集」の六十四卦の配列順を知る手がかりとなりそうな例は、この両件のみである。しかし『黄帝金匱玉衡経』『卜筮書』の両書の卦遇の配列順、および両者から洩れた卦遇の存在と、卦遇の発達段階との対応関係をみると、六十四卦の配列順の基本は、ある段階で意図的に整備されたもののようである。すなわち、まず三十六卦については、課体による卦遇を先に置き、その他のものも発達順に沿って配列し直すというように、本書のような原初的な配列順に改変を加え整備されたものではないかという印象を受ける。一方、三十六卦以外の卦遇については、『黄帝金匱玉衡経』『卜筮書』の両書にみえるその配置のされ方をみると、これらの卦遇には発達順に沿ったような配慮は加えられていないようである。つまり、六十四卦の配列順は、本書の三十六卦の配列を改変整備し直した基本的な配列順に、特別な配慮を加えずに三十六卦以外を挿入していったものではないかという印象を受けるのである。

このようなことから、筆者は、原初的な総合書の段階では、まだ三十六卦は無秩序に配列されていたが、一巻本課経集として独立する際に、元首卦を首とし、課体による卦遇を先にまとめて置くなどといった配慮が加えられて、三十六卦の基本的な配列順が固められ、さらに六十四卦を採用する「課経集」や『卜筮書』などでは、この基本的な三十六卦の配列順に、三十六卦以外の卦遇を挿入していったのではないかという印象を強く懐いている。そして、無秩序な配列順の三十六卦を採用する本書の課経は、原初的な総合書の課経の姿を色濃く留めているのではないかとみるのである。

もちろん、南宋代の『黄帝金匱玉衡経』が独立した課経集の段階の状態をどの程度反映しているのか不詳であり、『卜筮書』の全体的な配列順についても、「課経集」と同様のものであったかどうか断定的なことは何もいえない現在、このような想定は、単なる印象の域を出るものではない。しかし本書と「課経集」や『卜筮書』の条文を比較すると、本書の方が古い段階に属する明確な徴候のようなものが浮かび上がってくる。次節以下ではそのような徴候が窺えそうな卦遇を中心に、本書と「課経集」佚文などとの各条文の対比・検討を加えて行きたいと思う。

なお、ここで卦遇の発達段階というのは、あくまでも要件上の複雑度の度合いであって、必ずしも時系列上の発展段階を指すものではない。また、三十六卦・六十四卦などの卦遇の数も、必ずしもその卦遇の誕生段階の姿を反映するものではない。たとえば、後漢の趙曄撰『呉越春秋』にみえる卦遇では、本書の三十六卦の第二十六九醜卦・第二十七天網卦とともに、第三十六天獄卦というよりは三十六卦以外の三奇卦のうちの死奇卦に近いものがみえる。この書の六壬式関係の記事には後人の追加説もあり、後漢代にさかのぼるものかどうかはっきりしない。しかし、この書の九醜卦は、本書より古い段階の説に立っているようである。

つまり、卦遇は、三十六卦に属するものも、六十四卦に属するものも、あるいはこれらに配属されなかったものも、相当量が六朝期より前に誕生していた。そして三十六卦なり六十四卦なりに配属された後も、卦遇の中には説が発展していったものもあったようである。課体の卦遇のうち八専課の帷薄不修卦が課体の卦遇群に含まれていないのも、八専課が九つの課体の中に入れられるのが他の課体より遅く、六朝期に入り大分経ってからのことであったからというような事情があったのかもしれない。無論これもあくまでも想像上のことであるが、どうも八専課が九つの課体の中に入れられたのは、別責課が大分後代に下るのと同様、他の課体より少し遅れるのではないかという印象を受けるのである。

三　課体による卦遇等

まず、教科書の課経ないしは「課経集」の条文ではないかとみられるものが、本書の第二章課用九法の方にみえる。

その第一（元首課・重審課）の本記には、この両課の所主文がみえる。この条文③④は、『黄帝金匱経』に近いものを伝えるとみられる『神定経』の課体の説明文にはみえないものであるが、『金匱章』第二経に、一部分ではあるがほぼ同文がみえる。『金匱章』第一経には『黄帝金匱経』佚文史料32と同文もみえる。本書の課経の第二十六章の第三元首卦、第四重審卦にはみえないこれらの『金匱章』に一致する条文は、教科書の課経ないしは「課経集」の所主文を、晴明がここに挿入したものとみてよいように思われる。本書の第二十六章の第三・第四でこの所主文がみえないのは、晴明が重ねて記す必要はないと判断したからであろうが、これらが「課経集」文で、教科書にはみえなかったことによる可能性もあるであろう。本書の第二章の第一以外で課体の所主文が記されないのは、晴明が所主文の挿入を第一だけで止めてしまったことによるのではないであろうか。

第二章の第五（遙剋課）の京本頭注⑥の「金」文は、前半部は対応するものが不詳であるが、後半部は『金匱章』第一経に対応する条文がみえる。ともに「課経集」の所主文かもしれない。第六（昴星課）京本頭注④は、「課経集」の釈文の構成要件文であろう。第七（伏吟課）・第八（反吟課）の京本頭注（第七の⑤、第八の⑩）も、「課経集」の経文の構成要件文を伝えているとみてよいであろう。

本書第二十六章に説明される本書の課経の本文構成の基本は、前節に整理したように「謂」としてその卦遇の構成要件文、「占事」などとして所主文が示され、主に「仮令」などの割注文で構成要件を満たす具体的な例（正日時）を示すというものである。また、これは尊本の方に目立ってみえるものであるが、後人が注記によって追加説明した構成要件文や所主文もみえる。この本文構成の持つ問題については、後でもう一度触れ直すとして、先に本記・注記の構成要件文・所主文・仮令文の性格の検討を進めて行こう。まず課体による卦遇の検討から始める。

課体による卦遇は、本章では、第三元首卦から第九反吟卦までの七つの卦遇がまとめて説明されるほか、第十二に帷薄不修卦、第十七に陰陽無親卦、第二十に聯茹卦が説明される。

第十二・第十七・第二十の三つの卦遇が他の七つの卦遇と別かれて説明されているのは、この三卦が、課体の構成要件だけを構成要件としているわけではないことによるのであろう。独立した課経集の段階でも聯茹卦のほかは別かれて説明されていたとみられる。

帷薄不修卦は、八専日無剋の際の卦遇名であるが、実は本書でも『神定経』でも八専日の課体としての八専課では、無剋の際だけでなく有剋の際も含まれている。先の解説で八専日有剋を八専課から除外したのは、八専日有剋は、事実上他の課体に含めてよいからである。聯茹卦には、比用課のほか、もう一種類聯茹卦特有の構成要件がある。陰陽無親卦は、反吟有剋の際の中でもしごく特殊な構成要件に立つ卦遇である。

課体による卦遇は、第八伏吟卦に「課経集」の佚文が知られ、第六蒿矢卦・第七虎視卦にも「課経集」のものとみられる佚文が知られる。第十二帷薄不修卦は、『卜筮書』第二経により初唐の四巻本課経集の本文自体が知られる。『金匱章』には、第一経から第七経にまとめて七つの卦遇が記され、『玉衡章』第七経に陰陽無親卦が記される。

これらと対比すると、本書の本記の構成要件文は、教科書の経文自体を伝え、帷薄不修卦は、陰陽無親卦も、経文を伝えているとみてよい。伏吟卦と反吟卦も経文に基づいているようである。

すなわち、帷薄不修卦の本記の構成要件文①は、その前半部は『卜筮書』と同文。後半部は晴明の私案文であろう。陰陽無親卦の本記の構成要件文①は、『玉衡章』に同文がみえる。ただ伏吟卦は、教科書と「課経集」とでは、教科書が「伏吟」、「課経集」が「閇吟」と字句が異なっていたようである。反吟卦を含むこの四卦の経文の共通性は、教科書・「課経集」段階からのものであろう。虎視卦の京本の注記（第二章第六の④）は、「課経集」特有の釈文の構成要件文であって、教科書にはみえなかったのではないであろうか。聯茹卦の尊本の注記⑥の中にも「課経集」のものではないかとみられる釈文の構成要件文がみえる。もっともこれは、尊本加注者の私案文かもしれない。

このように、これらの四卦の構成要件文は、教科書・「課経集」とも共通性の高い面もあるが、字句や章句に多少相違するところもあり、特に釈文の方では「課経集」段階で追加された条文があるとみておいてよいであろう。

その他の卦遇の場合は、経釈文自体がはっきりしないので何ともいえないが、全体的な印象としては、これは先の四卦にもいえることであるが、採用されたのは総括的な部分だけで、「課経集」では詳述されていたであろう細部の変化は説明されていないようである。おそらく教科書を含む総合書では、これらの細部の変化は課用法の章の方で説明されていることから、課経の章では省略されていたのであろう。この簡略化は晴明の段階でなされた可能性もあるが、やはり教科書段階からのこととみておいてよいのであろう。ただ、元首卦の体裁の不統一性をみると、晴明の私案が加わった部分もありそうである。

課体による卦遇の所主文は、帷薄不修卦などの四卦は、「課経集」との共通性が高い教科書に基づいているとみてよさそうである。蒿矢卦・虎視卦もその可能性が高い。

すなわち、帷薄不修卦の本記の所主文②は、『卜筮書』の釈文中の所主文⑤の前半部と同文である。ただその後半部は本記にはみえない。伏吟卦は、「課経集」佚文史料33と対比すると、大部分が同文であるが、本記②の方が、佚文にみえない産事占ⓑ・病事占ⓒに関するもののような所主文が中間に挿入された形となっている。一方、佚文の方は、本記にみえない条文ⓙが中間に挿入されている。この条文は『神枢秘要経』佚文史料10にみえるものと同文である。教科書の所主文は、経文・釈文の区別が付け難いが、「課経集」段階のものと大部分が同文であったといえよう。もっともすべてが同文というわけではなく、異質な面もあるが、その理由の一半は、『卜筮書』が後次のものであることにあるのであろう。伏吟卦の所主文の各占書ごとの短い章句の対応関係については、第二部二二〇頁を御参照いただきたい。

反吟卦と陰陽無親卦の場合は、多少問題が複雑となるが、前の両卦と同様のことがいえそうである。本記の反吟卦②と陰陽無親卦③の所主文は、大部分が同文であるが、一部分順序と表現が相違する形となっている。すなわち、陰陽無親卦では、ⓕ文が脱け、同趣旨の一文が②文となっている。『玉衡章』の陰陽無親卦の場合は、本記と同文の部分の数文が脱落する一方、本記で順序・表現の相違した部分は、陰陽無親卦の方の本記と同文である。つまり『玉衡章』は、数文が脱落するほかは本記と同文ということになる。この両卦の所主文の相違は、両卦個有の性格から来るものであって、それぞれの所主文は、教科書と「課経集」とでほぼ同文といってよい程類似性の高いものだったのであろう。

なお、第九反吟卦の尊本の注記⑤の「甲庚日」の部分は、「仮令」として例示される局の「課経集」の所主文、つまり仮令文中の所主文だったのではないかとみられる。

蒿矢卦②と虎視卦②の所主文も、教科書と「課経集」の共通性は高かったのではないかとみられる。『金匱章』にみえる卦遇のうち蒿矢卦・虎視卦・伏吟卦の三卦は、本記の条文を短い章句に分解して対比してみると、順序や表現に相違がみられるものの、その多くを『金匱章』の中に見出すことが出来る。特に虎視卦の場合は、本記の短い章句がすべて見出される。尊本と京本とで字句が相違した尊本「深」、京本「沈」の箇所は「深」とし、尊本の「深」字の方が正しいようである。もっとも、尊本の方が転写者（安倍泰親）の手が多く加わっているという見方に立つと、教科書は「沈」、「課経集」は「深」とし、晴明段階で「沈」とあったものを、転写者が「課経集」により「深」に改めた可能性もあることになる。

また伏吟卦で、「課経集」佚文にはみえなかった産事占ⓑ・病事占ⓒに関連しそうな所主文は、『金匱章』にもみえず、本書の方の特異性が目立つ。

それに対して、元首卦・重審卦・聯茹卦・傍茹卦の四卦は、教科書と「課経集」との共通性はあまりなかったのではないかとみられる。この四卦は、本章の本記と『金匱章』との間には、共通性のありそうな条文が見出せない一方、他の箇所に共通性のありそうなものが見出せるのである。元首卦・重審卦の場合は、先述のとおり、本書第二章の第一（元首課・重審課）の本記文の中に、『金匱章』第二経にみえる所主文が見出せる。聯茹卦の場合は、本章第五傍茹卦の尊本の注記⑥の中に、『金匱章』第三経にみえるものと同内容のものが見出せる。この注記文自体は、「課経集」文というより、他の占書の雑事占（逃亡占）の所主文とみられなくもないが、同内容のものは「課経集」にもあったのではないであろうか。この四卦の本記の所主文に、「課経集」にはあったであろう所主文が見出せないのは、教科書と「課経集」の所主文が異質性の目立つものだったことを示しているのであろう。特に、聯茹卦の本記の所主文④が、雑事占の射覆占のもののように窺えるのは、先述の伏吟卦の異質性の目立つ二件の所主文ⓑⓒと合わせ、教科書段階の所主文の特徴を伝えているのかもしれない。

『黄帝金匱玉衡経』にもみえる卦遇については、前述の課体による七件の卦遇と陰陽無親卦のほか、次の九件の対比が可能である。この書自体は、後世の撰述書であり、『黄帝金匱経』系統の占書の中に含めてよいかどうかも疑問点の方が大きいのであるが、前述の八件の卦遇の検討からも明らかなように、『黄帝金匱経』段階の条文そのもの、あるいはその延長線上のものが含まれており、対比するに足るだけのものが備えられている。

『金匱章』では第八経の九醜卦、第九経の贅聟寓居卦、『玉衡章』では第一経の気類物卦、第二経の新故卦、第五経の天網卦、第六経の無婬卦、第八経の乱首卦、第九経の天獄卦、第十経の三光三陽三陰卦の計九件の対比が可能であるが、両者を対比すると、次のような性格が浮かび上がってくる。

構成要件文については、無婬卦・天網卦の両卦の本記は、教科書段階からの経文を伝えているとみてまず誤りない。本記と『玉衡章』の経文が同文とみてよいからである。九醜卦も、本記の方が経文を伝えているようである。『金匱章』の表現をみると、経文と釈文が逆のようにもみえるが、そこでは釈文のようにみえる本記と同文の条文が、経文を伝えているのであろう。この三件の経文は、早い段階に整備されていたようである。特に九醜卦と天網卦の本記文は、すでに『呉越春秋』に同文がみえ、『黄帝金匱経』ないしは『六壬式経』成立以前から、この表現が定着していたのであろう。

乱首卦およびそれと対になる贅聟寓居卦の構成要件文は、乱首卦の本記①と、贅聟寓居卦の『金匱章』㊀の冒頭の一文とが、経文を伝えているのであろう。贅聟寓居卦の本記①で経文が省略されるのに対し、乱首卦の本記に経文も記されるのは、続いて記される釈文の二件の構成要件文②④の双方に、経文の要件が関わるため、省略するわけにはいかなかったからであろう。

気類物卦・新故卦・三光三陽卦・天獄卦の四卦の構成要件文は、経文ではなく、釈文に基づいているのではないかとみられる。気類物卦は、経文・釈文の区別がつけ難いが、新故卦の『玉衡章』㊀の経文のような抽象的な表現の経文が、教科書段階にもあったのではなかろうか。類卦には陰陽師が所持した「課経集」のものとみられる、本記と同文の構成要件文（佚文史料36）が知られるが、これも釈文のものなのであろう。なお、新故卦の陽干日の構成要件文の下の割注文②は、晴明の私案文であろう。

天獄卦も区別がつけ難いが、対となる死奇卦を含む三奇卦の『卜筮書』第十三経の経文・釈文の関係をみると、やはり本記に前置される抽象的な表現の経文があったとみておいた方がよいであろう。

以上の諸卦の構成要件文の本書の抽出の仕方には、乱首卦・陰陽無親卦・九醜卦のように、経文の構成要件文に、経文をさらに具体的に説明した釈文の構成要件文を付したものと、無媼卦・天網卦のように、経文のみのもの、新故卦・贅聟寓居卦・三光三陽卦などのように、釈文のみのものとの三つの類型があるようである。これらには、その構成要件が経文だけで理解出来るか、さらに具体的な説明が必要か、抽象的な経文より、具体的な釈文の方が説明文として相応しいかという、晴明の判断が働いているのであろう。ただ、経文だけの両卦や、釈文だけのものの中でも新故卦の陰干日の例や、気類物卦・天獄卦などでは、なお説明が不足しているのではないかと思える面もあることは否めないであろう。特に無媼卦は、陰陽道内でも理解が行き届かなかったのではないかと思える程の混乱があるようなので、問題が残るといえばいえそうである。

なお、気類物卦・新故卦・無媼卦・天網卦・三光三陽卦・天獄卦には、本記段階と『黄帝金匱玉衡経』段階とで、説の発展した部分もあるようである。中には本記段階と「課経集」段階との間に発展したものがあるのかもしれないが、この点は現在では全く不詳である。

その所主文については、本記と『黄帝金匱玉衡経』との間で、ほぼ同文、ないし類似性の非常に高い表現のものは、乱首卦・天網卦・三光三陽卦の三卦だけであるが、そのほかにも同趣旨の内容を含むものがいくつかある。また、尊本・京本の注記の中にも、同趣旨の内容を含むものがある。

すなわち、気類物卦の本記の所主文④は、『玉衡章』とは共通性が認められず、本記と同内容のものは、『卜筮書』第十三経（三奇卦）にみえる。これは、もともとは五行の三位の性格から来ているのであろう。堪輿説段階からのものかもしれない。なお、『玉衡章』では、生位の気卦を吉象、死位の物卦を凶象（死の象）としているようである。

新故卦の所主文は、本記にはみえない。しかし、尊本の注記⑦⑩の両条は、表現は大分相違するものの、『玉衡章』㊃㊅と同趣旨の内容を含んでいる。尊本の注記の方にも誤字があるとみられるが、この両者はともに「課経集」の所主文を伝えているのであろう。この両卦は、教科書段階の所主文は、不詳とすべきなのであろうか。

無婬卦は、表現上の一致性は非常に低いが、『玉衡章』と同趣旨の内容が含まれている。乱首卦は、本記⑥の前半部は釈文の所主文を伝えていよう。後半部は『玉衡章』にみえないが、本書第二章の第一重審課の本記所主文③と対比すると、前半部には同文が含まれ、後半部も本章第四の重審卦の所主文②に同趣旨のものがみえる。ともに、もともと下剋上の性格から来たものであろう。また、京本の注記⑪に経文の所主文から来たものではないかとみられる条文がみえる。「課経集」の経文の所主文を伝えているのかもしれない。

贅聟寓居卦は、本記では②③の両段に分かれるが、『金匱章』㈡㈢でも、表現は大いに異なるものの、「経曰、……是謂（前段の所主文）、以此占吉凶（後段の所主文）」という体裁で、同趣旨のものが両段に分かれて記されている。また『金匱章』㈣には、尊本注記の本記と同文⑦に続く一文⑧と同趣旨のものもみえている。経文・釈文の区別は付け難いが、おそらく教科書・「課経集」の段階でも、両段に分けて説明されていたのであろう。また尊本注記⑦⑧文は、「課経集」文であり、⑧文は『卜筮書』第五経（狡童迭女卦）などにみえるものと同様、仮令文に続けて記された、十二天将ごとの所主の細かな変化の説明文の一部分が抽出されたものであろう。

九醜卦③は、前半部は堪輿説段階からの内容を伝えているのではないかとみられる。後半部の指期の部分は、同文が『新撰六旬集』にもみえ、教科書段階からのものとみてまず誤りないであろう。

天網卦は、③④の両段に分かれる前段③は、経文の所主文、後段④は、釈文の所主文をよく伝えているとみてよさそうである。『玉衡章』では、前段ⓑⓒの内容は、ほぼ同文を含むものが経文㈡と釈文㈢の両方にみえ、後段ⓓは釈文㈢中に同趣旨のものがみえる。また『呉越春秋』には、前段ⓑⓒとほぼ同文がみえ、賀茂光栄が所持した「課経集」文を伝えるのではないかとみられる条文（ただし条文そのものではないであろう）も、前段の一部とほぼ同文ⓒと、後段ⓓ

と同文となっている。おそらく、前段ⓑⓒの表現は、『黄帝金匱経』成立以前に整備されており、それにⓓ文が加わって『黄帝金匱経』の原初段階からの本記のような体裁が出来上ったのであろう。第二部二三五頁参照。

三光三陽卦は、本記では三光卦②と三陽卦④に分けて説明されているようにもみえる前段部分の後半④は、『玉衡章』では三光卦の釈文の所主文㊂としてみえる。本記は、「終必有喜」の上に「雖有凶将」などといった脱文があるのではないかとみられる。後段⑥は、非常に近い内容のものが『玉衡章』㊃にみえ、またほぼ同文を含むものが『玄女式経』佚文史料8の相生・有気・吉将といった吉象の所主文にみえる。もともとは、吉象の常套句から来たものなのであろう。

天獄卦②は、『玉衡章』では、表現は非常に異なるものの同趣旨のものが、前半部は釈文㊂の所主文中に、後半部は、仮令文㊃の所主文中にみえる。教科書段階では、本記のままの所主文があったとみてもおかしくないであろう。

『卜筮書』にもみえる八件の卦遇の検討に移る前に、『黄帝金匱玉衡経』『卜筮書』にみえない十件の卦遇について言及しておきたいと思う。

第十九玄胎四牝卦・第三十五墳四殺卦の両卦は、第十三三交卦の一法と一連のもの、第二十一曲直卦から第二十五潤下卦までの五卦も一連のもの、第三十二高蓋駟馬卦・第三十三斵輪織綬卦・第三十四鑄印乗軒卦の三卦も一連のものであり、みな三伝にまで発達した段階の卦遇である。そのうち玄胎四牝卦だけは、本記の検討が可能である。

玄胎四牝卦には、保延度の陰陽師間の相論に関連して、安倍泰親所持の「金匱経」佚文と安倍広賢所持の「本条」文が伝わっている。両人所持本の条文（佚文史料38参照）と本記とを対比すると、両人所持本とも「占遇此卦者」以下の所主文②に相当する部分を伝えている。泰親引勘文は、三字の脱字があるが、本記所主文の前半部とほぼ同文を伝える。それに対し、広賢引勘文は、本記所主文の前半部・後半部をともに伝える。同文の部分を含み、順序も同様であるが、途中の字句の異同は非常に目立つものとなっている。泰親引勘の部分だけでも二箇所相違している。泰親引勘文は、泰親所持の教科書か「課経集」文、おそらく「課経集」文であろう。三字の脱字は、所持本自体に脱字・脱文があったというよりは、泰親の引勘が十全ではなかったことを示しているのではないであろうか。それに対し、広賢引勘の「本条」文は何であろうか。筆者は、広賢流が所持していた「課経集」文であり、「課経集」から剝落し、書名が不詳となってしまった条文を指しているのではないかとみている。その条文の本記や泰親引勘文との字句の異同は、教科書と「課経集」との本来的な表現の相違の上に、晴明段階、さらにはその後の相伝の過程での転写などの際の誤写など派生的な要因が加わったものではないであろうか。つまり、前半部の本記と泰親・広賢引勘文との相違は、引勘態度や誤写などによるもので、本記・教科書・「課経集」の条文自体にはそれ程の相違はなかったのではないであろうか。ただ、後半部の場合は、本記と広賢引勘文との相違は著しいものがあるので、教科書段階と「課経集」段階とでも相当の異同があったのではないであろうか。

そのほかの卦遇は検討のしようがないが、稼穡卦と斲輪織綬卦の両卦には問題点の残るものがある。後でもう一度取り挙げたいと思う。

四　『卜筮書』にみえる卦遇

『卜筮書』にもみえる八件の卦遇では、本記・「課経集」・『卜筮書』の三者間の関係が、もう少しはっきりした形でみえて来る。

総体的にいえば、本記と『卜筮書』とは異質であるが、卦遇によって異質性の強いものと弱いものとに分かれる。

特に第十二帷薄不修卦・第十五竜戦卦・第十八跻跑卦・第二十八無禄卦・第二十九絶紀卦・第三十五斬関卦の六卦は、同文ないしほぼ同文の経文の構成要件文を伝え、竜戦卦・無禄卦・絶紀卦・斬関卦の四卦は、同文ないしほぼ同文の経文の所主文を伝える。例示される正日時も共通するものが多いので、一見すると共通性が高いようにもみえる。しかし、細部の内容をも検討すると、共通性の高そうなのは帷薄不修卦だけといっても過言ではない。

一方、「課経集」文、ないしは「課経集」文とみられる条文が、第十一狡童迭女卦・第十三三交卦・竜戦卦・無禄卦・絶紀卦の五卦で知られる。そのうち狡童迭女卦・無禄卦では、本記・『卜筮書』との関係がいま一つはっきりしないが、三交卦・竜戦卦・絶紀卦の三卦の場合は、本記とは異質性が強いのに対し、『卜筮書』とは近縁性がありそうな徴候を認めることが出来る。

これらのことは、この八卦には、本記つまり教科書段階から「課経集」への発展の段階に説や表現が発達し、『卜筮書』に受け継がれたものや、「課経集」段階から『卜筮書』への発展の段階に発達したものなど、卦遇ごとに段階によって発達の度合いに異なるものがあったことを示しているのであろう。これらの点を明らかにするために、次に個々の細部の検討に移ろう。

帷薄不修卦は、先述のとおり、本記の構成要件文①の前半部は、『卜筮書』の経文㈠の前半部と同文、所主文②は、その経釈文㈤の後半部は脱けるが、前半部と同文であり、構成要件文の後半部に、晴明の私案文を挿入した形となっている。本卦の場合は、原初段階からの経釈文が『卜筮書』によく伝えられていたのであろう。おそらく教科書・「課経集」も同様だったのであろう。

無禄卦は、本記の構成要件文①ⓐから所主文の前段②ⓑにかけては、『卜筮書』の経文の構成要件文㈠ⓐおよび所主文㈡ⓑと同文を、全くの同体裁で伝える。この部分は、教科書・「課経集」・『卜筮書』の三者とも同一だったのであろう。本文構成上の晴明の私案文「若占遇之者」を挟んで、本記の所主文の中段③は、『卜筮書』㊁の最初の「法曰」の中に同文の部分ⓒと、類似の趣旨の部分ⓓとがみえ、後段の「以此占人」の部分は、ⓕⓖとも『卜筮書』では、主に釈文㊂中に同文がみえるが、順序が異なるものとなっている。また尊本の注記には、『卜筮書』㊁の最初の「法曰」中の一文と同文⑤ⓗや、「仮令」文㊄中の一文とほぼ同文⑦ⓘもみえる。これらは本記にはみえないが、「課経集」文を伝えているのであろう。両者の対応関係については、第二部二三七頁参照。

本卦の場合は、同文・同体裁の部分を多く伝えるが、順序や表現に異なるところもあり、『卜筮書』とは異質という見方も出来よう。本卦と対になる絶紀卦の場合は、教科書段階と「課経集」・『卜筮書』との異質性がはっきりして来るので、本卦もその部類に含めてよいのであろう。ただ、晴明の改変の度合いをどうみるかという視点をも視野に入れると、本卦だけでは何ともいえないことになる。

狡童迭女卦は、本記の構成要件文①は、『卜筮書』㊀中の経文ではなく、釈文の方に対応するが、『卜筮書』の方が終伝玄武の要件が脱けている。本記が釈文によったのは、抽象的な表現の経文より、釈文の方が理解が届き易いと晴明が判断したからであろう。『卜筮書』の方で、終伝玄武の要件が脱けているのは、『卜筮書』の段階でこの要件の方を採用しなくなったからというのではなく、『卜筮書』の場合、釈文は例示される正日時と連動して本文を改変させる傾向があるようであり、この要件も本文改変の段階で、その説明文が省略されてしまっただけなのであろう。このことは、少なくともこの省略部分に関しては、教科書段階と『卜筮書』とは異質であったことを示しているといえよう。

ちなみに、仮示される正日時は両件とも『卜筮書』と共通し、戊戌8局に相当する正日時は、初伝天后、終伝六合の例、庚午2局に相当する正日時は、初伝六合、終伝天后の例。後者の初伝六合、終伝天后の要件は、陰陽道では採用していない。ただ、尊本注記⑤によると、陰陽師が所持した某占書では、終伝六合のほか終伝玄武の要件をも明示していたようである。この某占書が「課経集」かどうか何ともいえないが、「課経集」でもこの点が明示されていたのではないであろうか。もしこの想定が妥当であるとすると、「課経集」と『卜筮書』とは異質性の高いものであったことになるであろう。

本卦の本記の所主文②は、前半部ⓑは『卜筮書』の経釈文㊀中の一文と同文、後半部ⓒは同じく仮令文の所主文㊂中の一文とほぼ同文。前半部もこの仮令文の所主文中にほぼ同文がみえるので、字句が相違するだけのものという見方も出来るが、後述するように、この字句の相違は注意すべきであろう。

本卦には、陰陽師が所持した「課経集」の佚文（史料37）が知られる。『卜筮書』と対比すると、この佚文は、戊戌8局に相当する正日時の仮令文で、その構成要件文の部分は、『卜筮書』㊁の方が三箇所短い章句を補入した形となっている。その所主文の部分は、ⓒの「族蔽匿」の三字分が異なるほかは『卜筮書』㊂と同文。特に本記ⓑで「必」とする箇所は、『卜筮書』の仮令文の所主文と同じく「当」とする。従って、ⓑはやはり経釈文㊀の方と同文というべく、本記は教科書段階の本文を伝えており、「課経集」『卜筮書』には、それが経釈文と仮令文とに分けて伝えられたとみることが許されよう。またこれにより、本記の本文構成上で所主文を明示する「占事」は晴明の私案文であることも確実視されよう。なお、尊本注記⑦ⓓに、雑事占の所主文に挟まれて、「課経集」文とみられる一文がみえる。

本卦の場合は、これらによって教科書段階と『卜筮書』との異質性は明らかとみることが出来よう。また教科書と「課経集」間、「課経集」と『卜筮書』間でも異質な面があったとみることが許されよう。ただ、典拠書（教科書）の位置付けや、晴明の改変の問題をも視野に入れると、いま一つはっきりしない面も残ることは認めなければならないのかもしれない。

跅跑卦・斬関卦の両卦では、「課経集」との関係は不詳であるが、『卜筮書』との異質性が際立って来る。

跡跪卦の本記の構成要件文①は、『卜筮書』㈠の経文の前半部とほぼ同文。ただし、その後半部の「陰陽錯位」の要件は、本記では脱けている。本記の所主文③は、『卜筮書』では、経釈文㈡中や、本記と同じ正日時の局の仮令文中の所主文㈣に、ごく一部分同文を含む同趣旨のものがみえるが、全体的にみると表現の全く異なるものとなっている。

本卦の構成要件文では脱ける「陰陽錯位」の表現は、所主文③では「陰陽易位」とみえるので、教科書段階でもこの要件がみられていたことは確実である。しかし、教科書段階で構成要件文にこの表現が明示されていたかどうかは何ともいえない。本記と同一の局を含め『卜筮書』で例示される正日時の局は、両局とも「陰陽錯位」の要件をも満たすが、陰陽道では、この厳しい要件は採用していない。

この点については、次の二つの可能性が考えられよう。一つ目は、教科書段階では、構成要件文にはこの要件が明示されず、この厳しい要件は必須のものではなかったので、陰陽道もそれに従い、本記も教科書の表現に従ったが、『卜筮書』では、もともと仮令文には記されていたこの要件を、経釈文の方にも明記した。つまり『卜筮書』の釈文は、全面的に改変されていた（ただ、『卜筮書』段階でもこの厳しい要件が必須とされたかどうかは不詳）。二つ目は、教科書段階からこの要件は明記されていたが、陰陽道でこの要件を採用しないため、晴明が意図的に削除した。筆者は一つ目の見方の方が妥当性が高いのではないかとみているが、どうであろうか。

本卦の場合、「陰陽錯位」の問題からは教科書・『卜筮書』間の関係はいま一つはっきりしない。また「課経集」段階ではどうであったかも不詳である。しかし、所主文の表現がほとんど異なることを考慮すると、教科書と『卜筮書』の異質性は明らかといえるのではないであろうか。特に、京本注記⑥にみえる『神枢秘要経』佚文（史料11）の所主文も、同趣旨ではあるが表現が全く異なるものであり、そのような印象を強く受けるのである。

斬関卦の本記の構成要件文①は、前段は『卜筮書』の経文㈠とほぼ同文。本文構成上の晴明の私案文②〜⑨を挟んで記される所主文⑩も、その経文㊁とほぼ同文。また例示される正日時も同局を含んでおり、一見すると近縁性が非常に高いように見受けられる。ところが、本記の構成要件文①の後段にみえる「二三門戸」や、②④⑥⑧の四通りの例示で具体的に説明した部分の三件目の⑥にみえる「三天」の解釈が大きく異なっているのである。

本記では、「二三門戸」を、二月建・地戸の辰と、三月将・天門の戌、「三天」を辰・戌の天門・天関と、寅の天梁と解釈し、辰・戌・寅だけを構成要件にみているようである。陰陽道でもこれに従っている。それに対し『卜筮書』では、「二三門戸」を後二大陰の地戸と、前三六合の天門、「三天」を、六合・大陰の天門、辰・戌の天関、寅の天梁と解釈し、辰・戌・寅のほか、十二天将の六合・大陰をも構成要件としている。『卜筮書』に例示される二件の正日時は、局に直すと両局とも本記にみえるものと同一となるが、ともに六合・大陰の要件をも満たすものである。また、『卜筮書』の釈文の構成要件文㊂㊄は、両件とも例示の局㊃㊅にそれぞれ対応するものである。従って、六合・大陰をもみる厳しい要件が『卜筮書』段階でも必須のものであったかどうかは何ともいえないが、少なくとも『卜筮書』の釈文の構成要件文は、この厳しい要件を特殊化し、作文し直されたものであることは確実とだけはいえるであろう。

本卦は、構成要件文・所主文とも、基本的な部分は、教科書・『卜筮書』そして「課経集」とも、原初段階からの経文が伝えられていたといえよう。しかし、その具体的な説明の部分（釈文・仮令文）では、教科書段階と『卜筮書』では全く異なるものであったとみてよいであろう。本卦では「課経集」段階の本文は伝わっていないようである。本書の尊本⑬⑭・京本⑮の注記や『陰陽道旧記抄』にみえるものは、本文自体ではなく、加注者の私案を含め陰陽師の側の説を伝えているとみられるが、これらが教科書だけでなく「課経集」の説をも反映したものであるとすると、「課経集」段階でも教科書段階と同様で、『卜筮書』のような発達はみせていなかったことになるであろう。

つまり本卦の場合は、経文はほぼ同文でありながら、釈文や仮令文の部分は、教科書段階と『卜筮書』とでは異質性の際立つものであったということが出来よう。また、確言は出来ないが、「課経集」段階も教科書段階と等質で、『卜筮書』とは異質性の目立つものだったのではないであろうか。なお本記の四通りの例示には、後述のとおり問題の残るところがあるが、これは、晴明段階で生じたものというより、教科書段階からのものであって、教科書段階で先人の説が累積されていたことの反映ではないかとみている。

以上の両卦では、「課経集」段階との関係がいま一つはっきりしないが、三交卦・竜戦卦・絶紀卦の三卦では、本記と『卜筮書』との異質性の中には「課経集」段階から発生していたものがあったことが、明らかとなりそうである。まず竜戦卦は、本記の構成要件文①の前段ⓐは、『卜筮書』の経文㈠と同文、所主文も前段②ⓒは、同じく経文㈡と同文（『卜筮書』の方に脱文があり、同文とみてよい）であり、この部分は、原初段階からの姿がそのまま伝えられていったとみてよいであろう。

それに対し、本記の構成要件文①の後段ⓑと所主文の後段③は、『卜筮書』とは異質性の強いものとなっている。すなわち本記の構成要件文の後段ⓑは、教科書段階からのもの自体か、晴明が文意を採って作文した晴明の私案文か不詳であるが、『卜筮書』の釈文㈢および仮令文㈣中にみえる「行年卯酉」をも構成要件にみるという厳しい要件が脱けており、経文の要件だけを説明したものとなっている。陰陽道でも、この厳しい要件は採用していない。しかし、陰陽師はこの厳しい要件の存在自体は承知していた。京本の注記⑥にみえる『金海』佚文（史料4）に、『卜筮書』の釈文とほぼ同様の表現がみえ、そこにこの厳しい要件もみえる。『金海』は、『五行大義』の撰者としても知られる隋の蕭吉撰の兵書である。また、尊本の注記⑤には、『卜筮書』の釈文の構成要件文㈢の末尾ⓖから、釈文の所主文㈣の前半ⓘまで、途中省略された部分もあり、誤字も目立つが、ほぼ連続する一文がみえ、そこにもこの厳しい要件がみえている。尊本注記⑤のこの箇所全文が「課経集」文であったのか、それとも本卦と対になる跰跪卦の京本注記⑥（『神枢秘要経』佚文史料11）との関連から『神枢秘要経』文ではないかとみられる注記④中のⓕ文と一連で、「課経集」とは別の占書（『神枢秘要経』など）の条文であったのか、何ともいえないが、『卜筮書』と同文の部分は「課経集」にもあったのではないであろうか。

本記の所主文の後段③の方は、前半部ⓓは『卜筮書』の釈文の所主文㊃中にほぼ同文がみえるが（この部分は前述の尊本注記⑤では省略されている）、後半部ⓔは、釈文㊃や仮令文㊄の中に同趣旨のものはみえるものの、表現は異なるものとなっている。前述の「課経集」にもあったかとみた尊本注記⑤中の一文ⓘとも、表現は異なる。

この点をどのように解釈したらよいのであろうか。「行年卯酉」の厳しい要件は、教科書段階からあったという可能性がまず考えられる。この場合は、陰陽道ではこの要件を採用しないので、晴明が意図的に削除したということになろう。しかし、「行年卯酉」の要件は、依頼人が固定されてはじめて成立するものであり、正日時による卦遇の中にあっては、後天的・副次的な要件となる。正日時のみによる原初的な経文段階では、この要件はなかった可能性の方が強いことを考えると、もともと教科書段階にはなかった可能性の方が強いといえよう。おそらく、六朝期に入ってから発生したある特殊な事例の仮令の構成要件文が、それを受けた釈文の方にも明示されるという特殊化の段階があったのであろう。そしてその特殊化は、「課経集」段階ですでに果たされていたのであろう。

要するに本卦の場合は、本記すなわち教科書は、「課経集」や『卜筮書』とは異質性の強い古い段階の姿を伝えているとみてよいことになろう。所主文の表現の違いも、そのような印象を強く懐かせるものである。

なお、本卦では、「課経集」と『卜筮書』も異質であったと認めてよいようである。「一三卯酉門戸」を「日月門戸」で説明する一文が『卜筮書』の釈文㊂にみえるが、同内容のものが『六壬占私記』第七章にもみえる。この『六壬占私記』の「愚」説は、某陰陽師（賀茂氏とみている）の私説であろうが、「課経集」にはこの一文もあり、「愚」説はそれを受けたものとみられる。『卜筮書』は、仮令文の後に㈥「刑徳出入の法」という長文を付して、「二三門戸」説を補強しているが、「二三門戸」の説明は、先述の一文で充分であり、『卜筮書』の「刑徳出入の法」は「課経集」段階にはなく、この書に至ってはじめて補入されたものではないかとみられるのである。

三交卦の本記の構成要件文①②は、『卜筮書』の経文㈠ではなく、釈文㈡㈢の方に対応する。ただ、二種類とも同趣旨ではあるが、表現の異なるものとなっている。すなわち、①は『卜筮書』㈡の方が「為門戸之神」を挿入し、順序も逆にした形となっており、②も、②が「四仲の日で用が四仲の支」とする部分を、㈢は「四仲の支が用で、地支も四仲の支」とし、『卜筮書』の方が高度な表現となっている。

本記の所主文③は、釈文や仮令文にも、同文ないしほぼ同文がみえるが、経文とも同文であり、経文の所主文によっているとみてよいであろう。尊本注記⑧には、『卜筮書』㈥にみえるものとほぼ同文がみえるが、これは「課経集」文であろう。

本卦の「課経集」文とみられる条文が、『陰陽道旧記抄』にもみえる。某陰陽師の私案文に挟まれて記される二件の条文のうち、一件目㈠は、『卜筮書』の釈文中の最初の構成要件文㈡と同文を含む表現となっており、本記の表現との異質性が際立っている。二件目㈡および所主文㈢は、『卜筮書』の仮令文㈣の構成要件文の後半部から所主文までとほぼ同文で、本記にはみえない経文の「三交」の語義を説明した部分を含んでおり、所主文の明示の仕方「以此占人」も同体裁となっている。これは、「課経集」と『卜筮書』との近縁性が非常に高いものであったことを示しているのであろう。

本記の正日時は、両局とも『卜筮書』例示のものと相違する。二件目は尊本・京本とも不審であり、転写の際の誤写など、早い段階から混乱が生じていたのであろうが、一件目も相違するのはどうであろうか。「乙」と「己」は混同し易く、乙未2局も己未2局も、ほぼ同じ条件で本卦が構成されるので、殊さら問題としなくともよいようにも思えるが、やはり『卜筮書』とは異なる表現の占書が存在した可能性を示唆しているようにも思える。

本卦の場合は、「課経集」と『卜筮書』とは、同文・同体裁の部分を多く含む非常に近縁性の高いものであったといえよう。それに対し教科書は、表現や体裁の異質性が際立つものであったとみることが許されよう。そして、本記の構成要件文が経文ではなく、釈文によっているのは、晴明の選択を反映しているのであろう。

絶紀卦は、本記の構成要件文①ⓐから所主文の前段②ⓑにかけては、先述の無祿卦と同様『卜筮書』の経文のⓐ「経曰」ⓑ「法曰」と同文・同体裁。本文構成上の晴明の私案文「若占遇之者」を挟んで、本記の所主文②は、中段ⓒは、『卜筮書』の㊂二番目の「法曰」中(同文)、後段は、ⓓは「以此占人」を含め、仮令文の所主文㊄の冒頭部(ほぼ同文)、ⓔは㊁一番目の「法曰」の後半部(同文)、ⓕは㊂二番目の「法曰」の末尾、ⓖは「当此時」を含め、仮令文の所主文㊄の後半部(同文)という順序・表現の対応関係が認められる。大部分が同文ないしはほぼ同文であるが、順序が大分異なり、省略も目立つものとなっている。

本卦には、賀茂光栄が所持した某占書の条文が伝わっている(佚文史料35)。この条文では、「経曰」「法曰」の部分は、本記・『卜筮書』と同文・同体裁。所主文は、本記の後段の後半部ⓖ「当此時」以下は欠けるが、これはこの条文が、この書の本文全体を伝えるものではないことによるのであろう。また伝存部分も本文自体は伝えていない可能性がある。ただ、『卜筮書』と対比すると、この所主文は、表現は大分異なるものの、順序は、本記とは異なり、『卜筮書』と同じ順序を採る部分がある。すなわち、表現は異なるが本記にみえないⓗ文がまずあり、次いで本記の中段に相当する部分ⓒと、後段の中間部ⓔに相当する部分とが、『卜筮書』と同順、本記とは逆順となっているのである。また、この条文は、本記の後段の中間部ⓔに相当する部分を「章」字で明示する特徴がある。この部分は、「紀」の語釈に相当する部分で、おそらくもともとは別の典籍にあった一文を引載したものであろう。「章」字を付する引載文は、『五行大義』や『神定経』にもみえる。これらが同一の書のものかどうか何ともいえないが、特別な典籍によるものであったとはいえるであろう。おのおのの対応関係は、第二部二三九頁を御参照いただきたい。

この条文が「課経集」文自体かどうか何ともいえない。ただ、光栄がそれ程多くの種類の課経集を所持していたとは考え難いので、この条文は、「課経集」文自体、ないしは賀茂氏が所持した最も詳密な総合書の十巻本の課経の条文を伝えているとみることも許されるのではないかとも思う。それはともかく「課経集」も、この条文と類似の体裁を採っていた可能性が高いといえよう。『卜筮書』は、「章」字がみえず、表現も、省略と大幅な修辞の追加という増補改変がなされた形となっている。『卜筮書』がこの某占書の条文自体によったのか、類似の表現・順序を採る別の課経集の条文によったのか、ともかく、『卜筮書』に先行して、本記とは異なる表現・体裁を採る課経集文が存在したことは確実視してよいであろう。

このように、本卦の場合は、表現だけをみると大部分が『卜筮書』に同文を見出せるので、一見すると近縁性が高いようにも見受けられる。しかし、順序の問題をも加味すると、教科書・賀茂光栄所持の某占書・『卜筮書』の順での発達の跡をたどることが出来そうである。そして大きな改変は、教科書から光栄所持本への発達段階に起こっていたとみてよさそうである。従って、教科書段階ではともかく、本記の段階では、晴明が典拠書の条文を利用しながら作文し直したというような、晴明の改変の跡を殊さら想定する必要はないであろう。

なお、尊本と京本とで本記の字句の相違する尊本「継命」・京本「紀」の問題については、現在このような可能性もあるのではないかと考えている。すなわち、もし先述来のように京本より尊本の方に、より転写者（泰親）の手が加わっているとする想定が正しいとすると、京本の「紀」が教科書段階、つまり晴明撰述段階の姿を伝え、尊本の「継命」は転写者が「課経集」に基づいて改変した。「紀」「継命」ともに文意が通るので、あえてどちらかが誤字・誤写とみる必要はなさそうに思えるが、『卜筮書』の「継命」が「課経集」段階の姿を伝えているとすると、このような想定も成立するのではないかとも思うのである。

五　本書課経の本文構成と安倍晴明の撰述態度

本書の課経が教科書に基づいているとして、晴明は、本記の撰述に際し、その条文をどのように扱っていたのであろうか。この点について前二節では、構成要件文の場合は、経文だけで理解が届く時は経文によるが、経文があまりに抽象的で理解が届き難い時は、経文に釈文を副えたり、釈文だけで説明したりというような取捨選択を行なっていた可能性が高そうなことなど、いくつかを指摘してみたが、全体的には、本文構成の基本的な体裁を整える際に私案を加える程度で、本文自体にはあまり大きな改変は加えていなかったのではないかとみられる。

本記の本文構成は、「謂」として構成要件文を示し、「占事」などとして所主文を示し、割注文で「仮令」の正日時を示すというのが基本となっている。そして、構成要件文の末尾に「是也」など、所主文の末尾に「之象也」などを付して、純漢文の条文を和風に調え直している。もちろん「是也」や「之象也」といった表現が、中国撰述の典籍類にみえず、日本で案出されたものというわけではないが、本書や日本撰述の書程頻出するわけではないので、和風に整え直す際の表現として日本で利用されたのではないかと思うのである。

この構成要件文を明示する「謂」字は、本記で首に置かれた気類物卦の教科書段階の構成要件文の釈文の明示の字句を利用して、全体の体裁としたのではないかとみられる。

気類物卦の本記の構成要件文は、経文ではなく釈文によっているとみられるが、『玉衡章』では、この釈文を「此謂」字で明示する。三交卦も本記は釈文によっているとみられるが、『卜筮書』はこの釈文を「謂」字で明示している。『卜筮書』も『黄帝金匱玉衡経』も、「謂」字は、構成要件文の釈文より、所主文の経文に利用されることの方が多い。『黄帝金匱玉衡経』では、元首卦の『黄帝金匱経』佚文（史料32）に相当する条文（同文）を含め、多くの卦遇で、経文の所主文、ないしは卦遇名の由来を説明する条文が「是謂」字で明示される。『卜筮書』でも、第五経（狡童迭女卦）で「法謂」字、第八経で「是謂」字で、この部分が明示されている。もっとも『卜筮書』では、これに相当する部分は「法曰」字などで明示されることが多く、また第八経・第九経など仮令文中で使用された例もあり、必ずしも統一されているわけではない。

このように、「謂」字を構成要件文の釈文の明示に利用する例はむしろ少数なのであるが、教科書段階でもその首に置かれた気類物卦に用いられていたことから、晴明は意識して「謂」字を構成要件文の明示に利用したのであろう。帷薄不修卦など経文によった卦遇にも「経」字ではなく「謂」字を用いたのは、この字で一統する意識が働いていたからであろう。

所主文を明示する字句は、本記では多様であって、一統されていない。しかし、中には典拠書に従ったものもあるようであるが、晴明の私案も大分加わっているようである。卦遇の配列の順序によって私案にぶれもありそうなので、卦遇番号（本章の配列番号）をも示しながら、その字句と使用頻度を示してみると、次のようになる。重構造を取る所主文では、いくつかの字句が使用されているので、副次的とみられるものは（　）内に示しておく。ちなみに、卦遇番号1 2 32 33 34の五卦には、所主文自体、ないしは所主文の明示はない。

「占事」八件、3 9 11 12 13 15 36（19）、「此時占事」一件、6、「占事…当此時」一件、14、「以此謀事」一件、17、

「此時」一件、5、「当此時」四件、26（14 28 29）、「以此占事」一件、7、「以此占人」九件、4 8 10 16 31 35（27 28 29）、「若占遇之者」九件、18 21 22 23 24 25 27 28 29、「若占遇此卦者」一件、19、「若」三件、20 30（19）、「占事」「以此占人」「若占遇之者」の三つの使用頻度が高く、類似の表現をも加えると、連続して使用される傾向が読み取れる。一方、『卜筮書』では釈文・仮令文の所主文の明示の字句は、大部分が「以此占人」であり、『黄帝金匱玉衡経』も、明示の字句が使用されるのは半数程であるが、その半数程の大部分は「以此占人」「以此吉凶」である。また「当此時」の類は、ともに副次の明示の際に使用されている。「占事」の使用頻度は極端に少なく、それも副次の明示に限られている。『卜筮書』『黄帝金匱玉衡経』の使用例が、どれ程教科書段階を反映しているか不詳であるが、とりあえず本記と両書とを対比してみると、次のような形となる。

「占事」は、「以此占人」を書き改めた形と、明示のない部分に挿入した形とがある。『卜筮書』にもみえる卦遇では、帷薄不修卦と竜戦卦が書き改めた形、狡童迭女卦と三交卦が挿入した形といえよう。特に狡童迭女卦と三交卦は、仮令文の所主文には「以此占人」もあり、本記と同文ないしほぼ同文もみえるが、明示のない経文の方に主に基づいているとみられる。ちなみに狡童迭女卦は、「課経集」佚文でも、仮令文の方で「以此占人」を使用している。『金匱章』では虎視卦、『玉衡章』では乱首卦と陰陽無親卦が書き改めた形となっており、天獄卦は挿入された形となっている。所主文が重構造の玄胎四牝卦の場合は、後述するように副次の明示として用いられる「占事」は、もとからのものがそのまま利用されているようである。

「占事」は、『金海』佚文（史料１４）などにも使用例がみえるが、明示の字句としては教科書段階でもごく稀にしか使用されていなかったのではないであろうか。それに対し、本書でこの字が元首卦に始まり、最後の天獄卦にも使用されているのは、晴明に特別な意識があったことを示しているとみてよいのであろう。おそらくこれは、本書の書名が『占事略決』とされたこととも関係して来ることなのであろう。

「以此占人」は、教科書段階のまま使用されたもののほか、書き直されたものや挿入されたものもありそうである。そのまま使用されたとみられる重構造の卦遇については後述する。『卜筮書』にもみえる斬関卦は、明示のない経文によるので、挿入された形。『金匱章』にもみえる伏吟卦・贅聟寓居卦は「以此占吉凶」などを改めた形。陰陽無親卦の「以此謀事」などを含め、この類の改めた形にみえるものは、教科書段階のものに従っているのかもしれない。ただ、伏吟卦は、「課経集」佚文（史料33）とみられる条文では明示がなさそうなので、挿入された形とすべきかもしれない。また、三光卦の吉象句の明示は、『玉衡章』『玄女式経』佚文史料8とも「当此之時」とあるので、書き改めているかもしれない。

「若占遇之者」の類は、『卜筮書』には使用例がない。しかし「課経集」佚文とみられる玄胎四牝卦の条文（史料38）は、字句には大部異同も目立つが、本文構成上は、「若占遇此卦者、……占事……若……」という重構造が、本記とほぼ同体裁である。この卦は、教科書段階からの本文構成にほぼ従っているのではないかとみられる。「若占遇之者」は、この卦の一つ前の跡蹤卦から始まるが、晴明は、これ以降玄胎四牝卦の教科書段階に準じて、この字句を明示用に主に使用するようになったのではないかとみられる。跡蹤卦は『卜筮書』にもみえる卦遇であるが、『卜筮書』の所主文は本記とは関連性の薄いものであり、この字句は晴明の私案により挿入された可能性もありそうである。この点は、その他の重構造を取る卦遇をみると、よりはっきりしてくる。

所主文が重構造を取る七件の卦遇のうち、連続する竜戦卦・贅聟寓居卦・陰陽無親卦の三卦は、後段は、それぞれ「占事」「以此占人」「以此謀事」と相い異なるものながら明示の字句があるのに対し、前段には明示の字句がない。後段の明示字句は、竜戦卦の「占事」が「以此占人」を書き改めたとみられるほかは、教科書段階からのものに従っているのであろう。前段は、竜戦卦は、『卜筮書』では経文の構成要件文の後に続けて記され、陰陽無親卦も、『玉衡章』では同様の体裁となっている。贅聟寓居卦の場合は、『金匱章』とは所主文の表現が大分異なるが、体裁的にはやはり経文の構成要件文に続けて記されている部分に相当する。つまりこの三卦は、竜戦卦の本記については、経文の構成要件文と所主文の間に構成要件の説明文という晴明の私案文が挿入されているが、基本的には三卦とも教科書段階では、経文の構成要件文・所主文、釈文の構成要件文・所主文という体裁が割合はっきりしており、本記はそれに従って、もともと明示の字句のなかった前段の経文の所主文には、あえて明示字句を挿入しなかったのであろう。

それに対し、やはり連続する天網卦・無祿卦・絶紀卦の三卦の場合は、晴明が意識して所主文の冒頭に「若占遇之者」を挿入する形を取ったものとみられる。『卜筮書』にもみえる対となる無祿卦・絶紀卦の両卦は、本記では次のようなほぼ同様の体裁を取る。

謂（経文の構成要件文）、法曰（経文の所主文）、若占遇之者、……、以此占人、……、当此時、……、

「若占遇之者」以下の所主文は、『卜筮書』や、「課経集」佚文かともみられる条文（史料35）と対比すると、順序や表現に異同もみられるが、「以此占人」と「当此時」の字句は、それらにもあったとみてよいようである。この部分は、教科書段階にそのまま従っているのであろう。しかし、「若占遇之者」を挟んで、上文の「法曰」文と下文とは、教科書段階でも連続していた可能性が高く、「若占遇之者」は、晴明が「法曰」文と、下の所主文とを明確に区別するために挿入したものとみられるのである。

天網卦は、本記では、

謂（ⓐ経文の構成要件文）、若占遇之者、ⓑⓒ、以此占人、ⓓ、

という体裁をとる。『玉衡章』は、表現など異なる部分もあるが、

経曰、ⓐ、ⓑ、是謂、ⓒ、仮令、……、故言ⓒ、以此時、……ⓓ、という体裁である。所主文のⓑは、経文の構成要件文に連続する経文の所主文、ⓒは、「是謂」文で、この「是謂」文は、先述のとおり元首卦の「課経集」佚文（史料32）や、本書では九醜卦の構成要件文とされている一文（本記①）と同類で、経文の抽象的な所主文、ないしは卦遇名の説明文とでも呼ぶべき部分に相当する。いずれにせよ、ⓑは竜戦卦などの例に従えば、明示の字句のない経文の所主文の部分に相当するので、「若占遇之者」は、晴明が意識して挿入したものとみた方がよいように思える。

このように跅跑卦以降絶紀卦までは、課体による不審な所主を採用した聯茹卦と、堪輿経によった九醜卦の両卦を除いて、玄胎四牝卦の明示の字句に準じた「若占遇之者」で統一しようという晴明の私案が働いているとみてよいのであろう。

本文自体の改変は、晴明はどの程度行なっていたのであろうか。構成要件文の場合、経文をそのまま利用したもの以外は、多少文意によって作文し直している可能性はありそうである。課体による卦遇の多くはこの部類とみられ、『卜筮書』にもみえる卦遇では、狡童迭女卦・三交卦の両卦にこの可能性がある。帷薄不修卦と竜戦卦は、経文に私案文を挿入した形であるが、竜戦卦は、正確には「卯日用起卯上、酉日用起酉上」とあるべきところである。京本注記⑥で『金海』佚文史料4を引載するのは、その補正の意味合いもあるのかもしれない。ただこれらは、教科書段階からの表現の可能性もあろう。

所主文の場合は、多少複雑な問題が出て来る。ただ、『卜筮書』や『黄帝金匱玉衡経』との対比で、同文ないしほぼ同文を多く含みながら、全体としては近縁性がありそうという程度に止まるものは、晴明が教科書段階の条文の章句を多く利用しながら作文し直した結果を反映しているのではないかともみられようが、『卜筮書』にもみえる跅跑卦や、『金匱章』にもみえる贅智寓居卦などのように同趣旨ながら表現のほとんど異なるものが存在することを考えると、これらも教科書段階からのものとみて差し支えないのであろう。産事占・病事占の所主文を挿入したのではないかともみえる伏吟卦、射覆占の所主文によったかともみえる聯茹卦、堪輿経など別の典籍によったかともみえる九醜卦など、所主文に不審の残るものも、教科書段階からのものであって、あえて晴明の私案とみなくともよいのかもしれない。

問題は、『卜筮書』にもみえる卦遇のうち、仮令文の所主文を挿入した形の玄胎四牝卦と、「課経集」佚文かともみられる佚文（史料35）との関係で問題の残る絶紀卦の両卦の場合であるが、この点については後でもう一度取り挙げたいと思う。

「仮令」として割注で記される本章の割注文の部分は、多少問題が複雑となるが、基本的には教科書段階に基づいているとみてよいのではないかとみられる。ただ、気類物卦と新故卦は、『黄帝金匱疏』四巻によった可能性が残る。気類物卦では、木位と土位の部分に「仮令」として割注文が記され、尊本には木位の割注文の冒頭に「或疏」とみえる。新故卦では、同種の割注文が陰干日の部分にみえる。『玉衡章』第一経（気類物卦）・第二経（新故卦）と対比すると、前者は、「経」文・「此謂」文（釈文）に次ぐ「仮令」文に対応し、後者も、本文に大分混乱がみられるものの、「経」文に次ぐ「仮令」文に対応する。ともに構成要件文の釈文をさらに具体的に説明したもので、「課経集」段階からのものが踏襲されているのであろう。同趣旨のものは教科書段階からあったかもしれない。しかし、気類物卦の木性などの同位と、土性の三位の説は、やはり特殊なものというべく、故卦の陽干日の説も一説であるので、「或疏」の撰者の説が反映している可能性がある。従って「或疏」字は尊本の加注者が施した可能性が高いが、その割注文自体は、晴明段階からのものとみてよく、新故卦の陽干日の私案文と同様、教科書段階とは微細な点で異なるところのある説明文を、晴明が私案によって「或疏」に基づき書き改めたもの、ないしは挿入したものとみてよいのではないかと思う。この「或疏」は何であろうか。「疏」字で経釈文にさらに注釈を施した課経集であって、『黄帝金匱疏』四巻ではないであろうか。

一方、元首卦以降にみえる割注による正日時の例示は、「或疏」によって追加付注した可能性がまず考えられる。しかし、教科書段階からあったとみてもおかしくないのではないかとも思う。

この正日時は、『卜筮書』にみえる卦遇では、狡童迭女卦・無祿卦・絶紀卦・跻跪卦の四卦が、本書のものと同局とみてよい。また狡童迭女卦は、「課経集」佚文史料37のものとも同局である。ただ、先述のとおり三交卦のものが両局分とも『卜筮書』とは異なり、斬関卦のものは問題が残る。『卜筮書』にみえない卦遇では、九醜卦・稼穡卦・斲輪織綬卦の三卦に問題がある。

斬関卦の本記の構成要件文は、具体的な説明文が四段に分けて記されており、正日時もそれぞれに対応して例示される。一件目②は、四件に共通する第一課か第三課の天支が辰か戌の要件のほかに、初伝が寅の例。この例は二局ある。その正日時乙巳5局は、『卜筮書』の一件目㈣と同局。二件目④は、初伝戌、終伝寅の例。この例は一一局ある。『卜筮書』の二件目㈥の正日時庚午2局は、説明文としては本記の三件目に対応し、正日時としては本記の四件目に例示のものと同局となるが、内容的には、この本記二件目に対応する。三件目⑥は、三伝中に寅のみえる例。ただし、初伝寅は一件目の要件であるので、実質上は、中伝寅か終伝寅の例。その例示の正日時庚寅2局は、事実上本記二件目のものと同局となる。ただ中伝寅か終伝寅の例自体は、一一局あるとみられる。四件目⑧は、解釈に難しいところがあるが、第一課か第三課の天支が辰か戌（ないしは、第一課の天支が辰か戌で、かつ第三課の天支が辰か戌）の要件のみの例。寅の要件がみえないのは不審であるが、その例示の正日時は、甲午2局・庚午2局とも、二件目の例に属するものである。

このように、三件目⑥・四件目⑧例示の正日時は、二件目④の例に属し、四件目⑧の説明文も不審な点が残り、一見すると無用な検討と誤りを犯しているようにもみえる。しかし、これらは、先人の説に基づくこれらの説明文と正日時が累積されていったことによるのであろう。

おそらく本卦の構成要件は、原初以前はともかく、当初から三件目⑥のようなものであったのであろう。ただその説明文の表現が、四件目から三件目に進化し、その後もその段階の正日時が利用されながら、説明文だけ一件目②・二件目④のように特殊化が進行していき、『卜筮書』では先述のような特殊化がさらに進行したのであろう。そして、このような各進行段階の累積は、教科書段階ですでに果たされており、晴明はそれに従ったものとみてよいのであろう。

斬関卦と似た例に陰陽無親卦がある。本卦では具体的な説明文は三段に分かれ、それぞれ反吟卦有剋の際を特殊化したものであるが、二件目⑦の要件が最も緩く、一件目⑤・三件目⑨の順で要件が厳しくなっている。これも、特殊化が進行し、それが累積されていった跡を反映しているのであろう。そして当然のことながら、教科書段階ですでに果たされていたものなのであろう。

九醜卦の場合は、例示の正日時④は時刻の辰が四季の支であって、本記の構成要件②のうちの四仲の支の時刻の時という要件を満たしていない。『呉越春秋』巻五に「金匱第八」としてみえる正日時は、天支の大吉丑が日干上に臨む時という要件と、日干が辛という要件は本記と同様であるが、日支と時刻の支がともに四孟の支であって、本記の四仲の支の日支と時刻の支の時という要件とは異なっている。

本卦は、おそらく五千四支の堪輿説の段階から、それに大吉の要件を加えた六壬式の段階への進展のあと、四支の捉え方の相違と、時刻の支を要件とするかどうかを巡って、『呉越春秋』の説の段階、本書の例示の正日時④の説の段階、本記の構成要件文②の説の段階という発展段階があり、本書は、例示の正日時は古い段階のものを踏襲しながら、本記の構成要件文の方で進展した新説を示したのであろう。本記と例示の正日時との間の乖離は、一見すると正日時の方の誤りのようにもみえるが、そこにはこのような背景があったのであろう。これも、やはり教科書段階からのものであろう。

稼穡卦の場合も、例示の正日時の方に古説が残っている可能性がある。本卦の構成要件は、本記①では、日干が戊己の土性の日というのが前提条件のようであり、さらに、一件目は、初伝が丑か未、終伝が巳か午の時、二件目は、三伝中に四季の支と巳か午のいずれかとがみえる時とされる。それに対し例示の正日時③は、日干が水性の癸、三伝が戌・未・辰であるので、いずれの要件も満たしていない。正日時の方が誤りという見方も出来ようが、日支・時刻の支と三伝がみな土性であり、古くにはこのような構成要件の段階があったのかもしれない。

なお、本卦の土性の三位説も、普通の三位説よりは広いように見受けられるが、先述の気類物卦の土性の説とは相違する特殊な説のようである。この点をどう考えるか問題となるといえばなりそうであるが、とりあえず、これも教科書段階からのものとみておいてよいのであろう。

斲輪織綬卦の場合は、複雑な問題があり解釈も難しいが、構成要件文①と例示の正日時③に乖離があり、正日時の方が古説を伝えたものとみてよいように思われる。本卦の構成要件は、「謂」文①と「仮令」文③の両方にみえ、仮令文中のものは、謂文を具体的に説明したもので、連動関係にある。従って、例示の正日時庚戌3局・旦治の三伝が記述のとおりであれば、何の問題もない。ところが、この局の三伝は、記述のものとは異なるのである。この局は比用課であるが、比用課は原初段階から現代まで法の変化はなく、異同の起こりようがない。この場合、構成要件文と正日時との乖離の原因としては、仮令文の撰者が、本卦構成のためにあえてこの局の三伝を歪めた、あるいは、仮令文中の方に何か誤解があったなどが考えられようが、そもそもの原因は、説の進展に伴い正日時も改めるべきところを、古説の段階の例示の正日時をそのまま利用したため無理が生じたことにあるのではないかと思われる。

本卦の構成要件には、次のような進展があったのではないかと思われる。輪は車輪（卯）、乗は天支が卯、斲は天支卯の地支が金性、織は、十二天将が婦人の象（天后だけでなく陰性の吉象の六合・大陰をもみているようである。天一貴人と大裳はおそらく男子の象）、綬は印綬（戌）に相当する意味であるが、本記のようにこれらを三伝中のみにみるのは新説だったのではないかと思われる。卯―金の関係、いわゆる斲輪の関係に特別な意味をみることは堪輿説段階からあったと思われるが、六壬式の段階では、古説の段階として、斲輪の段階（『六壬大全』などでは必ずしも織綬の要件を必要としていない）と、斲輪に織綬の要件を合わせたが、三伝に限定しない段階とがあり、さらに三伝に限定する新説へと発展したのではないであろうか。例示の局は、本来であれば、用（初伝）ではなく、第一課日干上に斲輪と織の要件があり、初伝の要件は印綬と織となっている。つまり、この局は、このような古説の段階に例示されていたものとみるべきであろう。実は、初伝斲輪・織、中伝印綬の要件を満たし本卦が構成される局が一局だけある。辛丑3局の暮治の際で、初伝の十二天将は天后。本記①に示される構成要件のような新説の段階では、例示の局はこの辛丑3局の暮治のものに改めるべきだったのである。

本卦は、前後にある高蓋駟馬卦・鑄印乗軒卦と一連の吉卦で、本文構成の体裁もよく似ている。謂文と例示の正日時は教科書段階からのものであろう。しかし、仮令文中の構成要件文はどうであろうか。前後の卦遇にはこれがみえず、一考の余地がありそうである。ちなみに、尊本ではこの部分途中から本記扱いとなっているが、全文割注文とする京本の方が正しい。高蓋駟馬卦の「天馬」の部分も京本の方が正しい。また、この三卦の尊本の注記に、加注者の私案文とみられる構成要件の説明文がみえるが、斲輪織綏卦の注記④は、意図したものかどうか、辛丑3局の暮治に対応するものとなっている。つまり結果的に本記を補正した形となっているのである。

なお、これは卦遇の構成要件の発展とは直接関係ないが、高蓋駟馬卦の例示の正日時癸酉1局は、先述したとおり渉害課に三支段階から二干三支段階への発展があったことの明証となるものである。これも教科書段階で果たされていたことであろう。

そこで問題となるのは、斲輪織綏卦の仮令文中の構成要件文の撰者が誰かということであるが、二つの可能性が考えられそうである。一つ目は、この仮令文は、たとえば前述の「或疏」段階からのもので、晴明はそれに従って補入したとするもの。二つ目は、この仮令文は、晴明の私案文で、教科書段階からの構成要件文と例示の正日時との乖離に気付かずに謂文に合わせて作文したとするもの。筆者は、後者の可能性もありそうに思うが、どうであろうか。

一体、教科書段階の仮令文には、正日時の例示以外に、構成要件や所主の具体的な説明文はあったのであろうか。また、教科書は『黄帝金匱経』系統の中では原初的な姿を留めるものという前提に立って解説して来たが、この前提は妥当なものだったのであろうか。謂文の構成要件文の中に、例示の正日時より新しい段階のものとみられる説が見出され、それと連動する仮令文の構成要件文も見出されるに至って、このような疑問も禁じ得なくなって来る。そしてこの問題は、先に留保しておいた狡童迭女卦や無祿卦・絶紀卦の所主文の問題や、晴明の改変の度合の問題とも関わってくるものであろう。

この問題については、筆者は現在のところこのようなことを考えている。教科書段階では、仮令文の構成要件文・所主文はなく、また新説の発生やそれらの累積などは、教科書とされた原初的な『黄帝金匱経』の成立以前に果たされていたものであって、一見しただけでは、教科書は「課経集」より後次のもので、それを簡略化し再編集したものかともみられるような徴候も、「課経集」に先行する原初的な『黄帝金匱経』の段階ですでに果たされていたものとみるのである。

原初的な『黄帝金匱経』の姿を伝える教科書の課経は、三十六卦で一巻、発達した課経集の段階では、六十四卦と総卦数は倍近くに増えているが、巻数は三巻か四巻とさらに二倍近く増巻されており、一卦ごとの説明文の総字数は、原初段階より大幅に増大していたとみてよいであろう。そしてその増大分は、経文の構成要件文・所主文はほぼそのまま踏襲されていたとみてよさそうなので、大部分が、釈文の増補改変と仮令文の新加増大に当てられていたのではないであろうか。

また、『六壬式経』や原初的な『黄帝金匱経』の成立は、六壬式の誕生からすでに四百年ほどは経っていたとみられ、三伝の法にまで発達していたが、この間に早い段階に成立した説程進展を重ね、累積も進んでいたことであろう。特に所主文が重構造を取る卦遇では、累積の度が強かったように思われる。先行する占書ないし典籍の段階で、経文・釈文・仮令文の本文構成がすでに成立していたかどうかは何ともいえないが、短い章句に分解すると、その多くが先行書の段階で創出されていたことであろう。

従って、仮令文の所主文を利用したかにもみえる狡童迭女卦や、短い章句の順序を入れ替えただけかにもみえる無禄卦・絶紀卦等々のように、「課経集」の方が先行書で、教科書はそれを改変・簡略化した可能性も検討すべきかという印象を懐かせるようなものも、それぞれ先行書の利用の仕方が異なったことによるものであって、教科書と「課経集」の前後関係に影響を与えるものとはみなくともよいのであろう。つまり、教科書は先行書を総合化し簡略化する方向で利用したのに対し、「課経集」は、先行書個々の条文の原型を尊重し重層化、複雑化する方向で利用したとみるのである。正日時の例示も、説との乖離の問題を含め、先行書段階のものが、ほぼそのまま踏襲されていたのであろう。

要するに、伏吟卦・聯茹卦の所主文や、斵輪織綬卦の仮令文中の構成要件文のようになお不審な点が残るものはあるものの、おおむねは、晴明は、教科書段階の本文に大きな改変は加えておらず、改変は、経文・釈文の選択や、釈文の文意による作文、あるいは本文構成上のいくつかの点など、本質的とはいえない部分に止まっていたとみてよいように思うのである。

おわりに

本書の前段に属する各章のうち『黄帝金匱経』に依拠するとみられる諸章について、大きく課経以外の諸章と課経の章（第二十六章）とに分けて、検討を加えてみた。そして課経以外の諸章も課経の章も、『黄帝金匱経』系統の諸占書のうちの、陰陽道で教科書とされた書に基づいて撰述されていること、ただ、その本文を比較的良く伝えている部分もあるが、多少晴明が私案によって改変を加えた部分や、大幅に簡略化した部分もあり、また、晴明が私案文を挿入した部分もあること、その私案文の中には晴明が誤りを犯しているようにみえる部分もあり、中に尊本・京本の加注者によって修正されているところもありそうであることなどを指摘してみた。

『黄帝金匱経』と称される占書には、六朝期の早い段階に成立した原初的な姿を伝える総合書や、その課経の部分のみを独立させた課経集など、具体的な占書としては数種類あるが、そのうち陰陽道で教科書とされたのは原初的で簡略な総合書であり、専門書とされたものには、詳密な総合書の十巻本や、三巻本ないし四巻本の「課経集」があったとしてみた。ただし、現在教科書ないし「課経集」の本文と確信をもって特定出来る条文は、一件もない。にもかかわらず、本書の本記の典拠書を教科書とみた理由として、次のようなことを指摘してみた。

まず課経以外の諸章については、『黄帝金匱経』佚文として伝わる条文と同文、ないし同様の特徴を伝える章句が本記文にみえることや、第九章の「老気」などのように、同じく六朝期でも早い段階の特徴を伝える用字がなされていること、そして何よりも、第五章・第十一章・第十六章に関連する条文について、賀茂氏と安倍氏の所持本にほぼ同書といってもよい程の共通性が認められるが、このような占書としては教科書以外には考えられないことなどを挙げてみた。

課経の章については、『安倍有行記』『諸道勘文』や本書の尊本・京本の注記、『陰陽道旧記抄』など陰陽師所持本の状態を伝える典籍類にみえる『黄帝金匱経』佚文、ないしは『卜筮書』『黄帝金匱玉衡経』との対比でその佚文と認めてもよいとみられる書名不詳の条文は、その大部分が「課経集」佚文とみられるとした時、本書の本記・「課経集」・『卜筮書』等との間には、この順序での発展の跡が認められるが、そのような性格の本記文は、教科書文とみるのが最も相応しいことなどを挙げてみた。

晴明の撰述態度としては、次のようなことを指摘してみた。

課経以外の諸章では、第一章は教科書とほぼ同文を伝え、第二章・第三章、そして第四・第五・第十の各章も比較的よく教科書段階の本文を伝えているが、晴明が私案文を挿入した箇所や、文意をとって作文し直した箇所、省略した箇所、『黄帝金匱経』段階とは異なる陰陽道の法の方に修正した箇所などもありそうであるとしてみた。支干陰陽五行説に関する諸章は、原形を止めない程作文し直されているようである。

課経の章では、本文構成上は、教科書段階を参考にしながらも、晴明が私案によって整え直してあること、教科書段階の本文の抽出を巡っては、本文に忠実に従った部分、本文に私案文を加えた部分、文意をとって私案文に作文し直した部分など、取捨選択の上理解し易いように工夫を加えてあることなどを挙げてみた。

そのような私案文の挿入や作文の態度をみると、晴明は、六壬式占に関し相当程度の知識を有しており、また、『黄帝金匱経』段階と陰陽道とで相違する部分のあることも承知していたようである。第三章の十二天将の向きに関する細かい説明文などは、晴明の理解度の深さを示すものであろうし、第二章の伏吟無剋の際の変化の大幅な省略に対する反吟の割注文や、第十三章相破法の新加は、この部分に『黄帝金匱経』段階と陰陽道とで相違するもののあったことを承知していたことを示しているのであろう。第三章の旦暮法や、第二十二・第二十三・第二十五の各章も陰陽道の通用の法に従ったものである。

ただし、本文の抽出や私案文の挿入の中には、晴明が果たして六壬式占の細部にまで通暁していたか疑問を懐かせるようなものもあるとして、次のようなことを指摘してみた。

課経以外の章では、第二章に目立ってみえることであるが、その第五遙剋課の渉害の深に関する説明文と第八反吟無剋の岡日に関する説明文については、教科書段階にはなかった、晴明の蛇足とでもいうべき無用の一文を挿入していること、第八反吟無剋の柔日の用の求め方に関する「衝」については、その意味が正しく理解出来ておらず、誤った割注文を付していることなどを挙げてみた。

課経の章では、その第一・第二の『黄帝金匱疏』四巻からとみられる割注文の新加や、構成要件文の作文などには、晴明がそれなりに六壬式占に通じていたことが窺える。しかし、第二十三稼穡卦・第二十六九醜卦・第三十三斲輪織綬卦といった構成要件文と例示の正日時との間に乖離のみられるものや、第十七陰陽無親卦・第三十五斬関卦のように構成要件文に複雑なものがみえる場合は問題が残る。

これらは、構成要件に発展段階があり、構成要件文と例示の正日時の乖離は、古説段階の正日時を改めずに新説の構成要件を示したことによるものであり、構成要件文間の複雑さは、発展の各段階のものがそのまま累積されていったために起こったものである。これらについては、一応教科書段階からのこととみたが、もしそうであるなら、その責任が晴明にあるとはいえない。ただし、その点に晴明が気付いていたかどうかは、問題となろう。殊に、斲輪織綬卦の仮令文は問題である。本記の構成要件文が新説、例示の正日時が古説段階、それに対し仮令文の構成要件文は、古説段階の正日時で新説を具体的に説明したものとみられるが、この正日時では、新説は成立しないのである。この仮令文の構成要件文は、教科書段階にはなかった可能性の方が強いので、課経集の某撰者が強引に付会したものを晴明が挿入したか、場合によっては、晴明がその矛盾に気付かないまま私案文を作文した可能性もあるかとみてみたが、いずれにせよ、この正日時では新説が成立しないことに気付いていなかったとすると、晴明の知識の程度には不安を懐かざるを得ない点の残ることは否めないであろう。

本記のそのような不備の中には、尊本・京本ともその注記の方で克服されたものもあるとして、次のような諸点を指摘してみた。

本書の前段に属する諸章にかかる尊本・京本の注記のうち、六壬式占法に直接関連する条文は、『神枢霊轄経』『神枢秘要経』『六壬大撓経』などに基づくものもあるが、『黄帝金匱経』に基づくものでは、課経の章の大部分は、また課経以外の章でも第二章の多くは、「課経集」の佚文を伝えるとみられる。教科書段階の本文を伝える第三章旦暮法の京本注⑤などは、晴明が陰陽道通用の法に基づいた部分を補正したものであるが、多くは本記の説明不足の点を諸書の条文で相補う意味で付注されたものとみられる。本記の若干の不備では、第二十六章の第十五竜戦卦の京本注⑥『金海』佚文で克服した例などが挙げられ、第三十三斲輪織綬卦の尊本注④のように、加注者の私案文で克服した例もある。

晴明段階の不備の加注者による克服として、最も注目されるのは、第二章の第八反吟無剋の際の用の求め方の「辰之衝」に関する割注文である。この部分は、京本の割注文が晴明段階の本文を伝え、その晴明の誤りに気付いた加注者が、京本では注記で補正し、尊本では割注文自体を修正したとみてみた。このことから、尊本と京本の、少なくとも六壬式占法に関する注記の注記者は同一人であり、院政時代の安倍泰親の可能性が高いのではないかとしてみた。さらに、この京本が晴明段階、尊本が加注者段階の姿を伝えるという特徴に注目して、京本と尊本とで本記の用字が相違するもののうち、第二十六章の第七の京本「沈」・尊本「深」、第二十九の京本「紀」・尊本「継命」は、京本が教科書段階の用字、尊本が「課経集」の用字であり、京本のような教科書に基づく晴明段階の用字を、尊本の加注者が「課経集」に基づいて修正したものとみてみた。ちなみに、京本と尊本との用字の相違の中には、別の視点で捉えるべきものもありそうであるが、この点については終章で触れ直したいと思う。

これらの例からも、加注者は六壬式占について相当の研鑽を積んでいたとみてよいようである。注記の内容があまりに断片的であるのはいかがかとも思うが、これは致し方のないことかもしれない。

しかし、加注者、特に尊本の加注者が安倍泰親として、その加注者（安倍泰親）の知識が十全であったかというと、注意を要する点もありそうである。この点に関して本論中では、第二章第八の尊本注⑧の本記と同様の誤りを指摘してみたが、もう一つ、泰親が伏吟杜伝課で、一族の長老格で直接の師でもあった安倍晴道と反目する余り、先祖の吉平や晴道も奉ずる陰陽道通用のものとは異なる三伝を案出したことを取り挙げてみた。この三伝は、泰親が本書の本記の省略部分を確信犯的に曲解して案出したとみられ、その後泰親流独特の家説として子孫に受け継がれていったようである。

第二十六章第二十七の天網時に関する尊本注記⑤も誤解し易い表現がとられている。実際、この部分が誤解されたのか、鎌倉時代の安倍氏は、六壬式占による天網時としては相応しくないものを凶時として採用している。

また、尊本・京本の注記には、特に尊本の注記には、賀茂氏と安倍氏の所持本の質に関連しそうな誤字・脱文が目立つ。両氏の所持本の問題としては、教科書は両氏とも共通性の高い本文のものを所持していたとみられる。従って、教科書に基づくとみられる本書の本記については、あまり注意を払わなくともよいのではないかと思われる。しかし、専門書で詳密な総合書の十巻本は、賀茂氏は所持していたが、安倍氏は所持していなかった可能性が残り、「課経集」は、『神枢霊轄経』などと同様、両氏の所持本に質の相違があったようであり、賀茂氏の方が良質のものを所持していたようである。尊本の注記の誤字・脱文の責任の過半は、その転写者に帰すべきであろうとは思うが、中に加注者段階、さらには晴明段階にまでさかのぼるものがないかどうか、細心の注意をもって検証に当たらなければならないであろう。


しかし、以上に述べて来たことのうち確信をもっていえそうなものは、ほとんどないことも事実である。一応、確信の持てそうなものや、妥当性の高そうな徴候からある構想を立て、個々の細部の検証作業にも慎重を期したつもりではあるが、それも現段階での私の構想なり解釈なりである。判断が付きかね、かりにある方向に立った場合の可能性を指摘したに過ぎないものもある。特に教科書・「課経集」の具体的な占書の同定は、留保せざるを得なかった。たとえば伏吟卦では、本記・「課経集」佚文・『神枢秘要経』佚文のそれぞれに、同文と推せる条文が含まれているが、このように、同文がみえるからといって、同一の占書と同定するわけにはいかないのである。まして、所持本段階・書写者段階をも視野に入れなければならないとすると、その占書自体が霧散してしまっている現在では、占書の比定は厳密には不可能といってもよい程、非常に困難なことは御承知いただけるのではないかと思う。

本稿では、原初的な教科書、やや進化した「課経集」、『神定経』『卜筮書』などに同文のみえる本記は教科書文、注記は「課経集」文などと比較的単純に類型化し、卦遇の配列順なども筆者の基本構想に従ったが、それらが妥当なものであったのかどうか、異なる立場からの見解が成立しないかどうか、一つ一つ検証し直してみる必要があるであろう。場合によっては、教科書は日本での再編集本、本論中で教科書段階からのものとみたものも、実際は晴明の私案文などといった可能性も、可能性としてはあり得るのである。

要するに本稿は、学問的にはたたき台の一つ程度の価値しかないことを、改めてお断わりしておきたいと思う。なお、尊本と京本の性格については、本稿の終章、教科書・「課経集」の性格や、具体的な占書の比定、各陰陽師間の所持本の性格などの問題については、本著第三部の第二章・第三章などで、所論をもう少し展開してあるので、そちらを御参照いただきたい。

第三章　雑事占と その『神枢霊轄経』との関係

はじめに

本書の後段に属する十章で扱われる雑事占は、第二十七章と第二十八章は病事占で、第二十七章が、病事が何の祟りかを占う占病祟法、第二十八章が、死に至るような重病かどうかを占う占病死生法、第二十九章と第三十章は産事占で、第二十九章が、いつ生まれるかを占う占産期法、第三十章が、生まれる子が男か女かを占う占産生男女法となっている。第三十一章は、待ち人が来るかどうかなどを占う占待人法、第三十二章と第三十三章は、失せ物占で、第三十二章では雑物、第三十三章では六畜が扱われる。第三十四章は、伝聞したことが信用できるかどうかなどを占う占聞事信否法、第三十五章と第三十六章は、晴雨占で、行事を予定している日に、第三十五章では、雨が降るかどうかを占う占有雨否法、第三十六章では、晴れるかどうかを占う占晴法となっている。

六朝期ごろの雑事占の内容をよく伝えているとみられる『黄帝竜首経』や、六朝期から北宋ごろの雑事占の内容を伝えているとみられる『六壬占私記』などの雑事占を扱った諸占書では、数十件に及ぶ雑事占が取り挙げられているが、本書で扱われたこれらの雑事占は、陰陽師が実際に占申の依頼を受けそうなものばかりであり、晴明は、それなりの意図によって、これらの雑事占を選択したもののようである。

もっとも、本書で扱われた雑事占の各法が、実際の利用に堪えられるようなものであったかというと疑わしいという印象の方が強い。陰陽師が実際に占った例を、本書の内容で理解してみようとしても、ほとんど理解出来ないというのが実情である。

本書の雑事占の各章の典拠として利用された占書は、不審な点の残るものもあるが、大部分は、六朝期の陳の楽産撰『神枢霊轄経』であったようである。しかも、その中でも比較的初歩的な方法が選択されているようである。

晴明は、典拠書のどの部分をどのように抽出したのであろうか、抽出された諸法は、六壬式の発達段階としては、どの程度に位置付けられるものだったのであろうか。本書で扱われる条文一つ一つの解釈は、読解編の方に譲り、ここでは、本書で扱われる各法が、六壬式の発達段階のどの辺りに位置付けられるものなのか、非常に乏しい情報の中で、どのように本書の典拠書を『神枢霊轄経』と比定したのか、そして、晴明は、その典拠書のどの部分をどのように抽出したのか、といった問題に焦点を絞って、雑事占にかかる本書の後段の十章の解析を進めてみたいと思う。

なお、本章については、本著第三部第五章に付した各古占書の略解説およびその佚文集成をも御参読いただきたい。

一　雑事占の占い方

六壬式は、前漢代から発達していた支干陰陽五行説などに基づく堪輿説を、六壬式盤を用いて複雑化させることから発達していったものであるが、その初期の段階から、先に説明して来たような、占時の正日時による天地式盤の組み合わせ方、つまり天盤月将―地盤時刻という組み合わせ方が利用されていたわけではない。また、正日時による場合でも、はじめから四課三伝の法にまで発達していたというわけでもない。これらは、六壬式が相当程度にまで発達した段階のものであって、正日時によらない段階や、正日時によるものでも三伝にまで発達しない段階のものもあったのである。

雑事占の場合は、むしろこのごく初期の式盤の組み合わせ方によるものの方がよく発達していた。本書にみえる雑事占では、少しく発達した比較的初期の段階のものから、正日時による用にまで発達した段階のものが中心となっているが、中でも、正日時にはよるが四課にまでも発達しない段階のものが、大部分を占めている。

もっとも、ここでいう発達度は、必ずしも時系列上のものではなく、方法の複雑度からみたものである。もちろん時系列上の発達段階を反映したものもあるのであろうが、現在では後漢初から六朝期までの間の六壬式の発達段階をたどり直すことは、不可能といってもよい程非常な困難を伴うと予想されるので、ここでは、あくまでも式盤の組み合わせ方と、その見方という、六壬式の方法上の複雑度の視点から、本書の雑事占の各法の位置付けを、まず行なってみたいと思う。

日本で行われた六壬式盤を利用する説の中で、最も初期の段階に属するものとみられるものが、当梁年の説明文の中にみえる。当梁年は、正殿の造営を忌む歳として、平安時代からその日時の択申の際に利用されていたものである。普通は堪輿説段階の説明文で解釈される。しかし、中に六壬式盤を利用したものと理解できる説明文もみえる。そこでは、天盤が天梁とされる辰・戌、地盤が地梁とされる子・午の式盤の状態で、天盤、大歳の元使の功曹寅の下の地盤の支が、その歳の大歳の支と同じ時、その歳を当梁年とすると説明する。前著第一章参照。

天盤　　地盤
┌辰・戌――子・午
└功曹寅――地支（当梁年の大歳の支）

当梁年の場合は、式盤の状態は固定的であり、この説が六壬式によるものというより、この説を六壬式盤を利用して説明し直したものとみた方が妥当であろうと思うが、ごく初期の段階の六壬式に属するもので、陰陽道でも実用されていたものでは、陰陽不将日や、六壬式による厄歳説がある。

陰陽不将日は、嫁取りに大吉とされ、嫁娶の択日の際に利用されたが、天盤河魁戌（人の命運を掌る北斗七星の魁）、地盤月厭（暦注の厭日）の式盤の状態で、ある条件のもとに採られた干と支からなる干支の日をいう。この説は、堪輿説でも説明されるが、六壬式盤を利用したものから出たとみた方が理解しやすい。拙稿「陰陽不将日について」（『年代学（天文・暦・陰陽道）の研究』所収）参照。

天盤河魁戌――地盤月厭

月厭は月ごとに変化するので、式盤の状態は十二通りとなる。

六壬式による厄歳説は、天盤が未、地盤が戌の式盤の状態で、地盤、ある年の正月朔日の支の上の天支に当てられた象で、その歳内の厄災を占うというもの。未は夏至―冬至ラインに属する。またこの式盤の状態は、天盤正月将、地盤正月建のラインでもある。拙稿「太一式占の命期説と六壬式占の厄歳説」（『天文・暦・陰陽道』所収）参照。

┌未（夏至）――戌
├正月将・亥――正月建・寅
└天支　　　――正月朔日の支

この天支の象で、歳内の厄災を占う。

天皇の即位や、皇后の立后、東宮の立坊、摂政関白を含む上級貴族の着陣・着座などの日時択申に利用されたのではないかとみられる、六壬式による択日説は、正日時を利用するものではあるが、非常に特殊なものである。たとえば、天皇即位の場合は、ある正日時の天盤月将―地盤時刻という式盤の状態で、天皇の象である天一貴人の乗る天支が有気、その臨む郷（地支）が有気の時、その正日時が天皇即位の吉日・吉時となるというもの。このような状態になる正日時をあらかじめ択んでおいて択日に利用するというのである。拙稿「具注暦に注記される吉時・凶時注について」（『民俗と歴史』一七）参照。

┌月将　　　　　　　　──時刻
└天一貴人・天支（有気）──地支（有気）

本書の雑事占の式盤の組み合わせ方は、六壬式による厄歳説のような特殊なものを利用して式盤を組み合わせる段階から始まっている。

すなわち、占産生男女法④にみえる方法は、天盤、女の象の伝送申、地盤、（夫か妻の）本命という天地式盤の組み合わせ方によるもので、この式盤の状態で、（妻の）行年の上の天支が陽支なら男の子、陰支なら女の子が生まれるとする。

┌伝送申──（夫か妻の）本命
└天支　──（妻の　　）行年

この天支が陽支なら男、陰支なら女。

次の段階の、正日時のうちの一部は利用するが、天盤月将—地盤時刻の天地式盤の組み合わせ方ではない特殊な方法が、本書の雑事占ではいくつか採用されている。

占病死生法④にみえる方法は、天盤が天の殺神の大吉丑、地盤が発病日の日干という組み合わせ方。この式盤の状態で、病人の行年の上の天支が、死の象の辰・戌かどうかで、死に至るかどうかを占う。

┌大吉丑　　　　——日干
└天岡辰・河魁戌——病人の行年

占晴法⑥にみえる方法は、行事予定の正日時のうち月将と月建を利用するもの。天盤月将—地盤月建という組み合わせ方で、この式盤の状態で、天盤、晴天の象の丙・丁の下の地支の五行の干・支からなる干支の日が、行事予定の日の干支と一致するなら晴れとする。時刻をも求めることが可能であり、あらかじめ決められた行事予定の時刻が晴天となるかどうかという占申のほか、晴れとなりそうな行事予定の日時をあらかじめ択申する際にも利用出来るものである。

┌月将　——月建
└丙・丁——地支

この地支から、晴天の日の干支や時刻が求められる。

しかし、何といっても六壬式で最も発達していったのは、正日時、それも天盤月将—地盤時刻の式盤の組み合わせ方を利用するものである。ただし、この場合もすぐに三伝の法にまで発達したというのではなく、特殊な関係をみるものから、日辰の段階、日辰陰陽（四課）の段階、用の段階、三伝の段階と、順次発達していったのである。

まず、正日時の天盤月将—地盤時刻の組み合わせによるものでも、先述の天皇即位の日時占申法のように、特殊な関係に注目して推断するという方法は、本書の雑事占では最もよく利用されたものの一つであり、六朝期までには、この段階の方法が大いに発達していたようである。

占産期法①にみえる方法は、この式盤の状態で、地盤、妻の本命・行年の上の天支が午であれば、即日の産などとする。②も、この式盤の状態によるものであろう。

月将　——時刻
勝先午——妻の本命・行年　→即日産

占聞事信否法①にみえる方法は、この式盤の状態で、天盤「大神」が、地盤の孟・仲・季のどの支の上にあるかによって、信用出来るか、出来ないかを占うもの。

月将——時刻
大神——孟　→不可信

六朝期以前の雑事占では、この地盤孟・仲・季の状態で占うという方法が、よく発達していたようである。本書では、「月将をもって、時に加え」と明記されないので、式盤の状態が不鮮明となっているが、地盤孟・仲・季を利用するものは、みなこの段階のものとみておいてよいであろう。

占産生男女法②の、天一貴人が孟上にあれば男などという方法や、占待人法①の、天盤「遊神」を利用する方法、占六畜逃亡法②の、天盤辰・戌を利用する方法が、これである。

占晴法には、⑤天盤河魁戌、地盤孟・仲・季を利用する方法のほか、①天盤子などに天一貴人・後二大陰が乗れば曇りなどとする一連の方法もみえる。もちろん、天盤月将—地盤時刻の式盤の状態によるものである。

月将　——時刻
（天一貴人）・（子・亥）
（後二大陰）・（午・巳）——地支　→陰

特に④では、天盤丙・丁を利用する方法が示されている。先述の⑥天盤丙・丁を利用する方法は、天盤月将—地盤月建の式盤の状態によるものであったが、④は、その地盤は時刻であるので、式盤の状態は異なるものとなって来る。

月将 ──時刻
丙・丁──地支 →晴日

天盤月将─地盤時刻の式盤の状態で、日・辰つまり日干上と日支上を利用する段階、四課でいえば第一課と第三課だけを利用する段階も、本書の雑事占では発達したものとなっている。次のような方法がみえる。

占病死生法の③にみえる、天盤、墳墓の象の四季神の丑などに、死葬の象の白虎が乗り、その地支が、病人の行年ないしは、日（日干）・辰（日支）の時は、死という方法。

正日時　月将　──時刻
日干上　（白虎）・（丑・未）──日干 →死
日支上　戌──日支
行年上　亥──病人の行年

占盗失物得否法①にみえる、天一（の乗る天支）や、日（日干上）・辰（日支上）が、物類神や盗将の玄武を剋せば、盗失物は戻って来るなどという一連の方法。

正日時　月将　──時刻
日干上　・A──日干
日支上　・B──日支
天一　天一・I──地支
物類神　J──地支
盗将　玄武・K──地支

ABIがJKを剋せば、戻って来る。

占六畜逃亡法①にみえる、日干上・日支上の天支が、螣蛇・玄武の乗る天支や物類神を剋せば戻って来るなどという一連の方法。

(?)　螣蛇・L——地支

ABが、JKLを剋せば、戻って来る。

占有雨否法①②にみえる、日干上・日支上に、雨・風の象の子亥卯がみえれば、雨などとする一連の方法。これは、行事予定の時刻に晴れるかどうかという占申のほかに、あらかじめ晴れそうな日時を択んでおく択日にも利用出来る。

正日時　　月将　　——時刻

日干上　（子・亥）——日干　↓雨

日支上　（卯）　　——日支

占病死生法①にみえる次の方法は、堪輿説でも解釈出来るものであるが、六壬式としてはこの段階のものとして解釈すべきものである。「日を身とし、辰を病として、病剋身は重い病、身剋病は軽い病」と表現される。これを堪輿説で、病剋身を辰剋日、身剋病を日剋辰と見立てて、下剋上の日の発病なら重い病、上剋下の日の発病なら軽い病、同様に相生日の発病なら心配ないなどと解釈することも可能であろう。しかし、六壬式としては、天盤月将—地盤時刻の式盤の状態での、日干上の天支と日支上の天支との間の相剋関係をみるというのが、最も六壬式らしい解釈となる。

六壬式では、日辰相剋は、

正日時　月将——時刻

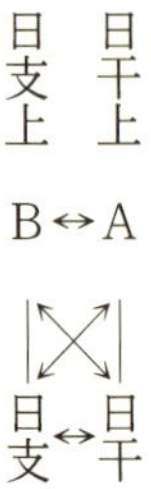

と、↔で示した四通りの相剋関係がみられる可能性がある。このうち地盤の日干・日支間の相剋関係が堪輿説段階のものとなる。もちろん六壬式では、この四通りのすべての解釈が可能であり、「日辰」相剋・「日辰上」相剋と表現される方法の場合は、表現は異なるが、ともにこの四通りの解釈を想定しておいた方がよいであろう。右の最も六壬式らしいとした「日辰」相剋をAB間の相剋と解釈する説は、室町時代の陰陽師の撰述になる『六甲占抄』にみえるものであり、「日辰」相剋・「日辰上」相剋の解釈の代表として示したものである。

占病死生法②にみえる方法も、この段階のものであるが、いくつかの解釈が可能なものである。「白虎が日を剋せば、重い病、日が白虎を剋せば、軽い病」とされる。白虎は申金性であるが、これは堪輿説でも、火金木の相剋の関係から、白虎金が、日干木を剋する甲乙日の発病なら重い病、日干火が白虎金を剋する丙丁日の発病なら軽い病と解釈出来ないことはない。しかし、六壬式としては、白虎の乗る天支と、日干上の天支との間の相剋関係をみるというのが、最も六壬式らしい解釈であろう。

この場合の天盤―地盤の関係を、

正日時　月将　――時刻
日干上　　A――日干
白　虎　白虎・I――地支

と示すと、「白虎」の側は、白虎、I（白虎の乗る天支）、そして場合によってはその地支という、二ないし三通り、「日」の側は、A（日干上の天支）、日干という二通りが解釈上の対象となる。堪輿説段階の解釈として示したものは、このうち白虎金性と日干間の相剋関係であったが、六壬式らしい解釈としては、白虎とA間と、IとA間との二つの相剋関係がまず考えられる。そのうちIとA間を最も六壬式らしい解釈としたのは、『六甲占抄』に、白虎とA間ではなく、IとA間の相剋関係をみる解釈がみえるからである。先に解説した、天一貴人や玄武なども、この解釈に従っている。もっとも『黄帝竜首経』では、この両方の解釈がともに採用されており、事情は複雑である。

正日時による天盤月将―地盤時刻の式盤の状態で、日・辰のほかその陰陽をもみる段階、つまり四課でいえば、四課ともにみる段階のものは、本書の雑事占では、一つだけみえる。占盗失物得否法③にみえるもので、「日往きて、辰の陽神を剋せば」は、「日」は日干（ないし日干上。つまり第一課）、「辰の陽神」は、日支上の陽神、つまり第三課の天支であるので、日辰の段階となるが、それに続く「辰の陰神来たりて、日の陽神を剋せば」は、「辰の陰神」は日支上神の陰神、つまり第四課の天支、「日の陽神」は、日干上の陽神、つまり第一課の天支となるので、四課ともにみる、日辰陰陽の段階のものとなる。

正日時　月将――時刻
第一課（日上陽神）A――日干
第二課（日上陰神）A'――A
第三課（辰上陽神）B――日支
第四課（辰上陰神）B'――B

日干（ないしA）が、Bを剋せば、失せ物は戻って来ない。B'がAを剋せば、失せ物は戻って来る。この場合、第一課が原因の象、第四課が結果の象という意識が芽生えていたといえようか。

ちなみに、四課は日辰陰陽から用を求める段階になってから日辰陰陽を呼んだものであるから、この段階の日辰陰陽を四課で呼ぶのは、厳密には正しくない。

日辰陰陽の四課から求められる用（直用神）の段階のものは、本書の雑事占には、占産生男女法と、占待人法にみえる。占産生男女法の①③にみえる両件の方法のうち、①は、「用が上剋下にあれば男、下剋上にあれば女」とある。これは、普通に解釈すれば、用が上剋下に起こる時（つまり元首課の時。ただその他の課用法でも、用が上剋下の時なら含まれるかもしれない）、下剋上に起こる時（重審課）となると思うのであるが、『六甲占抄』には、非常に特異なものなのではないかと思えるような解釈が示されている。「上」を日干上神、「下」を用神とし、日干上神と用神との間の相剋関係をみるというのである。

正日時　月将──時刻

第一課　A　──日干

用　　　C　──地支

『六甲占抄』では、A剋Cを上剋下とみて、男、C剋Aを下剋上とみて、女とする。

占産生男女法③と占待人法③とは、用の天支に乗る十二天将の象で占うもの。

占病祟法は、日辰陰陽の段階のものと用の段階のものとがありそうであるが、また、三伝の段階、さらに三伝と日干上・日支上などを含む六壬課式全般をみる段階にも利用出来そうである。第三節で解説する。

本書の雑事占の本記文の方では、三伝にまで発達した段階のものは、明確な形では見出せないが、尊本・京本に注記される条文では、正日時による特殊な式盤の状態のものから、三伝にまで発達した段階のものまでを見出すことが出来る。ただ、後述する一条を除いて、天盤月将―地盤時刻の式盤の状態を利用する段階からのものとなっている。

たとえば、第二十七章の尊本注⑩（第二部二四七頁の⑪）と、第三十二章の尊本注④（『集霊』佚文）は、この式盤の状態で地盤の孟・仲・季を注視するもの、第二十九章の尊本注③、京本注④は、天盤の寅などを注視するもの、第三十一章の尊本注⑤（『集』佚文）は天盤辰戌、第三十五章の尊本・京本注の③④は、天盤青竜・白虎を注視するものというように、特殊なものを注視する段階のものである。

日辰の段階のものは、第二十七章尊本⑪（二四七頁⑫）、第三十四章の方で扱った、第二十八章にかけて注される尊本注②〜⑦（二五九頁）、第三十一章尊本注⑥⑧があり、用の段階のものは、第二十七章尊本注⑫（二四八頁⑬）・京本注⑬（同頁⑭）、第二十八章尊本注⑥⑦（『大橈』佚文、二四七頁）、第三十一章尊本注⑦がある。

第二十七章の尊本注⑥⑦にみえる『妙』佚文（二四七頁⑧⑨）の場合は、全体的にみれば用にまで発達した段階のものとなる。同尊本注⑦は、三伝にまで発達した段階のものであることが明確に知られる唯一の例であるが、実は、雑事占の所主から来たものではないかと思える条文が、本書第四章・第五章や、第二十六章の尊本・京本の注記にみえ、明確な形ではないが、三伝にまで発達した段階のものも多いのではないかと思われる。

さて、先にも何度か解説して来たとおり、六壬式は、天地式盤を組み合わせ、その式盤の状態で何ものかに注視し、その注視したものに当てられた所主で推断するという占法であるので、それらのいずれかの説明文が欠落していても、占法としては成り立たないことになる。そのうちの天地式盤の組み合わせ方についていえば、本書の雑事占の場合、不備も目立つものとなっている。

本書では、特殊な式盤の組み合わせ方では、第三十章の④「以伝送、加本命」、正日時にはよるが特殊な式盤の組み合わせ方では、第二十八章の④「以大吉、加初得病日」、第三十六章の⑥「以月将、加月建」という明示の一文がある。また、正日時の天盤月将―地盤時刻の組み合わせ方も、第二十九章の①ほかで「以月将、加時」と明示されている。

本書の不備の一つは、何を占時とするかが必ずしも明らかでないことである。第二十八章の④で「初得病日」つまり発病日の日干と明示されるのがめずらしい例である。『黄帝竜首経』では、この占時について一条を当てる例が多くみられる。

不備の二つ目は、「以月将、加時」の一文の明示されない条文が目立つこと。たとえば第二十八章では、①②ともこの式盤の状態によっているとみられるが、明示されるのは③文となっている。この例のように、ただ明示がないだけで、内容から推察することが出来るものであれば何ら問題はないのであるが、占時の内容、式盤の組み合わせ方に細心の注意が払われていないために、解釈に苦慮させられるものがいくつかみられる。

第三十章の⑤は、前文の④と同様に特殊な式盤の状態によるものかとも解釈出来ようが、この解釈では矛盾点が生じて来るので、天盤月将―地盤時刻の式盤の状態によるものと解釈した方が妥当であろう。第三十六章の④は、⑥と同内容を含んでいるので、重複かとも解釈出来ようが、あえてそこまで考えなくともよいのではないであろうか。この両条については、「又云」にそれなりの意味、つまり異なる段落の持つ意味を認めてもよいのであろう。

第二十八章の⑤は、『黄帝竜首経』にみえる類似の法が、天盤月将―地盤時刻の式盤の状態によっているようなので、読解編の方では、この式盤の状態のものとして解釈してみた。しかし、⑤文には「又云」「一云」などの字句がないので、④と一連のものとも解釈出来る。この場合は、正日時によるものでも特殊な式盤の状態の段階のものとなる。この解釈も可能なのではないかとも思うが、その場合、季節の五行の五季説や、十二天将の配当が、天盤月将―地盤時刻の式盤の状態でなくとも、正日時に立つものでさえあれば可能であることになる。五季説については別に問題ないと思うが、十二天将の配当はこの段階からとみてもよいのであろうか。なお検討の余地が残るとしておいた方が無難のようにも思える。

第三十章の④は、「本命」「行年」の指示がみえないが、『黄帝竜首経』『医心方』ともに「夫本命」「妻人遊年」と明示される。この部分、晴明が典拠書の本文を抽出する段階で省略・改変を加えた可能性がありそうにも思うが、どうであろうか。

筆者が最も問題視しているのは、第三十一章の④である。「又云」などがないので、③と一連の条文とみられなくもないが、この条文の本来の本文は、尊本注の④'文であり、晴明は、この本文を本書に抽出するに当たって、省略・改変を加えたとみた方が妥当ではないかと思うのである。この場合の天地式盤の状態は、正日時によるものではあるが、天盤月将―地盤時刻ではなく、天盤は、待ち人が出立した際の出門の時刻、地盤は、出門した歳の大歳の支という非常に特異な式盤の状態となる。

これらの不備の問題は、本書の典拠の問題、特に典拠書における条文の順序と、晴明がそれを抽出した際の選択や、省略・改変の問題が、微妙に関係して来るとみられるので、次節では、これらの問題にも目を配りながら、本書の雑事占の各章が基づいた典拠書について検討を加えて行きたいと思う。

二　『六壬占私記』にみえる雑事占

本書の雑事占の各章は、その大部分が、六朝期の陳の楽産撰『神枢霊轄経』に基づいて撰述されているようである。確かにこの書が本書の典拠となったことを示す直接の証拠は何もない。しかし、本書の本記文、ないしは尊本・京本の注記文と、『六壬占私記』にみえる条文とを対比してみると、本書の本記文の多くと、ごく少数の注記文とは、『神枢霊轄経』から出ているとみてよさそうなのである。つまり、『六壬占私記』で「神枢」（『神枢霊轄経』）を出典とすることが確実とみられる部分に、本書の本記・注記にみえる条文がかなりみえる。一方、『神枢霊轄経』より後次の占書を出典とする部分の条文は、本記のものよりは発達した法を伝えているようである。

そして、『六壬占私記』や『黄帝竜首経』と対比すると、本書の本記は、『神枢霊轄経』段階の本文を大分省略していること、尊本の注記の中には、それを補正したとみられるような条文もみえること、尊本・京本の注記の中の『神枢霊轄経』より後次の占書を出典とする条文の中には、『六壬占私記』などの中に対応するものがみえることなどが、明らかとなって来る。

中でも、占待人法と占聞事信否法の両章の場合は、その明確な徴候とみてよさそうなものが認められるので、まず占待人法の章の検討から始めたいと思う。

本書第三十一章占待人法は、『六壬占私記』第七章行人来否法に対応するが、両者を対比すると、『六壬占私記』のこの章は、大きく前半部と後半部とに性格を分けて捉えてよいようである。なおこの部分については、本著第三部第一章も併せ御参読いただきたい。

『六壬占私記』の前半部の㋑文は、本書本記③文に対応するが、③が「用」とする部分を、㋑は「三伝」とし、㋑の方がやや発達した段階を伝えているようである。『六壬占私記』㋺㋩文に続く㋥文は、本記④文に対応するが、実は、この㋥は、尊本注④の「神枢」佚文を発達させた形となっている。つまり、④が、天盤出時―地盤大歳という特殊な式盤の組み合わせ方で期日を求めるだけなのに対し、㋥は、この式盤の組み合わせ方から始めて、順次組み合わせ方を変化させて、期日の時刻・日・月・歳を次第に別個に求めていくという発達したものとなっているのである。

㋺文の出典は不明であるが、㋩文は、尊本注⑤の「集」佚文とほぼ同文であり、出典は『集霊金匱経』とみてよいようである。㋺は、実は㋑を発達させたもので、その「天一前」の部分を、十二天将の天一前の五将につき、各将ごとに分けて所主をみたものであり、筆者は、㋑は『神枢霊轄経』よりやや後次の『六壬式枢機経』段階ごろ、㋺は㋩

と同様、大分後次の『集霊金匱経』段階ごろのものとみてもよいのではないかと考えている。㊁は『枢機経』段階とも『集霊金匱経』段階ともいえないが、少なくとも『神枢霊轄経』段階よりも後次のものであることだけは確実であろう。

このように『六壬占私記』の前半部の㋑～㊁が、『神枢霊轄経』より後次の占書を典拠としているのに対し、その後半部は、『神枢霊轄経』を主な典拠書としているようである。そして、その部分に本記①①'②文に対応する条文がみえるのである。

すなわち、『六壬占私記』で「神枢云」として掲出される数文の中に、㋭文と㋬文がみえ、少し置いてまた「神枢云」とした数文の中に㋣文がみえる。そして、本記①は『六壬占私記』㋬、②は㋭、①'は㋣に、それぞれ対応しているとみてよい。

このように『六壬占私記』の後半部の㋭㋬㋣は、直接「神枢云」と明示されるものではないが、「神枢」すなわち『神枢霊轄経』から来ているとみてよさそうであり、それらと対応関係が認められる本記①②①'も、『神枢霊轄経』文とみられるのである。ただし、本書は、その本文を忠実に抽出したものではないようである。①①'は、『六壬占私記』では、四遊神（大神）と遊戯神との二つの神格をみているのに対し、本書では遊神のみとする。その遊神は、春秋は『六壬占私記』の遊戯神、夏冬は『六壬占私記』の大神の方を採用しているようである。

本記②に対応する条文は、実は『黄帝竜首経』第二十六章㊀㊇（本条文は佚文史料2として掲出）にもみえ、これは『六壬占私記』とほぼ同文を含むが、さらに詳密なものとなっている。それに対し、本書は非常に簡略化されたものとなっている。すなわち、本書は、東南行人と西北行人の両条の個別説明文の最初と末尾の部分だけを抽出し、冒頭部の総括的説明文（これは『黄帝竜首経』のみにみえる）、個別説明文の中間部、「仮令」とある例示の説明文が省略された形となっている。

要するに『六壬占私記』は、『神枢霊轄経』段階より発達した方法については、発達した方法の方を前半部に集め、発達のみられない方法は、『神枢霊轄経』段階のものをほぼそのままに、その後半部に集めているという印象を強く受ける。それに対し、本書の本記は、みな『神枢霊轄経』に基づくものとみてよいであろう。すなわち、①①'②文は、それを非常に簡略化して抽出したもの。③④文は、条文自体は『六壬占私記』にみえないが、それは『六壬占私記』ではその発達した方法の方を提示してあるため。そして④文は、尊本注④'の「神枢」佚文が本来の姿であり、④は晴明がそれを簡略化したものとみられるのである。先に④の式盤の組み合わせ方は、④'のような特殊なものであったであろうとしたのは、このような理由からである。おそらく④'は、晴明段階の④の不備に気付いた尊本注記の加注者が、本記の不備を相い補ったものとみてよいのであろう。

本書第三十四章占聞事信否法は、『六壬占私記』第二章処聞虚実占法に対応するが、実は、本書第二十八章の尊本注記にみえる②～⑦文（本章の方に付した条文番号）も、本章に関係して来る。第二十八章の尊本注記のうち、最初にみえる「大撓」（『六壬大撓経』）佚文の⑥⑦両文（第二十八章の方に付した条文番号）もこの雑事占にかけるべきものであるが、その占事の伝聞事項が人死に関するもので、占病死生法とも関連性が深いことから、第二十八章にかけられてしまったとみられる。それに伴い、伝聞事項一般に関する②～⑦も、本章ではなく、第二十八章の方にかけられてしまったのであろう。

本記①①'および尊本注②～⑦と、『六壬占私記』との対応関係をみると、次のようになる。すなわち、『六壬占私記』には㋑の前に、本書にはみえない接待法と人格に関する両文があり、次いで本書②③④にそれぞれ対応する㋑㋺㋩がみえる。ほぼ同趣旨とみてよいが、㋑㋺㋩の方が正確とみられ、②③④にみられる誤字もない。次の㊁は本書にみえないが、『六壬式枢機経』佚文史料4とほぼ同文である。

次いで、「神枢云」として数文が示されるが、その中の㋭㋬㋣は、本書とは⑥⑤⑦の順で対応する。㋭⑥は「神枢云」と明示される条文。㋣⑦は、実は『黄帝竜首経』第五十九章㊀も類似の趣旨であるが、これは「神枢第五、占所聞虚実篇」から引かれたもののようである。そして、本書にはみえない四条を示したあと、「又云」として本書の本記文①①'がみえるのである。

このことから筆者は、『六壬占私記』は、この章も前半部は『枢機経』など『神枢霊轄経』より後次の占書の条文を集め、後半部は『神枢霊轄経』から集めたのであろうとみている。尊本注記も、そのすべてが『大撓経』佚文というのではなく、②③④は『枢機経』から出たもの、⑤⑥⑦は『神枢霊轄経』から出たものとみてよいのであろう。また本記①①'も『神枢霊轄経』から出たものであろう。そして『神枢霊轄経』では、この雑事占は第五章目が当てられ、その編目名は「占所聞虚実篇」というものだったのであろう。

もっとも『六壬占私記』や『黄帝竜首経』の出典事情は、このように単純なものではなく、もう少し複雑であった可能性もある。方法の発達度からいうと、『六壬占私記』の前半部と後半部とにそれ程の差があるとは思えない。しかし、表現の面からいうと、②の「日上神」「辰上神」を明示する点など、『神枢霊轄経』段階より大分新味が加わっているように思える。『枢機経』段階よりさらに後次のものかもしれない。『黄帝竜首経』も、『神枢霊轄経』段階のものそれ自体を伝えているわけではないであろう。ただ『六壬占私記』では、㋣について「イ」（異本に言うの意）として用の段階にまで発達したものを注記しており、発達した段階の方法の示し方にそれなりの配慮を払っているようである。『六壬占私記』『黄帝竜首経』の出典事情と発達度の問題は、なお多くの検討余地がありそうであるが、とりあえずここでは、『六壬占私記』の後半部に対応関係が認められる尊本注記の⑤⑥⑦と、本記①①'が、『神枢霊轄経』から出ていることはまず誤りないとみておきたいと思う。

ただし、本書の尊本注記は『神枢霊轄経』の本文を忠実に伝えているとはいえないようである。その前半部に対応する②③④もそうであるが、後半部に対応する⑤⑥⑦は、誤字・脱文の目立つものとなっている。その多くは、注記の施された尊本を再転写した際に派生したものとみられるが、⑤の「従上刻（正字は辰上神）」などのように、加注者が加注する前の段階で発生していたのではないかと思えるようなものもある。本記①、①'の場合は、表現を多少整えた程度のものであった可能性もあるが、晴明段階・加注者段階の所持本の性格についても注意を払う必要がありそうである。筆者は『六壬占私記』は賀茂氏の撰とみているので、その条文は賀茂氏所持本の姿を伝えているとみているが、晴明段階・加注者段階の所持本の姿はどのようなものであったのであろうか。もう少し厳密な検討が必要のようである。この点については、本著第三部第二章でも扱っているので、そちらを御参読いただきたい。

第三十二章占盗失物得否法も、『神枢霊轄経』に基づくものとみてもよいのではないかと思われる。

本章は、『六壬占私記』では第三十七章盗物得否法と第三十八章失物得否法の両章が対応する。そのうち第三十八章の方に、本記文と対応する条文がみえる。すなわち、第三十八章には、㋑〜㋭の五条がみえるが、㋑が本記③、㋺が①、㋩が②に対応し、ほぼ同文を伝えるとみてよい。㋥㋭は、本記にみえない。一方、第三十七章の方は、本記とは対応関係が認められない。

両章とも出典名を明示するものはないが、筆者は、第三十七章は、第三十八章より後次のもので、『枢機経』段階程度のもの、第三十八章は、それに先行するもので、『神枢霊轄経』段階程度のものとみている。つまり、この両章の区別は、「盗物（盗難によるもの）」「失物（紛失によるもの）」というような占事によるのではなく、方法の発達度によるものであり、前述の占待人法などでは、後次のものを前半部、先行のものを後半部というように、一章内で分けていたが、この占盗失物では両章に分けたとみるのである。

まず第三十七章の㋑は、第三十八章の㋩および本記②と関連性があるが、㋑は、②に「玄武所居神」と「玄武陰上神」とに分けたものであり、㋑の方がやや発達した方法となっている。また、第三十七章の㋩は、尊本注記④の「集霊」佚文と関連性があるが、④の方が、外部犯か内部犯か、犯人は男か女かなどというように、所主の発達したものとなっている。つまり㋩は、『集霊金匱経』に先行する占書の条文とみられる。

それに対し、第三十八章は、その㋩および本記②が、第三十七章の㋑より先行するが、本記にみえない㋥㋭も、『枢機経』に先行するように見受けられる。つまり、㋭で包括的に説明される物類神の個々の所主が『枢機経』佚文史料2にみえ、この個別的所主の方が後次とみられる。また、その物類神の一つを利用した「文書紛失事」という個別的な方法が『陰陽道旧記抄』にみえるが、これも『枢機経』佚文の可能性があり、㋥も、これに先行する包括的な説明文に相当するとみてよさそうなのである。

要するに、本記および第三十八章文を『神枢霊轄経』文とみる明確な証拠は何もないのであるが、『枢機経』に先行する占書で晴明が典拠書として利用出来そうなのは、この書以外には考えにくいという意味で、その出典は『神枢霊轄経』であったとみてもよいのではないであろうか。一方、第三十八章の典拠書つまり『神枢霊轄経』より後次で、『集霊金匱経』に先行する占書となると、『枢機経』『大撓経』などが考えられる。第三十七章は、その段階程度の占書に基づいているとみてよいのであろう。

ちなみに、『六壬占私記』第二十七章の㋑㋺とほぼ同内容のものが、『黄帝竜首経』の第十八・第十九の両章にみえる。ともに『黄帝竜首経』の地の文にかかるもので、表現は『黄帝竜首経』の方がやや詳しいものとなっている。この場合は、『黄帝竜首経』の地の文は『神枢霊轄経』より後次で、『枢機経』段階程度の内容を伝えているとみてよいのであろう。また、京本注⑤の「本条」は、『枢機経』段階に先行するもので、『神枢霊轄経』段階程度の内容を伝えるとみてよいのかもしれない。

なお、『陰陽道旧記抄』の「文書紛失事」ないし同種の法は、陰陽道の占法に何らかの影響を与えたものとして、筆者が注目しているものである。そこにみえる指方法は、晴明が実用し、光栄・吉平段階で陰陽道通用の法に修正された法と同一の方法に立っている。また、その指期法の指日法は、本書の慶事期の指日と一部似た趣旨に立っている。紛失した文書が出て来る日の指し方を、文書の物類神功曹寅木との相生関係に求め、相生関係水木火の水・火より壬癸丙丁日を指日としている。本書の慶事期の指日とは、相生関係をみる点が共通するが、その関係を本書の方が占時の日干に求める点が相違する。六壬式としては、物類神を利用する方法の方が相応しい。まだ確認出来ていないが、筆者は、陰陽道では以前から日干との相生・相剋説に立つ択日法が採用されており、それが慶事期・物忌期の指日にも影響したのではないかとみている。

第三十三章占六畜逃亡法は、『六壬占私記』第四十章六畜逃亡法に対応し、『黄帝竜首経』第二十一章とも対応する。ほぼ同文や類似の趣旨に立つものもあるが、出典名を明示するものはなく、その典拠はいま一つはっきりしない。ただ、方法の発達度からみると、本書には『神枢霊轄経』段階のものとみてよいもののほか、やや発達しているとみた方がよいのではないかと思えるようなものも含まれている。

まず本記①は、①′①″を含め『六壬占私記』㋺㋩㋥とほぼ同文である。『黄帝竜首経』とは、①は㊄とほぼ同文であるが、①′①″に対応する㊉は、逆意となっているようである。なお㊉中の①″に対応する一文には脱文があるとみられる。また本記にはみえないが、『六壬占私記』㋥の後半部の一文は、㊉により、㋥の方に脱文がある可能性もある。ともかく本記①は『神枢霊轄経』段階のものとも、後次のものとも、何ともいえないようである。

本記①で注目されることの一つは、①の前提となる条件の総括的な説明文㋑と、その具体的な説明文㋑㊃とが脱けていることである。この前提条件は占法上本来的には欠かせないものであるので、本書の方が省略してしまっているのであろう。注目される二つ目は、「日辰上神」と日干・日支上の天支を用いることが明記されていること。類似の趣旨に立つ本書第三十二章の①では「日辰」の表現が用いられており、本章の①の表現の方がやや新しいかとも思える。もっとも、『六壬占私記』の「神枢云」と出典名が明示される条文で、その佚文史料9のように「日辰上神」の表現が使用されている例もあり、表現的に新しくみえるからといってあえて出典を『神枢霊轄経』より後次の占書に求める必要はないのかもしれない。

本記②は、『六壬占私記』㋭にほぼ対応するが、その所主は㋭の方が後次とみられる。㋭は、先に『枢機経』段階程度かとみた同記第三十七章の㋩と同趣旨である。②はそれに先行するものという意味で、『神枢霊轄経』段階のものとみてもよいかもしれない。

本記③は、『六壬占私記』㋵にほぼ同文とみてよいものがみえる。所主の地支を指期に利用する方法自体は、本書第三十一章の本記④ないし尊本注④の「神枢」佚文にみえるように、『神枢霊轄経』段階からあったとみてもおかしくないものである。

本記④は、『六壬占私記』のこの章にはみえないが、先に『神枢霊轄経』段階のものかとみた第三十八章の㊁に対応する。㊁が個別的な説明文なのに対し、④の方が包括的であり、㊁に前置されるべき性格のものである。その意味で、④は『神枢霊轄経』段階のものとみてもよいのではないかと思われる。

本記⑤は、同様の趣旨のものが『黄帝竜首経』㊀にみえ、『六壬占私記』㋷にも同趣旨のものが含まれている。この種の物類神については、『枢機経』佚文史料2に、六畜以外の物類神や事類神とともに、比較的まとまった形でみえている。ただ、物類神・事類神自体は、『神枢霊轄経』段階、あるいはそれ以前からあったとみてもおかしくない。たとえば『黄帝竜首経』にみえるものなのでそのまま信用してよいかどうか何ともいえないが、『神枢』佚文史料17にも物類の語と事類神（青竜、二千石）がみえている。

本記②③④⑤が、まず『神枢霊轄経』文とみられる、ないしはみてもおかしくないと思われるのに対し、①がやや発達した段階のものという可能性も否定しきれないとみた場合、『六壬占私記』の配列順から、何らかの徴候がつかめないであろうか。結論から先にいうと、『六壬占私記』のこの章には、先に扱った各章のような特徴を認めてよいかどうか、何ともいえないとしておいた方がよさそうである。

『六壬占私記』の配列順、およびその『黄帝竜首経』との対応関係をみてみると、㋑から㋸までが、途中㋭㋦に対応する条文がみえないものの、ほぼ対応している。そして、みな㋭のように、『神枢霊轄経』段階より発達した方法のように見受けられる。最後の一条㋾と、別章の条文（第三十八章の㈡）だけが『神枢霊轄経』段階を反映する形となっている。『黄帝竜首経』の地の文、つまり先行する占書からの引用ではない部分（厳密にいうとこの部分には、先行する占書を受けた『黄帝竜首経』撰者の翻案文と、撰者自身の創案の法とが含まれていそうである）は、『神枢霊轄経』や『式経』など六朝期の比較的早い段階のものよりはやや後次、『集霊金匱経』など唐から北宋のころのものよりは先行するとみているが、とすると、本記①は、『神枢霊轄経』より後次のものの可能性もあることになる。

しかし、その㈠が『神枢霊轄経』段階からあってもおかしくなく、㈡が『式経』を受けたもので、本記④と同趣旨の指方法であることを考えると、そして、『六壬占私記』は、その最後の一条㋾を除いて、その大半が『神枢霊轄経』より後次のものといえそうだとしても、断定的なことは何もいえないことを考え合わせると、本記①の典拠は、『神枢霊轄経』より後次の占書であり、②の冒頭の「一云」には特別な意味があったとあえて考える必要はないのではないかとも思う。この点については、『六壬占私記』や『黄帝竜首経』の内部分析を一層進め、さらに慎重に検討を重ねた方がよいかもしれない。

以上の四章は、『六壬占私記』に対応するものを見出すことが出来たが、残りの六章は、対応するものを見出すことが出来ない。それは、現存の『六壬占私記』は後欠本で、第四十六章の途中から第百九章までの後半部がすべて欠脱しており、残り六章に対応する部分は、この欠脱部分に属しているからである。

すなわち、本書第二十七章は、『六壬占私記』第七十七章疾病祟法、第二十八章は、その第八十章疾病死生法に対応したとみられる。本書第二十七章にかかる尊本注記の占病の指期法は、その第八十一章病死亡期法、第八十二章病平愈期法などに対応文があったはずである。本書第二十九章・第三十章は、その第五十四章懐妊法、第五十五章生子男女法など、第三十五章・第三十六章は、その第八十六章風雨法、第八十七章風雨期法に対応したとみてよいであろう。しかし、残念ながら現在これらの各章の条文は知ることが出来ない。後半部は書名不詳となっているはずであるが、書名不詳のままどこかに眠っていないであろうか。

このような事情で、残り六章についてはその出典を知る手がかりとなるものがほとんどない。ただ方法の発達度からみると、比較的初期の段階のものに止まっているようであり、特に第三十章については、『神枢霊轄経』と対応しそうな手がかりもあるので、次節ではまず産事占にかかる第二十九章から検討を加えて行きたいと思う。

三　『六壬占私記』にみえない雑事占

第二十九章占産期法は、典拠書を知る手がかりとなるものは何もない。ただ、本記①は、尊本注④や『六甲占抄』

Ⓔと対応関係がありそうであり、本記①の方がやや古い段階に属するのではないかとみている。すなわち本記①は、天盤懐妊の象の火性午の下の地支が、産婦の本命・行年であれば即日の出産、その他の支であれば、その支（と同じ五行の干支の日、ないしその支の時刻）の出産という一連の法であろうが、尊本注④は、天支午のほか、その対衝の子（子も懐妊の象とされている）をもみるとし、『六甲占抄』は、その天支子の地支が、子水を剋する土性の時は、地支の期（日の干支ないし時刻）より遅れた出産となるとする。本記①の方が、発達段階としてはやや早いとみてよいであろう。

第三十章占産生男女法は、本記①は『神枢霊轄経』から出ているとみてよさそうである。その佚文史料14に、上剋下を男の象、下剋上を女の象とする説がみえるが、同趣旨の象は、本書第二十六章の第三元首卦④、第四重審卦④の尊本頭注にもみえる。『黄帝金匱経』段階は、元首卦は女の象、重審卦は男の象とされ（一九一頁参照）、これとは異なっていたようであり、この象は、『神枢霊轄経』の特徴を示しているように思える。『六甲占抄』Ⓕの「口伝」では、先述のようにその「上」を日上神、「下」を用神と解釈し、日上神と用神との間の相剋関係をみるとするが、これは「口伝」撰者一家の特殊な解釈とするべきなのであろう。

本章は、本記②〜⑤も、やや古い段階の説に属しており、①とともに『神枢霊轄経』に基づいているとみてよいように思われる。本章は、『黄帝竜首経』のほか『医心方』にも対応する条文がみえる。すなわち本記③は、『医心方』㈢とほぼ同文。本記④も、『黄帝竜首経』㈢、『医心方』㈠㈣と同趣旨の方法に立っている。本記④は「本命」「行年」が誰のものか明示していないが、『黄帝竜首経』㈢と『医心方』㈠はほぼ同文で、「本命」は夫のもの、「行年」は妻のものと明示する。『医心方』㈣は、「本命」は妻のものとするが、「行年」は明示しない。表現も異なるが、方法上は大きな差異のあるものではない。つまり本記④の場合は、明示のある『黄帝竜首経』『医心方』の方が④より後次なのか、それとも同段階のものであるが、④では晴明が引出の際にその部分を省略してしまったのかが問題となることになる。晴明が省略してしまったのであろうか。

『黄帝竜首経』㊂は「旧説に云う」とされるので、地の文よりは古い段階のものとなるが、『神枢霊轄経』段階にまでさかのぼるものかどうか。『神枢霊轄経』佚文であることがはっきりしている条文では、行年は「行年」「人年」などと表現されるのに対し、㊂では「遊年」とある。㊂はその明示の点と合わせ『神枢霊轄経』よりはやや後次かとも思える。『医心方』㊀㊃は「産経に云う」とある条文群の中の条文であるので、『産経』が『黄帝竜首経』とほぼ同文を含む某六壬式占書の条文を引載していたのであろうが、その条文㊀〜㊇をみると、『神枢霊轄経』段階ごろのものとみてもおかしくないものである。要するに本記④は、それらとほぼ同段階、ないしはやや先行するものとみられるので、『神枢霊轄経』段階のものとみてよいのであろう。

本記②も、方法の発達上『神枢霊轄経』段階のものとみてもおかしくないと思われる。このような推考から、本記は①〜⑤ともに『神枢霊轄経』から出ているとみるのである。

ちなみに、本記②、『医心方』㊄㊅は、孟上を男の象、仲・季上を女の象とみたもの。本記③、『医心方』㊂は、青竜文官の象、大裳武官の象から、この両将を男の象とみ、天后・大陰は、婦女・陰私の象から女の象とみたもの。『医心方』㊁中の「時、日と比」の一条は、『黄帝竜首経』㊀と同趣旨であろう。この条文から「時下辰」とは時刻の支そのもの、そして「時上辰」とは、地盤時刻の上の天支と解釈されることになろうが、そのような解釈では意味が通じないこともあるから複雑である。『医心方』㊇の「王相」（有気）「囚休」（無気か）の所主は、『神枢』佚文史料18中に類似のものがみえる。

なお、尊本・京本の注記にみえる産事占関連の条文は、第二部二五二頁に一括して抽出してあるので、御参照いただきたい。

晴雨占に関する第三十五章占有雨否法と第三十六章占晴法も、『黄帝竜首経』段階よりも古い方法を伝えているという意味で、『神枢霊轄経』段階ごろのものに基づいているのではないかと思われる。『黄帝竜首経』は第六十九章の全一章の中で、本書の両章に相応する法を掲げている。本書の本記とは、同文を含め直接対応関係が認められそうな条文はほとんどない。しかし、一連の条文で相互に補完し合っているとみなせるのではないかと思えるようなものや、式盤構成や注視すべき諸関係、その諸関係の所主の内容などに分解してみると類似の趣旨に立っているようにみえるものが、いくつもある。

すなわち、補完関係にありそうなものには、本書第三十六章の本記⑥と、『黄帝竜首経』㈦㈨（以下特に断わらない限り第三十六章の参考史料の条文番号）があり、分解した時の類似性が認められそうなものには、第三十五章の本記①は、その㈡㈤、本記②は、その㈥の後半部がある。第三十六章では、本記①は、その㈡㈢㈤など、本記②は、その㈣ないし㈢に関連しそうである。その㈥の中の一法は、本記⑤の部分と直接対応関係を認めてもよさそうである。

一方、尊本・京本の注記の方は、『黄帝竜首経』と直接の対応関係が認められそうである。すなわち、本書第三十五章の尊本・京本注記③④は、同章に掲げた『黄帝竜首経』文の㈠の後半および㈡と、それぞれほぼ同文とみてよいものであり、尊本注記⑤は、京本にはみえないが、その前半は㈢、後半は㈠の中間部とほぼ同文とみてよい。これらに相応しそうなものは『集霊金匱経』佚文史料2中にもみえるが、尊本・京本のこれらの注記は、直接『黄帝竜首経』に基づいたものといってもよいのではないであろうか。そして京本注③には、『集霊金匱経』文も混入しているといえるのかもしれない。筆者は、この尊本・京本で共通する数少ない注記は、同一の加注者（泰親）が施したものではないかとみている。ちなみに、安倍氏では『黄帝竜首経』の書名は不詳となっていた可能性がある。安倍氏の手になる陰陽道書では『陰陽略書』にも二箇所この書の佚文とみてよいものが引載されるが、書名は明示されていない。同佚文史料1参照。

本書の本記と注記の性格のこの相違は、逆にいえば、本記の方は『黄帝竜首経』に先行する占書に基づいていることを示しているとみてよいように思えるのである。

この両章には、注意しておいた方がよいのではないかと思えることがある。この両章は、内容的にみると、第三十六章の本記④⑥の晴雨占の指期法を除いて共通の占事であり、方法の発達度からみても、あえて異なる占書に基づくものとみる必要はなさそうである。『黄帝竜首経』は全一章で、晴雨占とその指期法を説明し、『六壬占私記』では、晴雨占とその指期法を、章を分けて説明している。本書では晴雨占とその指期法との章の分け方が徹底していないことになるが、これは、晴明が本書の総章数、三十六という数に拘り、最後の章を二章に分けたが、その分け方に徹底さが欠けていたことを示しているのではないかと思うのである。

第二十八章占病死生法も、直接出典を知る手がかりとなるものはないが、本記の方がやや古い段階の方法を伝えているという意味で、『神枢霊轄経』に基づいているとみてよいように思われる。本章と関連する方法は、『六甲占抄』『黄帝竜首経』、および本書の前章占病祟法の方にかけられた尊本・京本の注記にみえるが、『六甲占抄』中の一法を除いて、本記よりやや発達した段階のものに属しそうなのである。

すなわち、本記②は、『六甲占抄』Ⓖと同文であり、そこに示される解釈も、六壬式占としてはごく普通のものである。『黄帝竜首経』㊁は、方法上の趣旨は本記②とほぼ同等であるが、注視される要素が増えている。㊇は、趣旨も要素もほぼ同等であるが、これは『式経』文から来ているようであり、㊁の地の文より先行するものである。従って、本記②は、㊇の『式経』文とほぼ同等か、やや先行するもの、㊁は、その要素を増やすことで発展させたものということが出来よう。

日干上　　　　　Ａ——日干
白　虎　白虎・Ｉ——地支

本記②は、ＡＩ間だけの相剋関係をみるもの、㈧の『式経』文は、Ａの部分が日干上だけでなく、行年上も加わったもの、㈡は、Ａの部分が、さらに日支上も加わり、Ｉの部分は、螣虵・辰・戌も加わったものとなっている。発達段階としては、『神枢霊轄経』段階で㈡にまで発達していてもおかしくはないが、まだそこまで整備されていなかったのであろうか。

なお、尊本注記⑫（以下第二十七章にかかる尊本注記のうち本章の方に移した条文番号については、第二部二四七頁参照）は、この系統の一連の方法の一部分を伝えている。『黄帝竜首経』の地の文の㈢㈣㈥、『式経』文を受けた㈦～(十三)、『式経』佚文(十四)の㋑～㋭は、この系統の一連の方法に属するもので、そこには、ＡＩに相当するものの相剋関係（㈡㈥㈧）のほか、相生関係（㈦㈨、(十四)の㈧㈡）をみるもの、同類関係をみるもの（㈩、(十四)の㋭）がみえ、ＡＩ相当の部分の有気（王相）・無気の要素をも加えたものもみえている。尊本注記⑫は、そのうちの同類関係の条文を伝えたものである。同類関係は停滞の象とされたようで、長患いの象とされている。相剋関係・無気は普通は凶象、相生関係・有気は普通は吉象とされる。相生関係の㈦などが平癒の象とされるのは、このためである。

ただ、特殊な見方をする場合もあったようである。(十四)の㋺で、Ａ相当の行年上の天支が有気（王相）で、Ｉを剋すれば平癒とするのは、吉象そのものをみたもの。㈣のＩの死気は、その凶象（死の象）をみたもの。白虎だけでも死の象となるが、さらに死気の要素をも加えたところに発達度の意味がある。一方、㈢や(十四)の㋑で、ＩないしＩ相当が有気（王相）で、Ａ相当を剋する時は死とするのは、有気の吉象が、病人にではなく白虎に作用し、白虎の死の象の威力を増幅させるという理論に立っているようである。(十三)は、㈣と矛盾するようであるが、無気の凶象が白虎に作用し、その威力を減退させるという理論に立つのであろう。このような増幅・減退の理論は、後述するように相生・相剋説にも適用されたようである。

このように方法的には発達した段階のものも、その個々の要素だけをみれば『神枢霊轄経』段階でもすでに用意されていたものであり、これらの方法も、ある段階のものまでは『神枢霊轄経』段階にもあったとみてもおかしくはないように思える。にもかかわらず、本書ではなぜ②のようなごく初歩的な方法だけを、しかも古風な表現のものを抽出したのであろうか。

本記③④⑤は、式盤の組み合わせ方の問題は別にしても、方法上の発達度としては、④③⑤の順に位置付けられそうであり、『黄帝竜首経』㊄はその後次、『六甲占抄』のⒼ'Ⓖ"も、本記より後次の解釈と位置付けることが出来よう。

本記④は、天盤辰・戌、地盤行年だけの単純な説。この段階では、天盤白虎だけの単純な説や、天盤月将―地盤時刻の支の式盤の状態での、地盤行年のほか、日干・日支をもみる説などもあり得る。本記③は、天盤白虎、地盤日干・日支の段階の方法に、Iを死の象の四季神などに限定し、その要素を加えた説、本記⑤は、白虎の部分を螣蛇などをもみるとするとともに、Iを無気（囚死。老死ないし無気の方が相応しい）とし、死の象の要素を増やした説である。『黄帝竜首経』㊄は、この地支の部分を「病人元辰」と特殊化した説である（「病人元辰」は特殊な説であるが、ここでは解説を省略する）。

『六甲占抄』Ⓖ'Ⓖ"は、このIが白虎と相生・相剋のいずれの関係にあるかによって、推断が異なるという解釈に立つものである。すなわち、Iが、白虎金将と相生関係にある土性・水性の時は、白虎の威力を増し、相剋関係にある火性の時は、その威力を失わせると解釈する。このような条文自体があったのかはっきりしないが、あったとすると、本記より後次の占書のものとなろう。また、その解釈は、理論的には先述のように先行段階からのものであった可能性もあろうが、この解釈自体は、この一家独特のものであった可能性が高いように思える。

白虎・Ｉ――地支
辰・戌　――地支

この本記③④⑤の系統の方法の場合は、先述の本記②の系統の方法とは異なり、かなりの程度発達した段階のものまでがみえるが、みな『神枢霊轄経』段階にあったとみてもおかしくないものであり、古風な表現を伝える本記①と合わせ、本記は『神枢霊轄経』から出ているとみてよいように思われるのである。

なお、尊本・京本の注記は、本記より後次の占書に基づいているとみてよいようである。尊本注⑥⑦の「大撓」（『六壬大撓経』）佚文は、知人の死亡を伝聞した際、その報が真実かどうかを占う方法で、死亡の象がある時は、その報が真実とするもの。その死亡の象の占断の仕方は、占病死生法のものと同様で、用ないし三伝にまで発達した段階の法を伝えている。⑥は、日干上Ａが有気で、用（三伝）に白虎がみえなければ、死んでいない、Ａが無気で、白虎がみえれば、死んでいる、⑦は、四課中に白虎がみえ、用の地支が死気（つまり死気所勝）なら死んでいるとする。有気の吉象、無気の凶象、死気所勝の死の象が、そのままみられている。

尊本注記の⑧⑨、⑩～⑬のすべてが「妙」（『黄帝妙心経』か）佚文かどうか何ともいえないが、これらも本記よりは発達した段階のものといえそうである。⑧は、式盤の組み合わせ方を変えることで、次第に死期の範囲を狭めていく方法で、第三十一章で解説した『六壬占私記』文の『神枢霊轄経』段階のものを発達させた方法と同性格のものと捉えることが出来よう。⑨は、三伝の終伝に結果の象をみたもの。⑩は、本記①と同様の関係を、日干上と日支上の間ではなく、日干と用との間にみたもの。⑪は、天罡、死喪の象の効力を、孟、生の象、仲、盛の象、季、死の象との相乗効果で見直したものであり、天盤天罡という単純な方法を発達させたもの。⑫は先述のとおりである。⑪⑫はともに『神枢霊轄経』段階にあったとみてもおかしくはないが、やはりやや発達したものとみておいてよいのであろう。
⑬は、『黄帝竜首経』㊂に同趣旨に立つものかと思えるものがみえる。対比すると⑬の「差」が㊂の「愈」、⑬の「刻」が㊂の「死」に対応する。㊂は、用が生ずる五行の日干の日を平癒期、用を剋する五行の日干の日を死期としている。相生を吉象、相剋を凶象をする理論をそのまま採用しているようである。ただ、陰陽道の病事占では、これとは逆の理論に立っている。用ではなく、発病日の日干を利用するので多少趣旨は異なるが、発病日の日干の五行を剋する五行の日を平癒期、発病日の五行が生じ、発病日の五行を生ずる五行の日四ヶ日を病悪化の日としている。物忌日の日干の指し方とも逆で、病を剋するのを吉象、病が生ずるのを凶象とする陰陽道独特の理論に立っているようである。いま⑬の「差」「刻」がどういう意味なのか正確には分からない。「差」「刻」のいずれかが「久」（久煩。瘉に対応するとみられる）に対応するとみられるので、いずれかが死に対応するとみられる。しかし、⑬の「用起水」の部分には脱文があるとみられるが、その位置が、死の側か「久」の側かはっきりせず、「久」がどちらに対応するものか正確には分からない。「差」「刻」の正確な意味が分かれば、この問題は解決するであろうが、それはともかく、⑪⑫にやや不審な点は残るものの、これらの尊本注記は『黄帝妙心経』佚文とみてよいのであろう。

京本注記⑭は、陰陽道通用の所主に近いようであり、中国撰述の占書文というより、某陰陽師の私案文とみた方がよいかもしれない。

本書の第五章・第二十六章にかかる尊本・京本の注記の中には、占病死生法に関連する所主もみえる。これらが何に基づくものかはっきりしないが、陰陽師の私案になるものが多いのではないかとも思う。

第二十七章占病祟法は、現在その典拠書を知る手がかりとなりそうなものはなさそうであるが、奈良時代に整備され、その後の祟法の規準となったものに近いように思われる。九世紀中ごろの祟法の状態を伝えているようにも思える『新撰六旬集』の病事の推断部分にみえるものは、本書より大部発達しているようであり、十世紀後半段階の陰陽道で実用されるべき祟法としては、本書は欠ける部分が目立つものとなっている。つまり、奈良時代に中国から移入され、そのまま陰陽道通用のものとして踏襲された部分については実用に耐えられる面もあろうが、発達した部分、特に平安時代中期に入って特殊に発達した部分については、所主が全く用意されていないものとなっているのである。

まず、典拠を知る手がかりとなりそうなものとしては、『諸道勘文』の記事が挙げられる。保延六年（一一四〇）の安倍泰親と賀茂在憲らとの相論の際、泰親が引勘したものの中に本記⑤中のものと同文がみえる。泰親はまず、「金匱経に云う」として、功曹の所主（氏神）を挙げる。この点について、在憲は「どの金匱経にみえるというのだ」と非難する。これは泰親が引勘を誤ったもので、『黄帝金匱経』自体には功曹のこの所主はなかったのであろう。あるいは、泰親所持本には注のような形で書き込まれていたのかもしれない。

次いで泰親は、「本条に云う」として、功曹・太一（仏法）・伝送（形像）の所主を挙げる。この点については、在憲は、「本条とはどの書の名目だ。当道の文書目録にはみえない。もしくは私家の鈔草か。もしそうなら指南とはなし難い」と非難し、「ただ占病の時の祟りを求める推」から来ているのかと指摘し、さらに「もしそうなら、ここで準拠に利用するべきではない、（異なる占事の所主を使用してはいけないという）禁忌に触れることになる」と重ねて非難する。この相論は神事占の際のものであり、神事占に占病祟法という特殊な占事の所主を使用してはならないというのである。

このことから、これらの所主は、陰陽道で専門書として公認される某占書の占病祟法の章にみえたこと、それは『黄帝金匱経』以外の占書であったことが確認される。ただその占書が何であったかは知られないということになる。

本章は、日辰陰陽の段階のものか用の段階のものかはっきりしないところがある。何条かにわたる条文を抽出する際脱文が生じた可能性もあるかとみられるが、一応用の段階のものとして解釈すると、用により祟神（神気）か祟鬼（鬼気）かを分別する段、用の神（十二月将）と将（十二天将）の五行の関係で、祟神の種類を分別する段、用の十二月将・十二天将の所主で祟神・祟鬼の種類を分別する段の三段からなっている。一段目の祟神か祟鬼かを分別する段には、用の十二月将と十二天将の吉凶関係で分別する方法と、占時の季節と用支との有気・無気の関係で分別する方法とが説明されている。

『新撰六旬集』は、非常に微妙な問題を含んでいるので断定的にいうことは差し控えておきたいが、基本的にはこのような方法に立っているようである。まず、用支の有気・無気の別により神気か鬼気かを分別する。これは、本記にもみえる方法である。次に、用（ないし三伝。滋岳川人撰『六甲』段階では日干上・日支上をも含んだかもしれない）の十二月将・十二天将の所主によって、先に分別された神気・鬼気に属する個別の内容を分別する。この部分も、方法的には本記にみえるものである。ただ、本記ではすべての十二月将・十二天将について神気・鬼気ごとの所主が整備されていないのに対し、『新撰六旬集』ではかなりの程度には整備されていた可能性があり、所主の内容も本記とは異なるところがあったようである。もっとも、本章の末尾の晴明の述懐文によると、晴明は典拠書の所主の一部しか抽出していない可能性もありそうであり、本記と『新撰六旬集』とでどれ程の相違があったのか、必ずしも明確にはいえないのかもしれない。

基本的にはこのような方法に立っているとみてよい『新撰六旬集』の甲子1局、旦治を例にとって解説すると、用支午火と有気の関係にある春・夏は、神気で、「貴神の祟り」、無気の関係にある秋・冬・土王時は、鬼気で、「道路鬼の祟り」とみえる。有気・神気、無気・鬼気の分別の仕方は、本記と同様である。ただ、その個々の内容の分別の仕方は異なるように見受けられる。もっとも『新撰六旬集』の所主の見方にも不審な点があり、有気・無気による分別の仕方に統一性があるのか、その所主の見方や所主の内容に統一性があるのか、現存本の『新撰六旬集』が滋岳川人撰『六甲』の内容をどこまで伝えているのか、実際のところは不審なことばかりなのであるが、基本的にはこのような方法に立っており、その所主の内容も、九世紀段階のものをそれなりに伝えているとみておきたいと思う。

本記の鬼神観は、中国のもの、それも六朝期段階ごろのものを伝えているようである。奈良時代にはすでに整備されており、その後の日本の祟法の先蹤となった神祇官卜部の行う御体御卜の鬼神観も、六朝期段階ごろの亀卜法の祟法を反映しているとみられるが、そこでは、土公祟・行幸祟・御膳過祟・竈神祟・北辰祟・鬼気祟・御身過祟・神祟・霊気祟の九件の祟りがみられている。これらは御体御卜特有の特殊性を帯びている。神祟は、日本の神祇つまり諸社の祟りであり、霊気祟は、事実上山陵の祟りである。土公祟・竈神祟で個別化が進んでいないのは、土公祟は当期に内裏内で行われた犯土の箇所のものというように、あらかじめ特定されているため。鬼気祟で個別化が進んでいないのは、卜部の疫神祭・鬼気祭で一括して扱われるため。本書の方で発達していないようにみえる行幸祟・御身過祟は、天皇の行為という特殊事情がある。

それに対し、本記の鬼神観は、六朝期段階のものを直接伝えているようである。中国の鬼神観を直接伝えているという点では、『新撰六旬集』にみえるものも同様のようである。『新撰六旬集』では、神気に属するものに、本記にみえるもののほか、司命・河伯・里祇などもみえ、北君（北辰）と合わせ、中国のいわゆる天神地祇など礼の祭祀で祀られるものが挙げられている。また竈神・土公・呪咀も、有気・神気の部類に入れられている。

『新撰六旬集』で鬼気（広義）に属するとされるものは、鬼気（狭義）に属するものは本記とほぼ同様のようであるが、霊気に属するものが発達しているようである。本記で霊気に属するものは、丈人つまり父母の霊気、御体御卜でいえば山陵、つまり祖霊だけであるが、『新撰六旬集』では怨霊・骨肉霊などと特殊化が進んでいる。ここで人の鬼霊（広義の鬼気）を鬼気（狭義）と霊気に分ける規準は、鬼霊を祀る者がいるかいないかという点にあり、鬼気（狭義）は祀る者がいない場合、霊気は祀る者がいる場合を指す。

日本では九世紀以降、霊気に属する部分が大きく変質していったが、本記は、そのような変質を全く反映していない。しかし、尊本の注記の中に、それを反映しているのではないかと思えるようなものがみえる。

日本の九世紀以後の霊気の部分の変質で、まず注目されるのは、山陵の祟りが早くにみられなくなったことである。これに伴い、天皇ないし国家に怨意を含むいわゆる御霊も、卜占面ではみられなくなったようである。それに対し、十世紀以降殊に顕著になるもののけ、つまりある特定の個人ないし一家に怨意を含む、ある特定の個人の生霊・死霊は、卜占面でもみられるようになる。なお、この意味でのもののけに対し、今日では物怪の語を当てるのが普通であるが、これは誤りである。もののけと物怪（もっけ）は全く別のものである。もののけは、物語類では物のけ、記録類では、霊気・物気・邪気などと表現される。このうち、卜占面では霊気はいくつかの意味を含み、邪気も鬼気と混用されるので、ここではもののけに物気の語を当てておきたいと思う。

同じ鬼気（広義）に属するものでも、祀る者のいない鬼気（狭義）に対し、祀る者のいる霊気に属する山陵・御霊・祖霊と物気との卜占面でのこの扱いの差異は、その攘災法の歴史的背景、特にその神仏習合の度合いが関係している。山陵・御霊などは神事の祈りとともに仏教の読経の対象となるが、物気は主に密教の加持・修法の対象とされた。ところがその加持・修法は、神気のみえる時は行なってはならないとされていた。読経は、神仏習合が進んでいたのに対し、加持・修法は、神仏習合が進まないまま習俗化してしまっていた。そのため物気は十世紀ごろ以降は霊気に属するものの中でも、殊に卜占による峻別が必要とされるようになったのである。

『新撰六旬集』にみえる骨肉霊などや、本書第五章の河魁の尊本注記の令女霊などが、本記の丈人と同列のものか、後次のものか、九世紀段階の実態を反映したものかなどの点については、まだはっきりしたことをいえる状態にないが、三交卦の尊本注記⑦は、十世紀段階ごろ以後の祟法の実態を反映したもので、某陰陽師の創案にかかるものとみてよいのではないかと思われる。⑦では三交卦は霊気の象で、初伝がであろう、有気の時は、存霊（生霊）の象、無気の時は、死霊の象とされる。本記では有気は神気の象、無気は鬼気の象とされるので、明らかに矛盾している。三交卦だけでは推断に不足であろうから、同様の所主は、さまざまな場面で創案されていたことであろう。

病事占の実態の解明は、まだほとんど進めておらず、十一世紀以降のごくわずかな、それも不正確な知識で理解しているので、何ものにせよ意見を述べるのにはまだ程遠いというのが現状であるが、以上のようなことから、一応、本記は『神枢霊轄経』段階ごろのものを伝えているのであろうとみるのである。

なお、尊本・京本の注記にみえる病事占関連の条文は、第二部二四九頁に一括して抽出してあるので御参照いただきたい。

おわりに

本書の後段の十章で扱われる雑事占について、その式盤の組み合わせ方や推断の仕方を紹介しながら、その典拠書についても検討を加えてみた。そして、本記は大部分が『神枢霊轄経』に基づいているであろうこと、しかもその比較的初歩的なものが意図的に選択されているようであること、また大分簡略化して抽出されており、そのために中には占法上必要不可欠な部分で省略されてしまっているものもありそうであることなどを指摘してみた。

現在、本書にみえる条文で『神枢霊轄経』佚文であることが確実であるのは、尊本注記にみえる一条だけである。本記の方で確認出来るものは一条もない。にもかかわらず、その典拠書を『神枢霊轄経』とみたのは、次のような徴候が認められるからである。

すなわち、『六壬占私記』に同種の占事が見出せる四章については、その『神枢霊轄経』からの引用と推察される部分に、本記の条文、および尊本注記の若干の条文が見出される。『六壬占私記』に同種の占事の見出せない六章についても、第三十章の一条は、『神枢霊轄経』の特徴を伝えているとみてよいようである。これらのことは、間接的ながら本記の典拠書が『神枢霊轄経』であることを示しているとみてもよいのであろう。その他については、『黄帝竜首経』や『医心方』、あるいは占書名の明らかな若干の佚文条文との対比で、本記の方がやや早い段階のものを伝えているように見受けられることを、その徴候に挙げてみた。

本記の条文が選択的に抽出されているようであることは、『六壬占私記』の『神枢霊轄経』からの引用と推察される条文群との対比で、その一部しか抽出されていないことで明らかであろう。その初歩的なものが選択的に抽出されているようであるという点については、全体的に、比較的発達したものより早い段階に属するものの方が多いという印象を受けることによるが、このような印象が妥当であろうことは、第三十四章の本記と、第二十八章にかけられた尊本注記との対比で裏付けられるのではないであろうか。

本記が簡略化されたものであり、占法上必要なものも省略されてしまっていそうであるという点については、まず、式盤の組み合わせ方の明示に不備が目立つことが挙げられる。本記条文の中で省略の目立つものとしては、第三十一章の②、第三十三章の①が指摘出来る。時に第三十三章の①に前置される条文の省略は、占法上の前提条件の部分にかかるものだけに問題である。第三十一章の④は、その尊本注記④が『神枢霊轄経』本来の条文を伝えており、

④'は、後人の加注者が本記の不備を補正したものではないかとみてみた。

実際のところ、占法上の複雑度からみた発達段階を、時系列上の発達段階に直すことはきわめて困難である。式盤の組み合わせ方と式盤面の見方についていえば、『神枢霊轄経』は、三伝、さらに六壬課式にまで発達した『黄帝金匱経』より後次の占書であるので、本記の雑事占の式盤の組み合わせ方、式盤面の見方の用の段階までのものより発達していることになるが、さらに後次の『六壬大撓経』にも、その佚文史料14のように早い段階の式盤の組み合わせ方が残されている。『神枢霊轄経』段階以前はもちろん、以降についても、式盤の組み合わせ方、式盤面の見方だけで、占法上の発達度を時系列上の発達段階に直すことは不可能といわなければならないのである。

この点は、式盤面のどれに注視するか、さまざまな要素の諸関係をどうみるか、その所主をどうみるかという推断の仕方についても同様のことがいえる。『神枢霊轄経』は、先述のとおり三伝ないし六壬課式にまで発達した段階の占書であり、諸関係の見方についても相当程度にまで発達しているので、個々の要素についていえば、同じく六朝期段階程の占法を伝える、後次の『六壬式枢機経』や『黄帝竜首経』と同等程度にまで発達していたとみてもおかしくはないものである。『神枢霊轄経』段階の雑事占は大部分が用の段階にまでしか発達していないようにみえるのは（実際には「神枢」佚文史料12にみるように三伝にまで発達しているのであるが）、雑事占という特殊な占事の特殊性によるのであって、雑事占的な所主は、占事一般の所主文の中で説明されている。本書第二十六章の卦遇の所主文の中には、『黄帝金匱経』段階の雑事占的な所主文がみえ、六十四卦の中には、盗賊占に由来する閉口卦、産事占に由来する繁昌卦のように、直接雑事占に由来する卦遇もみえる。『神枢霊轄経』佚文史料の中にも、雑事占と関連性のありそうな所主文がいくつもみえている。従って、占法上の複雑度からみた発達段階と、時系列上の発達段階との関係については、慎重に扱わなければならないであろう。

『神枢霊轄経』以降、北宋代ごろまでの雑事占の占法については、時系列上の進展を明確な形で知ることが出来るものもある。たとえば、第三十一章の尊本注④『神枢霊轄経』佚文と、『六壬占私記』㊁との関係、あるいは第二十七章の尊本注⑧『黄帝妙心経』佚文との関係は、式盤の組み合わせ方の変化による複雑化の特徴を示しており、第二十八章の本記①と、第二十七章にかかる尊本注⑩『黄帝妙心経』佚文との関係は、注視すべきものの解釈の変化による進展の特徴を示している。第三十三章の本記②と、『六壬占私記』第三十七章の㋩、第三十二章の尊本注④『集霊金匱経』佚文の関係は、地盤孟・仲・季の所主の複雑化による進展、第三十一章の本記③と、『六壬占私記』㋑（『六壬式枢機経』文か）、同㋺（『集霊金匱経』文か）、『六甲占抄』(あ)(い)の関係は、注視するもの、および十二天将の所主の複雑化による発展の特徴を示している。

このように占法上の複雑度が時系列上の発展段階として裏付けられるものは問題ないが、同じ六朝期の姿を伝えているとみられる『神枢霊轄経』『六壬式枢機経』『黄帝竜首経』などの関係については、微妙な問題が残りそうである。『神枢霊轄経』と『六壬式枢機経』との関係が明確な形では知られないこととともに、それらの関係を知る上で参考にすべき『黄帝竜首経』の性格が今一つはっきりしないからである。『黄帝竜首経』の地の文は、『神枢霊轄経』や『式経』などより後次の法を伝えていることは明らかとしてよいのであろうが、その中に唐以降南宋ごろの間の変質は混入していないであろうか、所引される『神枢霊轄経』佚文は、陰陽師所持本にみえる佚文よりやや発達しているようにも見受けられるのはなぜであろうかなどといった疑問も残る。

本稿ではとりあえず、『六壬占私記』にみえる、『神枢霊轄経』相当の条文と『六壬式枢機経』以後相当の条文との配置関係から、本記の大部分は『神枢霊轄経』に基づいているとしてみた。確かに本記の中にも、占法上の発達度に相違のありそうなものはみえる。しかし、この『六壬占私記』の条文の配置関係の問題は、本記の典拠書を『神枢霊轄経』とみる、相当程度に明らかな徴候とすることが許されるように思えるのである。にもかかわらず筆者が『六壬式枢機経』の存在にも拘泥するのは、次のような事情があるからである。

平安時代中期の陰陽道では、『新猿楽記』にもみえるとおり『黄帝金匱経』『六壬式枢機経』『神枢霊轄経』の三経が六壬式占書として重視されていた。この三経は、奈良時代から陰陽道と関連しており、そのため重視されていたのであろうということで、一応の説明は付く。ただ、九世紀の滋岳川人以降であれば『六壬大撓経』が加わっていてもおかしくないのに、この書が抜けているのはなぜであろうか、むしろ、晴明が本書撰述に際しこの三経を重用したことが、この三経が重視される結果に繋がったのではないかという疑問も沸いて来る。筆者が、本記の中に『六壬式枢機経』佚文の痕跡を見出したいと希求したのは、このような想像を単なる想像に終わらせたくなかったからである。

ところが、先述来のように現在のところ本記には『六壬式枢機経』の影は薄いようである。もっとも、本記の中のやや発達した段階のものとみられる条文が、『神枢霊轄経』より後次の占書、つまり『六壬式枢機経』に基づくものという可能性も全面的には否定し去るわけにはいかないようである。

『六壬占私記』には、本稿で扱ったもの以外にも『神枢霊轄経』と、『六壬式枢機経』を含め、それより後次の占書との関係を知ることが出来そうな各章が大分あり、現存本『黄帝竜首経』を含め、その内部分析と相互関連の検討を一層進めていけば、もう少しはっきりした形がみえて来るかもしれない。

本書の雑事占に関する十章の条文の性格を検討する上では、晴明が当時所持していた占書の性格にも留意しなければならないようである。

現在、これは尊本注記全体にいえることであるが、第四章・第二十六章にかかるものを含め、尊本注記にみえる『神枢霊轄経』佚文、ないしその佚文とみてよい注記文は、誤字・脱文の目立つものとなっている。その責任の過半は、前章でも触れたとおり現存本尊本の転写者に帰せられるべきものであろう。現存本尊本の転写者は、すでに六壬式の知識に薄くなっていたか、またはまだ若年でその知識を供えていなかったのか、いずれにせよよく理解出来ないままに転写したために誤写を犯し、誤字・脱文が生ずることになったようである。しかし、加注者の段階、さらにさかのぼって晴明の段階の責任をも視野に入れておく必要がありそうな徴候も窺える。

現在、賀茂氏所持本と安倍氏所持本の性格を明確な形で知ることが出来るのは、賀茂道平・安倍有行段階と、賀茂在憲・安倍泰親段階の両段階だけである。そのうち、雑事占に関するものでは、『神枢霊轄経』『六壬式枢機経』には対比出来るものが見出せない。しかし、『六壬大撓経』では一件佚文史料10で対比が可能であり、道平所持本は有行所持本より良好な状態を伝えていたようである。前章で扱った『黄帝金匱経』(「課経集」)や『新撰陰陽書』も、道平所持本の方が、有行所持本より良好な状態を伝えていたことを明確な形で知ることが出来るが、『六壬大撓経』にも同様の性格が認められる以上、『神枢霊轄経』『六壬式枢機経』についても、安倍氏所持本の方にやや見劣りする点があった可能性を視野に入れておいた方がよいであろう。道平所持本は、保憲所持本段階の姿を伝え、有行所持本は、晴明所持本段階の姿を伝えている可能性が高いことを考慮すると、道平・有行両者の所持本の性格は、保憲・晴明段階にまでさかのぼる可能性があり、晴明が本書撰述に利用した『神枢霊轄経』には底本段階からの劣悪性によるのか、晴明の転写の際の誤字・脱文によるのか、いずれにせよ保憲所持本より多少見劣りのするものであったかもしれないのである。

晴明所持本の場合は、このように晴明の本書撰述段階とその後との両段階を視野に入れておく必要があるかもしれない。なぜこのようなことを視野に入れておく必要があるのかという点については、終章の方でもう一度触れるが、非常に微妙ながらその徴候を示しているのではないかと筆者が注目しているが、第三十一章の本記④である。本記④

は、尊本注④の『神枢霊轄経』佚文と対比すると、式盤の組み合わせ方のほか、表現が多少相違する。この表現の相違は、「期」という晴明私案の挿入文に引かれて生じたものという可能性もありそうに思えるが、晴明本書撰述段階と、加注者所持本段階との『神枢霊轄経』本文の表現の相違の可能性もあろう。加注者所持本が、晴明本書撰述後の晴明所持本の姿を伝えているとすると、晴明は本書撰述後にもう一度『神枢霊轄経』を書写したことになる。

この想定の場合は、本記の性格についても大分見方を変えなければならなくなって来る。本論中では、本記が『神枢霊轄経』本来の条文より大分省略化・簡略化されているのは、晴明の撰述態度によるものとみて来たが、本書撰述段階での晴明所持本自体が相当省略化・簡略化された劣悪本であったとすると、本記の不備は当該時期の晴明所持本自体に由来することになる。そして、本記よりその注記の方に詳密性が窺えそうなのは、晴明が本書撰述後にもう少し良好な状態の『神枢霊轄経』を書写し、注記は、その良好本の姿を伝えることによるという見方も成り立つことになるであろう。いずれの見方が妥当であるのか、現在のところ何ともいえないが、このような問題意識だけは常に懐いておく必要があるのではないかと思うのである。

ちなみに、『六壬占私記』の条文は、全体的には尊本注記や『陰陽道旧記抄』などの安倍氏所持本より良好な状態を伝えているとみてよさそうであるが、たとえば『集霊金匱経』佚文史料6として対比して掲げた条文のように、尊本注記の方がやや詳しいかと思えるようなものもある。『六壬占私記』撰者が、その撰述の際に簡略化した部分もある可能性も棄てきれないので、個々の条文についてはなお一層慎重に検討して行く必要があるであろう。

終章

一　安倍晴明の位置

安倍晴明が本書を撰述したころの、陰陽道の六壬式占を巡る状況を概観してみると、おおよそこのようになるであろう。

まず、六壬式占書を巡っては、『黄帝金匱経』のある系統の一本が教科書とされるとともに、『黄帝金匱経』の別の系統の数本や、『神枢霊轄経』『六壬式枢機経』も公認の専門書として重視されていた。これらの奈良時代から陰陽道の教科書・専門書として扱われた占書のほか、九世紀にもたらされたとみられる『六壬大撓経』も公認の専門書として扱われていた。

陰陽道と六壬式占との関係については、当初易占や太一式占などとともに陰陽道で実用されていた六壬式占は、私的な小事の場面では、十世紀前半までに陰陽道専用の占法となっていたが、神祇官卜部の亀卜とともに行われる公的な場面でも、十世紀後半までに陰陽道専用の占法となった。六壬式占が公的な場面で陰陽道専用の占法となったのがいつなのか、現在のところはっきりしないが、もし十世紀後半のこととすると、晴明はその当事者ということになる。場合によっては、晴明はその強力な推進者であったということにもなるであろう。

その陰陽道の六壬式占法は、陰陽道の教科書とされた『黄帝金匱経』などの伝える六朝期の法とは異なり、陰陽道独特の部分を含む方法であった。この陰陽道独特の部分を含む陰陽道通用の六壬式占法の基幹部分、いわゆる六壬課式を創出したのは、九世紀中ごろの陰陽道の大家滋岳川人であったとみられる。

川人は、『金匱新注』『六甲』六帖の両六壬式占書を撰述したが、この両書も陰陽道の専門書として扱われていたようである。『金匱新注』は、『黄帝金匱経』に『六壬大撓経』で加注したものとみられる。『黄帝金匱経』系統の最善本の『黄帝注金匱経』十巻が、『神枢霊轄経』で加注されていたようであり、「新注」という命名には、それより新しい占書という川人の自負が込められているのであろう。

『六甲』六帖は、川人創案になる六壬課式を、甲子旬などの各旬を一帖に、六旬六帖にわたって配列した総局の占書であったとみられる。晴明も、この六壬課式を陰陽道通用のものとして実用していたとみられる。室町時代の『六甲占抄』によると、六壬式占の習学の初歩段階は六壬課式の読み方に当てられていたようであるが、この事情は晴明の段階でも大差はなかったであろう。つまり、占時から六壬式盤を組み合わせて局を知り、『六甲』六帖の当該局を検索して、その占時の六壬課式を作製するというのが、当時の陰陽道の常態だったのであろう。『新撰六旬集』は、『六甲』六帖の配列順を検索し易いように手直ししたものとみてよさそうである。

このような六壬式占を巡る状況を背景に撰述された本書は、大きく六壬課式に関する前段と、雑事占に関わる後段との両段に分かれ、前段は、主に『黄帝金匱経』、それも教科書とされた『黄帝金匱経』に基づき、後段は、主に『神枢霊轄経』に基づき撰述されている。

前段には、原形を止めない程簡略化されている支干陰陽五行説に関する各章もあるが、おおむねは典拠の本文に従っており、多少私案文なども加えて体裁を整える程度で、本文自体には大きな改変は加えていないようである。特に第一章は、教科書段階の本文をほぼ忠実に伝えているようである。六壬課式の立て方に関連する各章は、『黄帝金匱経』と陰陽道の実際の法とで相違する部分があることになるが、本書では、第二章課用九法のこの相違に直接関連する伏吟課・反吟課については、その説明文の部分を省略してしまっている。ただ別に、『黄帝金匱経』段階にはなかったとみられる第十三章相破法を立てて、伏吟課・反吟課の中に相違する部分のあることを暗示しているようなので、晴明は、この部分に相違のあることは承知していたのであろう。なお、渉害課を巡っては、本書第二章と第二十六章の一局との間に解釈上の発展が認められるが、この発展は教科書段階ですでに果たされていたものであって、晴明がその点に気付いていたかどうかは問題となるが、陰陽道段階では特に問題視する必要はないであろう。

前段には、第二十二章一人問五事法、第二十三章知男女行年法、第二十五章知吉凶期法のように陰陽道の通用の法の方に従っている章もある。前段に属する第二十章十二客法と第二十一章十二籌法、および後段の雑事占に関する十章は、『神枢霊轄経』に基づいているが、雑事占の各章では、その初歩的な方法が選択されているようである。

しかし、本書の中には問題の残る箇所もある。第二章の遙剋課と反吟課の中には、『黄帝金匱経』段階にはなかったとみられる一文が挿入されているが、これは晴明の蛇足とでもいうべき不必要な説明文である。この点は、晴明は一局ずつ課式を立てるというような労を費やさず、『六甲』六帖に示される課式をそのまま採用していたとみる先の想定を証するものであろう。一局ずつ課式を立てていれば、その誤りに気付かないはずはないからである。

また、反吟課の無剋の際の用の求め方の「衝」の意味が正しく理解出来ていなかったようである。第二十五章の指期法にも説明不足の部分があり、雑事占の中には、占法上必要不可欠な説明文を省略してしまった箇所もある。これらの中には、後に加注者の手で補正が加えられたものもある。

このように、本書は、『黄帝金匱経』と『神枢霊轄経』という六朝期を代表し、陰陽道でも奈良時代から重用されていた両六壬式占書に主に基づき、六壬式の課式の立て方と推断の仕方を簡単に説明した六壬式の概説書ということになるのであるが、若干陰陽道の実用の法を反映した部分もあるものの、実用には程遠いものを多く含むものであったといえそうである。また、晴明自身が六壬式占の細部にまで精通しているというわけでもなかったことを露呈しているようなところもある。陰陽道の六壬式占書の大部分が失われてしまった現在では、非常に貴重な書であることは確かであるが、教科書も専門書も完備していた当時にあっては、六朝期の占法の紹介書としても、陰陽道の実用書としても中途半端という印象は免れないであろう。

晴明の実際の占法も、その位置付けは非常に難しい。晴明は、六壬課式については、先述のとおり『六甲』六帖にみえるものをそのまま採用していたようである。また、物忌期についても、これは『六甲』六帖の段階ですでに整備されていたのであろうが、十世紀前半にはすでに陰陽道通用のものとなっていた法を採用している。本書の物忌期の不備は、晴明の実占例の方では克服されていることになる。

従って、晴明の独自性は、推断の仕方の方で測ることになるのであるが、晴明の実占例として再現可能な四件から窺われるその推断法の特徴は、それ以前のものとも、それ以後のものとも異なる非常に特異なものであって、その位置付けをどのように判断すべきか、苦慮せざるを得ないようなものとなっている。ここでは、現在考えていることを示しておこう。

晴明の実占例として再現可能な四件は、いずれも怪異占の際のものであるが、それらから知られる晴明の怪異占の特徴としてまず挙げられるのは、その推断の際、本書にみえる所主をそのまま利用していることである。怪異占の推断内容は、大事のものも小事のものも、九世紀後半から十世紀初頭のころにはすでに固定的となっており、十一世紀初頭の大事・小事の六壬式占専用化が果たされた段階では、すでにその固定的となった推断内容に対応するように所主を合わせていく工夫が、ほぼ完成の域に達していた。晴明のこの段階での推断法に独自の工夫がみられないことは、晴明の限界を示しているように思われる。

災異・怪異占などで祟りをなす諸社の方角を指す際や、大事の怪異占で災異を奏上する諸国の方角を指す際に用いられる指方法についても同様のことがいえる。十一世紀代になると、十世紀後半ないし同前半以前の六壬式占によらなかったのではないかとみられる段階からの八卦八方位の伝統に合わせる工夫がほぼ完成しているが、晴明は、十二支の十二方位を指しており、伝統に合わせる工夫は全くみせていない。

小事の怪異占でよく指される指年法も、晴明の実用したものは十一世紀以降陰陽道通用のものとなっていった方法程には発達をみせていない。指年法は、『新撰六旬集』にみえるものも、十世紀前半に実用されたものも、晴明と同時期ないし十一世紀前半段階で、賀茂・安倍両氏と対抗関係にある勢力が実用したものも、十一世紀以降陰陽道通用のものとなっていったものと相違するが、晴明が実用したものも、その後の陰陽道通用のものとは異なる。手順は同様とみてよいように思われるが、所主が固定的となっておらず、この時期の晴明に特徴的なものとなっている。

要するに、晴明の占法（推断法）には、それまで対抗勢力によって培われて来た伝統を一新しようという意気込みは感じられるのであるが、一世代あとの賀茂光栄・安倍吉平の段階からみると、まだ工夫の足りないものであったようなのである。

現在のところまだ確定的なことは何もいえないが、筆者は、晴明の師の賀茂保憲と晴明が活躍した十世紀後半を、このような方向で捉えようとしている。中国の学問に基づく専門的な国家機関である大学寮の紀伝・明経などの四道や典薬寮の医道でも同様だったようであるが、陰陽寮の陰陽・天文・暦の三道も学業の振興策として複数の勢力を競わせていたようである。十世紀中葉、賀茂保憲は、暦道内で九世紀以来の暦家であった大春日氏と対抗関係にあった葛木氏の後継者となってから急速に勢力を伸ばし、陰陽・天文・暦三道の主導者となった。晴明は、この保憲の弟子として陰陽・天文の両道で保憲を補佐する役割を担っていたのであるが、当時保憲・晴明に対抗する勢力としては、暦道の大春日氏のほか、文氏・秦氏（惟宗氏）・大中臣氏などがあった。

筆者は、陰陽道の国家的大事の六壬式占専用化は、他勢力との対抗上、賀茂・安倍両氏によって十世紀後半に推進されたという方向で捉えようとしている。ただ保憲と六壬式占との関連性を裏付けるような記事は、現在一件も見出せない。それに対し大事の怪異占の六壬式占専用化は、晴明の占文が残される九八〇年ごろには果たされていたとみてよいとしても、災異占の六壬式占専用化はもう少し遅れるかもしれない（あるいは、国家的大事の占申は、賀茂・安倍両氏勢力が六壬式占専用化に向かったのに対し、他氏勢力は依然としてその他の占法を採用していたのかもしれない）という事情を考慮すると、保憲より晴明の方がその当事者であった可能性が高いばかりでなく、その強力な推進者であった可能性もありそうに思えるのである。その場合、この段階の晴明の占法の未熟さは、その試行錯誤の過程のごく初期の事情を反映したものとなるのであろう。もっとも、現在のところ、陰陽道の大事の六壬式占専用化は十世紀前半にはすでに果たされていたという可能性も否定しきれない。その場合は、他氏勢力との対抗上推断法の方で一新を加えようとしたが、まだ一工夫が足りなかったということになるのであろう。

晴明はなぜ、陰陽道にとっても、陰陽道の六壬式占にとっても、一つの画期と目すべきこの大事な時期に、本書のような中途半端といった印象も免れないような占書を撰述したのであろうか。

晴明は、本書の奥に、本書撰述後の感慨を次のように述べている。

自分はもともと六壬式には疎く、老境に入ってその核心にまでたどりつきたいと思ったが、今後いくら時間を積んで研鑽に勤めようとも叶いそうにないので、初歩的な部分だけを抽き出してみた。

晴明が本書を撰述した天元二年は、晴明五十九歳、確かにすでに老境といってよい年齢であり、この感慨には、謙遜も含まれているのであろうが、いく分かの真実味は伝えているように思われる。

晴明は、天文道出身者ではあるが、当時はすでに天文道出身の者も陰陽道を兼学しており、当然六壬式占の素養も実用に堪えられる程の水準に達していたであろう。実際、本書撰述の六年程前の天延元年（九七三）に六壬式で占った例もみえている。従って、新たに六壬式占の習学を始めるためという理由は考えられない。

また、この歳、子息の吉平は二十六歳、吉昌も同じ程（吉平の弟のようにも扱われているが、筆者は、吉平よりやや年長で、庶兄だったのではないかとみている）であり、すでに学業は終えた年齢であるので、子息たちへの伝学のためという理由も考えられない。新しい教科書を撰述するためという理由も、『黄帝金匱経』自体が、平安時代を通じて教科書であり続け、『神枢霊轄経』なども専門書として実在している以上、とても考えられないことであろう。

筆者が現在考えていることは、この歳が保憲没後の二年目に当たることに意味があるのではないかということである。

晴明は、保憲の父忠行か保憲かいずれかの弟子とみられているが、実質的には保憲の弟子とみるべきであろう。先述のとおり賀茂氏が陰陽寮内に勢力を築けたのは、保憲が数代の暦家葛木氏の後継者となったからである。その父忠行が陰陽家賀茂氏の初祖とされ、確かに忠行も陰陽師の任にあったようではあるが、忠行自身には陰陽寮内に大きな勢力基盤はなかったようである。従って、忠行を晴明の師とみるのは相応しくないように思える。晴明自身も、近い父祖は陰陽寮内に何の基盤もなく、保憲の門下生的立場から、やがて保憲一家の一員と認められるようになり、一代で基盤を築いていったようである。

両人の官歴を少し追ってみると、保憲は貞元二年（九七七）に六十一歳で没したので、延喜十七年（九一七）の生まれとなる。晴明は、寛弘二年（一〇〇五）に八十五歳で没したので、延喜二十一年の生まれとなる。保憲の方が四歳年長である。

保憲は天慶四年（九四一）二十五歳の時、暦博士葛木茂経の後継者となり、暦生の身分で造暦に参加した。そして十世紀前半から続いていた対抗勢力の大春日氏との暦論争で、時の権力者藤原忠平らの庇護の下、勝訴を重ねたことを契機に、陰陽寮内での勢力を盤石のものとしていく。天暦四年（九五〇）暦博士、天徳元年（九五七）陰陽頭、同四年天文博士となり、応和元年（九六一）に陰陽頭退任後も三道の筆頭として、陰陽寮内に君臨することになるのである。

晴明の名が史上にはじめてみえるのは、天徳四年四十歳の時で、天文得業生とみえる。この歳保憲が天文博士となったことに連動する人事であったかどうかははっきりしないが、保憲勢力側の後任の天文博士に擬せられていたことは確かであろう。事実、天禄二年（九七一）保憲が三期十二年勤めた後に天文博士となっている。時に五十一歳、それにしても随分遅い出世である。

保憲一家の一員と認められるようになったのは、晴明が忠行か保憲の女婿となったからではないかと筆者は想像している。年長とみられる吉昌が、吉平より劣って扱われているのも、吉平の母がこの賀茂氏で、弟の吉平が嫡子とされたからではないであろうか。しかし、保憲一家の一員と認められたからといって、晴明は殊に厚遇されていたという程には厚遇もされてはいなかったようである。このころ晴明は、賀茂氏勢力内では、保憲の弟の保遠に次ぐ三番目程だったようであり、天禄二年に保憲の後任天文博士となったのも、保憲が子息の光国を早く天文博士とする措置だったようである。晴明は、天延二年（九七四）に一期四年で天文博士を解任され、光国が天文博士となっている。この天延二年という歳は、保憲が暦博士を退任した歳でもあるが、子息の光栄を権暦博士とし、自身も造暦宣旨を蒙り暦道筆頭となって、暦道内での勢力を盤石にしている。保憲が一時期一身で三道筆頭として君臨していたのを、今度は、自身と両子息とで再現したのである。

しかし、光国は資質に問題があったのであろう、保憲の没後その庇護を失い、天元元年（九七八）に一期四年で解任され、晴明が再度天文博士の任に着くことになる。光国が資質に欠けるところがあったことは、暦道面でも知られる。正暦五年（九九四）光栄の子息で権暦博士の任にあった行義が早世するが、この時光栄五十六歳、後継とすべき守道はわずか九歳。暦家賀茂氏の非常事態に当たって、長保二年（一〇〇〇）ついに弟光国に暦道を継がせよとの一条天皇の勅命が下るが、光栄はこれを固辞し、間もなく守道が十八歳で暦博士となっている。光国には余程資質に欠けるところがあったのであろう。

それはともかく、本書は、保憲が没し、天文博士に再任した翌年に撰述されたことになる。この時点での晴明の陰陽道内での序列は、文道光・賀茂保遠に次ぐ三番目程であったが、保憲の軛からは放たれ、将来への展望が開かれ始めた時期に当たるのである。

安倍氏の所持本は、少なくともこの時期までに日本に請来されていた典籍の大部分は、晴明が保憲所持本を書写したものとみてよいであろうが、後世の安倍氏所持本の性格をみると、教科書とされた『黄帝金匱経』は賀茂氏所持本と同等であったが、『黄帝金匱経』系統の最善本の十巻本は安倍氏は所持していなかった可能性があり、滋岳川人撰『金匱新注』も所持していたかどうか疑わしい点が残る。『黄帝金匱経』系統の「課経集」と、陰陽道の教科書とされた『新撰陰陽書』については、安倍氏所持本の方が多少見劣りするものであったとみてよさそうであり、『六壬大撓経』も同様であったようである。これらは、晴明所持本段階の状態をよく伝えているとみられる有行所持本段階で認められるものである。『神枢霊轄経』については、有行所持本段階の状態は明確な形では知られないが、泰親が施したとみられる尊本の注記に、再転写の際に生じたとはみなしにくい誤字があることを考えると、有行所持本段階、ひいては晴明所持本段階から、賀茂氏所持本より見劣りする点があった可能性もあることになろう。

これらの晴明段階からかともみられる安倍氏所持本の劣悪性は、晴明が保憲所持本を書写した際に発生した可能性もあろうが、安倍氏が最善本の十巻本『黄帝注金匱経』を所持していなかった可能性もあることを考えると、そもそも晴明は、保憲没後陰陽道の筆頭となった段階でも、賀茂氏所持の最善本の閲覧は許されていなかったのではないかという疑問も沸いて来る。とすると、保憲存命中ともなれば、状況はさらに厳しかったのではないであろうか。

晴明は、文道光・賀茂保遠が没してのち、陰陽道筆頭となったとみられる。もっとも、国家機関としての陰陽道の首座（一臈）となった時期があるのかどうかははっきりしない。七十歳前後で筆頭になったとみられるが、その後八十五歳で没するまでの十数年間、晴明が現役として活躍していたことは事実であるが、その活動が天皇・上皇や藤原道長ら上級貴族への奉仕の側面に限られ、国家機関としての陰陽道（陰陽寮）の職務である陣政への奉仕としての、軒廊御卜や陣での日時勘申への参加といった活動が、はっきりした形では知られないからである。保憲の子息の光栄は、晴明より十八歳年下で、たとえば晴明七十一歳の正暦二年（九九一）には、五十三歳、晴明の子息の吉平も三十八歳で陰陽博士の任にあり、両人とも国政の場での活動をすでに始めている。晴明が高齢にもかかわらず現役として活動を続けたのは、天皇・貴族らがその楽隠居を許さなかったことにもよろうが、賀茂・安倍両氏側の勢力を削ぐような行動は取りにくかったこと、特に子息の吉平・吉昌をもう少し支えている必要があったことなどの事情があったからであろう。

この間、晴明は、賀茂保遠や光栄から閲覧の許可を得て、賀茂氏の所持する陰陽道書・天文道書の書写に勤しんだことであろう。本論中で想像したように、本書撰述以前の晴明所持本が、陰陽師なら誰でも閲覧が可能な教科書はともかく（それにしては、教科書の『新撰陰陽書』が劣悪だったのは不思議である。晴明の書写が十全ではなかったのであろうか）、専門書の『神枢霊轄経』が相当の劣悪本であったとすると、保憲から解放されたこの時点での再調査は、何としても必要だったのであろう。教科書の『黄帝金匱経』と、もしかすると相当の劣悪本であった可能性もある『神枢霊轄経』とに主に基づいて撰述された本書は、その手始めとでもいえるような早い段階に撰述されたものとなるであろう。その裏には、自身の現段階での知識水準を確認し直すとともに、保憲が果たし得なかった、大事の場での六壬式占の専用化、ないしは推断法の一新を通じて、他勢力の構築した伝統を打破し、新たな陰陽道の伝統の創出に役立てることで、保憲を凌駕したいという意図があったのかもしれない。

実際には、藤原兼家辺りであろうか貴顕の閲覧に供することで、その庇護を得たいなどといったより現実的な意図があったのかもしれないが、当該時期の晴明の状況をみると、このような想像も巡らしたくなるのである。

晴明のこの目論見は、本書撰述数年後の段階では、まだ試行錯誤の域を出ないものではあるものの、現実味は帯びたものとなっており、その最晩年期ないしは光栄・吉平の代になると、一応の成果をみせ、その後六百年に及ぶ陰陽道の六壬式占の伝統の基礎が築かれることになるのである。

二　尊本と京本と

本書の現存本の尊本・京本には、院政時代の安倍泰親の影が色濃く残されているように思われる。

現在のところ本書が記録上にはじめて姿を現すのは、院政時代に入った大治四年（一一二九）のことで、『長秋記』同年五月十八日条に記主の源師時が、自分の所持する『占事略決』を鳥羽上皇（であろう）に進上したとみえる。師時所持本には上皇の父堀河院親筆の勘物が付されていたことから、上皇は殊に敬重され、借覧を希望されたようである。師時は亀卜に通暁した公卿として知られるが、占い一般にも興味があり、本書を所持していたのであろう。上皇も親しく覆物占などを嗜まれている。

この歳泰親は二十歳。本書はこの段階ですでに広く貴顕の間にも流布しているので、泰親がその流布に関与したわけではない。筆者は一時期、『占事略决』という書名も晴明の命名ではなく、当初は「六甲占」「本条」といった一般称で呼称されていたのではないか、この命名は、有行・泰親らの子孫の手でなされたのではないかなどといった可能性も考えていたが、少なくとも泰親の段階では、あえてそのような想像を巡らす必要はなかったようである。

とはいえ、現存本は泰親の存在を抜きにしては語れないように思われる。現存本の尊本と京本の注記には、第二十六章の後半部の若干数と第三十五章にしか共通性が見出せず、一見すると両本の関連性は薄いようにも見受けられる。しかし、この相違は、泰親が本書を授けた子息の立場の違いから来ているように思われる。泰親は、四十代にさまざまな典籍を子息たちに授けたようであるが、本書の場合、嫡子の季弘には晴明自筆本か、泰親書写の詳密本を授けたであろう。次男業俊への伝授本は、それに次ぎ、三男泰茂への伝授本も、業俊への伝授本と同等か、それに次ぐ程度のものであったであろう。尊本は、この泰茂への伝授本から出ているとみられる。五男親長への伝授本は、それらより簡略に済まされたのではないであろうか。京本は、この親長への伝授本から出たものであるが、筆者は、京本の注記の中には、泰親段階のものだけでなく、後世の某人が施したものもあるのではないか、場合によっては室町時代に清原氏の者によって施されたものもあるのではないかとも想像している。

筆者は、このように尊本の注記の大部分、そして京本の注記の相当部分が泰親によって施されたものではないかとみているのであるが、この尊本の注記が比較的丁寧に施され、京本が簡略に済まされたという、尊本と京本との性格の相違は、その本文の本記・割注部分にも窺えるのではないかとみている。

その意味で筆者が注目しているのは、第二章の第八と第二十六章の第七・第二十九の、尊本・京本間の本記・割注文の相違である。第二章の反吟課無剋、いわゆる井欄課の際の用の求め方に関する「衝」の語釈の割注部分は、京本が晴明段階の本文を伝え、その省略に気付いた加注者が、尊本ではその一部分を紙背の小紙片に移し、割注文では正しい解説文を追補した、それに対し京本では、割注文はそのままに、正しい解説文を頭注で示したとみたのであるが、この部分は、両本の加注者が同一人であったことを強く示唆しているといえよう。つまり、両本の相違は、別人の手によって生じたのではなく、同一人の同一の理解に基づくものであり、ただその修正手段が相違していただけとみるのである。そして、京本への対応より、尊本への対応の方が、理解度の面からみれば丁寧であったということが出来るであろう。

第二十六章の第七虎視卦の本記の尊本「深」、京本「沈」、および同第二十九、絶紀卦の本記の尊本「継命」、京本「紀」という用字の相違は、尊本の「深」「継命」は「課経集」の用字、京本の「沈」「紀」は教科書の用字であり、晴明段階では教科書に基づき「沈」「紀」としていたものを、尊本では加注者が「課経集」本文に基づき修正したとみてみた。つまり、京本は晴明段階の本文、尊本は加注者段階の修正文を伝えており、尊本は、その他の部分では「課経集」本文は注記で示しているのに、この両卦では本記の修正に及んだとみたのである。また、第二十二炎上卦の本記で、尊本のみにみえる「経」文は、実は「課経集」の仮令文の所主文とみたのであるが、これは後世の転写者が注記を衍入したものではなく、加注者自身が意識して本記に追補したものであろう。このような加注者の態度は、本文に対する態度としては論外ともいえようが、やはり丁寧な対応とみるべきなのであろう。

注記の質の問題だけをみると、この加注者を泰親と同定する根拠は何もないようである。しかし、このように本記と注記との間に一体性が窺えるのであれば、この加注者とはすなわち書写者とみてよいことになろう。そして尊本と京本との間にも一体性が窺えるとみられる以上、この加注者は両本に共通する書写者で、それは泰親であったとみるのが最も妥当性が高いということになると思うのである。

泰親は、反吟課の尊本注記⑧の部分で、晴明が本記で犯したのと同様の誤りを犯しているので、六壬式占の細部にまで精通していたかというと疑わしい印象も残るのであるが、第三十一章の尊本注④で、晴明の本記の不備を修正しているようである点なども考慮すると、相当の研鑽は積んでいたように見受けられる。

泰親の行動には、注意すべき点がいくつも見出される。これは陰陽道の側面だけでなく天文道の側面でもいえるのであるが、ここでは六壬式を巡る態度に注目してみよう。

六壬課式では、伏吟杜伝課に属する一局で、先祖の吉平を含め、陰陽道の伝統に反するような課式を採用している。泰親の採用した課式は、衝法に立つ本書の記事と、破法に立つ陰陽道の法とを強引に合わせた理論に立っているようであるので、本書の省略部分を意図的に曲解して、泰親独自の課式を編み出したもののようである。六壬課式の場合、陰陽道の伝統に反する課式を採用したのは泰親だけであるので、その異常性には刮目されるものがある。また推断法を巡っては、賀茂・安倍両氏が作り出した十一世紀以来の伝統に従うのではなく、十一世紀代に他氏勢力が採用していたものを復活させ、賀茂氏や、安倍氏内の他勢力に対抗した例もみえる。これらについては拙稿「安倍泰親の占験譚をめぐって」（『東洋研究』一三二）で扱ってある。なお、泰親の異常性については、山下克明氏もその著『平安時代の宗教文化と陰陽道』でいくつか触れられているので、合わせ御参読いただきたい。

泰親の異常性の直接の原因は、その生い立ちにあったようである。泰親は、父泰長、兄政文を相次いで喪ったあと、十五歳の若年で安倍氏嫡家を継ぐが、泰長の実子ではなかったことも手伝ってか（泰親は泰長の養継子。泰長の娘の子でもあったのであろうか）、一門の長老格で、首服を加えてもらい、直接の学問の師でもあった晴道と反目するようになる。こうして、泰親は、賀茂氏や同族との抗争を激化させていくことになるが、そのための理論武装の一環として、六壬式占の研鑽にも励んだのであろう。そして、子息たちへの伝学にも熱心に取り組んだのであろう。先の伏吟杜伝課の新理論も、晴道が先祖の吉平や陰陽道の伝統に従った課式を採用しているので、晴道への敵愾心から編み出されたのであろう。この新理論は、『新撰六旬集』に「有本」として伝えられているので、泰親流独特の家説として子孫に受け継がれていったようである。

このように、本書の現存本の尊本・京本は、ともに泰親が書写して、子息に授けた書から出たものであり、京本は、本記は比較的よく晴明段階の姿を伝えており、相当数の注記も泰親が施したもの、尊本は、本記は若干泰親が手を加えたところがあり、その注記は大部分が泰親が施したものとみられるのである。しかし、泰親の場合、兄政文からの相続の段階で問題があるので、晴明より兄政文まで安倍氏嫡家が代々受け継いで来た嫡家所持本を相続出来ていたのか、それとも嫡家所持本は晴道が相続してしまい、泰親は粗悪本しか相続出来なかったのかなどといった、本書の、特にその注記の質にからむ問題をも視野に入れなければならないことになる。

一体、泰親が書写に利用した底本は、晴明自筆本だったのであろうか、それとも何度か転写を経たものだったのであろうか。また、加注に利用した「課経集」『神枢霊轄経』などは、家祖伝来の比較的良好なものだったのであろうか、それとも何度か転写を経、粗悪化の進んだものだったのであろうか。本書の本記・注記の精密な分析には、晴明段階の状態とともに、泰親段階の状態にも目を向けなければならないのである。

本書の場合は、さらに泰親書写段階から現存本への転写の際の問題も視野に入れる必要がありそうである。現存本は、尊本・京本とも泰親の書写段階から数度の転写を経ているとみられるが、特に現存本尊本の書写者は、六壬式占の初歩的な知識にも薄かったようである。現存本尊本の注記は、誤字・脱文が目立つが、その責任の過半は、現存本の書写者にあるのではないかとみられる。たとえば「臨」字の場合、『六壬占私記』や『陰陽道旧記抄』では、旁りのみで示されることが多く、『陰陽道旧記抄』は相当崩れた草書体で書かれている。そのような場合でも、六壬式占の知識があれば誤写を犯しようがないのであるが、現存本尊本は、そのような単純な誤写が目立つ。現存本尊本の書写者には、六壬式占の初歩的な知識さえなかったと見做さざるを得ないのである。

最後に、両本の現存本の転写状況に立ち戻ってみよう。

尊本は、その奥書をみると、「貞応六年五月七日に書写し畢った」とあり、書写者の花押もみえている。そして江戸時代の土御門泰福が、この書写者を鎌倉時代後期の安倍泰統と鑑定している。このうち貞応に六年はないので、六年は元年の誤りとみて、貞応元年（一二二二）に書判者が書写したとみるのが、普通の解釈である。ただし、貞応元年段階に泰統が書写した可能性はほとんどないので、村山修一氏は、泰統書写説を支持しつつ、貞は正の誤りで、正応六年（永仁元、一二九三）泰統書写説を唱えられた。注記の転写状況からすると、六壬式の知識の薄くなった鎌倉時代後期の泰統段階程にまで下る方が都合が良いかと筆者も思うのであるが、泰福の鑑定に何か根拠があるのだろうかという疑問が残る。また、実は泰統の花押は、『小反閇作法』に現存のものが知られるが、これとは異なっている。もっとも、現存の泰統の花押は十六歳の時のものであるので、参考にならないかもしれない。しかし、これらの疑問がある以上、泰統書写説には慎重にならざるを得ないであろう。

それに対し、筆者は現在、あえて知識の薄くなった後世の段階を想定しなくとも、まだ知識の薄い段階、つまり習学を始めて間もなくの若年の段階を想定してもよいのではないかという方向を考えている。現在知られる安倍氏のいくつかの相伝状況をみてみると、伝授者が被伝授者に書写して授ける場合と、その逆に、被伝授者が書写し、伝授者の書判を受ける場合とがある。現存本尊本の花押は書写者のものであるので、相伝の授受の問題とは別という見方も出来ようが、若年段階での書写の可能性も捨てきれないのではないであろうか。とすると、貞応元年に若年の安倍某が書写した可能性もあり得ることになる。この歳、伝授者の立場としては泰忠、六十六歳が想定され、被伝授者には、泰忠の子息か孫の世代の者が想定されることになろう。孫の維弘（泰統の父）が自分で書写した『小反閇作法』を（父泰俊よりであろうか）伝授を受けたのが建長二年（一二五〇）のことであり、その維弘の花押もこれとは異なることを考えると、この被伝授者つまり現存本尊本の書写者は、泰忠の子息の泰俊の可能性が高いということになろうか。いずれにせよ、現存本尊本の書写者の最終的な決定は、その花押の主の同定を待つべきであろう。

京本は、奥書に、まず保元元年（一一五六）に泰親が息男親長に授けたとみえる。この歳、泰親四十七歳。泰親自筆の書写本が伝授されたのであろうが、泰親の花押は、模写もなされていない。次いで、安貞三年（寛喜元、一二二九）十月十日に安倍泰隆（澄か）が書写したとみえる。泰隆は親長の孫。一応泰親自筆書写本を書写したものと理解出来そうであるが、この間の転写がなかったともいえないようである。またこの日付にも不審な点がある。安貞三年は三月五日に改元されている。己丑歳には誤りないので、月に誤りがあるのかもしれない。また、現存本京本は、泰隆自筆の書写本自体ではなく、後人の転写を経たものである。泰隆の花押もみえないので、こう断定してよいであろう。ただ、それが誰によるものか、いつごろのことか知る術はない。

京本には、本記の方で、第四章の晴明撰述・泰親書写段階には「勾陣」とあったはずの「勾陳」などのように賀茂氏の説を反映して改変されているのではないかと思えるものや、第十八章の安倍氏所持本なら「員」とあったはずの「数」字のように、安倍氏所持本としては相応しくないものがあり、これらはあるいは清原氏の者が改変したものかとも思われる。また注記の方にも、陰陽師の加注としてはどうか、明経家の清原氏の加注であれば相応しいかと思えるようなものがかなりみえる。現存本京本は、表紙に「青松」とあり、安土桃山時代に清原国賢が所持していたことが確実視される。いつのころにか、清原氏が入手し、多少の修正や注記の追加を行なった可能性が全くないわけではないようにも思えるのである。この点は、現存本京本の本記・注記・訓点のすべてが一体であるのか、第二十六章に三箇所、虫損などを修正したものかどうか、注記の重複がみえるが、それをどう位置付けるかなどの問題とともに、なお一層検討を重ねるべきであろう。

現存本京本については、鎌倉時代の写本であるとも、その後の写本であるとも、安倍氏の手になるものとも、清原氏の手が加わっているとも、現在のところは何ともいえないというのが現状としておいた方が無難であろうと思うのである。

以上に、本書の典拠書の問題を中心に本書の本記・注記の性格から、現存本の性格まで、分析を進めて来たが、これまで述べて来たことに確信をもって断言出来るものが何かあるかというと、はなはだ心許ないというのが実状である。

前著で扱った六壬課式の場合は、確信をもって断言出来そうなものが大分ある。まず、陰陽道の六壬課式については、陰陽道の占文や『新撰六旬集』によって、伏吟杜伝課の二局、ないしそれに反吟無依課四局を加えた計六局を除いて大部分が再現出来たと確信している。直接確認出来る局は限定されるが、理論面から数局を除いて誤りようがないからである。陰陽道の六壬課式に、『黄帝金匱経』段階と相違するもののあることは、理論面からも窺えるが、『卜筮書』にみえる反吟課の実例から確認される。陰陽道の法の中に中国歴朝の公式の法とは異なる部分のあることは、反吟課につき尉山人の破法に通ずる局の存在で確認される。伏吟課については解釈上の問題となるが、それなりの根拠は指摘出来ているとみている。

陰陽道の六壬課式は、九世紀中ごろの滋岳川人の段階からあったという点になると、大分あやしい面が出て来る。

これは、『新撰六旬集』の冒頭の記事に従った見解であるが、陰陽道独特の六壬課式の存在が確認されるのは十一世紀初頭であり、この冒頭記事は後世の仮託ではないかという疑問を払拭する手段もないからである。現在のところは一応、物忌期が十世紀前半に確認されることと、『新撰六旬集』の内部にあえて後世の仮託とは見做さなくともよさそうな徴候がみえることとから、この冒頭記事を信用することにしている。陰陽道の六壬課式は滋岳川人が創案したとみる点や、それは川人の師の春苑玉成がもたらした新知識によって果たされたとみる点は、筆者の想像である。十世紀以前のいずれかの段階で創案されたのは事実とみてよいと思うが、滋岳川人が創案したことを明示する記事は皆無であり、奈良時代に新羅僧らがもたらしていた可能性や、空海も『一行六壬歌』を請来しているので、そのころの渡唐僧がもたらした可能性など、その他の可能性も想定出来なくはないからである。

一方、本稿で扱った典拠書の問題となると、事情はさらに絶望的となる。陰陽道の教科書・専門書とされた古占書で現在にまで遺存するものは皆無であり、陰陽道側の史料で古占書の佚文とされるものも、特に『黄帝金匱経』の場合は、この系統のどの占書のものか、教科書のものか、それとも専門書のものか、厳密な同定は不可能なのである。『卜筮書』巻二十三にしても、占書名自体が不詳であり、また、陰陽師が利用していたものより後次のものという徴候も認められる以上、陰陽道の問題として扱うには、自ら限界を認めなければならないであろう。『神定経』ほか中国撰述の占書にみえるものの場合はなおさらである。さらに、撰述者の安倍晴明段階、書写・加注者の安倍泰親段階、転写者の段階をも視野に入れなければならないとなると、対比の規準とすべきもので確信の持てそうなものは、ほとんどないという状況になってしまう。

本稿では、延久・保延両度の賀茂・安倍両氏間の相論で争点となった本文の問題など、ある程度確信の持てそうな徴候から、『黄帝金匱経』の場合は、本書の本記が教科書段階の姿を伝え、その注記の中に専門書の「課経集」の姿が伝わっている。また、教科書は晴明段階から賀茂氏所持本と同等程度であったが、専門書の「課経集」は見劣りする点もあったなどと比較的単純に類型化して分析を進めてみた。しかし、徴候はあくまでも徴候であって、徴候とは認められないという立場もあり得るであろうし、徴候とは認めても、本稿とは異なる文脈の中で捉えるべきであるという立場もあり得るであろう。

筆者は、妥当性の高そうな徴候、ある程度の妥当性は認めてもよさそうな徴候、単なる想像に過ぎない徴候など、ある種の徴候とみたものにも、その信憑性の程度に注意を払ったつもりではあるが、その一つ一つについて、さまざまな立場からの再検証が必要であろう。また、類推の上に類推を重ねた部分もあるので、それらについては、厳格な再点検の必要性も認めなければならないであろう。

このように本稿は、学問的にはたたき台ないしは刺激剤の一つ程度の価値しかないのかもしれないが、今後の本格的な解明作業にお役立ていただけるようなところがなにがしかでもあれば幸いである。そして、その名望さの割には実態への注目度の薄かった本書の価値が見直され、この分野に多くの方々の関心を呼び覚ます切っ掛けともなればと願って止まない。

付記

本論のうち渉害課に関連する箇所については、本論脱稿後に執筆した拙稿「六壬式占の渉害課と陰陽道」(『東洋研究』一五〇)の修訂版(二〇〇三年九月執筆、同十二月印行のものの一部を、翌〇四年正月に修正したもの)に基づいて修正を加えた。

第二部　安倍晴明撰『占事略决』――本文・参考史料編――

例言

『占事略決』諸本の本文の翻刻については、すでに中村璋八氏が『日本陰陽道書の研究増補版』において京都大学附属図書館所蔵本（以下京本と略称）を底本として翻刻され、前田育徳会尊経閣文庫所蔵本（以下尊本と略称）・宮内庁書陵部所蔵本（以下宮本と略称）との対校もなされている。また、尊本を底本とする翻刻も、村山修一氏がその著『日本陰陽道史総説』でなされ、下出積與氏は『神道大系』論説編一六所収の翻刻本を担当されている。特に、下出氏の翻刻本は、本書の本記・割注・注記のほか、訓読の際の読点や返り点・訓み仮名・送り仮名も忠実に翻刻されている。また、写真版ではあるが、京都府立総合資料館架蔵の若杉家旧蔵本（以下若本と略称）が、村山修一氏編著『陰陽道基礎史料集成』に収載されており、訓読点も含め若本の体裁の全貌を知ることが出来る。宮本は、若本と同じ奥書を有し、注記もほぼ同様であって、おそらく、尊本を祖本として、近世初頭の慶長十五年（一六一〇）五月二日にまず宮本が書写され、この宮本を底本として若本が再転写されたのではないかと思える程、若本との近縁性が高いものであるので、この若本の写真版を通してそのおおよその姿を窺うことが出来る。

このように本書の諸本は、その全貌が知られる尊本・若本のほか、京本・宮本についてもほぼ紹介されているといっても良いのではあるが、若干の不備もある。まず、京本の場合、中村氏翻刻本は、注記の全てを翻刻したわけではなく、訓読点は全く紹介されていない。また、宮本は、訓読点段階でみると若本との近縁性は薄くなる。この訓読点は、尊本・京本は中世、宮本・若本は近世の状態を伝えているとみられ、国語学上も意義の有るものであるが、諸本の性格を知る上でも貴重なものといわなければならない。

しかし、本著での翻刻に当たっては、このような不備の克服はしばらく置き、本著の主意に沿って、特別に配慮したものを提示してみたいと思う。

すなわち本著は、陰陽道の六壬式占の研究の一環として、本書を含む六壬式占書の解明を主題としており、本書の解明も、第一部の解説編で詳述したとおり、その内容面の解明よりも、各条文の典拠や、典拠書の性格、中でもその各陰陽家ごとの所持本の性格、晴明、あるいは後人の加注者・転写者の撰述・書写態度の解明の方に比重を置いて進めている。

そこで、本書の翻刻も、解説編の参考に耐えられるように、晴明撰述部分については、晴明撰述段階の姿に近付けるように試み、後人の追補にかかる修正や注記は、網羅的に採用し、本書の本記・割注・注記の内容や典拠、典拠書の性格等々の解明の参考になりそうな史料は、なるべく広めに採録するという方向で行なっていきたいと思う。

本書の翻刻、参考史料の掲出に当たって従った基本方針は、総体的には次のとおりである。

一　本書の翻刻に際しては、尊本・京本を利用し、宮本・若本は利用しなかった。

一　本翻刻では、おおむね各章ごとに、本記・割注、注記、参考史料の順に配した。

一　字体は、原則として常用漢字を用い、異体字・略体字・誤字も多く正字に改めたが、第一部や第三部第二章などで所論を展開した用字については、底本の字体をそのまま採用したものがある。

一　本書の本記・割注・注記については、便宜読点・並列点・返り点を付した。ただし、尊本・京本に振られた読点・返り点・訓み仮名・送り仮名は、参考としたものもあるが、全体的には筆者の私案により振り直した。

一　参考史料については、返り点を付さずに、白文のままとした。

本書の晴明撰述部分、および一部の後人追補部分の翻刻は、次の方針に従った。

一　第一部解説編でも述べたとおり晴明撰述段階の本記・割注の姿は多く京本に伝わっているという想定から、本記・割注は、多く京本を底本として利用した。しかし、尊本に従った箇所、尊本・京本を並置した箇所、私案により修正した箇所もある。

一　尊本・京本に共通せず、尊本・京本・私案のいずれかに従った字句は、その字句の左傍に、尊本・京本のいずれかによるものは「•」、私案によるものは「▪」を付して示し、本記の後、注記の前に、断わりの按文を挿入した。ただし、この按文での断わりは、網羅的には行なっていないので、詳細は中村氏翻刻本の校訂注を御参照いただきたい。

一　尊本・京本の並置の必要な箇所は、第二章第八（反吟課）のように私按文を付して並置した箇所のほか、第二十六章第七（虎視卦）・第二十九（絶紀卦）のように、断わりの按文の中で行なったものもある。

一　私案による注記は、多く右傍に（　）を付して示したが、断わりの按文のように「○」を付して按文の形で示したものもある。脱字・脱文の想定される場合は、挿入されるべき箇所に「。」を付して示した。

一　割注文は、全て（　）を付して示し、本記並として扱った。

一　第二十六章の割注で示される正日時は、私案によって字句を補い、体裁を統一した。

一　本記・割注は、文意によって適宜段落を設け、頭部に①などの条文番号を付した。

一　注記ないしは参考史料の条文と対比する必要のある短い章句・字句については、ⓐ等の符号を右傍に付した。

一　宮本・若本は利用しなかったので、その対校は、中村氏翻刻本を御参照いただきたい。

本書の後人追補にかかる注記の翻刻は、次の方針に従った。

一　尊本・京本にみえる注記は、全て翻刻した。

一　これらの注記は、各章ごとに、第二章と第二十六章については各節ごとに、本記・割注、ないし字句の断わりの按文の後に一括して、尊本注記・京本注記のいずれかを明示の上、この順で配した。

一　底本の注記の記載位置については、頭注・右傍注・左傍注・脚注と明示し、また、章目の脚部などに付して注されたものや、語釈の意味合いで付されたものは、㋑などの符号を用いて、その位置を特定した。語釈の注記については、本記の字句をも掲出したものもある。

一　注記にも適宜段落を設け、本記・割注の条文番号に連続して、②などの条文番号を付した。ⓐなどの章句番号を用いた箇所もある。

一　注記の配属を変更した、第二十七章・第二十八章の一部注記については、別の配慮によって条文番号を付した。

一　判読不能の字句は、□□で示した。尊本は、下出氏翻刻の字句を利用させていただいた箇所もある。

一　右傍に付した字句の校訂注は、参考史料などによったものは〔　〕、私案によったものは（　）を用いて、これを区別した。脱字・脱文の想定されるものは、挿入されるべき箇所に「。」を付して示した。

一　本書の本記・割注・注記の底本（尊本・京本）で用いられる異体字・略体字あるいは誤字・当て字などに対し、本翻刻で採用した字体のうち、留意すべきものを、次に摘出しておく。（　）内が採用した字体。

罡・罡（岡）、枽（柔）、尅（剋）、关（癸）、夘（卯）、曺（曹）、虵・蛇（虵）、陣・陳（本記は陣、注記は底本のまま）、龍・竜（龍）、帍（虎）、昴（昴）、崇・祟（祟）、迯（逃）、茇（発）、殺・敍（殺）、縣・懸（縣）、貟（員）、囙（因・囚）、図（囚）、盇（蓋）、閞（関）、灵（霊。雲の誤）

参考史料の掲出に当たっては、次のような方針に従った。

一　参考史料は、多く各章・各節ごとに、注記の後に一括して掲出した。ただし、第二章はこの限りではない。

一　各占書・典籍ごとに適宜段落を設け、㊀などの条文番号、『六壬占私記』についてのみは㋑などの条文番号を付した。ⓐなどの章句番号を付したものもある。

一　本書の他の章や、本著第三部の佚文集成ですでに載録してある条文については、多く本文自体は省略したが、あえて載録し直したものもある。

一　『五行大義』など、本文をあえて載録しなかったものは、中村璋八氏著『五行大義校註』ほかを御参照いただきたい。

一　字句の校訂注は、右傍に（　）を付して行い、典拠の有無・私案の区別はあえてしなかった。「○」を付して、按文の形で行なったものもある。脱字・脱文の指摘と補入は、前記に準じた。

一　掲出した条文の解説自体は、本著ではほとんど割愛したが、一部「○」を付して、按文の形で収載したものがある。

一　利用した各占書・典籍の底本は、本著奥に一括して示したとおりであるが、各占書・典籍自体の諸本の校合は行なっていない。

一　利用すべき占書・典籍は、他にも多くある。今回は叶わなかったが、少なくとも北宋以前成立のものについては、その佚文の集成を行い、参考に足る条文の検出に努めるべきであろう。

『占事略决』　翻刻　付参考史料

○（尊本包紙）

「甲第七

古筆上

占事略决　安倍泰統筆　土御門兵部少輔泰福奥書　一巻」

○（京本表紙）

(オ)「　占事略决　青松」

(ウ)「正月徴明、二月河魁、三月従魁、四月伝送、

五月小吉、六月勝先、七月大一、八月天罡、

九月大衝、十月功曹、十一月大吉、十二月神后、　」

占事略決

四課三伝法第一　課用九法第二
天一治法第三　十二将所主法第四
十二月将所主法第五　十干岡柔法第六
十二支陰陽法第七　課支干法第八
五行王相等法第九　所勝法第十
五行相生相剋法第十一　五行相刑法第十二
五行相破法第十三　日徳法第十四
日財法第十五　日鬼法第十六
干支数法第十七　五行数法第十八
五行干支色法第十九　十二客法第廿
十二籌法第廿一　一人問五事法第廿二
知男女行年法第廿三　空亡法第廿四
知吉凶期法第廿五　卅六卦大例所主法第廿六
占病祟法第廿七　占病死生法第廿八
占産期法第廿九　占産生男女法第卅
占待人法第卅一　占盗失物得否法第卅二
占六畜逃亡法第卅三　占聞事信否法第卅四
占有雨否法第卅五　占晴法第卅六

○用九・否は、尊本に従い、大例所主は、京本に従う。祟・生、私案による。

四課三伝法、第一

①常以二月将一加二占時一、

②視二日(イ)・辰・陰・陽一、以立二四課一、

③日上神、為二日之陽一、（是謂二一課一）

日上神本位所レ得之神、為二日之陰一、（是謂二二課一）

辰上神、為二辰之陽一、（是謂二三課一）

辰上神本位所レ得之神、為二辰之陰一、（是謂二四課一）

④(ロ)甲乙丙丁戊己庚辛壬癸、（是謂レ日、）

子丑寅卯辰巳午未申酉戌亥、（是謂レ辰也、）

⑤四課之中、察二其五行一、取二相剋者一、以為レ用、
⑥発用神、為二一伝一、用神之本位所レ得神、為二二伝一、ミミ神之本位所レ得神、為二三伝一也、
○陽・謂・神之、京本に従う。謂、尊本為とす。
㋑京本右傍注
⑦日《十干也》、辰《十二支也》、
㋺尊本右傍注
⑧甲《日》乙《月》丙《天》丁《地》戊《人》己《民》庚《金》辛《石》壬《江》癸《河》、
○京本頭注
⑨月将者、即月神也、月神者、仮令、正月者、以二徴明一加レ時、是也、他効レ此、
○京本頭注
⑩日為レ干、辰為レ支、則干主レ天、支主レ地也、
⑪五行大義云、運用不レ止、故曰行、
○参考『黄帝金匱経』佚文史料6（三七四頁）
○『大唐六典』巻十四

以月将加卜時、視日辰陰陽、以立四課、一曰、日之陽、二曰、日之陰、三曰、辰之陽、四曰、辰之陰、四課之中、察其五行、取相剋者、三伝為用、

課用九法、第二

①第一、若四課中有二下剋上者一、当ヨ以為レ用、
②若無二下剋上者一、以二上剋下一為レ用、
③所以然者、下剋上、為レ逆、為レ深、臣殺レ君、子殺レ父、婦殺レ夫、婢殺レ主、故為レ深、
④上剋下者、為レ順、為レ浅、君怒レ臣、父賊レ子、夫殺レ妻、主殺レ奴、故為レ浅也、
○京本頭注
⑤奴婢、皆是僕従也、
①第二、若有二二三四下剋上、亦二三四上剋下者一、

以下与二今日一比者上、為レ用、
②岡日、比日(辰)、神后・功曹・天岡・勝先・伝送・
河魁、
柔日、比辰、大吉・大衝・太一・小吉・従魁・
徴明也、
①第三、若四課倶比、倶不レ比、以二渉害深者一、為レ
用、
②加レ孟為レ深、加レ仲為レ半、加レ季為レ浅、
③(寅・申・巳・亥、為レ孟、
子・午・卯・酉、為レ仲、
丑・未・辰・戌、為レ季、)
○仲、京本に従う。尊本は、中。③、尊本本記とす。
①第四、若有二渉害倶等者一、取二先挙者一、為レ用、
②所謂先挙者、日為レ先、辰為レ後、陽為レ先、陰為レ

後也、
○倶、尊本に従う。京本は共。
①第五、若四課陰陽皆不二相剋一者、以二遙相剋者一、
為レ用、
②所謂、今日神遙剋二四課神一、四課神遙剋二今日
神一也、
③若今日神剋二四課神一、四課神剋二今日神一者、以二
神剋レ日為レ用、(脱文アリ)。
④若日剋二両神一、〻〻剋レ日者、取二比者一為レ用、
⑤若倶比、倶不レ比者、以二渉害深一為レ用、
○両、尊本に従う。京本は雨。
○京本頭注
⑥金曰、上剋下、憂レ臣、下剋上、憂レ主、休廃為二老
人一、王相丁荘(壮)也、

①第六、若四課之中、無二上下相剋一、亦無二遙相剋
者一、以二昴星一為レ用、（昴星者、従魁是也、）
②剛日、仰視、酉上所レ得神、為レ用、
柔日、（伏視脱カ）。以二従魁所レ臨之下神一、為レ用、
③其三伝法、異レ常也、
剛日、伝辰上、終日上、
柔日、伝日上、終辰上、
○京本頭注
④剛日為レ陽、陽之性、首二於天一、故仰視レ之、柔日為レ
陰、陰之性、首二於地一、故伏視レ之、
○参考『黄帝金匱経』佚文史料7（三七五頁）
①第七、天地伏吟時、（謂、天地神、各居二其位一、）
②若有二相剋者一、当以為レ用、（謂、乙・癸日、）（脱文アリ）。
③若無二相剋者一、剛日、以二日上神一為レ用、
柔日、以二辰上神一為レ用、

---

④其三伝、用神為二一伝一、其刑神為二二伝一、（長文ノ脱文アリ）。
其衝神為二三伝一也、（刑衝法在レ左也、）
○京本頭注
⑤謂、十二神皆帰二其家一、名曰二閇吟一也、
①第八、天地反吟時、（謂、天地神反二其位一也、仮令、
子神臨二午上一也、）
②若有二相剋者一、当以為レ用、（脱文アリとすべきか）。
③無二相剋者一、剛日、以二日之衝一為レ用、
柔日、以二辰之衝一為レ用、
④（尊本割注）（丁丑・丁未・己丑・己未・辛丑・辛未是也、
丁未・己未・辛未日、太一臨レ亥用、
丁丑・己丑・辛丑日、徴明臨レ巳用、）
⑤（京本割注）（謂、衝子午相衝、丑巳（未）相衝、及亥未相衝也、
己丑未・辛丑未・丁丑日、反吟是也、）
⑥其三伝法、伝辰上、終日上神、

⑦（反吟時、三伝有二異端一、省而不レ載、）

○尊本頭注

⑧岡日、以二日之衝一為レ用、
柔日、以二辰之衝一為レ用、

⑨衝、注レ裏、　○現在、紙背に小紙片剥離を示す黒印のみあり。

○京本頭注

⑩謂、十二神各反二其位一、故曰二反吟一、

⑪丑日、用徴明、未日、用太一、

①第九、五柔日、作レ用不レ同、（謂、五柔者、八専日別称也、甲寅・庚申・己未・丁未・癸丑是也、）

②若有二相剋者一、当以為レ用、（其三伝、如レ常、）

③若無二相剋者一、岡日、従二日上神一、順数及レ三神為レ用、
柔日、従二辰上神本位所レ得神一、逆数及レ三神、為レ用、

④岡柔倶、無二三伝一、終二日・辰上一而已、

⑤若用起二日・辰上一者、唯有二一伝一耳、

○参考『卜筮書』第一経

帷薄不脩卦・八専課

㈠経曰、一神・二神陰陽共焉、日・辰及三神、為用、

㈡若、日・辰比位合、為一神、

㈢陰陽不相剋賊、岡日、従陽順数、柔日、従辰上陰神逆数、及三神、為用、

㈣当以日・辰上神重之、不得伝・終、

㈤以此占人、内乱・淫泆、法式不正、

㈥甲寅・庚申・丁未・己未・癸丑、此五日、応用此占、

㈦仮令、正月、甲寅日、時加未、……、

㈧仮令、三月、丁未日、時加午、……、

㈨所謂、天地之道備於三才、天為一、地為二、人為

三、……、

㊉男起景(丙)寅、女起壬申、逆順相求、其道自然、……、

○『神定経』釈用式、第三十一

重審課・元首課

㊀先、以下克上、為用、

㊁若、無下克上、即以上克下、為用、

㊂若、三上克下・一下克上、当以一下克上、為用、

比用課

㊀若、四上克下・四下克上、即以与今日比者、為用、

渉害課

㊀倶比、倶不比、以渉害深者、為用、

渉害課・先挙

㊀渉害復等、先日、後辰、為用、剛日用、日上神、為用、柔日用、辰上神、為用、

遙剋課

㊀四課陰陽不相克者、以遙相克、為用、

㊁若、日遙克神、神遙克日、始取神遙克日、為用、

㊂如、無神遙克日、便用、日遙克神、

㊃若、有日克両神、両神克日、並取今日比者、為用、

昴星課

㊀四課陰陽上下並不相克、又、無遙相克、当以昴星、為用、

㊁剛日、仰視、以酉上所得之神、為用、柔日、俯視、以従魁所臨之辰、為用、

㊂当以日・辰上神、重之、為中・末伝、不得伝於中、

㊃剛日、先伝辰、後伝日、柔日、先伝日、後伝辰、

(別責課)

㊀若、四課無遙相克、乃陰陽不備之時、当以別責為用、別責之課、其数有九、

㊁剛日、有三、謂、戊辰・戊午・丙辰日、各有一課、柔日、有六、謂、辛未・辛丑日、各有二課、丁酉・辛酉日各(衍文略)有一課、

㊂剛日、別責、取干合上神、為卦首、次伝、日上、与終伝同、

㊃柔日、別責、取支合上神本位所得之神、為卦首、次日上、与終伝同、

㊄各以神将、言其吉凶、

伏吟課・反吟課　○『占事略決』の欠脱部分を「　」で括って示す。

㊀天地伏吟・返吟課、有相克者、並有比及渉害深者、為用、

㊁伏吟課、己（乙）・癸子（衍）、二柔日課、有相克、癸丑一日、猶属八専、

㊂伏吟六乙日、有克、自刑者、当以克処、為課首、「次伝、其辰沖（衝）衝・所刑、為中・末伝、」謂六乙日也、

㊃伏吟六癸日、有克者、当以克処、為課首、「尽刑、為三伝、」

㊄伏吟、無克者、剛日、以日上神、為用、柔日、以辰上神、為用、為課首、

㊅皆尽其三刑、為中・「末伝、

㊆若、得自刑者、剛日、則先伝日、次伝辰、辰所刑、為末伝、柔日、則先伝辰、次伝日、日所刑、為終伝、

㊇更若、次伝自刑者、」即以沖、為末伝也、

反吟課

㊀返吟課、多相克、（常の三伝法のこと脱カ）。

㊁惟、丁丑・己丑・辛丑・丁未・己未・辛未、無克、内、丁未・己未、猶為八専、

㊂余四柔日、当以辰沖（衝）、為用、

㊃「辰衝者、丑沖巳、巳沖丑、未沖亥、亥沖未、

㊄丑日沖巳、巳上見微明、為初伝、」皆以辰上、為次伝、日上、為末伝、

㊅「未（日脱）。沖亥、亥上見太乙、為初伝、」皆以辰上、為次伝、日上、為末伝、

八専課

㊀八専之日、惟有両課、

㊁見有克者、亦以比及渉害深者、為用、（常の三伝法のこと脱文アリ）。

㊂若、無克、剛日、従日上陽神、順数三辰、為用、
柔日、従辰上陰神、逆数三神、為用、

㊃中伝・末伝、当以日・辰上神、重之、

㊄又云、末伝、与初伝同、

㊅八専之日、惟有両課也、

○『金匱章』

元首課・元首卦

㊀第一経曰、日辰陰陽中、有相剋者、為用、

㊁是謂、入不入、是最急者也、

㊂上剋下、憂女子、下剋上、憂男子、（下略）

重審課・重審卦

㊀第二経曰、日辰陰陽中、有両相剋者、先以下剋上、
為用、

㊁上剋下、為順、下剋上、為逆、逆者、憂深、在内、
難解、順者、憂浅、在外、易解、

㊂是謂、入者当審所用言、察吉凶之微、

比用課・聯茹卦（知一卦）

㊀第三経曰、日辰陰陽中、有両下剋上、或有両上剋
下、先以与日比者、為用、

㊁是謂欲其一（知）、必得其日也、是謂重相剋者、取与日比
者、言有両用也、

㊂比者、為近、憂在内、不比、憂在外、為遠、有仇怨、
故必得日比也、与賊盗亡人比里家人、

渉害課・傍茹卦

㊀第四経曰、日辰陰陽中、有両比者、以其始入渉害深
者、為用、

㊁是所謂、察其微、見其機者、言起季仲、為微、在孟、
為機、

㊂機者憂深、微者憂浅、為易過也、

遙剋課・蒿矢卦

㊀第五経曰、日辰陰陽中、無相賊者、当以遙与日相剋者、為用、

㊁是謂、交俱不相剋、入従独立者也、此言、有一神陰中住(往)賊日、若日往剋陰中之神、

㊂神来賊日、身有憂、従外来、日往剋神、為有仇怨、従中起、有望外人而不来、

㊃辰雖有遙相剋、不得為用、用日、不用辰也、(中略)

㊄有両遙相剋今日者、亦用日比、(中略)

㊅以神将言之、

昴星課・虎視卦

㊀第六経曰、日辰陰陽中、並無相剋、又無遙相剋者、剛仰、柔伏、視昴星、所得為用、

㊁是謂、日辰重一切用者也、

㊂言、剛日、当以地昴星上所得神、為用、柔日、当以天上昴星所臨辰、為用、

㊃昴星、為閉塞、ⓕ行者稽留、ⓖ居家有憂患、

㊄剛日、男人ⓐ遠行、未還、ⓒ恐闘死於外、

㊅柔日、ⓓ伏蔵、ⓗ女子淫泆、深憂不解、(中略)

㊆乙酉(柔)日、伏視天上昴星所臨、当為用、行者止蔵、如不来、居者在家、ⓔ不欲見人、

㊇以此占人、一切用如以決吉凶、不伝終也、(中略)

㊈剛日、……ⓕ行者稽留、ⓐ遠方ⓑ関梁、

伏吟課・伏吟卦

㊀第七経曰、天地復、名曰吟、諸神若(皆)帰其家、

㊁四日(四課中)辰不相剋、剛用日上神、酉(柔)用辰上神、

㊂是謂、ⓕ関梁陰陽反、故無所択者也、

㊄仮令、今日甲剛日也、徳在陽、故以日上神、為用、今日乙酉(柔)日也、徳在陰、故以辰上神、為用、所以然者、陰陽之気合同、

㊅此時不可出行、挙事不成、占吉凶、将出徙、在外ⓔ将

移、合ⓓ将離、

㈦視起用神所刑者、伝、用自刑、用其衝、仮令、今日甲子、功曹臨甲、為用、功曹刑巳、中見太一、太一刑甲(申)、終見伝送、

㈧吉凶皆、以神将言之、

天一治法、第三

①欲レ知二諸将前後一、以二天一一為レ首、天一在二亥上一、以レ子為レ前、以レ戌為レ後、天一在二戌上一、以レ酉為レ前、以レ亥為レ後、天一在二辰上一、以レ巳為レ前、以レ卯為レ後、天一在二巳上一、以レ辰為レ前、以レ午為レ後、

②常背二天門一、向二地戸一、(所レ向為レ前、所レ背為レ後、)

③甲・戊・庚、旦治大吉、暮治小吉、

乙・己、　旦治神后、暮治伝送、

丙・丁、　旦治徴明、暮治従魁、

六辛、　旦治勝先、暮治功曹、

壬・癸、　旦治太一、暮治大衝、

④旦暮治法、従レ寅至レ酉為レ旦、従レ戌至レ丑為レ暮、

○京本頭注

⑤金云、昼夜之分、以レ星決、星没為レ旦、星出為レ夜也、

○参考

天一治法

○『六壬式経』佚文史料1(四三四頁)

○『神定経』釈天乙、第二十八

㈠天乙、常背天門、向地戸、而行、天官十有二、

㈡天乙、常以甲・戊・庚日、旦治大吉、暮治小吉、乙・己之日、旦治神后、暮治伝送、丙・丁之日、旦治徴明、暮治従魁、壬・癸之日、旦治太乙、暮治太

衡、六辛之日、旦治勝光、暮治功曹也、

○　六朝期銅製式盤背面記事（厳敦傑「跋六壬式盘」『文物』一九五八年七月）

㊀天一居、在東・在西南、為前、在南・在北東、為前、

㊁甲・戊・庚、旦治大吉、暮治小吉、乙・己、旦治神后、暮治伝送、丙・丁、旦治徴明、暮治従魁、六辛、旦治勝先、暮治功曹、壬・癸、旦治太一、暮治太衝、

㊂前一騰虵、前二朱雀、前三六合、前四勾陳、前五青龍、後一天后、後二太陰、後三玄武、後四太常、後五白虎、後六天空、

○㊂は、次章十二将所主法にかかる。

○　『大唐六典』巻十四

十二将、以天一為首、

前一曰、螣蛇、二朱雀、三六合、四勾陳、五青龍、後一曰、天后、二太陰、三玄武、四太常、五白獣（虎）、六天空、

前尽於五、後尽於六、天一立中、為十二将、

○天一治・旦暮や、十二天将の所主を除き、次章と合わさったような文となっている。

○　『太乙金鏡式経』巻一

推太乙当時法

天乙、朝・暮治神、

甲日、朝治小吉、暮治大吉、戊・庚日、反是、

己日、朝治神后、暮治伝送、乙日、反是、

丁日、朝治登明（徴）、暮治従魁、丙日、反是、

癸日、朝治太乙、暮治太衝、壬日、反是、

六辛之日、朝治功曹、暮治勝光（先）、

不理魁罡二辰、戌為天獄、辰為天庭、非貴所居也、

老将所在以宰殺推吉凶、

旦暮治

○『黄帝金匱経』佚文史料8（三七五頁）、『六壬式枢機経』佚文史料1（四三五頁）

十二将所主法、第四㋑

①前一騰虵、火神、家在レ巳、主二驚恐・怖畏一、凶将、

前二朱雀、火神、家在レ午、主二口舌・縣官一、凶将、

前三六合、木神、家在レ卯、主二陰私・和合一、吉将、

前四勾陣、土神、家在レ辰、主二戦闘・諍訟一、凶将、

前五青龍、木神、家在レ寅、主二銭財・慶賀一、吉将、

天一貴人、土神、家在レ丑、主二福徳之神一、吉将、

後一天后、水神、家在レ亥、主二後宮・婦女一、吉将、

後二大陰、金神、家在レ酉、主二弊匿・隠蔵一、吉将、

後三玄武、水神、家在レ子、主二亡遺・盗賊一、凶将、

後四大裳、土神、家在レ未、主二冠帯・衣服一、吉将、

後五白虎、金神、家在レ申、主二疾病・死喪一、凶将、

後六天空、土神、家在レ戌、主二欺殆・不信一、凶将、

②前尽二於五一、後終レ六、天一立二中央一、為二十二将一、定二吉凶一、而断レ事者也、

○縣・陣、尊本に従う。京本は、懸・陳。

㋑京本注

十干日　甲戊庚乙己丙丁壬癸辛
天一貴人　陽　貴　未丑午申子酉亥卯巳寅
陰　貴　丑未寅子申亥酉巳卯午

前一騰蛇

○尊本頭注
ⓗ在二休上一、憂二病疾一、相連、釘稟刀、病者狂言、

○京本頭注
騰蛇為二災怪一也、星得二鬼宿一、

○京本傍注
主二竈神一、

○京本脚注
颶風、□也、為二心動一也、

前二朱雀

○尊本頭注
文書・飛鳥、

○京本傍注
主二呪咀・悪鬼一、

○京本脚注
主二文書一、為二音楽一、為二飛鳥一也、

前三六合

○尊本頭注
繫者無レ罪、主二船・木器一、為二天門一、

○京本頭注
六合、占二嫁娵一、得レ福、遷移・入官、同レ前、市買、
吉二□《(同前カ)》一、占二繫者一、無レ罪、百事吉、

○京本脚注
為二陰婚事一也、

前四勾陣

○尊本頭注
相連、

○京本脚注
雷電之精、為二鍾皷一也、

前五青龍

○尊本頭注
主二車・文書一、文官、
○京本傍注
主二神社、及風病・食物誤一、
○京本脚注
為二官祿一也、

天一貴人

○尊本頭注
ⓗ在二死上一、憂二貴人死亡一、ⓗ在二休上一、憂二疾病一、
○尊本脚注
大無成、
○京本頭注
論語云、天以諭レ君也、
○京本脚注
天一、為二文書一、為二珠玉・琴書一也、

後一天后

○尊本頭注
懐任者、他夫ム（マヽ）、主レ女、
○尊本脚注
ⓗ王上、憂二貴人人婦女産化（マヽ）一之、ⓗ囚上、。（憂婦女囚繋、休上などの文脱カ）
憂二婦女疾病一、
○京本左傍注
主二水上神一、占レ病、河泊水神・弱（溺）死鬼、
○京本右傍注
故苭反〜遅也、
○京本脚注
為二屏扇一、為二匣莒一也、

後二大陰

○尊本頭注
為二地戸一、主二陰私一、
○京本脚注

為㆓帷帳㆒、為㆓歩障㆒、主㆓笠・蓑㆒也、

後三玄武

○尊本頭注

玄武、冠也、又主㆓狂病㆒、

○京本頭注

玄、□也、武、□也、

○京本左傍注

占㆑病、苦□□胸・脇、或□□恐開□□(泣カ)声祟□□墳

井、火上神也、

○京本右傍注

占㆓遷官㆒、不吉也、

○京本脚注

為㆓失物□事㆒也、

後四大裳

○尊本頭注

武官、

○京本脚注

主㆓財帛・酒食㆒、為㆓冠蓋・嫁娶㆒也、

後五白虎

○尊本頭注

骸骨、不浄、

○京本脚注

□(金)云、白虎、主㆓刀兵㆒、為㆓皮革・刀兵㆒、口舌也、

後六天空

○尊本頭注

凶(臨カ)㆓日・辰・人年㆒、憂㆓財物離孤冥(マヽ)㆒、

○京本傍注

占㆑病、乍㆑寒熱・下食、祟在㆓大夫(丈カ)人㆒、嫁娶、孤寡、怪者、声響、百事不吉也、

○京本脚注

主㆓病事㆒、為㆓空器㆒、呪咀也、

○参考

前一騰虵

○『黄帝金匱経』佚文史料9（三七六頁）

金匱経曰、ⓔ主驚恐、ⓗ「在囚気、驚囚繫、」

○『神定経』釈天官二十九

ⓐ前一ⓑ螣蛇、ⓖ天乙奉車都尉、ⓓ家在丁巳、ⓒ火神、ⓔ驚恐怪異、ⓗ（王）「在旺上、有縣官・闘訟、在相上、有土賊争訟、在死上、有死喪驚恐、在囚上、有囚繫恐怖、在休上、有疾病怪異事、」

○『玄女式経』佚文史料3（四〇七頁）

玄女拭経云、ⓐ前一ⓑ騰蛇、ⓒ火将、……騰蛇、ⓔ主驚恐、

○『玄女式経』佚文史料7（四〇八頁）

玄女曰、ⓑ螣蛇、驚恐怪異、

天一貴人

○『神定経』

天乙居中貴神、ⓖ主帝王之象、ⓓ家在己丑、ⓒ土神、……ⓗ「在死上、有貴人死喪事、……在休上、有貴人憂疾病之事、」

後一天后

○『神定経』

後一天后、ⓖ天乙後宮綵女也、ⓓ家在壬子、ⓒ水神、……ⓗ「在旺上、有嫁娶・酒食之事、……在囚上、有奸邪・囚繫、在休上、有陰私・疾病之事、」

後四大裳

○『黄帝金匱経』佚文史料10（三七七頁）

金匱経云、ⓑ大裳、ⓔ主冠帯衣服、ⓕ吉将也、

○『神定経』

ⓐ後四ⓑ太常、ⓖ天乙卿也、ⓓ家在己未、ⓒ土神、ⓔ主財物・田宅・衣服・賞賜事、ⓗ「在旺上、有貴人財物・酒礼喜事、在相上、有祠祭祀・衣食・媒婚吉事、在死上、有謚贈財物事、在囚上、有縣官・召命、在休上、有病人、衣服・銭財事、」

○『玄女式経』佚文史料3（四〇七頁）

玄女拭経云、後ⓐ四大ⓑ裳、土将ⓒ、……大裳、主ⓔ賜賞、

○『玄女式経』佚文史料7（四〇八頁）

玄女曰、太ⓑ常、冠ⓔ帯・仕官、

○ⓗ文は、『神枢霊轄経』文か。

○『集霊金匱経』佚文史料3（四一八頁）、『神枢霊轄経』佚文史料6（四二二頁）、『神枢秘要』佚文史料2（四二五頁）、『六壬式枢機経』佚文史料3（四三五頁）、『六壬大撓経』佚文史料2～5（四三八頁）など参照。

十二月将所主法、第五

正月、徴明、水陰神、凶、治在レ亥、為二河神一、
主二牢獄・闘訟事一、
二月、河魁、土陽神、凶、治在レ戌、為二土神一、
主二口舌・婦人事一、

三月、従魁、金陰神、凶、治在レ酉、為二竈神一、
主二移徙・揺動事一、
四月、伝送、金陽神、吉、治在レ申、為二道路神一、
主二遠行・商賈事一、
五月、小吉、土陰神、吉、治在レ未、為二天井一、
主二酒食・厨膳事一、
六月、勝先、火陽神、吉、治在レ午、為二外竈神一、
主二五穀・口舌事一、
七月、太一、火陰神、凶、治在レ巳、為二内竈神一、
主二船車・相連事一、
八月、天岡、土陽神、凶、治在レ辰、為二土公一、
主二疾病・死喪事一、
九月、大衝、木陰神、凶、治在レ卯、為二社樹一、
主二林木・船車事一、
十月、功曹、木陽神、吉、治在レ寅、為二木樹一、
主二徴召・長吏事一、

十一月、大吉、土陰神、吉、治在レ丑、為二山神一、
主二六畜・宮土事一、
十二月、神后、水陽神、吉、治在レ子、為二北辰一、
主二婦女・陰私事一、
○窂・賈・公・木・吏、 京本に従う。尊本は、穿・賣・神・大・史。

正月徴明

○尊本頭注
利(マヽ)浄・穢気、遠行也、
○京本頭注
徴、召也、明□也、

二月河魁

○尊本頭注
為二天関一、不知子長有貧、令女雲祟(霊祟)、
○京本頭注
河、聚也、魁、衍也、

○京本傍注
――(河魁)主二印綬、奴僕、死亡一也、
○京本脚注
河魁、為二聚(衆カ)□一、

三月従魁

○尊本頭注
有酒(マヽ)食相呼、釘神、一人有不知人、
○京本頭注
従、縦也、
○京本傍注
――(従魁)為二針神一、従魁、主二金(鉄カ)□、雨水、官祿一也、
○京本脚注
玉衡星散、為レ鶏也、

四月伝送

○尊本頭注
刑像、申者身也、葬車ト云也、

○尊本脚注

必有二酒食一、上大夫是、必有二嘉咲一、遊二東西一、

○京本頭注

伝送、主二遠出人一也、

○京本傍注

——(伝送)為二喪事一、伝送、主二刀兵、死喪一也、

五月小吉

○尊本頭注

今食明吐下、択二善悪一、

○尊本脚注

薬神、

○京本頭注

小吉、主レ女也、未、為レ社云々、

○京本傍注

——(小吉)、為二慈(薬カ)神一、小吉、主二酒食・五味、冢墓、礼義、丘墓一也、

六月勝先

○尊本頭注

集雲(霊)二云、勝先、有二他心一之、

○尊本脚注

主二田宅一、不識善悪、火神去(マヽ)、

七月太一

○尊本頭注

鼻血、無是而行、主二田宅一、

○京本頭注

太一□□□也、

○京本右傍注

｜(太ヽ)極也、｜(一ヽ)早也、

○京本傍注

太一、主二弓箭、管籥、賓客、死喪一也、為レ虵、主二文章一也、

八月天岡

○尊本頭注
魂魄、不浄、
○京本傍注
天岡、主二死喪、魚網、死者、喪服、社稷、丘墓一也、
九月大衝
○尊本頭注
沙門、
○京本頭注
春秋運斗枢云、玉衡散為レ兎云々、
○京本傍注
――（大衝）、為二喪車一云々、太衝、為二沙門、船車、遠行、
棺槨、雨水、門戸、竹草一也、
十月功曹
○尊本頭注
有二他心一、有二賓客相期之事一、又賈木期欺、為二天
梁一、寅為レ魂、

○京本傍注
功曹、主二文書・父（文）章、菓実、棺槨、宅舎一也、
十一月大吉
○尊本頭注
憂二遠行・稽留一、
○京本頭注
大吉、即大喜也、
十二月神后
○尊本頭注
古願未レ果、懐任（妊）、陰事、
○尊本傍注
能盗二窃他人財一、霊（陰カ）蔵、夜行、
○京本頭注
神、謂神□君也、后、□□（謂猶カ）君也、
○京本右傍注
有気、為二血光一、無気、為レ水、

○京本左傍注
神后、主㆓父母、鬼神、盗賊、雲雨、酒将水(漿カ)㆒、口舌也、
○参考『黄帝金匱経』佚文史料11〜16（三七七頁）
○『黄帝金匱経』佚文よりの再現試案。
四ⓐ月(伝送)、ⓘ日月合宿在申ⓕ、其神伝送ⓑ、月建ⓙ在巳（『神定経』は「建巳之月」）、ⓚ万物茂盛、陽気所伝也、而通達之、故云伝送、
ⓑ小吉(小吉)、ⓕ未、ⓔ吉神也、／ⓗ主徴(功曹)召、
○『玄女式経』佚文史料2・7（四〇七頁）、『式経』佚文史料4（四一四頁）、『集霊金匱経』佚文史料3（四一八頁）、『神枢霊轄経』佚文史料7（四二二頁）、『六壬式枢機経』佚文史料2・3（四三五頁）、『六壬大撓経』佚文史料6〜9（四三八頁）など参照。また『陰陽道旧記抄』占射覆物法にみえる所主をも参照されたい。

十干岡柔法、第六
甲・丙・戊・庚・壬、為㆓岡干㆒、亦為㆓陽干㆒、
乙・丁・己・辛・癸、為㆓柔干㆒、亦為㆓陰干㆒、
○参考『神定経』釈辰、第五、『五行大義』巻二、第五論配支幹

十二支陰陽法、第七
子・寅・辰・午・申・戌、為㆓陽支㆒、亦為㆓岡支㆒、
丑・卯・巳・未・酉・亥、為㆓陰支㆒、亦為㆓柔支㆒、
○参考『神定経』釈辰、第五、『五行大義』巻二、第五論配支幹

課支干法、第八

甲課レ寅、乙課レ辰、丙課レ巳、丁課レ未、戊課レ巳、己課レ未、庚課レ申、辛課レ戌、壬課レ亥、癸課レ丑、

○参考『金匱章』第二経、『五行大義』巻二、第五論配支幹

五行王相死囚老法、第九㋑

春三月、木王青、火相黄、土死黒、金囚赤、水老白、

夏三月、火王赤、土相白、金死青、水囚黄、木老黒、

季夏、土王黄、金相黒、水死赤、木囚白、火老青、

秋三月、金王白、水相青、木死黄、火囚黒、土老赤、

冬三月、水王黒、木相赤、火死白、土囚青、金老黄、

㋑京本注

夫五行、皆資二陰陽気一而生也、

○京本頭注

相助也、王則帝王之義也、相則太子位也、王相、為二有気一、囚□（死）老、為二無気一也、

○京本脚注

助ハ、儲君也、

○参考『五行大義』第四論相生、第三者論四時休王

◦三種類の休王説のうちの五行体休王に対応。ただし、名称や順序は異なり、王・相・休・囚・死とする。季夏の土王は、「六月（季夏六月中の土王時の意味であろう）」とする。

○『淮南子』墬形訓

◦荘（王）・老・生（相）・囚・死とする。

○『白虎通徳論』

◦王・相・死・囚・休（また老）とする。

○『光明符』佚文史料1（四一三頁）「休老之気」、『神枢霊轄経』佚文史料5（四二一頁）「休上」、『神枢』

佚文史料13（四二九頁）「休老」。

所勝法、第十

王気所勝法、憂二縣官一、相気所勝法、憂二銭財一、死気所勝法、憂二死亡一、囚気所勝法、憂二繫囚一、老気所勝法、憂二疾病一、

○縣、私案による。尊本・京本とも、懸とす。

○参考『神定経』釈月将、第二十三

王気所勝、憂県官、相気所勝、憂財物、死気所勝、憂死喪、囚気所勝、憂囚繫、休気所勝、憂疾病、

○『同右』釈将伝、第三十六

集神経云、王気所勝法、憂県官、相気所勝法、憂財物、死気所勝法、憂死喪、囚気所勝法、憂刑獄、休気所勝法、憂疾病、

○『金匱章』第一経

王気所剋法、憂県官、相気所勝法、憂銭財、休気所勝法、憂疾病、囚気所剋法、憂囚徒拘繫、死気所勝法、憂死喪・家墓、

休、為老人、王・相、胎気、為丁壮、

○『黄帝竜首経』第十六

囚気所勝、獄囚、

五行相生相剋法、第十一

木生レ火、火生レ土、土生レ金、金生レ水、水生レ木、木剋レ土、土剋レ水、水剋レ火、火剋レ金、金剋レ木、

○参考『黄帝金匱経』佚文史料17〜20（三八〇頁）、『五行大義』巻二、第四論相生、第一者論相生、第十論相剋

○相生・相剋の所主については、本書第二章課用九法の第一元首課・重審課の本記、第五遙剋課の京

本注⑥参照。また、『金海』佚文史料１２（四〇五頁）、『玄女式経』佚文史料７８（四〇八頁）、『神枢霊轄経』佚文史料11 12 13 14（四二三頁）、『神枢秘要経』佚文史料７（四二六頁）、『范蠡式経』佚文史料１（四三三頁）、『六壬大撓経』佚文史料10 11（四三九頁）等々参照。
雑事占における利用例は、本書では第二十八章占病死生法、第三十章占産生男女法にみえる。古占書では枚挙にいとまがなく、『金匱章』にも充実してみえる。

五行相刑法、第十二

子刑レ卯、卯刑レ子、寅刑レ巳、巳刑レ申、申刑レ寅、
丑刑レ戌、戌刑レ未、未刑レ丑、
辰・午・酉・亥、各自刑神㋑、

○刑、尊本に従う。京本は、形。
○京本脚注
㋑或无之、
○参考　『黄帝金匱経』佚文史料21（三八二頁）
○『卜筮書』第十二経（刑徳卦）
ｏ衰謝刑（五行刑）の内容を伝える。ただし刑名はみえない。
○『黄帝竜首経』第八
ｏ十二支刑を「時刑」とする。十二支刑の刑名は、寅巳申を無恩刑、丑戌未の恃勢刑を「逆刑」、子卯の無礼刑を「互相刑」とする。
○『五行大義』巻二、第十一論刑
ｏ十二支刑を「支自相刑」、十干刑を「干刑在支」とする。五行刑は、「支自相刑」中で説明され、その「支刑在干」は、『神定経』にはみえない。
○本書第二十六章の第二十一、尊本注④、第二十五、

尊本注⑤にも五行刑がみえる。

五行相破法、第十三

子酉相破、寅亥相破、辰丑相破、午卯相破、

申巳相破、戌未相破、

○・部の順序、尊本に従う。

○『神定経』にみえず、『五行大義』巻二、第十三論衝破は対衝を説明する。

日徳法、第十四

甲徳自処、乙徳在レ庚、丙徳自処、丁徳在レ壬、

戊徳自処、己徳在レ甲、庚徳自処、辛徳在レ丙、

壬徳自処、癸徳在レ戊、

○参考『卜筮書』第十二経（刑徳卦）

○『神定経』釈徳、第十五

○十干徳・十二支徳がみえる。

○『五行大義』巻二、第七論徳

○干徳・支徳のほか、支干合徳・従月気徳の四種類がみえる。従月気徳は、『卜筮書』第九経（龍戦卦）の「刑徳出入之法」と同趣旨。

日財法、第十五

木財レ土、火財レ金、土財レ水、金財レ木、水財レ火、

○参考『神枢霊轄経』佚文史料13（四二三頁）、『金匱章』第二経

日鬼法、第十六

木鬼㋑レ金、火鬼㋺レ水、土鬼㋩レ木、金鬼㋥レ火、水鬼㋭レ土、

○京本傍注
㋑木遭レ金而折傷、故畏也、
㋺火得レ水而滅レ光、
㋩土値レ木而腫瘡、
㊁金入レ火而消亡、
㋭水遇レ土而不レ行、
○参考 『金匱章』第二経、『黄帝金匱経』佚文史料17（三八〇頁）、『神枢秘要経』佚文史料7（四二六頁）、『六壬式占准瓶記』佚文史料2（四三六頁）、『六壬大撓経』佚文史料10（四三九頁）

干支数法、第十七

甲・己数九、乙・庚数八、丙・辛数七、丁・壬数六、戊・癸数五、
子・午数九、丑・未数八、寅・申数七、卯・酉数六、辰・戌数五、巳・亥数四、

○参考 『神定経』釈数、第二十
∘「伝曰」として、五行・十二支・十干の順で各数を挙げる。
○ 『黄帝竜首経』第二十一
∘十二支数がみえる。
○ 『五行大義』巻一、第三論数、第三者論支干数
∘別数として、支数・干数を説明する。
○ 『黄帝金匱経』佚文史料22（三八五頁）

五行数法、第十八㋑

水生数一、成員六、火生数二、成員七、木生数三、成員八、金生数四、成員九、土生数五、成員十、

○員、尊本に従う。京本は、数。
㋑京本注

五行大義第一云、水在レ天為レ一、在レ地為レ六、〻（六）一合二於北方一、余以レ此可レ知也、

○京本頭注

伝曰、五行北方亥子水也、生数一、丑土也、生数五、一与五相得為レ六、故水成数六也、東南西中、又然也、

○参考『神定経』釈数、第二十

○『陰陽道旧記抄』

五行ハ従水始、火次、木次、金次、土為後、是皆差対衝之故也、

水生数一、成員六、火生数二、成員七、木生数三、成員八、金生数四、成員九、土生数五、成員十、

○『五行大義』巻一、第三論数、第二者論五行及生成数

○京本傍注は、その「易上繋曰」、同頭注は、その「伝曰」の一文中にみえる。

五行・十干・十二支色法、第十九

寅・卯・甲・乙、木、色青、在レ東、

巳・午・丙・丁、火、色赤、在レ南、

丑・未・辰・戌・戊・己、土、色黄、在レ中、

申・酉・庚・辛、金、色白、在レ西、

亥・子・壬・癸、水、色黒、在レ北、

○色、尊本に従う。

○参考『神定経』釈五色、第八

○「伝」「蔡邕」「釈例」を引く。所引の『春秋釈例』は、次の『五行大義』所引のものより詳しい。

○『五行大義』巻三、第十四論雑配、第一者論配五色

十二客法、第二十㋑

①子・酉・寅・亥・辰・丑・午・卯・申・巳・戌・未、

②陰将臨時、前五・後三、陽将臨時、後三・前五、

③仮令、正月徴明、陰将也、即、徴明為二一客一、天罡為二二客一、大吉為二三客一、等是也、二月河魁、陽将也、即、河魁為二一客一、小吉為二二客一、神后為二三客一、等是也、

④又、有二范蠡十三人法一、省而不レ載、

○而、京本に従う。

㋑京本注

⑤一時十二人客輩問占之時、以レ客可レ占也、

○参考 『玄女式経』佚文史料4（四〇八頁）

十二籌法、第二十一㋑

①未・戌・巳・申・卯・午・丑・辰・亥・寅・酉・子、

②陰神発用、前三・後五、陽神発用、後三・前五、

③仮令、徴明発用、即、徴明為二一籌一、功曹為二二籌一、従魁為二三籌一、等是也、河魁発用、即、河魁為二一籌一、小吉為二二籌一、神后為二三籌一、等是也、

○尊本頭注

④籌者、若陰神ナラハ、終マテ陰也、若陽神ナラハ、終マテ陽也、

㋑京本注

⑤一人問二十二事一之時、可レ占也、但、其事殊類ナラハ、以二五事一可レ占、仮令、初参一・二・三・四・五所ナムト云トモ、左右以レ籌可レ占歟、

○参考 『神枢霊轄経』佚文史料9（四二二頁）、『六

甲占抄』Ⓓ（二九五頁）

一人問㆓五事㆒法、第二十二

第一、月将加㆑時、第二、大歳加㆑時、第三、月建加㆑時、第四、行年加㆑時、第五、本命加㆑時、

○京本頭注

今案、過㆓五事㆒、問㆓六・七事及八・九事㆒之時、訖又始也、

知㆓男女行年㆒法、第二十三

男、以㆓本命㆒加㆓大歳㆒、功曹下為㆓行年㆒、

女、以㆓大歳㆒加㆓本命㆒、伝送下為㆓行年㆒、

○参考『卜筮書』第二経（帷薄不脩卦）

男起景《(丙)》寅、女起壬申逆慎《(順)》、

◦陽、順行、陰、逆行の一例として述べられる。

○『神枢霊轄経』佚文史料10（四二三頁）、『五行大義』巻五、第二十三論諸人、第二者論人遊年年立

空亡法、第二十四㋑

甲子旬、戌亥《㋺陰在癸酉》為㆓空亡㆒、甲寅旬、子丑《癸亥》為㆓空亡㆒、

甲辰旬、寅卯《癸丑》為㆓空亡㆒、甲午旬、辰巳《癸卯》為㆓空亡㆒、

甲申旬、午未《癸巳》為㆓空亡㆒、甲戌旬、申酉《癸未》為㆓空亡㆒、

○㋺の尊本右傍注、京本になし。

㋑尊本注

子午、属㆑庚、丑未為㆑辛、寅申属㆑戊、

卯酉、属㆑己、辰戌為㆑丙、巳亥属㆑丁、

○尊本頭注

六甲為㆑陽、六癸為㆑陽《(陰カ)》、

□《(逃カ)》男、□□《(尋陰カ)》、□《(逃カ)》女、□□《(尋陽カ)》、逆順相求、

○参考 『金匱章』第一経
用得六甲之孤、為元(无カ)子、得六甲之虚、為元(无カ)夫、……
六甲、常以戊己虚、衝為孤、
○『六壬式枢機経』佚文史料4（四三五頁）、『五行大義』巻二、第五論配支幹

知吉凶期法、第二十五

①常以㆓河魁之所㆑加為㆑法、
仮令、河魁加㆓子午㆒者、河魁戌数五、子午数九、相乗之、五九四十五、則以㆓四十五日内㆒為㆑期、
加㆓丑未㆒者、相乗之、五八四十、則以㆓四十日内㆒為㆑期、他效㆑比、
②月期者、以㆓用神所㆑主月㆒、謂㆑之、
仮令、功曹起用、以㆓正月・十月㆒為㆑期也、正月者、月建所㆑主、十月者、月将所㆑主也、

③日期者、以㆓今日所㆑愛、為㆓善期㆒、
仮令、今日甲・乙日者、以㆓壬・癸・丙・丁日㆒、為㆓喜期㆒、
以㆓今日所㆑悪、為㆓憂期㆒、
仮令、今日甲・乙日者、以㆓庚・辛日㆒、為㆓憂期㆒、
○則・善・喜、京本に従う。尊本は、即・嘉・善。
○参考 『黄帝金匱経』佚文史料22（三八五頁）、『六甲占抄』Ⓛ（二九八頁）
○『黄帝竜首経』史料2（四一一頁）
○『同右』第二十六
仮令、太衝臨午、当以丙丁巳午日至、月期五月、……仮令、勝先臨亥、当以壬癸亥子日至、月期十月、
○『同右』第六十一
以用神所臨地辰所生、為吉期、所畏、為凶期、仮令、勝先臨水為用、以戊己日為吉期、壬癸為凶期、

勝先臨金為用、以壬癸為吉期、丙丁為凶期、

○『金匱章』第一経

仮令、十二月、壬申、平旦《(寅刻)》、……伝得天剛、……此人、八月、当以（凶事の所主）、伝得功曹、……為後正月、当（凶事の所主）……、

○『同右』第一経

起以用所生、為吉期、所畏、為凶期、功曹為用、喜在丙丁、凶在庚辛、

三十六卦大例所主法、第二十六

気・類・物・卦、第一

①謂、所㆑生為㆑気、所㆑死為㆑物、同位為㆑類、

②木、生㆓於亥㆒、盛㆓於卯㆒、死㆓葬於未㆒、

③（或疏、仮令、甲・乙日占㆑事、徴明起㆑用、為㆑気、功曹・大衝起㆑用、為㆑類、小吉起㆑用、為㆑物也、他効㆑此、）

②火、生㆓於寅㆒、盛㆓於午㆒、死㆓葬於戌㆒、

土、生㆓於火位㆒、王㆓六月㆒、死㆓葬於辰㆒、

③（仮令、戊・己日占㆑事、勝先起㆑用、為㆑気、大吉・小吉・河魁起㆑用、為㆑類、天岡起㆑用、為㆑物也、）

②金、生㆓於巳㆒、盛㆓於酉㆒、死㆓葬於丑㆒、

水、生㆓於申㆒、盛㆓於子㆒、死㆓葬於辰㆒、

②是故、亥・卯・未、為㆓木位㆒、寅・午・戌、為㆓火位㆒、巳・酉・丑、為㆓金位㆒、申・子・辰、為㆓水位㆒、土、無㆓方位㆒、寄㆓治於丙・丁㆒、

④気、憂㆓父・母㆒類、憂㆓兄弟及己身㆒物、憂㆓妻子及下人㆒、

○或疏、京本になし。

○京本頭注

⑤土生㆓于午㆒云々、

○参考『卜筮書』第十三経（三奇卦）

経曰、……斗為死正（亡）、月為憂患、日為福徳、孟為二親、仲為己身及兄弟、季（為）。妻子、……、所生為孟、所壮為仲、所死為季、甲乙日、亥為所生、卯為所壮、未為所死、孟為本、斗月臨之、為憂二親、仲為次、斗月臨之、為憂己身、季為末、斗月臨之、為憂妻子、

○『玉衡章』第一経

㈠第一経曰、用之物・気、与今日同類、無問其余、見為親疎者、

㈡此謂、所生為其（気）、所死為物、

㈢仮令、今日甲乙木也、登明（徴）為用、為気、為生、事者吉戌（マヽ）、小吉為用、為物、百物皆死、不生、亥卯未俱木、故同類、木生於亥、死於未者也、無問其余、

○『黄帝金匱経』佚文史料36（三九四頁）、『神枢秘要経』佚文史料9（四二六頁）

○本記②の五行の三位説については、本書第二十六章の第二十一～第二十五をも参照。また『神定経』釈六情第十一、『五行大義』巻二、第六論相雑、第三者論方位雑参照。

○本記④の気類物三卦の所主と同趣旨のものが、『卜筮書』第十三経（三奇卦）に次のようにみえる。

（生位）生＝孟＝本……二親

（盛位）壮＝仲＝次……己身・兄弟

（死位）死＝季＝末……妻子

新・故卦、第二㋑㋺

①謂、岡日、用、在㆑陽為㆑新、在㆑陰為㆑故、有気為㆑新、無気為㆑故、

②（言、日辰上神為㆑陽、本位上神為㆑陰也、）

③柔日、所㆑生加㆑之、為㆑新、所㆑死加㆑之、為㆑故、

④（仮令、乙日、河魁臨㆑日、為㆑新、大吉臨㆑乙、為㆑故等也、）

㋑尊本注
⑤故、占レ病、旧病更発也、
⑥角遊云、地六丁亥馬、乗二土神一凶、三伝是也、
⑦新、百事皆新物也、故、娶婦、皆是再嫁、或、故、
交通今数（欲カ）取之、
⑧田宅・器物、皆背二本物一也、
⑨登明（徴）・神后為レ用、吉凶今日アリ、
○尊本頭注
⑩陽、為二方来一陰、為二已去一
㋺京本注
新《イマメカシ》《アラタ》、故《フルヒタリ》《マコト》、
○参考『玉衡章』第二経（新故卦）
㊀第二経曰、始生与死、今日相視見而相悪、以知新
故、
㊁仮令、今日乙、魁臨乙為用、……為始生、今日乙、
大吉臨乙為用、……為死、……、

㊂用起始生、万事皆新、吉凶如（以）神将言（之）言、用起死、万
事皆故、
㊃占人、娶婦或与交通、今欲取之、若去婦、今欲還
之、或是故物、今欲求之、……、
㊄即剛日、以用起陽、為新、起陰、為故、有王相気、
為新、囚死気、為故、
㊅用起陽、為方来、陰、為去事、……、

元首卦、第三㋑
①謂、以二一上剋下一為レ用、是也、
②占レ事、皆以二神将一論二其憂・喜一、
③（仮令、正月甲子日、寅時占、是也、）
○尊本頭注
④男子・他人
㋑京本注
⑤易曰、元者、善之長也、変レ一言レ元、ゝ（元）者気也、

○京本頭注
⑥元、始也、又長也、首也、広雅云、首、謂二之頭一、
書云、元首起哉、元首君也、人初生、謂二之首一也、
○参考『金匱章』第一経・第二経（一九一頁）
○『黄帝金匱経』佚文史料32（三八九頁）
○『神定経』釈月将、第二十三
上克下、憂他人、上克下、憂婦人、
○尊本頭注④は、本書第三十章の本記①・『神枢霊轄経』佚文史料14（四二四頁）参照。

重審卦、第四

①謂、四課中、有二上剋下・下剋上一、以二下剋上一為レ用、是也、
②以レ此占レ人、出レ軍、行レ師、不レ利レ為二主人一、
③（仮令、二月乙巳日、午時占、是也、）
○尊本頭注
④女子・我身、
○参考『金匱章』第二経（一九一頁）
○『神定経』釈月将、第二十三
下克上、憂己身、下克上、憂男子、
○尊本頭注④は、本書第三十章の本記①・『神枢霊轄経』佚文史料14（四二四頁）参照。

傍茹卦、第五㋑

①謂、四課中、有二二・三・四相剋、二・三・四倶比者一、以二渉害深者一為レ用、是也、
②此時、所レ作稽留、憂患難レ解、妊娠傷レ胎、
③（仮令、四月辛酉日、卯時占、是也、）
○茹、京本茄とす。
㋑尊本注
④又名見機卦、又名綴瑕、
⑤占二盗賊一、有レ隣、

○尊本頭注
⑥柔日、占二盗賊一、皆隣也、比宅之人《(用、亡カ)》、不レ出二邑里一、
比、春《(憂カ)》近也、
○参考『金匱章』第四経（一九一頁）
○尊本注④の綴瑕卦は、傍茹卦の別称。『新撰六旬集』には「傍茹綴瑕」とみえる。見機卦については、『黄帝金匱経』段階から、見機卦（用孟上）・察微卦（用仲・季上）の区別があったか不詳。
○参考（尊本注⑤⑥）『六壬占私記』三十四、（盗賊）
遠近法
日比為用、亡人為近、不出邑里、
○『金匱章』第三経㈢（一九一頁）・『神枢霊轄経』佚文史料14（四二四頁）とともに、雑事占の占盗賊の比用課（聯茹卦）の所主文とみられる。

蒿矢卦㋺、第六㋑

---

①謂、四課陰陽中、有下与二今日一遥相剋者上、為レ用、
是也、
②此時占レ事、神来剋レ日、禍従レ外来、日往剋レ神、
身行報レ仇、以二神・将一論二其吉凶一、
③（仮令、正月甲戌日、寅時占、是也、）
㋑尊本注
④為二創物、報物、遠物、往来一、
⑤始レ令《(金カ)》終レ木、為二不吉一、
○尊本頭注
⑥神来賊レ日、懐二人謀一之、日往賊レ神、此得客《(マヽ)》彼以
此、為レ用、財側魁死、仇不二遠謀一、
㋺京本注
⑦与元木乃午《(よもきのや)》
○参考『金匱章』第五経（一九二頁）

虎視卦、第七㋑

①謂、四課陰陽中、無二相剋一、亦無二遙相剋一、以二昴
星一為レ用、是也、
②以レ此占レ事、岡日、ⓐ遠行、ⓑ主レ渉二関梁一、ⓒ男子恐二
死於外一、柔日、ⓓ伏蔵、ⓔ不レ欲レ見レ人、ⓕ行者稽留、
ⓖ居者有レ憂、ⓗ女子婬泆沈、憂不レ解、
③（仮令、六月戊寅日、寅時占、是也、）
○沈、京本に従う。尊本は、深。
㋑尊本注
④病者ハ、大事ナレトモ不レ死、占レ産、男子也、
○尊本頭注
⑤以二日上神一、重審二吉凶一也、
⑥柔日、ⓖ居家有レ憂、ⓘ欲レ行不レ得レ行、欲レ止不レ得レ止、
行者、不主（マヽ、還カ）剛也、不レ可二独往一、
○参考『金匱章』第六経（一九二頁）、『神枢霊轄経』
佚文史料14（四二四頁）
○『六壬占私記』十、行成否法

昴星為用者、柔日、ⓓ伏蔵不出、ⓔ不欲見人、
○『同右』三十四、（盗賊）遠近法
昴星為用、亡人（逃亡）ⓕ稽留、ⓘ欲去、不得去、欲止、不得止、
㋺伏吟卦、第八㋑
①謂、天地伏吟㋩時也、
②以レ此占レ人、ⓐ聞レ憂不レ憂、聞レ喜不レ悦、ⓑ占二生
子一、喑啞若盲聾、ⓒ占二病者一、不レ言、ⓓ合者将レ離、
ⓔ居者将レ移、ⓕ関梁杜塞、ⓖ諸神各帰レ家、
③（仮令、十月甲子日、寅時占、是也、）
㋑尊本注
④ⓗ岡日、欲レ行中止、柔日、伏蔵不レ起、
⑤凡凶事、皆近、
○尊本頭注
⑥ⓘ亡人、不レ出二邑里一、盗賊、不レ出二其宅一、家中人、
㋺京本頭注

⑦□（伏カ）、□□□、吟、甫□、

㈧京本注

⑧任信、伏吟異名也、

○参考　『金匱章』第七経（一九二頁）、本書第二章、第七の京本頭注⑤（一八七頁）、『黄帝金匱経』佚文史料33（三九一頁）、『神枢霊轄経』佚文史料14（四二四頁）、『神枢秘要経』佚文史料10（四二六頁）

○　『陰陽道旧記抄』

㈠閇吟、十二神各帰其家、各曰、閇吟、

㈡陽之自任、陰之自信、其意如何、

岡日、以日上神為用、柔日以辰上神為用、此陽之自任、陰之自信也、

○　『六壬占私記』十、行成否法

遇伏吟、則ⓗ岡日、欲行、中止、柔日、伏蔵不起、

○　『同右』三十四、（盗賊）遠行法

伏吟時、岡ⓗ日、欲行而中止、柔日、伏蔵不起、亡ⓘ人・盗賊、邑里不出者也、

○『黄帝金匱経』佚文の所主文は、ⓐⓙⓓⓔⓕⓖの順、『神枢秘要経』佚文の所主文は、ⓗⓙⓓⓔの順。すなわちⒶ本書・Ⓑ『黄帝金匱経』・Ⓒ『神枢秘要経』・Ⓓ『六壬占私記』・Ⓔ『金匱章』の所主文の条文とその順序を対比すると、次表のようになる。

	Ⓐ		Ⓑ	Ⓒ	Ⓓ	Ⓔ
ⓐ	②	1	1			
ⓑ		2	×			
ⓒ		3	×			
ⓓ		4	3	3		2
ⓔ		5	4	4		1
ⓕ		6	5			
ⓖ		7	6			
ⓗ	④	○	×	1	1	
ⓘ	⑥	○	×		2	
ⓙ	×		2	2		

㋑反吟卦、第九㋺

①謂㋩㋥、天地反㋭吟時也、

②占レ事、必見二死人一、父有二不孝之子一、君有二不順
之臣一、父無レ所レ親、君無レ所レ因、以レ謀害レ人、
殃及二其身一、
③（仮令、今日庚寅日、反吟占、是也、）
㋑尊本頭注
④ヨリ反《（ソ）》リノ卦也、
㋺尊本注
⑤甲庚日、功曹、婦妾背レ夫、
⑥岡日、男子不正・不忠、同婦人奸邪為レ乱、柔日、
女子不貞・不潔間私通、男子為レ乱、
○尊本頭注
⑦救レ殃、反受レ殃、以致二獄訟一、
⑧皆主二遠事一、
⑨岡日、已行、即至、柔日、来行、故去、即、子生、
盗亡千里、
㋩京本右傍注

---

⑩曾利加辺利《（ソリカヘリ）》、
㋥京本左傍注
⑪尓与市、
㋭京本注
⑫無依、反吟也、反字、礼記云、反復也、
○参考『玉衡章』第七経（二二九頁）、本書第二十六
章、第十七陰陽無親卦、『神枢霊轄経』佚文史料14
（四二四頁）
○『六壬占私記』七、行人来否法
天地返吟、又至也、
○『同右』十、行成否法
又云、遇返吟、為行、
○『同右』三十五、追捕亡叛法
返吟、責其衝、謂責玄武衝、
○尊本注⑤は、甲・庚日4局（反吟課）の仮令文の所
主文。「課経集」文か。尊本注⑧は『神枢霊轄経』

文。同⑨も同書文とみられる。

無婬卦、第十

①謂、陽不二与レ陰合一、陰不二与レ陽親一、三言㋑相得

而、往比焉、是也、

②以レ此占レ人、法式不レ正、夫婦各有二邪心一、

③（仮令、十月甲子日、午時占、是也、）

○尊本頭注

④長〻ナレトモ不レ死、

⑤従者離別、

⑥両陽、狭レ陰、争レ女、両陰、狭レ陽、争二男子一、婦欺二其夫一、〻（夫）有二他。（婦脱カ）一、

㋑京本傍注

⑦三言者、則三伝也、

○参考『玉衡章』第六経

㊀第六経曰、陽、不与陰合、陰、不与陽親、三言相得、

如往（而）比焉、

㊁法曰、無婬、無婬姦生其中、仮令、……、

㊂三言比者、言、三伝之神、還自比同類也、謂、三木・三金・三火・。（三水脱）者也、……、

㊃以占人、皆為婬邪之心、事将危敗也、……、

○尊本注⑥は、「課経集」より後次の占書の所主文か。

狡童迭女卦、第十一㋑

①謂、用ⓐ起二天后一、終二㋺六合・玄武一、是也、

②占レ事、家ⓑ無二逃女一、必有二亡婦一、ⓒ親族弊匿、使レ不レ得レ見、

③（六月戊戌日、辰時、正月庚午日、卯時占、是也、）

○族、尊本、族（挨）。、京本、挨とす。

㋑尊本注

④又名、夬（失）友天后疳（厭翳卦）醫封、亦名、天后厭（翳）醫、

○尊本頭注
⑤伝二人ハ(終於カ)玄武一、為二婦女逃亡一、伝二人(終於カ)六合一、為二蔵俳(匿カ)
他人婦女一、
○尊本脚注
⑥為二任胎一、為二婦女一
⑦独出ⓓ・独入、
⑧所望、成、待人、主レ来、病、除法(深煩カ)、
㋺京本注
⑨毛詩云、狡童有レ貌無レ実也、殷紂名、狡童也、
○参考『卜筮書』第五経
㊀経曰、天后厭翳、法謂失友、家無逃女ⓑ、必有亡婦、
天后者、後宮婦女之位、六合者、私門弊翳、万物独ⓓ
出独入、莫有禁止者、用起天后、終於六合、神将相
生、夫婦之道、相称曰友、既従私門出入、無有制
約、故曰失友、
㊁仮令、六月戊戌日、時加辰、神后臨戌為用、将得天
后、事起女婦、伝終六合、為度私門、
㊂以此占人、若無逃女ⓑ、当有亡婦ⓒ、親属弊翳、使不得
見、
㊃仮令、正月庚午日、時加卯、(下略)
○『黄帝金匱経』佚文史料37(三九六頁)
○尊本注⑦は「課経集」文。同注⑤は、『卜筮書』に
先行する占書の釈文の所主文であろうが、出典は
不詳。

帷薄不脩卦、第十二㋑
①謂、一神二神・陰陽共焉、八専日謂也、
②占レ事、有二内乱・婬泆之事一也、
○乱・泆など、尊本に従う。
○尊本頭注
③余二吉(マヽ)ナレトモ、不レ死、
④木一木ハ一有、競二婦女一、

㋑京本注
⑤占レ子、不孝也、占レ臣、不忠也、
⑥一名、五柔卦、
○京本傍注
⑦文選第二十五云、高祖帷薄不レ修、孝文衽席無レ弁
云々、
○参考『卜筮書』第二経（一八八頁）、『神枢霊轄経』
佚文史料14（四二四頁）

㋑三交卦、第十三㋺

①謂、以㋩二大衝・従㋥魁一加二今日日・辰一、為レ用、将
得二六合・大陰一、
②又、以二日・辰一在二四仲神一、又用起二四仲一、伝・
終亦四仲、是也、
③占レ事、家匿ⓐ二罪人一之象也、
④（仮令、正月乙未日、卯時、正月丁丑（マヽ）日、寅時占、是
也、）

○将・亦、京本なし。丁丑（マヽ）、尊本、十一（マヽ）とす。
㋑尊本頭注
⑤死、
㋺尊本注
⑥カラメタルモノハユル、
⑦占レ病、霊気、有重（気）、存霊、無気、死霊、
○尊本頭注、
⑧皆、以レ将決レ之、
㋩京本注
⑨三交《ミタヒツルム》
㋥京本注
⑩礼記月令云、虎始交、注云、交猶合也、
○参考『卜筮書』第十一経
㈠経曰、三交相因、家匿ⓐ罪人、
㈡謂、太ⓑ衝・従魁為六合・大陰、為門戸之神、閇匿万

物、并加日辰、用発其中、
㊂又、四仲神為用、而臨四仲、伝復得四仲、亦匿罪人、
㊃仮令、正月己未日、時加卯、太衝為六合、并加未、上剋下、為。（用、用脱）ⓒ神得大衝、為一交、将得六合、為二交、用発其中、為三交、ⓓ以此占人、家匿罪人、放（倣）此、
㊄仮令、正月丁酉日、時加寅、……、
㊅好悪皆以神将、決之、放（倣）此、

○『陰陽道旧記抄』
㊀三交卦云、ⓑ大衝・従魁、為六合・大陰、為門戸之神、閉匿万物、送（匿）罪人、
㊁三交云ハ、謂、ⓒ用ニ得大衝、為一交、将得六合、為二交、用発其中、為三交、
㊂ⓓ以此占人、家ⓐ送（匿）罪人之象也、

(イ)乱首卦、第十四(ロ)
①謂、罰日也、
②一者、日往臨レ辰、用起二其上一、
③（仮令、正月辛巳日、未時占、是也、）
④二者、以レ辰剋二其日一、用起二日上一、
⑤（仮令、正月甲申日、卯時占、是也、）
⑥占レ事、臣ⓐ殺レ君、奴婢害レ主、当二此時一、不レ可二挙兵一、

○日、京本に従う。尊本は、なし。
○尊本頭注
⑦有毒物也、モノ、イラ、トス、ハ、キトス、
(イ)京本左傍注
⑧—（乱）理、—（首）頭也、
(ロ)京本注
⑨大撓経云、乱首卦、皆為二凶逆一、下欲レ犯レ上、百事皆凶、

⑩占二田宅一、不レ安、
⑪逆気侵上、ⓑ必害二長老一、
○参考『玉衡章』第八経
㊀第八経曰、辰剋其日、下剋上、是謂乱首、ⓑ必将害老者也、辰剋日者、諸日伐、伐自臨其辰也、……、此皆辰剋其日、用下剋上、
㊁以此占人、事必為逆道、ⓐ臣殺其君、子害其父母、妻謀其夫、奴婢害主、百事凶、
㊂正月甲申、時加卯、……、
○本書第二章、第一の本記③（一八五頁）参照。
○京本注⑪ⓑ文は「課経集」文か。

龍戦卦、第十五㋑
①謂、二ⓐ・八門、㋺与レ用倶起、ⓑ卯・酉日、用起二卯・酉上一、是也、
②ⓒ欲レ行、不レ得レ行、欲レ止、不レ得レ止、

---

③占レ事、ⓓ其人動揺・不安、ⓔ将二分レ財、離レ居也、
㋑尊本注
④水辺物也、別ノ大事モノ也、ⓕ貴将欲レ遷、小吏退、占二氏人一、不レ安二其所一、
○尊本頭注
⑤ⓖ出者、勿レ南、入者、勿レ北、ⓗ癸・辛互而〔夫妻年立之カ〕、夫欲二動移一、妻欲二動去一、ⓘ兄弟辛〔年〕立之、戸〔争〕レ財異レ居、
㋺京本注
⑥金海《天一》曰、卯日占レ事、用起二卯上一、酉日占レ事、用起二酉上一、人羊〔年〕立レ之、分離・動揺、不レ可二復合一也、
○京本頭注
⑦龍戦卦、亦名、門戸、亦名、通門卦、
⑧為二雨〔両カ〕躰物一、為二動揺物一、為二□□〔驚走カ〕物一、為二有生物一、為二門戸物一、為二出入物一、
○参考『卜筮書』第九経
㊀経曰、二ⓐ八之門、与用倶起、

㈡欲ⓒ行、不得行、欲止、（不得止脱）、
㈢人年立之、或分或異、刑徳集聚、倶会於門、天地解離、不可復合、言、二月建卯、出万物之門、八月建酉、内万物之戸、又日出於卯、（月脱カ）生於酉、此皆日月所由、万物所従、故曰、卯酉之辰、為二八之門、人年立卯、以卯日占事、故用起卯上、酉日占事、用起酉上、是為与用倶起、以像刑徳倶合於門、故出ⓖ者、勿南、入者、勿北、
㈣以此占人、動ⓓ揺不安、夫妻年立之、室家分離、兄ⓘ弟年立之、争財異居、以応刑徳、不応、久合、合者将離、居者将移、
㈤仮令、正月丁卯、時加辰、男、……行年立卯、……是欲ⓒ行、不得行、欲止、不得止、室家分離、兄弟異居、……、
㈥求其刑徳出入之法、……故曰、刑徳集聚、倶会於門、天地解離、不可復合、放（倣）此、

○『六壬占私記』七、行人来不法
愚云、卯為日門、酉為月門、
○尊本注⑤は「課経集」文であろう。『六壬占私記』「愚云」文も、「課経集」文に基づくか。尊本注④のⓕ文は、第十八跡跪卦京本注⑥との対比からすると、『神枢秘要経』文の可能性もあろうか。

贅聟寓居卦、第十六㋑㋺

①謂、今日之辰来加レ日、日往賊レ辰、辰来受レ賊、•是也、
②此女提レ子而行レ嫁、復以二其身一、託二寄他人一、不レ得二自専一レ之也、
③以レ此占レ人、皆有二違逆・姧婬・内乱之事一、吉・凶各、以二•神・将一論レ之、
④（仮令、十月甲戌日、午時占、是也、）
○•是、京本、•神、尊本に従う。

㋑尊本注
⑤今日辰来加二今日曰(日)一、為レ用、是也、
○尊本頭注
⑥大事ナレトモ不レ死、
⑦以二神将一、□(言カ)二其吉凶一、
⑧君(若カ)見二勾陳一、内闘諍、
㋺京本注
⑨一名、制日卦、
○京本頭注
⑩為二不足物一、
○参考『金匱章』第九経
㊀第九経曰、諸制日、占事、辰自往加其日上、而又下剋上、為用、
㊁是謂、持其身行、就人者、所謂贅壻壻意也、……、
㊂以此占吉凶、少将害老室家、相剋、中外婬泆・内乱之道、臣謀其君、子図其父、奴欲謀其主、……、
㊃将得朱雀内相告言、勾陳、内相残賊、……、
○尊本注⑦・⑧は「課経集」文か。

陰陽無親卦、第十七

①謂、陽無レ所レ依、陰無レ所レ親、
②禍生二内・外一、将レ及二其身一、
③以レ此謀レ事、必見二死人一、父有二不孝之子一、君有二不順之臣一、父無レ所レ親、君無レ所レ因、
④天地反者也、
⑤一者、時遇二反吟一、陰剋二其陽一、是也、
⑥(庚寅日、反吟占、)
⑦二者、時遇二反吟一、四課皆剋、
⑧(正月壬午日、巳時占、是也、)
⑨三者、日辰上神、皆為二其陰一所レ賊、
⑩(仮令、正月庚子日、巳時占、是也、)
○割注⑥の正日時、京本に従う。尊本なし。

○参考 『玉衡章』第七経

㊀第七経曰、陽無所依、陰無所親、禍生於外内、及其身、

㊁所謂、陽無所依者、謂用下剋上、陰無所親、言、帰陰剋之、大悪、天地反時也、……、

㊂以此占人、君無所因、父無所親、必見欺紹、当此之時、天地猶恐、況于民乎、

○本書第二十六章、第九反吟卦の本記②をも参照。

跅跑卦、第十八㋑㋺

①謂、天一之神、立三二一・八門一、是也、

②(正月辛亥日、寅時占、是也、)

③若占遇レ之者、有徳君子、則進上、奸虐小人、則退下、卑官失レ祿、高官遷レ職、此皆陰陽易レ位、天一在レ門、揺動・不安之象也、

○者・虐、京本に従う。

㋑尊本注

④励徳也、

○尊本頭注

⑤行者ハ、トヲクイス、居者ハ、キ(ヰ)タル、

㋺京本注

⑥秘要曰、君子遷レ官、小人得レ罪也、

○京本傍注

⑦占レ人、為二男子淫泆事一、為三夫婚二他妻一、為三女婚二他夫一、為二男無レ妻、為二女無レ夫也、

○参考 『卜筮書』第十四経

㊀経曰、天一立二八之門、陽立於後、陰立於前、

㊁貴者将遷、庶人居宅不安、天一前為陽位、後為陰位、

㊂仮令、正月辛亥日、時加寅、……、陰陽錯位、非其本居、故曰、陰動陽不安、陽居陰位、今当進上、陰居陽位、今当黜下、

㊃以此占人、貴者将遷、小吏免逸退、庶人居処不安、
放（倣）此、
㊄仮令、八月甲子日、時加子、……、
○『神枢霊轄経』佚文史料14（四二四頁）

玄胎四牝卦、第十九
①謂、用起二四孟神一、伝・終在二四孟一、是也、
②若占遇二此卦一者、其人始含二経計一、欲レ有二建立一、占レ事、是新、善悪以レ将二云レ之、若無二計謀一、即妻妾将レ有レ子也、
○尊本頭注
③病、大事ナレトモ不レ死、非二旧カ崇（祟）一、
④所造門戸状、
○京本傍注
⑤為二礼仏・祭報之事一、為二仏経願一、
○参考『黄帝金匱経』佚文史料38（三九七頁）

聯茹卦、第二十㋑㋺
①謂、用起神、与二今日一比、是也、
②（仮令、五月辛亥日、卯時占、是也、）
③亦、雖二用神不レ比、以二日・辰上神、及伝・終一与レ日比、是也、
④若将レ射二彼物一、或人欲レ知二何求一、皆以二此卦一決レ之、
○茹、京本、茄とす。
㋑尊本注
⑤又名、知一、
⑥陰日、陰神為レ用、陽日、陽神為レ用也、
⑦従魁所在吉凶、盗賊不レ出也、
○尊本頭注
⑧文巽（選カ）云、掃人、
㋺京本注

⑤知一、聯茄(茹)異名也、
○参考『金匱章』第三経（一九一頁）
○本書第二十六章、第五傍茹卦の尊本注⑤・⑥（二一七頁）をも参照。

曲直卦、第二十一㋑

①謂、亥・卯・未、木之位、若、用・伝・終、皆遇レ之、是也、
②若、占遇レ此者、其人欲レ有二伐㋺レ木剋レ木之事一、
③（仮令、五月丁卯日、卯時占、是也、）
○尊本頭注
④木落帰レ本、
⑤産、男子、立願、未レ果、
㋑京本注
⑥直、為レ壮、曲、為レ老、是老少之儀歟、
㋺京本左傍注　伐 切也

○京本頭注
⑦曲直、為二男子一、為二雷電一、為二雲霧一、為二着染・車・木器一、又為二屋舎一、
○参考『五行大義』巻一、第二弁体性
○『陰陽道旧記抄』
木曰曲直、師古曰、言ハ可揉而曲、可矯而直、

炎上卦、第二十二㋑

①謂、寅・午・戌、火之位、若、用・伝・終、皆得二此神一、是也、
②若占遇レ此者、其人欲レ有二炭灰・鑪冶之事一、
③経曰、若見二三火一、将得二白虎一、皆方為二焼死事一、
④（仮令、正月甲戌日、未時占、是也、）
○本記③、尊本に従う。京本になし。
㋑尊本注
⑤離別、

○尊本頭注
⑥クホリ、クホル、男子也、
○京本頭注
⑦占㆓怪夢㆒、有㆓失火㆒、為㆓男物㆒（為生男物）、
○尊本のみにみえる本記③文は、例示の正日時の局の「課経集」段階の仮令文の所主文を尊本の加注者が補入したものであろう。

稼穡卦、第二十三
①謂、戊・己日、用起㆓大吉・小吉㆒、終㆓於太一・勝先㆒、或用・伝・終、得㆓四季土㆒、及㆓太一・勝先㆒、是也、
②若占遇㆑之者、其人、欲㆑有㆓耕農・土功之事㆒、
③（仮令、十一月癸丑日、辰時占、是也、）
○京本頭注
④為㆓城墎㆒、為㆓陶器㆒、

○参考『陰陽道旧記抄』
稼穡、種之曰稼、斂之曰穡、

従革卦、第二十四㋑
①謂、巳・酉・丑、金之位、若、用・伝・終、皆遇㆓其神㆒、是也、
②若占遇㆑之者、其人、将㆑有㆓兵革・金鉄之事㆒、
③（仮令、七月辛酉日、酉時占、是也、）
○尊本頭注
④金、為㆓骸骨㆒、
⑤用、得㆓三金㆒、戍（成カ）㆑救不㆑能、必死歟、可㆓爰（マヽ）改㆒也、
㋑京本注
⑥革字、礼記云、病革、注云、革急也、
○京本頭注
⑦従革、ゝ（革）更也、
⑧為㆓言語・音声㆒、為㆓兵革㆒、為㆓殺害物㆒、為㆓孕女・

生女㆒、

潤下卦、第二十五

①謂、申・子・辰、水之位、若用・伝・終、皆遇㆓其神㆒、是也、

②若占遇㆑之者、其人欲㆑有㆓溝渠・舟檝・釣網之事㆒、

③(仮令、八月庚辰日、申時占、是也、)

○尊本頭注

④懐孕、女子也、水流帰㆑末、

○京本頭注

⑤潤下、為㆑月、為㆑□、為㆓霖雨㆒、為㆑雪、為㆓漁魚・釣網・海河事㆒、為㆓婦人㆒、任(姙)㆓女子㆒、

九醜卦、第二十六

①謂、天地之道、帰㆓殃九醜㆒、

---

②乙・戊・己・辛・壬之日、子・午・卯・酉之辰、時加㆓四仲㆒、大吉臨㆓日・辰㆒、是也、

③当㆓此時㆒、不㆑可㆓挙兵・嫁娶・遷移・築室・起土・遠行㆒、為㆑禍不㆑出㆓三年㆒㋺也、

④(仮令、四月辛酉日、辰時占、是也、)

㋑尊本注

⑤戊、子午、壬、子午、乙己辛、卯酉日、大吉、子午卯酉、是也、

㋺京本左傍注 年 月

○参考 『金匱章』第八経

㊀第八経曰、大吉殺、乙戊巳(己)辛壬之日、以配子午卯酉之辰、是謂天地之道帰殃九醜、九醜者、謂五干四辰、合為九也、大吉常天之大殺、居其上行其殺、故曰醜、謂四仲之日、時加四仲、大吉臨日辰、

㊁以挙百事大凶、……、以四時気、為王相、期三年、囚死期三月、……、

㊂経言、乙者雷電之始、戊巳(己)北辰下之日也、辛秋始、断刑之日、王(壬)日月三光所不照、無功之日也、四仲之辰、万物之存亡日也、大吉、日月五星所始也、故合則為害、

○『新撰六旬集』乙1局・旦治・占怪夢

九醜時、過(禍)不出三年、

○『呉越春秋』巻五

竊観金匱第八……今年七月、辛亥、平旦、……辛歳位也、亥陰前之辰也、合壬子歳前合也、……徳在合、斗撃丑、丑辛之本也、大吉為白虎而臨辛、功曹為太常所臨亥、大吉得辛、為九醜、又与白虎幷、……、

○大吉丑が日干の辛の上にあるのを九醜卦とする。日干辛、大吉日干上の要件はあるが、日支・時支四仲の支の要件は欠けている。また、斗の天岡辰が丑の上にあるのを特別視し、何らかの卦遇とみているようであるが、問題が残る。丑を日干辛の「本」とするが、丑は金の三位の末＝死位である。末の方が正しいとすると、死奇卦が構成される。「本」(金の本＝生位は巳)の方が正しいとすると、天獄卦が構成される。

【辛亥7】今年七月、辛亥日、平旦(寅刻)

正日時　七月将巳――寅

日干上　白虎・丑――辛（戌）

日支上　太常・寅――亥

斗撃丑　辰――丑

○『欽定協紀弁方書』巻七

金匱経曰、乙者雷電始発之日、戊己者北辰下位之日、辛者万物決断之日、壬者三光不照之日、子午卯酉四仲之辰、日月之門、陰陽之界、五干臨此四辰、其日不可出軍・嫁娶・移徙・築室、

○大吉の要件もみえず、堪輿説段階に止まるので、この「金匱経」は、陰陽道の教科書や「課経集」とは直接的に

は無関係とみるべきであろう。

○九醜時については、『日本暦日総覧』具注暦篇古代後期所収の拙文を参照されたい。

天網卦、第二十七㋑

①謂、時ⓐ剋二其日一、用㋺又助レ之、是也、

②(仮令、二月庚子日、巳時占、是也、)

③若占遇レ之者、所ⓑ治事、上下有レ憂、天ⓒ網四張、万物盡傷、

④以レ此占レ人、身ⓓ死家亡也、

㋑尊本注

⑤天網時、甲乙、申酉、丙丁、亥午(子)、庚辛、巳午、戊己、寅卯、壬癸、丑未辰戌、用、是也、

○尊本頭注

⑥病者、死、

㋺京本注

⑦天網卦、一名天網四張卦、

⑧為二羅網一、為二蜘蛛網一、

⑨為二万ⓒ物傷盡事一、

○参考 『玉衡章』第五経

㊀第五経曰、時ⓐ剋其日、用又助之、

㊁所ⓑ治之事、上上(下)為憂、神将内戦、是謂天罡(網)ⓒ四張、万物盡傷、……、

㊂天罡(網)者、時用及所治之事、皆共剋今日、又上下相剋、求救不能解、故言、四張、万事盡傷、以此時挙事、不成、憂毀傷家ⓓ亡、

㊃仮令、二月庚子、時加巳、……、

◦時剋日、用剋日のほか、用上下相剋、用神将内戦の要件をも加える。ただし、例示の正日時の局は、三件の要件は満たすが、神将内戦の要件は満たさない。

○『権記』寛弘八年十一月二十日条、

大炊頭光栄(賀茂)朝臣来、語次述云、去年自枇杷殿行幸

一条院日、以申酉吉時択申、而及凶時戌剋、々々六壬天網、々々万物悉盡ⓒ、身死家亡ⓓ、

○賀茂光栄所持の「課経集」に基づくものであろうが、本文を正確には伝えていないとみられる。

○『呉越春秋』巻七

玉門第一、今年十二月戊寅之日、時加日出(卯刻)、戊囚日也、寅陰後之辰也、合庚辰歳後会也、夫以戊寅日聞喜不以其罪罰日也、時加卯而賊戊、功曹為騰蛇而臨戊、謀利事在青龍、青龍在勝先而臨酉、死気也、而剋寅、是時剋其日ⓐ、用又助之、所求ⓑ(治カ)之事上下有憂、此豈非天網四張ⓒ、万物盡傷者乎、

○時支卯・用寅ともに木で日干戊土を剋するので天網四張卦が構成される。なお、日の干支の戊寅は下剋上の罰日(伐日)、事類神文官の象の青龍の乗る天支の午火は、十二月季冬の死気、その地支酉金は日支寅木を剋す。

【戊寅1】今年十二月、戊寅日、日出(卯刻)

正日時　　子――卯
初　伝　騰蛇・寅――戊(巳)
中　伝　大陰・亥――寅
終　伝　白虎・申――亥
　　　　青龍・午――酉

○六壬天網時については、『日本暦日総覧』具注暦篇古代後期所収の拙文を参照されたい。

無祿卦、第二十八㋑㋺

①謂、四上剋下ⓐ、

②法曰ⓑ、無祿也、若占遇レ之者、室空無レ人ⓒ㋩、老必孤独、群臣受レ殃ⓓ、妻子被レ殃、以レ此占レ人ⓔ、上ⓕ剋レ下、当ⓖ二此時一、客勝二主人一、為レ利、

③(仮令、正月己巳日、辰時占、是也、)

㋑尊本注

④男無レ妻、女無レ夫、

⑤ⓗ六畜死亡、従者離別、
○尊本頭注
⑥君無二正臣一、夫無二貞妻一、官旧臣、
⑦ⓘ孤独、無二子孫一、
㋺京本注（京本頭注も同文）
⑧為二四足物一、
⑨男无レ妻、女无レ夫、
㈧京本右傍注 室 猶宮也
○参考『卜筮書』第六経
㈠経曰、ⓐ四上剋下、
㈡ⓑ法曰、無祿、ⓒ空室無人、老必孤独、ⓓ臣子受各（殃カ）ⓗ従者
離散、六畜死失、
㈢ⓖ当此之時、客騰（勝）主人、利為先起、父以子為下、君以
臣為下、今皆ⓕ（上）。剋下、為無下、故曰孤独、
㈣法曰、君害其臣、父害其子、夫害其妻、
㈤仮令、正月巳（己）巳日、時加辰、此時四上ⓕ剋下、為無
下、ⓔ以此占人、ⓘ孤独無子、余放（倣）此、
○『神枢霊轄経』佚文史料14（四二四頁）
○尊本注⑤・⑦は、「課経集」文か。尊本注⑥は、次の絶紀卦尊本注④と同書文であろう。
○Ⓐ本書・Ⓑ『卜筮書』の条文とその順序を対比すると、次表のようになる。

	Ⓐ		Ⓑ
ⓐ	①	1	1
ⓑ	②	2	2
○		3	×
ⓒ		4	3
ⓓ		5	4
ⓔ		6	8
ⓕ		7	7
ⓖ		8	6
ⓗ	⑤	○	5
ⓘ	⑦	○	9

絶紀卦、第二十九
①謂、ⓐ四下剋上、
②ⓑ法曰、絶紀也、若占遇レ之者、ⓒ臣軽二其君一、子慢二
其父一、妻害二其夫一、奴婢賊レ主、生レ男妨レ父、生レ
女妨レ母、亡二其先人一、ⓓ以レ此占レ人、皆無二父母一、

ⓔ臣事レ君、子事レ父、為レ紀、今皆下賊レ上、故為二絶紀一、ⓕ故曰二孤独一、ⓖ当二此時一、利二以居レ家、不レ宜レ為レ客、
③（仮令、正月庚辰日、辰時占、是也。）
○紀・皆、京本に従う。尊本、継命とし、皆なし。
○尊本頭注
④民無二正官一、子無二其父一、妻無二其夫一、凡人曾無二父母一、
○京本頭注
⑤為二飛□物一、
○京本頭注
⑥或書云、狐独者、無レ父、曰レ狐、□（無カ）レ子、曰レ独也、
○参考『卜筮書』第七経
㈠経曰、ⓐ四下剋上、
㈡ⓑ法曰、絶紀、ⓗ亡其先人、孤独、無紀、宜為主人利、為後起、ⓔ臣事君、子事父、為継命、今皆。（下）賊上、為

絶紀、
㈢法曰曰（衍）、ⓒ臣軽其君、子慢其父、事（妻カ）害其夫、奴婢賊主、生男妨父、生女妨母、亡其先人、ⓕ故曰、孤独、
㈣仮令、正月庚辰日、時加辰、
㈤ⓓ以。（此）占人、皆無君父、妻奴有謀、為不下順、ⓖ。（当）此時、利以居家、不宜為客、余放（倣）此、
○『権記』寛弘八年五月九日条、賀茂光栄占文の占推条中　○『黄帝金匱経』佚文史料35
ⓐ四下剋上、ⓑ法曰、絶紀、ⓗ亡其先人、必有孤子、◯章曰、ⓔ臣事君、子事父、今皆下賊上、為絶紀、ⓒ臣害其君、子害其父、男妨父、女妨母、ⓕ故曰、亡其先人、ⓕ是謂孤子、
○『神枢霊轄経』佚文史料14（四二四頁）
○Ⓐ本書・Ⓑ『卜筮書』・Ⓒ賀茂光栄所持本の各条文とその順序を対比すると、次表のようになる。

Ⓒ	Ⓑ	Ⓐ		
1	1	1	①	ⓐ
2	2	2	②	ⓑ
×	×	3		○
6 (7) (8)	5	4		ⓒ
×	7	5		ⓓ
5	4	6		ⓔ
8	6	7		ⓕ
×	8	8		ⓖ
3	3	×		ⓗ
章日 4 ⓔ				
故日 7 ⓕ ⓒ				
是謂 8 ⓕ				

五墳四殺卦、第三十㋑

①謂、用・伝、皆得二四季神一、是也、

②若、用・伝与レ殺并合、又遇二凶将一者、其人不二殺害・損残一レ人、則将二身自受一レ之、不二与レ殺并合一者、将レ有二丘墓之事一、

③（仮令、六月乙未日、卯時占、是也、）

○墳・則・丘、京本による。尊本は、憤・即・兵。

㋑京本注（京本頭注と同文）

④為二刹荊物一、為二死亡物一、為二葬埋物一、

三光・三陽卦、第三十一

①謂、日・辰王相、為二一吉一、用神王相、為二二吉一、又得二吉将一、為二三吉一、三吉並具、名二三光一、

②主レ有二喜事一、

③用神在二王相之中一、為二一陽一、日・辰在二天一前一、為二二陽一、天一順治レ之而行、為二三陽一、

④三光既立、三陽又存、終必有レ喜、重受二其慶一、

⑤（仮令、六月戊辰日、寅時、六月戊寅日、寅時等占、是也、）

⑥以レ此占レ人、病者不レ死、挙レ戸入レ棺、猶復生、繋囚在レ獄、無二徒刑一、臨レ刀在レ頸、未レ足レ驚、所レ求者得、所レ訴者聴、沽レ市大利、所レ種者生、欲レ挙二百事一、無レ不レ成也、

○囚・訴、京本に従う。所求者得、京本になし。尊本に従う。

○京本頭注
⑦為㆓灯明㆒、為㆓貴物㆒、為㆓有光物㆒、為㆓生物㆒也、
○参考『玉衡章』第十経
㊀第十経曰、三光並立、用在其中、
㊁謂、日之陽神王相三光、用起吉将、之(又カ)有王相三光、
……、
㊂雖有凶将、後有福、終而有喜、必有重慶、
㊃当此之時、遠出万里、入水不溺、入病不易、悪鬼不当、入兵不傷、所種者生、所為者成、所求者得、所欲(訴カ)者聴、病困不死、繫者無刑、刀雖臨頸、慎勿怖驚、挙尸入棺、尚猶復生、出幽入冥、……、
㊄又一法、天一順行、前三五加日辰、此一陽、終王相不相剋、二陽、日照今日之本、三陽也、……、
○『玄女式経』佚文史料8（四〇八頁）
○尊本で次の高蓋駟馬卦にかかるようにもみえる頭注⑥は、本卦にかけるべきものであろう。

㋑高蓋駟馬卦、第三十二㋺
①謂、用起㆓天馬㆒、伝見㆓車乗㆒、終㆓於花蓋㆒、是也、
②又、将得㆓天后・青龍・天一・大裳㆒、皆有㆓公卿㆒之象、
③（天馬者、正月在㆑午、二月在㆑申、三月在㆑戌、四月在㆑子、五月在㆑寅、六月在㆑辰、訖又始、）
④神后為㆓花蓋㆒、大衝為㆓車乗㆒、
⑤（仮令、正月癸酉日、寅時占、是也、）
○③割注、京本及び私案に従う。
㋑尊本頭注
⑥所望、叶也、　○三光・三陽卦にかかる頭注か。
㋺尊本注
⑦勝先、三日(臨酉カ)、用、是也、
○尊本頭注
⑧為㆓礼仏・祭神事㆒、為㆓官爵儀・得束(装カ)・慶賀㆒、

⑨病事、未レ死、乙(マヽ)生、余皆吉、
○京本頭注
⑩為二礼仏・祭神事一、為二官爵・威儀・装束・受賀(慶カ)
事一、

斴輪織綬卦、第三十三㋑
①謂、用起二車乗一、伝見二印綬一、将得二婦女一、是也、
②践二公卿之位一象、
③(仮令、二月庚戌日、卯時、大衝加レ庚為レ用、大衝主二
車乗一也、卯者而遇レ金、是斴輪之象也、伝見二河魁一、
主二印綬一、来臨レ卯、是綬在レ木之象也、将始二大陰一
中見二六合一、皆婦人所二組織一之象也、)
○③割注、京本に従う。
㋑尊本注
④大衝臨レ申、用、但吉将得時也、
○尊本頭注

⑤病、久煩、
⑥輦輿(衣裳カ)・気乗・冠蓋・官位、
○京本頭注
⑦為二輦輿一、為二□□(衣裳カ)一、為二冠蓋一、官位得事一、

鑄印乗軒卦、第三十四㋑㋺
①謂、用起二太一一、伝見二河魁一、終二大衝一、是其卦
也、
②初見二天子一、終以二恩私一也、㋩
③(仮令、正月癸未日、午時占、是也、)
㋑尊本注
④太一、臨レ子、用、但得二吉将一時也、
㋩尊本左傍注　恩私也、(大陰也)
○尊本頭注
⑤慶賀・雕造物・官印・佳悦、
⑥天子、太一也、

㋺京本注（京本頭注同文）
⑦為二慶賀事一、為二離造物一、為二官爵・執印・位悦事一、

斬関卦、第三十五㋑
①謂、日・辰踰二魁・岡一、而及二功曹一、二・三並立二門戸・関梁一、是也、
②或以二魁・岡一、加二。（日脱）辰一、卦発二功曹一、
③（仮令、正月乙巳日、午時占、是也、）
④或以二魁・岡一、加二。（日脱）辰一、卦発二河魁一、終二功曹一、
⑤（仮令、正月庚寅日、卯時占、是也、）
⑥或以二魁・岡一、加二日・辰一、三天倶動、
⑦（仮令、今日庚寅日、卯時占、是也、）
⑧或以レ魁加レ辰、及岡加レ日、
⑨（仮令、今日甲午、魁加レ甲、今日庚午、岡加レ庚、是也、）
⑩以レ此占レ人、其人即不二逃亡一、当レ越二関梁一之象也、

㋑尊本注
⑪魁・岡、用梁封（卦カ）、
⑫天岡・河魁、。（臨脱カ）日・辰、功曹在二三伝中一、是也、
○尊本頭注
⑬二・三云ハ、天岡、（脱アルカ）
⑭三天、功曹・魁・岡也、
○京本頭注
⑮三天者、天岡・河魁・功曹、是也、
○参考『卜筮書』第十経
㊀経曰、日辰踰魁岡、而伝及功曹、
㊁其人、若不逃亡、当越関梁、
㊂魁岡為天関、功曹為天梁、後入天任、前翳神光、参玉女、乗青龍、
㊃仮令、正月乙巳日、時加午、河魁臨巳、為踰天関、功曹為用、為登天梁、将得大陰、為入地戸、次見青

龍、為乗青龍、絶（終）於天一、為入天任、是居琁璣之中、為翳神光、在華蓋之下、六丁為天之使、玉女左右、蹹天関者、遠不可及、登天梁者、高不可極、入地戸者、隠無形之城、乗青龍者、飛万里之翼、翳神光者、上帝所育、参玉女者、六丁所福、

㊄又法、日辰蹹魁罡者、魁罡臨今日々辰也、而及功曹者、言陰陽中有功曹、及用伝之、前三（六合）為天門、後二（大陰）為地戸、魁罡為天関、功曹為天梁、三天倶動、以此占人、法欲逃匿、放（倣）此、

㊅仮令、正月庚午日、時加卯、天罡為玄武、而臨庚、盗人女婦、魁加寅為用、為蹹魁罡、法、主逃亡、為一天、将得六合、主天門、為二天、次伝白獣（虎）、因奸傷殺、終度天梁、将見天后、法、主逃匿、為三天、他放（倣）此、

○『陰陽道旧記抄』

斬関卦□（緯カ、釈カ）云、日辰蹹魁罡ト云ハ、所謂、魁罡臨《加也》今日辰也、

三天云ハ、功曹・天罡・河魁、是三神有三伝也、

（是秘説也、三伝中見功曹也、又説）

天獄卦、第三十六

①謂、用在二囚・死一、斗撃二其日本一、

②占レ事、在レ家、憂二繋囚一、重遇二戮辱一、雖レ遇二吉将一、不レ能レ為レ救、

③（仮令、二月乙酉日、巳時占、是也、）

○繋、京本に従う。尊本は、撃。③割注、京本及び私案に従う。尊本、正月、庚寅日、申時占あり。今削除。

○尊本頭注

④斗ト云、天罡也、日ハ、為二天子一也、

○参考『玉衡章』第九経

㊀第九経曰、所謂用起囚死、斗今日憂、是謂、……、

用起囚死者、言神将倶死気也、斗令今日憂、言斗繫（撃）今日之所生也、……、又法、……、

㈡一法曰、用起囚死者、言春占、得金土之神也、斗令日憂、謂斗繫（撃）今日之本、言天獄臨身憂繫囚死者、言囚死之気刑於獄也、

㈢二月乙酉、時加巳、……、雖得青龍、不能為救也、

○本章第二十六九醜卦の参考史料『呉越春秋』巻五（一三四頁）参照。なお『卜筮書』第十三経（三奇卦。徳奇卦・刑奇卦・死奇卦）で例示される正日時、五月八日甲子日寅刻、甲子5局中の「天罡、亥を撃つ」は本卦。ちなみに『卜筮書』の三奇卦は、『新撰六旬集』にみえる三寄卦とは別卦。

右、三十六卦、及九用次第、家々之説、各不レ同、又有二三十五卦・六十四卦之法一、或一卦之下、管二載数名一、或一卦之内、挙二多説一、然而事繁多レ煩、省而不レ載、具存二本経一、以レ智可レ覧レ之、

占病祟法、第二十七㋑

①謂、占二祟之大体一、以二日辰陰陽中凶将一、言レ之、

②神吉将凶、為レ有二祟神一、神凶将吉、為レ有二祟鬼一、各、以二神将一分二別吉凶一、

③又、有気、為二神所一レ作、無気、為二鬼所一レ作、

④用・将、倶木、主二社神一、用・将、倶火、主二竈神一、用・将、倶土、主二土公及大歳神一、上・下倶金、主二道路神一、上・下倶水、主二水神一、

⑤功曹・大衝、主二氏神一、又風病一、太一・勝先、主二竈神一、伝送・従魁、主二儛神一、或以二馬祠神一、徴明・神后・大衝・天罡、主二北辰一、天罡、主二水辺土公一、小吉、主二門井土公一、又廚膳一、河魁、主二竈土一（公脱カ）。及丘墓土公一、大吉、主二山神・

大歳・土公、又小沢土公㆒、従魁・太一・神后、主㆓呪咀㆒、太一、主㆓毒薬及仏法㆒、伝送、主㆓形像㆒、騰蛇、主㆓竈神・客死鬼㆒、朱雀、主㆓竈神、及呪咀・悪鬼㆒、六合、主㆓縛死鬼・求食鬼㆒、勾陣、主㆓土公・廃竈神㆒、青龍、主㆓社神、及風病・•宿食物誤㆒、天后、主㆓母鬼及水上神㆒、大陰、主㆓厠鬼㆒、玄武、主㆓溺死鬼・乳死鬼㆒、大裳、主㆓丈人㆒、白虎、主㆓•兵死鬼・道路鬼㆒、天空、主㆓無後鬼㆒、

余、以㆓•余神・将所㆑主、決㆑之、

○•祟・•二、京本に従う。•吉•凶・•宿、京本になし。•兵、京本丘とす。•余、京本なし。

○㋑部の尊本注記、およびその他の尊本・京本の注記は、次章にかけるべきものを含んでいるので、それらは次章の尊本注記の後に移し、ここではその位置関係のみ示しておく。

㋑尊本注⑥（次章の条文番号⑧）、⑦（同⑨）、

○尊本頭注

⑧天、有㆓三河㆒、天罡・大吉・小吉、午・辰・丑・未、

○尊本頭注⑨（同⑩）、⑩（同⑪）、⑪（同⑫）、⑫（同⑬）、

○京本頭注⑬（同⑭）

⑭或書曰、丈人、父母也、霊気也、周易曰、丈人者、□庄之称也云々、

○参考『六壬占私記』七十七

疾病祟法。ただし、後欠部分に属し、本文は欠脱する。

○『新撰六旬集』甲子1局、旦治・暮治の病事占の推断部分

（旦治）占病、春・夏、貴神祟、秋・冬・土王時、道路鬼祟、解謝有応也、

（暮治）占病、春・夏、竈神祟、命危、秋・冬・土王時、道路鬼祟、命危、

○春・夏は、用午火の春相、夏王より、有気。秋・冬・土王時は、午火の秋囚、冬死、土王時老より、無気。旦治。有気、貴神祟は、用将青龍によるか。無気、道路鬼祟は不審。用地支酉の金神によるのであろうか。解謝応ありは、終伝天后吉将によるのであろう。暮治。有気竈神祟は、用将騰蛇火将によるのであろう。命危うしは、終伝白虎の死喪の象によろう。

【甲子1】	旦治	暮治
初伝	青龍・午――酉	騰蛇・午――酉
中伝	朱雀・卯――午	勾陳・卯――午
終伝	天后・子――卯	白虎・子――卯
日干上	大陰・亥――甲	大裳・亥――甲
日支上	大裳・酉――子	大陰・酉――子

○本書第四章・第五章・第二十六章にみえる尊本・京本の注記で、本章に関連するものは、次章の占病死生法に関連するものとともに、次章に一括して掲出する。

占病死生法、第二十八㋑

①謂、日為㆑身、辰為㆑病、若、病剋㆑身、重、身剋㆑病、軽、

②白虎、剋㆑日、重、日剋㆓白虎㆒、軽、

③又云、常以㆓月将㆒加㆑時、若、大吉・小吉・天魁・従魁（マヽ）・徴明、与㆓白虎㆒并、加㆓病者行年、及日・辰㆒、皆死、

④又云、以㆓大吉㆒、加㆓初得㆑病日㆒、視㆓行年上㆒、得㆓天魁・天罡㆒（及カ）、十死一生也、

⑤囚・死之神、各騰蛇・白虎・魁・罡、加㆓得㆑病之日㆒、是為㆓三死㆒（立カ）、以加㆓病者行年㆒、又死也、

○従魁、京本になし。削除すべきか。云・以、京本に
従う。
㋑尊本注
⑥大撓云、伝(聞カ)二用人死虚実一、正日時、日上神、有気、
伝、不レ是(見)二白虎一者、不レ死、日上神、無気、見二白
虎一者、必死、有レ実也、
⑦又云、日・辰・陰・陽、有二白虎一、宜(直)用神、為二死気
所勝一、亦死也、。(有実也脱)
○この両条は、占聞事信否法にかかる雑事占のうち、人死の虚実に関わるものであるため、ここに誤って注されたもの。下に続く数文は、人死の虚実に関わるものではないので、第三十四章の方に移す。
○第二十七章にかかる尊本・京本の注記のうち、本章に関連する条文を次に掲出する。条文番号は上に続けて示す。（　）内は、第二十七章の方の条文番号。

○第二十七章の㋑尊本注
⑧（⑥）妙云、病者死期、以月将。(加時脱カ)、若、大歳上神
為二白虎一、不レ生二歳中一也、月建上神為二白虎一、不レ
出二月中一也、日上神為二白虎一、不二日中一也、。(脱文アルカ)
不レ出二只此時一死也、
⑨（⑦）終、得二白虎一、与二魁・岡一并者、必死也、
○第二十七章の尊本頭注
⑩（⑨）極戎(マヽ)、妙文云、甲乙日、用金、丙丁。(日脱)、用水、
戊己日、用木、。(庚辛日、用火脱)　壬癸日、用土、并是、小(為)二
身剋レ命、必死也、
甲乙日、用土、丙丁日、用金、戊己日、用火(水カ)、庚辛
日、用木、壬癸日、用水(火カ)、并是、為二命封(剋カ)レ身、病者
必愈也、不レ死也、
⑪（⑩）天岡、加レ孟、不レ死、加レ仲、人煩(久カ)、加レ。(季脱)、
死、
⑫（⑪）白虎、与二今日〻辰一同類、病久煩、

⑬（⑫）用起レ木、以二丙丁日一差、以二庚辛日一刻、
用。（起脱）火、以二戊己日一若（差）、以二壬癸日一刻、
用起レ土、以二庚辛日一差、以二甲乙日一刻、
用起レ金、以二壬癸日一差、以二丙丁日一刻、
用起レ水、以二甲乙日一久也、。（以戊己日刻脱カ）

○第二十七章の京本頭注

⑭（⑬）用、自刑神、発二有気一無レ咎也、

○参考『六甲占抄』Ⓖ（二九六頁）
推疾病篇曰、白虎剋日、重、日剋白虎、軽、

○『六壬占私記』八十、疾病死生法、八十一、病死亡期法、八十二、病平愈期法等。ただし、後欠部分に属し、本文は欠脱する。

○『黄帝竜首経』占諸欲知病人死生法、第二十二
㈠常以其初得病日時占之、
㈡仮令、騰蛇・白虎・魁・罡、剋初病日及占日日上神・人年所立辰・辰上神者、皆為死、
㈢白虎所居神、王相、而賊初病日及病人年、白虎陰上神、又有気、佐白虎、共剋病日・人年者、急呼妻子出、病者必不起、立死也、
㈣死気為白虎、剋人年・病日者、死、
㈤又魁罡為白虎、加病人元辰者、立死、……、
㈥白虎所居神、賊今日及人年上神、亦死、若独賊病日之辰、不剋今日、為愈、
㈦説者云、白虎生初病日、病日生白虎、皆為病愈、
㈧白虎賊病日・人年、一一（マヽ）皆死、
㈨白虎与病人年・日辰、相生、皆為愈、
㈩与病日、同類、為安久、仮令、甲子日占病、……、功曹・太衝為白虎者、此為同類、為病久、
⑪白虎陰陽皆、有気、并傷日、立死、不傷、立起、
⑫白虎、無気、病者愈、……、此並式経文也、

○㈦「説者云」よりここまでは『式経』を受けたものとみられる。実際後引される『式経』佚文と対応するものが多

くみられる。

⑬期、以用神言之、仮令、功曹直用、当丙丁日愈、庚辛日死、

⑭式経曰、　○（ ）内は『黄帝竜首経』の先引条文番号。

㋑白虎陰陽、有気、傷病日・人年者、死、（⑪）

㋺人年上神、王相、剋白虎者、愈、

㋩病日、生白虎者、亦愈、（㊆㊈）

㋥白虎、生病日者、死、（㊆㊈と逆意か）

㋭白虎、与病日、同類者、為之安久也、（㊉）

○本書第四章・第五章・第二十六章の本記および尊本・京本の注記にみえるもので、前章占病祟法と本章占病死生法とに関連するものを一括して、次に掲出する。

第四章

騰蛇　病者狂言（尊本）・竈神（京本）

朱雀　呪咀・悪鬼（京本）

青龍　神社・風病・食物誤（京本）

天后　河泊水神・溺死鬼（京本）

玄武　狂病（尊本）・苦□胸脇（京本）

天空　乍寒熱・下食・祟在丈人（京本）・呪咀（京本）

第五章

河魁　令女霊祟（尊本）・死亡（京本）

伝送　死喪（京本）

小吉　今食明吐下（尊本）

太一　鼻血（尊本）・死喪（京本）

天岡　死喪（京本）

神后　霊蔵夜行（尊本。誤字があろう）・鬼神（京本）

第二十六章

新故卦　故、旧病更発（尊本）

虎視卦　病者ハ大事ナレトモ不死（尊本）

伏吟卦　病者不言（本記）
無婬卦　長々ナレトモ不死（尊本）
狡童迭女卦　病除法（尊本）
帷薄不修卦　余ニ。《（不脱カ）》吉ナレトモ不死（尊本）
三交卦　霊気、有気存霊・無気死霊（尊本）、死
（尊本）
乱首卦　有毒物（尊本）
贅聟寓居卦　大事ナレトモ不死（尊本）
玄胎四牝卦　病大事ナレトモ不死、非旧事祟
（尊本）
従革卦　成救不能、必死歟（尊本）
天網卦　病者死（尊本）
高蓋駟馬卦　病尸《（者カ）》未死、乙《（己カ）》生（尊本）
斲輪織綬卦　病久煩（尊本）

占産期法、第二十九㋑

①謂、以二月将一加レ時、視二勝先一、若、加二婦人年・命一、即日産、随二勝先所在一、為二産時一、

②又云、欲レ知二生時一、視二魁・罡所一レ加、為二生月一、生月所レ加辰、則生日也、

○婦・則・也、京本に従う。

㋑尊本注

③男、以二功曹有一レ下、為二胎月一、以二本命一、為二生月一、女、以二伝送下一、為二胎月一、本命下、為二生月一、

○京本頭注

④以二勝先・神后下一、為二産時一也、

○参考『六甲占抄』Ⓔ（一九六頁）

㊀推産期篇曰、神后、加所畏、過期而生、

占産生男女法、第三十

①謂、用、在二上剋下一、為レ男、在二下剋上一、為レ女、
②一云、天一、加レ孟、為レ男、加二仲・季一、為レ女、
③一云、用得二青龍・大裳一、為レ男、得二天后・大陰一、為レ女、
④又法、•以二伝送一加二本命一、行年上、見二陽神一、生レ男、見二陰神一、生レ女、
⑤又云、年上、有二功曹一、生レ男、有二伝送一、生レ女、

〇③大陰の下、尊本騰蛇あり。今京本に従い削除。
•以、京本に従う。

〇参考『六甲占抄』Ⓕ（二九六頁）
㈠上剋下、男、下剋上、女、口伝云、（下略）

〇『黄帝竜首経』占懐孕為男為女法、第五十六
㈠正日時、視時下之辰、与今日比者、男、仮令、甲日、時加午、甲・午為比、比者生男、仮令、今日甲、時加未、未為時下之辰、無甲・未。（比脱カ）、為不比、生女、無疑也、
㈡又一法、以天罡占之、天罡加陽、為男、加陰、為女、
㈢旧説云、伝送加夫本命、婦人遊年上、得陽神、為男、得陰神、為女、

〇『医心方』巻二十四、占孕男女法
㈠産経云、……説云、以伝送加夫本命、見婦遊年上、得陽神、為男、得陰神、為女、
㈡一云、天剛・天后、加母年上、或酉臨陽辰、或功曹臨陽、或干有気、或時与日比、或陽神臨日者、必為男、或功曹臨陰辰、支有気、皆為女、
㈢一云、用得青龍・太裳、子多為男、或得天后・大陽（陰歟）、子多為女、
㈣一云、常以伝送加婦人本命、年在陽神下、為男、年在陰神下、為女、
㈤一云、徴明加四孟、為男、神后加四仲、為女、

㊅一云、母行年臨孟、為男、臨四仲・季、為女、

㊆一云、騰虵・朱雀・青龍・勾陳・玄武・白虎、加日・辰、皆為男、六合・天官《空》・大陰・天后・大裳、加日・辰、皆為女、

㊇一云、直用神、在陽、似父、在陰、似母、或王相者、美容、囚休者、醜鄙、

○本書第四章・第五章・第二十六章の本記および尊本・京本の注記にみえる産事占に関連する所主を一括して、次に掲出しておく。

第四章

天后　懐姙者他夫ム・女（尊本）

第五章

小吉　女（京本）

神后　懐任陰事（尊本）

第二十六章

傍茹卦　妊娠傷胎（本記）

虎視卦　男子（尊本）

伏吟卦　喑啞・盲聾（本記）

狡童迭女卦　任胎・婦女（尊本）

曲直卦　男子（尊本・京本）

炎上卦　男子（尊本・京本）

従革卦　孕女、生女（京本）

潤下卦　懐孕女子（尊本・京本）

占待人法、第三十一㋑

①謂、遊神、加レ孟、為二始発一、加レ仲、半道、加レ季、為二既至一、

②一云、東南行人、以二子上神一、為二至期一、西北行人、以二午上神一、為二至期一、

①'遊神、春太一、夏神后、秋従魁、冬天岡、

③又云、用神、在二天一前一、為レ疾、在二天一後一、為レ

遅、
④来期、魁・岡下、為㆓至期㆒之、(ロ)
(イ)尊本注
⑤集〻(云)、天岡、加㆓子・午㆒、以㆓庚日㆒至、加㆓丑・未㆒、
以㆓辛(日)。㆒至、加㆓寅・申㆒、以㆓戊日㆒至、加㆓卯・
酉㆒、以㆓己日㆒至、加㆓辰・戌㆒、以㆓丙(日)。㆒至、加㆓
巳・(亥脱)。㆒、以㆓丁日㆒至之也、
(ロ)尊本注
⑥常、視㆓日・辰上神㆒、得㆓徴明㆒、巳時至、以㆓所㆑見
神衝㆒、為㆓逐至期㆒之也、
○尊本頭注
⑦日比、疾、不㆑比、遅、遠行久不㆑来、
⑧天岡・伝送・大吉、加㆓日・辰㆒、久シテ皆還来、
○尊本脚注
④'神枢云、以㆓出時㆒、加㆓大歳㆒、魁・岡、為㆓至日㆒也、
○参考『六壬占私記』七、行人来不(否)法

(イ)以月将加時、三伝出陽天一前、則来、入陰天一後、不至、
(ロ)前一始発、前二半道、前三近至、前四入堺内、前五
倚門待之、
(ハ)又云、……天岡加子午、庚日至、加丑未、辛日至、
加寅申、戊日至、加卯酉、己日至、加辰戌、丙日至、
加巳亥、丁日至、若加日辰、待門、又云、……、一
云、……、
(ニ)又云、以出時加大歳、魁岡下、為還時、以行日加月
建、斗岡(魁)下、為還日、以行月加卯、斗岡下、為還月、
以行歳加卯、魁。(岡脱カ)下、為還歳、……、神枢云、
……、又云、……、
(ホ)又云、東南行人、以酉為限、以子上神、為至期、西
北行人、以卯為限、以午上神、為期、愚云、卯為日
門、酉為月門、子為陽路、午為陰路、仮令、望巳地
人、太一加午、為巳日発、加酉為得限、子上得伝
送、当以庚辛申酉日至、他效之、

㋬又云、以四遊神及遊戯神決之、件二神加孟、未発、加仲有路、加季欲至、神枢云、……、又云、……、

㋣四遊神者、春大吉、イ太一、(此方且々大神也)、(此方且々遊戯神也)、夏神后、イ勝先、秋徴明イ従魁、冬天岡、イ戌、(右方大神也)、(左遊神也)、

○『黄帝竜首経』占諸望行者吉凶来否、第二十六

㊀必当視所至地之陽神、以卯。(酉脱カ)為限、以子午上神、為至期、東方南方、以酉為限、子上神為至期、西方北方、以卯為限、午上神為至期、

仮令、望酉地人、従魁加戌、為已発、加子、為半道、加卯、為得限、当来、以午上神、為至期、午上神得神后、以壬癸亥子日至、

仮令、望巳地人、太一加午、為已発、加酉、為得限、当来、以子上神、為至期、子上得伝送、期庚辛申酉日至、

仮令、望寅地人、功曹加酉、為来、望申地人、伝送加卯、為来、望子地人、神后加卯、為来、望午地人、勝先加酉、為来、皆以子午上神、為至期、

㊁諸望行者、過限、皆以為聞、其聞、為不来也、

㊂並以所加今日日辰、皆以比、為来、

㊃金匱云、……、一説云、応至而不至、乃用比法也、

㊄一説云、魁罡離初発日、為期、日臨而発日、即日至也、

㊅一法、望行者、天罡繫(撃)今日日辰、為今日至、

㊆天罡、臨月辰(日)人年、懸門候之、

㊇望西方北方人、以卯為門、午上神、為至期、望南方東方人、以酉為門、子上神、為至期、

○本著第三部第一章(二七七頁)参照。

占盗失物得否法、第三十二㋑

①謂、以二月将一加レ時、天一及日・辰、制㋺二所レ失之物類一得、

②制㆓玄武㆒、又得、
③日往、剋㆓辰之陽神㆒、所㆑失物、不㆑可㆑得、辰之陰神来、剋㆓日之陽神㆒者、所㆑失物、得也、
㋑尊本注
④集霊云、天岡、加㆑孟、内人男子、未㆑出、可㆑得㆑之、天岡加㆑仲、男女共取、得也、天岡加㆑季、外女取也、出、不㆑可㆑得也、
㋺京本右傍注　制《剋也》
○京本頭注
⑤本条云、□(玄)武、為㆓盗人㆒也、又為㆓盗神㆒
○参考『六壬占私記』三十七、盗物得否法
㋑以日・辰・年上神、決之、日・辰・年上神、剋玄武処居神、及玄武陰上神、得、不制、不得、
㋺以玄武陰上神、為盗神、
㋩又云、天岡、加孟、不求自得、加仲、半得、加季、不可得、

㋥以玄武処畏、為得期、仮令、天岡為玄武、以甲・乙日、当得、他效之、
○『同右』三十八、失物得否法
㋑日往、剋辰之陽神、処失物不可得、辰之陰神来、剋日之陽神、失。(物脱)還得、
㋺又云、天一及日・辰、制失之物類、必得、
㋩又、制玄武、得也、
㋥又云、物類臨南方、物在南方、有臨方、他效之、
㋭物類者、視十二神及将所主、自然知之也、
○『同右』三十六、盗物蔵処法
㋑天岡加孟、内人取之、未出、可得、加仲、男女共取之、半可得、加季、外女取之、出畢、不可得、
○『黄帝竜首経』占被盗無名盗可得否法、第十八
㊀以其亡時占之、若不知亡時、以人来言時占之、
㊁正月(日)時、以玄武陰上神、為盗神、
㊂日・辰及年上神、有制盗神者、可得、……、日・辰

及年上神、不制盗神及玄武者、賊不可得也、
○『同右』占聞盗吉凶亡人所在欲捕得否法、第十九
㈠以聞知之時、射之、今日日・辰上神、有剋玄武所居神者、即得、日・辰及其上神、無賊玄武所居神者、不得、
○『陰陽道旧記抄』
文書紛失事、
以功曹所臨之郷、為在方也、仮令、功曹加卯上者、東西ヲ為在方也、
又以功曹之相生日、。為出来期也云々、即丙・丁・壬・癸日、是也云々、
○『六壬式枢機経』佚文史料2（四三五頁）
亡文書、（求功曹下、）
○同史料には、この他にも多くの盗失物占の事例がみえる。

占六畜逃亡法、第三十三
①謂、日・辰上神、制㆓騰蛇・玄武、及物類神㆒者、即得、不レ制者、不レ得、
日・辰上神、但制㆓騰蛇・玄武㆒、而不レ制㆓物類神㆒者、不レ得、
又制㆓物類神㆒、而不レ制㆓騰蛇・玄武㆒者、亦不レ得、
②一云、魁・罡、加レ孟、得、加レ仲、半得、加レ季、不レ得、
③欲レ知㆓得期㆒、其物類神、所レ在之郷㋑日・辰、為レ期、
④欲レ知㆓其方㆒、以㆓其物類神所レ在之郷、及其衝㆒、為㆓所在方㆒、
⑤（仮令、馬、責㆓勝先下㆒、牛、責㆓大吉下㆒、鷹、責㆓従魁㆒（下、羊責脱）。小吉下㆒、是也、他效レ此、）

○亦、尊本、又とす。
㋑京本左傍注　郷 里也
○参考『六壬占私記』四十、六畜逃亡法
㋑六畜逃亡、帰(随カ)類而行、
㋑'天一順治、貴騰蛇、逆治、。(責)玄武、
㋺各視日・辰、剋騰蛇・玄武、及物類神、即得、不
制、不得、
㋩但、日・辰上神、制騰蛇・玄武、而不制。(物)類神者、
不得、
㊁但、制物類神、而不剋騰蛇・玄武、亦不得、。(両制脱カ)
不尋十不疑、　○『黄帝竜首経』㊉参照。
㋭又云、天罡、加孟、不求自得、加仲、半尋、加季、
不得、　○『黄帝竜首経』にみえず。
㋬又云、物類神、加日・辰、還帰其家、
㋣有処勝之地、為放縦、有所畏、為拘繋、
㋠騰蛇、与白虎并、有囚・死之郷、必為死亡、

㋷仮令、亡馬者、視勝先、上将、得騰蛇・白虎・句
陳、為死亡、得天一・朱雀、而有王・相之郷、為留
於官家、得大陰・六合、而有生産之郷、為人蔵匿、
得玄武・天室(空)、為□発、還自来、　○一部『黄帝竜首
経』にみえず。
㋦又云、正日時、天罡、加陽孟、不死、自来、加陰季、
死、不得、寅亥、為陽孟、戌未、為陰季也、　○『黄
帝竜首経』にみえず。
㋸又云、物類、去其陰、為道里遠近数、
㋾以其処在之郷日辰、為得期、
○『黄帝竜首経』占六畜放牧自亡不知所在、各随其
類、以其亡時占之、第二十一
㊀正月時(日)、馬責勝先之地、牛責大吉、犬責河魁、鶏責
従魁、羊責小吉、猪責登明(徴)、
㊁欲知東西南北、各随其神所臨、　○『式経』佚文史料
9（四一五頁）に対応。

㊂在所勝之地、為放縦、在所畏之地、為拘繫、在所生・所喜之地、為人逃匿之、　○所生の一文は『六壬占私記』㊦にみえず。

㊃天一順治、責螣蛇、逆。（治）、責玄武、為各随其所居神、

㊄日辰上神、有制螣蛇・玄武、及物類神者、為得、不制者、不得、

㊅其物類神、自臨其日辰者、為帰家、

㊆其神、与白虎幷、臨囚死之地、為死亡、

㊇其神、与六合・大陰幷、為人欲隠蔵之、

㊈欲知遠近、以其物類神所臨上下相乗、為道理（里）数、

㊉日辰上制物類神、為得日期、仮令、……、一法、……、

⑪仮令、今日日辰上神、但致（制）玄武・螣蛇、不制物類之神、亦為得（マヽ）、若制玄武・螣蛇。玄武等（マヽ。脱文アリカ）、亦得（マヽ）、両制者、保十、必得、無疑也、

○『六壬式枢機経』佚文史料2（四三五頁）

亡馬、求勝先下、一云、亡走倉、求□（箕カ）下、亡牛、求大吉下、亡鶏、求従魁下、一云、飛鳥、求昴星・魁下、

占聞事信否法、•第三十四㋑

①謂、常以㆓月将㆒加㆑時、大神、加㆑孟、不㆑•可㆑信、加㆑仲、半可㆑信、加㆑季、可㆑信㆑之、

①'大神、春、大吉、夏、神后、秋、徴明、冬、河魁、

㋑尊本注　直陰　○次章の注記の冒頭部の衍入。

○本書第二十八章占病死生法の尊本注　○右傍の〔　〕内は、後引『六壬占私記』による修訂。

○大撓云、　○省略。占病死生法の尊本注⑥⑦。二四七頁。

②辰上神、剋二日上神一、皆信、日上神、刻(剋)二辰上神一、
為レ虚也、
③辰上神、与二日上神一相、可レ信、明(時カ)与二日上神一相生、
為二和合神一、可レ信也、
④若、刻(魁)岡、三(臨)二日辰及年一、其言不レ可レ信也、
⑤又云、正日上(時)、時勝二日上神一、為レ信、時勝二従上(辰)
刻(神)一、不レ可レ信也、
⑥大陰・天主(空)、之(臨)二日辰一、所レ言無レ任(信)也、
⑦物類、日比者、(可信、不比者脱)。不レ信也、
○参考『六壬占私記』二、処聞虚実占法
㋑次、以日・辰上神決之、以月将加時、辰上神剋日上
神、其言可信、日上神剋辰上神、其言虚誕、
㋺日・辰上神及時、与生和、可信、(時脱カ)。日上神相生、
為来和合、可信、
㋩若、魁・岡、臨日・辰及人年上、其言無信、
㋥又、空亡・孤、臨日・辰、無信、○『六壬式枢機経』

佚文史料4(四三五頁)とほぼ同文。
㋭神枢云、大陰・天空、臨人年・日・辰、其言無信、
又云、……、
㋬或、時勝日上神、其言可信、時勝辰上神、其言無
信、又……、
㋣物類神、与日比、則可信、不比、則虚、……、(イ)
日比用、可信、不比用、不可信、○『黄帝竜首経』
㊀参照。……、又云、……、
㋠又云、以大神決之、加孟、不信、加仲、半可信、加
季、可信、
㋠'大神者、春、大吉、夏、神后、秋、徴明、(イ云戌)、
冬、河魁、(イ云亥)、
○『黄帝竜首経』諸聞王甲有罪吉凶法、第五十九
㊀視日辰陰陽中、有其事類与今日日辰比者、是也、不
比者、不是也、仮令、……、
㊁説云、或聞所議死、若白(虎)言所乗神、与今日合、則

死、与今日比、亦死、今日子、子与丑合、為白虎、是也、非此者、皆虚、聞子孫吉凶、亦同前、
㊂比合之法、若聞吉事、視青龍与六合臨日辰者、是実也、非此者、不是、
㊃若聞凶事、伝視白虎所臨辰上神、占之、得青龍・六合与今日比者、則所聞者、不吉、是実也、然此例、多不可備挙、並神枢第五、占所聞虚実篇、

占有雨否法、第三十五㋑㋺

①謂、常以二月将一加レ時、日・辰上、見二神后・徴明・大衝一、有レ雨、
②一云、日・辰上、見二亥・子一、有レ雨、見二寅・卯一、有二多レ風、少一レ雨、見二巳・午一、無レ雨、見二申・酉一、連陰、雨少、

㋑尊本注
③直レ陰、而雨従レ竜、風従二白虎一、
④占時、青竜・白虎所レ乗神、有気、則有二風・雨一、
⑤青竜・白虎、与二雷・雲一并者、大雨也、卯為レ雷、子為レ霊（雲）也、
㋺京本注
③青龍好レ雨、白虎好レ風、雨従レ龍、風従レ虎、
④青・白所レ乗之神、有気、則有二風・雨一也、
○参考『黄帝竜首経』占始挙事、有風雨否法、第六十九
○又一法、以月将加時、（次章所掲㊂）
㊀功曹為龍、伝送為虎、卯為雷、子為雲（雨カ）、雲従龍、風従虎、
㊁虎・龍所乗神、有気、必有風、
㊂龍・虎、与雲・雷并者、必有大風雨、
○『集霊金匱経』佚文史料2・3（四一八頁）
陽神風、陰神雨、青龍好雨、水神又雨、井星臨日

辰、雨、……、

白虎、主風、太衝、主風、

占晴法、第三十六

①謂、以㆓月将㆒加㆑時、視㆓神后・徴明・勝先・太一所㆑臨、在㆓天一後二（大陰）㆒、但陰、在㆓後四（大裳）㆒、已除、

②伝送、在㆓天一前二㆒・四㆒者、為㆓大風㆒、已除、

③又云、功曹為㆓青龍㆒、伝送為㆓白虎㆒者、晴、

④又云、天上丙・丁所㆑臨下、為㆓晴日㆒、

⑤又云、河魁、臨㆑孟、不㆑晴、臨㆑仲、為㆓雨止㆒、臨㆑季、為㆓立止㆒、

⑥又、以㆓月将㆒加㆓月建㆒、天上丙・丁所㆑臨、為㆓晴日㆒、

○但、尊本倶とす。天・又云、尊本なし。

○参考『六壬占私記』八十六、風雨法、八十七、風雨期法。ただしともに、後欠部分に属し、本文は欠脱する。

○『黄帝竜首経』占始挙事、有風雨否法、第六十九

㊀常以始挙事時正日辰、功曹臨今日日辰、在天一前、即風起矣、伝送臨今日日辰、在天一後、即雨至矣、……、

㊁必欲知何時雨者、仮令、伝得登（徴）明・神后、即雨、……、

㊂又一法、以月将加時、龍前三・前五者、雨、在後二・後四者、風雨旱、虎在前、亦風、

○（前章所掲㊀㊁㊂）

㊃又云、伝送加日辰、在天一後者、雨也、功曹臨日辰、在天一後、亦爾、

㊄又法、欲知何日雨、以大吉加月朔、神后下、大雨、太衝下、小雨、

㊅又法、占雨何時止、以月将加時、視魁、加四季、不

雨、加申、雨止、加子、為陰、加巳・午、為旱、加神后、雨後有風、加寅・卯、見白日、

㊆又法、以月将加月建、辛・癸加地下辰、晴、求雨、亦爾、

㊇又法、魁罡、加季、止、加孟、不止、加仲、已不已、

㊈又法、月将加月建、視天上壬・癸下加地辰、是晴日、壬子所臨、亦雨也、

夫、占事之趣、応レ窮二精微一、失レ之毫毛、実差二千里一、晴明楓萊（棗カ）枝疎、雖レ攀二核実於老後一、吉凶道異、難レ逐二聖跡於将来一、唯挙二一端之詞一、粗抽二六壬之意一而已、

○微・攀、京本に従う。尊本は、徵・擧。

○尊本奥書

（同筆）貞応六年、五月七日、　書写之畢（安倍泰統？）（花押）

凡六甲占七百二十也、水一火二木三金四土五、

（別筆）右之一巻、安倍泰統真翰無疑、

雖為歴代之家蔵、今依所望之

子細、呈之、為後来、贅禿筆

於其終矣、

延宝八庚申、六月二十八日、　安倍（泰福カ）（花押）

○京本奥書

（同筆）天元六年（二カ）歳次己卯、五月二十六日、　天文博士安倍晴明撰

指年法

病事　男、以二功曹一加二蛇・虎・魁・罡一、以二大歳上一、為レ年、
女、以二伝送一加二蛇・虎・魁・罡一、以二大歳下一、為レ年、

口舌　男、以二功曹一加二朱雀・勾陳一、以二大歳上一、為レ年、
女、以二伝送一加二朱雀・勾陳一、以二大歳下一、為レ年、

慶賀　男、以二功曹一加二青龍・大裳一、以二大歳上一、為レ年、
女、以二伝送一加二青龍・大裳一、以二大歳下一、為レ年、

上中下　天罡、加レ孟、為レ上、加レ仲、為レ中、加レ季、為レ下、

(同筆)保元々年歳次丙子、十二月二十四日、戌時、以家説、授息男親長了、

雅楽頭安倍泰親　生年四十七

(同筆)安貞三年歳次己丑、十月十日甲辰、以家秘本、手自書写畢、

内蔵助安倍泰隆(澄カ)

(同筆)即、能々加点校合畢、

第三部　六壬式占の古占書の研究

第一章　吉田文庫本『六甲占抄』について

はじめに

わが国の陰陽道で古代・中世を通じて専用された六壬式占法を理解する上で欠かせない占書ですでに翻刻されたものに、中村璋八先生が紹介された『占事略決』と『新撰六旬集』[1]、西岡芳文氏が紹介された『卜筮書』巻二十三[2]があり、最近公刊された宮内庁書陵部所蔵の『陰陽道旧記抄』[3]にも六壬式に関する条文が大分みえ、未翻刻のものでも真福寺文庫本の『六壬占私記』など、検討すべき価値のあるものは多い。

本稿で紹介する天理図書館吉田文庫所蔵の『六甲占抄』も未翻刻ではあるが、おそらく室町時代の賀茂氏勘解由小路家ではないかとみられる陰陽道のある一家の家説を伝える貴重な書である。

すなわち、本書は、撰者・成立年ともに不詳で、本文がわずか八紙一五頁ほどの小冊子に過ぎないが、『新撰六旬集』の手引きを示すのではないかとみられる部分、『占事略決』にもみえる陰陽道の占法を具体的に解説する部分、『占事略決』が依拠した古占書を推察させる部分などがあり、また、室町時代の六壬式占法の伝学の様子を窺わせる現在のところ唯一の史料でもある。

本稿では、書誌学的な面からの検討はしばらくおき、内容面から推察される本書の性格を中心に、現段階で考えられるところを述べてみたいと思う。

一　『六甲占』と『六甲占抄出』

青松

本書の書名については、表紙に、

　六甲占抄

とあり、『六甲占抄』が本書の書名として現代の書目類に採用されている。しかし、内題には「六甲占抄出」とある。表題と本文は別筆で、表紙は後補の可能性もありそうであるので、『六甲占抄出』が本書の本来の書名とすべきかもしれない(4)。

六甲占とは、『占事略決』尊経閣文庫所蔵本（以下尊本と略称）の奥に、「凡六甲占七百二十也」とあるとおり、六壬式占の通称として用いられる用語であり、本書の内容も、六壬式占の諸法の解説が主体となっているので、『六甲占抄』という書名は、六壬式占の解説書という意味合いから名付けられたものかとも考えられるが、『六甲占抄出』となると、単にそれだけではなく、別に『六甲占』という占書があり、本書はそれを抄出したものではないかという想定も成り立つ。

『六甲占』という書名は、現在に伝わる書目類には見出せないようであるが、『陰陽道旧記抄』に、

　六甲占云、□時ト四時也云々、

と、『六甲占』の佚文を示すのではないかともみられる一条がみえる。この一条は、本書にはみえないものであるが、本書が『六甲占』の抄出本であるとすると、それも不思議ではない。

本書は、主に六壬式占の諸法を十九章にわたって解説するが、多くの章が、ある占書の編目を立てて本文を引き、

「言」として、時には「仮令」によって実例を示して、具体的に説明し、また、「口伝」として解説文を引用し説明に当てるという体裁をとっている。

いまかりに、その章立てをⒶ〜Ⓢで番号付け、章目を付して示してみると、たとえば、

Ⓐ四課三伝では、

　一　四課三伝事、
　一　四課者、九用法曰、……、
　　言、仮令……、言……、

Ⓖ占病死生では、

　一　推疾病篇曰、……、
　　言、……、
　　口伝云、……、
　　仮令……、

などという体裁である。

その編目としてみえるのは、「九用法」と、Ⓔ「推産期篇」・「推訴訟勝負篇」（章は立たず本文もみえずⒻ中に編名のみがみえる）・Ⓖ「推疾病篇」・Ⓗ「占待人篇」との五編目である。「九用法」の編名は、Ⓐ四課三伝・Ⓓ十二籌法・Ⓘ指年法・Ⓛ指期法の四章にみえる。これらは、『占事略決』でいえば、「四課三伝法第一」から、「三十六卦大例所主法第二十六」までの、いわゆる前段に属する各法に相当する。

それに対して、Ⓔ「推産期篇」以下の四編目は、『占事略決』でいえば、「占病祟法第二十七」以下の、いわゆる後

段に属する雑事占の推断法に相当する。

しかし、本書はこのような体裁をとる章だけではなく、編目を立てずに、ある占書の本文、ないしはそれに準ずる解説文を引く章（Ⓒ Ⓕ Ⓚ Ⓛ Ⓢ）、六壬用語の解説だけの章（Ⓜ）、怪異六壬式占文の用語を解説する章（Ⓝ）、などもあり、Ⓞの「御説」やⓈの「家君仰」などのように、伝学の様子そのものを伝える章もある。

さらに、Ⓟの七曜暦、Ⓠ Ⓡの天文占の用語解説のように、六壬式占の解説書としては相応しくない内容を伝える章もある。

本書の各章のこのような多様性を考えると、果たして本書は『六甲占』の単純な抄出本であったのかなど、本書と『六甲占』との関係や、『六甲占』の性格についてもさまざまな疑問が生じてくるが、次に、このような疑問にも注意を払いながら、個々の事項の分析を行なっていきたいと思う。

二　『新撰六旬集』との関係

六壬式占は、普通易占の卦遇に相当する六壬課式という根幹部分を判断して占う占法をいうが、この六壬課式を求める方法は、四課三伝法・課用九法・天一治法・卦遇法の各法から成り立っている。

本書でこの六壬課式の求め方に関連するのは、Ⓐ四課三伝・Ⓑ始中終・Ⓙ甲子2局の卦遇・Ⓚ昼夜の分別の四章である。そのうち各法の求め方を具体的に解説しているのは、Ⓐ四課三伝だけで、課用九法以下の三法は解説されない。

それは、本書が、六壬課式の求め方を解説するのより、すでに求められている六壬課式の検索の仕方とその読み方に解説の比重を置いているからである。しかも、その六壬課式は『新撰六旬集』と同様の体裁で示されている。つまり、本書は『新撰六旬集』ないしは同様の体裁をとる占書の存在を前提として、その利用法を教授することを目的の一つとしているようである。

Ⓐ四課三伝は、Ⓐ'四課とⒶ''三伝の両段からなる。両段とも「九用法」本文を引き、「言」としてその解説を行う体裁をとる。

その「九用法」本文は、『占事略決』四課三伝法第一と同内容であるが、『占事略決』が「本位所得之神」とする箇所を「本位之上神」と表現する点が異なる。『占事略決』の方が『黄帝金匱経』の表現に従っているとみられるので、この「九用法」本文には撰者の翻案が加わっているとみるべきであろう。

「言」中では、「仮令」として正日時を挙げ、四課法・三伝法を実例に沿って解説する。その際の六壬課式の局の採り方や、課式の示し方は、『新撰六旬集』のものと同様である。

例として挙げられる正日時は、正月甲子日午時、正月甲子日巳時、正月甲子日辰時の三つ。そのうち、たとえば正月甲子日午時は、

寅上ハ小吉、五ノ占、

と解説される。これは、地盤午時に天盤正月将亥を加えた時、一日の始まりの寅時の上に五月将小吉未が来るので、この五月将の数を採ってこの式盤の状態（局数）を5とするという意味である。

この局数の採り方は、現在のところ『新撰六旬集』独特のものである。『占事略決』『卜筮書』には局数の考えはなく、南宋以降の局数の採り方はこれとは異なるようである。ただ滋岳川人撰『六甲』では、この局数が採られていた

可能性がある。

六壬課式は、Ⓐで甲子5局・甲子4局・甲子3局の三局、Ⓑで甲子1局の計四局のものが示される。その示し方は『新撰六旬集』とほぼ同じで、要するに、Ⓑ始中終で解説されるとおり、

上段に第一課と第三課の天支と、その十二天将（旦治は右側、暮治は左側）、

下段に、局数と、初伝（とその地支）・中伝・終伝の十二月将、およびそれぞれの十二天将（旦治は右側、暮治は左側）、

のように配されている。上段は『新撰六旬集』にはみえないが、下段はほぼ同一の体裁といってよい。異なるように見受けられる箇所は、実は『新撰六旬集』の方に不備があるのであり、『新撰六旬集』でも丙子9局辺りからはほぼ同一の体裁で示されている。

Ⓙ甲子2局の卦遇で示されるこの局の卦遇は、『新撰六旬集』の方が「十二辰飛魂」を欠く点を除き一致する。これは『新撰六旬集』の方の不備である。『新撰六旬集』は飛魂卦を甲子8局など少数を除き構成要件どおりに採るが、要件を満たすとみられる局で採らないものがかなりみえる。この局もその例であろう。

「言」中では、喪魄卦を構成する正日時の解説がなされるが、これはその読み方を示したものである。なお、飛魂卦・喪魄卦は、『占事略決』では解説されない卦遇である。

Ⓚ昼夜の分別は、次章で述べるとおり直接的には天一治法の一部分を解説したものであるが、『新撰六旬集』の「旦・夕」の解説の可能性もある。

また、先引の『陰陽道旧記抄』所見の『六甲占』の佚文とみられる一条も、三光卦・新故卦・天獄卦などの季節に関係する卦遇の解説文であった可能性がある。この一条は、「土用の土王時と春夏秋冬の四時」の意味とみられるので、『占事略決』王相死囚老法第九に相応する部分の解説文とみられるからである。ただ、Ⓒ有気・無気に関連する解

説文であった可能性もある。

この一条はまた、『新撰六旬集』の推断部分の季節の解説文であった可能性もある。Ⓛ指期法の指期も『新撰六旬集』のものと一致するとみてよいので、その解説文とみられないことはない。しかし、『新撰六旬集』の推断部分は、平安時代中期以降の陰陽道で実用された可能性はまずないとみられるので、もし関連があったとしても、あくまでもその読み方を教授するためであったであろう。

問題は、本書が前提とした占書が『新撰六旬集』自体であるのか、それとも同様の体裁をとる別の占書であるのかという点であるが、これは、滋岳川人撰『六甲』、あるいは院政時代の記録類に『六甲撰』とみえる占書であった可能性もある。ただ『新撰六旬集』の課式の体裁や卦遇の不備などを考慮すると、現存の『新撰六旬集』自体ではなかった可能性もあるのではないであろうか。この点は、本書と『新撰六旬集』の成立時期の前後関係ともからめて慎重に検討しなければなるまい(5)。

なお、『六甲占』と『六甲』は同一の書ではあり得ない。『六甲占』は、「九用法」本文ないしそれに準ずる本文と「言」中の解説文とからなる占書とみるべきであろうから、『六甲占』自体も、『六甲』ないしは『新撰六旬集』の存在を前提としているとみなければならないからである。

三　『占事略決』との関係——その一——

「九用法」の編目名のみえる各章のうち、Ⓓ十二籌法とⒾ指年法の両章は、『新撰六旬集』とは全く関係がなく、Ⓛ指期法も内容的にはともかく、解説文自体は直接関係がない。これらの各章を含め、その前段に属する各法を解説した章の多くは、『占事略決』に同様の内容のものを見出すことが出来る。もっとも、これは、これらの章が『占事略決』の影響を直接受けているというのではなく、それらの各法が陰陽道通用の法となっていたからであろう。

Ⓓ十二籌法は、「九用法」本文を引いて、ある一定の十二支の順序を示し、「言」中で、その十二支を使って課式を立てる籌法の手順を具体的に解説する。

「九用法」本文は、『占事略決』十二籌法第二十一にみえるものと同内容である。ただ、その十二支の順序の求め方は示されない。求められた十二支の順序は、『占事略決』が一つの順序だけで示すのに対し、本書は陽神用と陰神用とに分けて示すので、親切である。また、『占事略決』では、「言」中で解説される籌法の課式の立て方までは解説されていない。

その十二支の求め方は、『景祐六壬神定経』（以下『神定経』と略称）所引の『神枢霊轄経』佚文（史料9）にみえる法と、陰神用の際の十二支の順序が異なる（ただし解釈次第では同様の可能性もある）という相違があるので、その典拠がこの占書にあるのかどうかはっきりしない。しかし、『占事略決』の表現とも相違することからすると、この「九用法」本文は、典拠書の本文自体というより、「九用法」撰者の翻案が加わっているとみるべきであろう。

「言」中には、この一家独特の家説とみられるものがあるが、後に触れ直す。

Ⓘ指年法は、「九用法」本文のうち病事の指年法を示し、「口伝」を引いて具体的に解説する。

その「九用法」本文は、『占事略決』の本記にはみえないが、京都大学図書館所蔵本（以下京本と略称）の奥にみえる「指年法」文と同内容である。ただ「虵」を「騰虵」などと正しく表記する分、本書の方が丁寧である。また、本書は「九用法」に「口舌・失物・慶賀」の指年法もみえるようにいうが、『占事略決』は失物の指年法は載せない。

「口伝」で解説される法は、十世紀末ごろより賀茂・安倍両氏の者によって怪異占の際に採用され出し、院政時代以降陰陽道一統の法となったものと同じであり、『新撰六旬集』の指年とは相違する。
この指年法は、中国の古占書類には見出せないようであり、典拠は不明であるが、おそらく賀茂光栄や安倍晴明・吉平ら十世紀末ごろの陰陽師の創案になったもので、この「九用法」本文も、その創案文を撰者が翻案したものであろう。

Ⓛ指期法は、指月・指日・指日数の三段に分かれ、うち指日数に「九用法」の編名がみえる。ただ、本文は載せず、解説文がみえるのみである。

その内容は、『占事略決』知吉凶期法第二十五にみえるものと比較すると、指日・指日数は同じであるが、指月に一部相違するところがある。すなわち、『占事略決』が「用の月将と月建の二ヶ月」とするのに対し、本書は「用の月将・月建と、地支の月建の三ヶ月」とする。本書の方が十世紀以降の陰陽道の法と一致し、『新撰六旬集』もこれと同様とみてよいので、これが九世紀段階からの陰陽道通用の法であったのであろう。なお、ここで解説される指期は、怪異占の物忌日のものである。

この指期法は、指日数が『黄帝竜首経』占諸望行者吉凶来否法第二十六所引『金匱』や『神定経』所引『黄帝』（おそらく同一の書で、『黄帝式経』つまり『黄帝金匱経』であろう）にみえ、指月も「地支の月建」とする説が『黄帝竜首経』にみえるので、典拠は中国の古占書にあるとみてよい。しかし、指日は六壬式占特有のものではないので、陰陽道独自のものであったとみられる。従ってこの部分の「九用法」は典拠に従っていたとみてよいであろうが、解説文自体は『占事略決』と同様、撰者の翻案の入ったものといえるであろう。

Ⓒ有気無気とⓀ昼夜の分別の両章は、編名・原本文を載せないが、『占事略決』に同内容のものを見出すことが出来る。すなわち、Ⓒは『占事略決』五行王相死囚老法第九の京本の注記、Ⓚは同天一治法第三の本記にみえるが、これ

らは、もともと典拠が中国の古占書にあったものが陰陽道通用の法とされ、それを撰者が翻案して示したものといえるであろう。

以上の各章も、『六甲占』では「九用法」本文ないしはそれに準ずる本文と、その解説文という体裁をとっていたとみられる。そして『六甲占』では、『占事略決』や『新撰六旬集』より広い内容のものが解説されていたといえるであろう。

ただし、Ⓘ指年法で、

口舌・失物・慶賀指年事、大方如此、巨細者明白於九用法也、九用法明白也、

とする箇所などは、『六甲占』で口舌以下の指年法も「九用法」本文を引いて解説してあったものを、本書に抄出の段階で省略した言辞ともとれそうであり、本書には『六甲占』に基づいて教授する際に適宜改変された部分も含まれているといえそうである。「九用法」本文を引かずに解説するⓁ指期法なども、この部類に入るかもしれない。

四　『占事略決』との関係――その二――

編目名のみえるⒺ占産期・Ⓖ占病死生・Ⓗ占待人の三章と、編目名のみえないⒻ占産生男女・Ⓢ占懐妊有無の両章との雑事占を解説する五章は、ともにおそらく中国のものとみられる古占書の本文を掲げ、それを「言」あるいは「口伝」で解説する体裁をとる。そのうちⒼの本文は、『占事略決』占病死生法第二十八中の一条②と同文であり、Ⓕの本文も、同占産生男女法第三十中の一条①とほぼ同文である。Ⓗは、同占待人法第三十一中に同文を見出すことは出来ないが、『六壬占私記』の第七章行人来否法を介しておのおのの性格を知ることが出来そうである。ここでは主にⒽを

取り挙げて、この五章の典拠を探ってみたいと思う。

『六壬占私記』の第七章のうち本稿で関連する部分を摘出すると、次のとおりである。説明の便宜のため、適宜段落を設け、㋑〜㋣の番号を頭記する。省略部分は……で示す。

∴七　行人来不法

㋑以月将加時、三伝出陽《天一前》、則来、入陰《天一後》不至、

㋺前一始発、前二半道、前三近至、前四入堺内、前五倚門待之、

㋩又云、……天罡加子午、庚日至、加丑未、辛日至、加寅申、戊日至、加卯酉、己日至、加辰戌、丙日至、加巳亥、丁日至、……又云、……一云、……、

㋥又云、以出時加大歳、魁罡下為還時、以行日加月建、斗(魁)罡下為還日、以行月加卯、斗罡下為還月、以行歳加卯、魁○(罡)下為還歳、又云、……、又云、……、

神枢云、……、又云、……、

㋭又云、東南行人、以酉為限、以子上神為至期、西北行人、以卯為限、以午上神為期、愚云、卯為日門、酉為月門、子為陽路、午為陰路、仮令、望巳地人、太一加午為巳(巳発)日発、加酉為得限、子上得伝送、当以庚辛申酉日至、他效之、

㋬又云、以四遊神及遊戯神決之、件二神加孟、未発、加仲、有道、加季、欲至、

神枢云、……、又云、……、

㋣四遊神者、春大吉、(此方且々大神也)、イ太一、(此方且々遊戯神也)、夏神后、イ勝先、秋徴明、イ従魁、冬天罡、(右方大神也)、イ戌、(左遊神也)、

『占事略決』占待人法第三十一には、次のとおりみえる。同様に①〜④の段落をとって示す。

①謂、遊神加孟、為始発、加仲半道、加季為既至、

②一云、東南行人、以子上神為至期、西北行人、以午上神為至期、

①'遊神、春太一、夏神后、秋従魁、冬天罡、

③又云、用神在天一前、為疾、在天一後、為遅、

④来期、魁罡下為至期之、

表現などに多少異同もみられるが、①はㇸ、②はㇹ、①'はㇳに対応し、ほぼ同内容を伝えている。また、③はㇶ、④はㇵにほぼ対応しそうであり、内容的にはㇶㇵの方が多少発展したものといえそうである。

一方、本書のⒽ占待人の本文は、次のとおりである。ⓐⓘで段落を示す。

一　占待人篇云、

ⓐ用得前一、始発、前二、半道、前三、至、前四、倚門待之、前五、敷座待之、

ⓘ天一、忽来、天后、通書、大陰、静居、玄武、他所行、大裳、遅来、白虎、病煩、天空、留居過季、

すなわち、これはⓇに対応するもので、実はㇶ③をさらに細かく発展させ、十二天将ごとの象で示したものであるが、

内容的にはともかく、(あ)が㋺に直接対応するのに対し、(い)は、㋺に対応する文がみえず、天后を後一で表現しないなど文体自体も相違する。従って、(い)は㋺をさらに発展させたもので、(あ)と㋺の相違箇所もその際の改変と認められそうである。

その典拠を調査すると、

㋭②は、『黄帝竜首経』占諸望行者吉凶来否第二十六に同文がみえ、「仮令」を含めて㋭の方が正確である、

㋬㋣①、①は、典拠が直接は知られないが、㋬㋣の引用のされ方から『神枢』文ではないかとみられる、このことは『占事略決』占聞事信否法第三十四などでもいえる、

『占事略決』と『黄帝竜首経』を対比すると、占産生男女法第三十の一条④に同内容のものがみえるものの、その一条は『黄帝竜首経』㊃では「旧説云」とされ、占有雨否法第三十五では、『黄帝竜首経』の「一法」が尊経閣文庫所蔵本（以下尊本と略称）に注記されるなどのように、『占事略決』では『黄帝竜首経』が直接の典拠としては利用されなかったのではないかとみられる、

などの理由から、㋭㋬㋣①②、①の典拠は、『神枢』つまり陳の楽産撰『神枢霊轄経』ではなかったかとみられる。

一方、

③㋑間の発展の程度は、小幅である、

㋥に対応する一条が、『占事略決』尊本の注記、④にみえ『神枢』文とするが、この『神枢』文は、㋥の「還時」以下を「至日」のみとし、㋥では「還日」などは別法で求められているので、㋥は『神枢』文とは考えにくく、『神枢』文より後次とみられる、

④は、㋥に対応する尊本注記の『神枢』文、④と比較すると、『神枢』文の「以出時、加大歳」が欠脱したものと見

受けられるが、これは、安倍晴明の引勘が不充分であったことによる可能性もありそうである、㋩は、『占事略決』尊本の注記⑤の『集』文と同文であり、『集霊金匱経』文とみられる、内容的には、④を細かく発展させたもので、㋩の典拠書の『集霊金匱経』は、④よりかなり後次のものとみられる、『六壬占私記』は、出典名を示さない部分で、たとえば、第二章の一条に、『陰陽道旧記抄』所引の『枢機経』佚文（史料４）と同文がみえるように、『枢機経』を主要な典拠書とし、『神枢霊轄経』を副として、発展した法を『集霊金匱経』『大撓経』などや私案で補うという体裁をとっていた可能性が高そうである、

などの理由から、③④は、①②、①と同様に『神枢霊轄経』を典拠書とした可能性があり（つまり『占事略決』のこの章はすべて『神枢霊轄経』文であったといえようか）、㋑㋥は、それよりやや発展した『枢機経』段階ごろの文、㋺㋩は、それらより大分後次の、おそらく唐から北宋代ごろの『集霊金匱経』文といえるのではないかと思われる。従って当然のことながら、㋐は、㋺㋩をやや発展させたもの、㋑は、さらに翻案されたものといえよう。もっとも、㋺は、㋩と同様に『集霊金匱経』文と同定することが出来るかどうか、現在のところ何ともいえない。

そもそも本書には、六朝期段階の古い姿が色濃く残っているようである。たとえば、

Ⓖ本文と同内容のものが、『黄帝竜首経』占諸欲知病人死生法第二十二にみえるが、本記のものより、それに先行する『式経』文の内容の方に近い、

『黄帝竜首経』の第五十九章に、「在神枢第五占所聞虚実篇」とみえ、『神枢霊轄経』は、『黄帝竜首経』や『占事略決』『六壬占私記』と異なり、編目を示すのに「法」字ではなく「篇」字を用いており、本書もそれに従っている、

などの諸点にも、それが窺える。おそらく、ⒻⒼも、あるいはⒺⓈも、『神枢霊轄経』文か『枢機経』文といえるので

はないかと思う。
しかし、本書が六朝期段階の古い姿をどこまで忠実に伝えているか、具体的に指摘することには困難が伴いそうである。『六壬占私記』自体、たとえば、
第六章で、後に『神枢』文を引用しながら、その前で「説云」「又云」として掲げる文が、『黄帝竜首経』占内寄者吉凶法第六十五で、『神枢』文ないしは同内容の文としてみえる、
などのように、出典の示し方に不審な箇所があり、そのまま信用してよいかどうか疑問も残るからである。また『集霊金匱経』自体、『神枢霊轄経』文や『枢機経』文を残しながら、発展させた説をも集成した占書であった可能性もあろう。
さらに、本書には中国の古占書に基づきながらも、陰陽師の私案が混入している可能性がありそうなことも、問題を複雑にしている。たとえば、
編目について、「篇」については先述のように六朝期の古占書に従っている可能性が高そうなものの、「推」「占」は、「占」が中国の古占書の用法に従っているのに対し、「推」は陰陽道の通用に従っている可能性があり、編目の名称は古占書のものそのままではないとみた方がよさそうである、
Ⓔの「口伝」中や、Ⓕの本文のように、「口伝」との連動で、本文に多少改変が加えられている可能性がある、
Ⓔ中に、六朝期の古占書段階からの本文というより、それからの連想で某陰陽師が創案したものではないかともみられる条文が含まれている、
などが挙げられる。ⓘは、その典型的な例であって、ⓐの部分はⓡに基づいて若干改変を加えただけであるのに対し、ⓘは、中国の古占書にはなかった部分を、完璧を期して『六甲占』撰者である某陰陽師が創案したものとみてもよい

のではないかと思うのである。

要するにはっきりしたことはいえないのであるが、『六甲占』は、編目名の「篇」字は『占事略決』などと異なり、『神枢霊轄経』など六朝期段階の古占書のものを利用し、典拠本文は、『神枢霊轄経』『枢機経』段階のもの（ⒻⒼまたⒺⓈ）、あるいは『集霊金匱経』など唐から北宋ごろの比較的新しい段階のものを反映したもの（ⓐ）のほか、おそらく『六甲占』撰者の創案とみられるもの（ⓘ）をも含むものであったということは出来るであろう。

五　家説と伝学

陰陽道内には比較的早い段階から諸家が発達し、陰陽道の所説も、多く中国の五行書に典拠を求めながら、陰陽道独自の取捨選択がなされており、陰陽道通用の説や諸家独自の説などもあって非常に複雑な様相を呈しており、その分析に当たっては、慎重な態度が肝要とされる。

本書は、その大部分が『六甲占』の抄出とみられる。その『六甲占』は、基本的には、本文とその解説文からなるが、本文部分も典拠書の本文自体ではなく、『六甲占』撰者の翻案や創案が加わっているようであり、解説文部分の「口伝」はこの一家の父祖の説を伝え、「言」は『六甲占』撰者自身の解釈を伝えているといえよう。

一方、本書にはⒾの言辞や、Ⓞの「御説」、Ⓢの「家君仰」などから、家君（一家の当主）が本書の撰者に、主に『六甲占』によりながら六壬式占法を教授した際の教説も含まれているのではないかとみられる。ⓄⓈは『六甲占』文と解釈出来ないこともないが、Ⓞが別筆ではなさそうであるが、前後の章と字体が異なり、Ⓢの抹消も単なる添削とはいえないようであり、ともに伝学の臨場感を伝えているように見受けられることを考慮すると、ⓄⓈの両章は、Ⓟの七曜暦、Ⓠ Ⓡの天文占の用語解説を伝える三章とともに、『六甲占』文自体というよりも、家君の教説をも含んでいるとみるべきではないかと思われる。

それはともかく、本書がこの一家の家説を伝えていることは疑う余地がないであろう。そして、本書の伝える説の多くは、『六甲占』撰者の翻案や解釈も、父祖の「口伝」も、家君の教説も、陰陽道通用のものであったといってよいであろう。

しかし、この一家独特のものではないか注意を要するものがいくつかある。それらを列挙すると、

Ⓐ Ⓑで、用（初伝・始）の十二月将（神）を「将」と略称する点、将は普通は十二天将の略称である、

Ⓐで、第一課・第三課と三伝中とに、四課のすべてがみえない局に、特殊な意味があるように理解しているように見受けられる点、

Ⓒの「或説」の存在、

Ⓕの本文で、『占事略決』占産生男女法第三十の本記①が「用」を主語とするのに対し、これを欠く点、

Ⓕの「口伝」で、上剋下・下剋上の上を日上神、下を用神と解釈する点、『占事略決』の本文どおりであれば、用が上剋下に起こる時、下剋上に起こる時の意となるとみられ、本文とともに特殊な解釈を採っているように見受けられる、

Ⓖの「口伝」で、白虎と日上神との相剋関係をみるのに、白虎の五行の金ではなく、その乗る十二月将の五行でみると解釈する点、ただし、これは陰陽道通用のものであるかもしれない、『黄帝竜首経』にもこの解釈がみえる、

その次の「口伝」とその「言」も陰陽道通用のものかもしれない、

などが挙げられる。

以上は、この一家独自の家説かどうかはっきりとはいえないが、Ⓓの「言」中に、確実とみてよいであろうと思われる説がみえる。

Ⓓ十二籌法は、同時にいくつかの事柄の占申を依頼された時、同じ課式になることを避けるために考案された課式の立て方である。第一籌は正日時により課式を立てるが、第二籌目以降は、ある一定の順序で求められた十二支を利用し、正日時の時刻の上にその十二支を加え、課式を立てるというものである。その際、本書は、十二籌法で同じ課式となる籌が現れた時は、それを飛ばし次籌を当てると解釈する。「仮令」として挙げられる正日時で説明すると、

正日時　四月丁亥日、巳時、

第一籌　四月将申—巳より、局は丁亥7、

その用神の午は陽神であるので、

第二籌　卯　　—巳より、局は丁亥12、

第三籌　申　　—巳より、局は丁亥7、

ところがこの第三籌目は、第一籌目と同局であるので、

第四籌　巳　　—巳より、局は丁亥10、

を第三籌目とする、

というのである。

ところが、院政時代の陰陽寮占文にこの解釈を用いない例がある。すなわち、『本朝世紀』仁平二年（一一五二）十二月八日条にみえる伊勢神宮造宮使占定占文では、局の部分のみを示すと、

正日時　十二月戊辰日、酉時、

第一籌　十二月将子―酉より、局は戊辰7、
その用神の亥は陰神であるので、
第二籌　寅　　　―酉より、局は戊辰5、
第三籌　酉　　　―酉より、局は戊辰10、
第四籌　子　　　―酉より、局は戊辰7、
第五籌　未　　　―酉より、局は戊辰12、
と、第一籌目と第四籌目が同局にもかかわらず、第四籌をそのまま用いている。この時、造宮使を競望した者は五名であるので、この五籌ともに利用されていたことは確実である。
この寮占文は、安倍泰親・賀茂周憲連署であるが、おそらく院政時代には、同局となる籌を変更するという考えはなかったのであろう。本書のような解釈が生じたのはいつごろのことなのか、時期的な問題や他家の事情が判明しないと、この解釈がこの一家独特の家説であったとは断言出来ないのであるが、少なくとも、この一家が先祖の説とは相違する解釈を採っていたことだけは確実であり(6)、その家説は本書のような形で伝学されていったのである。

おわりに

以上に分析してきたところから、本書の性格についてある程度妥当性が高いのではないかと考えられるものを整理してみると、次のようになろう。

本書は、『六甲占』の抄出が中心となっているが、単なる抄出ではなく、一家の当主が子息に、主に『六甲占』によ

りながら六壬式占法を伝授する際に、当主の教説を含め、子息が書き留めたものと思われる。おそらくこの伝学は数次にわたってなされたであろうが、本書は、その比較的初期の段階のものではなかったかと思われる。

『六甲占』は、当主自身か、比較的近い父祖の代に成ったもので、陰陽道通用の典拠文と、その解釈文を主体として六壬式占法を解説した、かなり大部の占書であったとみられる。その編目を示す「九用法」は、『六甲占』撰者自身が、六壬課式に関連する部分に命名したものとみられ、「推産期篇」などの「篇」字は『神枢霊轄経』など比較的早い段階の中国の古占書の編名を利用したのであろう。しかし、その編目の名称や典拠文は、中国の古占書に典拠のある部分も、わが国の陰陽家の創案になる部分も、本文自体というより、『六甲占』撰者の翻案が加わっているとみられ、解説文と一体となって、この一家の家説を形成しているとみられる。

解説文は、『六甲占』撰者の父祖の口伝と、『六甲占』撰者自身の解釈よりなるが、中に当主による伝学の際の教説も含まれているように見受けられる。

その内容は、六壬課式部分は、局の採り方と読み方が中心となっているが、それは、本書が伝学の初歩の段階の姿を伝えているためであろう。怪異占文の解説や、雑事占の推断法部分も断片的であり、『六甲占』自体は、課用九法以下の三法や、怪異占・雑事占についてもかなり広く解説されていた可能性が強いように思われる。

その内容面の分析から、六壬課式については、滋岳川人撰『六甲』ないしは『新撰六旬集』の存在を前提としていること、雑事占については、『占事略決』と同じく『神枢霊轄経』『枢機経』といった六朝期の古占書のものとともに、唐・北宋ごろのものや、『六甲占』撰者自身かともみられる陰陽家の創案になるものも含まれていることなどを明らかにし、また、この一家独特の家説とみられるものもあることを指摘した。

本書の内容面からは、その撰者を推定するに足る根拠は得られなかったが、実は、本書は、祈禱を依頼したものとみられる、仮名書状を含む数通の書状の紙背に書き留められたものである。中に依頼人の花押を含むものがある。本書を賀茂氏勘解由小路家の者の撰かと推定したのも、包紙上書とみられる一紙に受取人が「勘出（解由）小路」と読めそうな箇所があるからである。

しかし、何分不鮮明な写真を透かしみただけであるので、何ともいえない。いずれ実見の上でとも思ったが、当面それも望めそうにないので、書誌学的な検討を加えないまま、内容面の分析から考えられそうなことだけを公表することとした。

書誌学的な面のほか、内容面でも遺漏は多いと思われるので、それらの不備は、しかるべき専門家の本格的な再検証で克服していただければ幸いである。

註

（1）中村璋八『日本陰陽道書の研究増補版』。
（2）西岡芳文「『卜筮書』（初唐鈔本）について」（『三浦古文化』五四）。
（3）詫間直樹・高田義人編著『陰陽道関係史料』。
（4）青松は、安土桃山時代に活躍した博士家の嫡流清原国賢の雅号とみられる。本書は、賀茂氏勘解由小路家断絶後、他の多くの賀茂氏所持本とともに国賢の入手するところとなったようである。表紙・裏表紙は後補の可能性がありそうにも思うが、未確認。国賢が追補した可能性もあろう。それはともかく、表題は国賢の筆であることは誤りないとみられる。青松については、大東文化大学東洋研究所編『宣命暦注定付之叓の研究』補注1参照（山下克明氏の御教示による）。
（5）滋岳川人撰『六甲』、院政時代の記録類にみえる『六甲撰』、『新撰六旬集』の関係についての筆者の考えについては、拙稿「古代・中世の占い」（『陰陽道叢書』四所収）五三頁でも簡単に触れてある。

（6）安倍泰親の実占例には、賀茂氏や、同じ安倍氏でも晴道流など当時の陰陽道主流派の通用の法とは異なる方法を採用したものがあり、これもその異法の一例という見方も出来よう。つまり、籌を飛ばすのが陰陽道通用の法で、同籌を用いるのは泰親が我を通したものとみるのである。しかし、この寮占文は賀茂周憲も連署しているので、この見方は採るべきではないともいえそうである。やはり、当時は籌を飛ばす考えはなく、のちに泰親流土御門家への対抗心によるものか、賀茂氏によって新たに案出されたものとみるべきなのかもしれない。なお、泰親の特異性については、前著や、拙稿「安倍泰親の占験譚をめぐって」（『東洋研究』一三二）など参照。

付記

初出論文発表後、新たに明らかとなったことがいくつかある。その一つは、『陰陽道旧記抄』が、鎌倉時代前期の承元三年（一二〇九）のあと間もないころ、一括して筆写撰述されたものであることが明らかにされたこと。筆者は、室町時代以前のいずれかの時期に書写されたもの、場合によっては錯乱状態のものを寄せ集めたもので、何人かの手が入っている可能性もあるかとも考えていたので、この新事実は驚きであった。二つ目は、これは筆者が迂闊だったことによるが、①中の大歳を含む正日時は実は暦日であり、この「口伝」の年次が室町時代の永享八年（一四三六）と特定出来たこと。ここで、『陰陽道旧記抄』の『六甲占』と本書の『六甲占』は同一のものとは考えにくいのではないかという疑問が生ずることになる。

この点について一つ考えられるのは、両者は別書であった可能性である。本論中でも述べたとおり六甲占とは六壬式と同義の一般称であるので、六壬式に関する占書であれば、一般称のこの呼称で書名代わりに呼び得ることになる。その意味では、この両者は別書としても問題はないともいえよう。この可能性も十分あり得る。

しかし、同書とした場合、この矛盾めいた問題をどう考えたらよいのであろうか。

そこで参考になるのが、本書では「九用法」が二通りの意味で使用されている事実である。①では、冒頭部と末尾の私案文との両方で使用されているが、末尾の私案文の「九用法」は、条文本文と、「口伝」による解説文とを含むものと理解される。つまりこの「九用法」を編目の一つとする『六甲占』は、本文と解説文とからなることになる。このことは、本書の書名にも当てはまり、

『六甲占抄出』の『六甲占』は、この意味での本文と解説文とからなる占書ということが出来よう。

一方、Ⓓでは冒頭部と「言」中とに「九用法」が使用されているが、「言」中の「九用法」は、冒頭部の本文そのものを受けている。つまり、『六甲占』には、「九用法」「推産期篇」などの編目の本文のみで、解説文の付かない占書段階があったのではないか、本書のいう『六甲占』は、そのような本文のみの占書に解説文を付けたが、書名は、元のものをそのまま踏襲したのではないかとも考えられる。この場合は、『陰陽道旧記抄』の『六甲占』と、本書でいう解説文の付かない、本文のみの原『六甲占』とでも呼ぶべき占書とは同一の書であったとみてもよいことになろう。もっとも、このいわゆる原『六甲占』に解説文が付いていなかったとは考えにくいので、本書のような形での解説文は付いていなかったが、本書の解説文で参考にされたような解説文は付いていたとみておいた方がよいのではないかとも思う。

いま一つ明らかになったことは、表題にある「青松」が安土桃山時代の清原国賢とほぼ同定され、表題は国賢の筆にかかる可能性が非常に高くなったことであるが、実は、表紙にはもう一箇所、右端に表題と同筆とみられる筆跡で「共三冊」とみえる。もちろんその保証は何もないといえばいえるのであろうが、Ⓢが中途半端な印象を受けることをも考え合わせると、本書は国賢が入手した段階で三冊本だったのではないであろうか。本書と同種の小冊子は、はじめから三冊ないしそれ以上用意され、Ⓢの後半は、次の冊子に書き継がれたのではないか、Ⓞは、そのような筆写が一通り終わった後、書き込まれた可能性もあるのではないかとも思うが、どうであろうか。

本書の成立事情として考えられるものの一つをもう一度整理し直すと、このようになろう。鎌倉時代前期以前に、中国の古占書の本文や、日本の陰陽師創案文を含めて、「九用法」「推産期篇」などの編目の下に本文のみを編集した原『六甲占』が成立していた。ただし、この段階でもその当時の解説文が付いていた可能性はある。室町時代に入って、この原『六甲占』の本文に、「言」ないし「口伝」による解説文を付した新『六甲占』が成立した。「言」はこの解説文を付した新『六甲占』撰者の解説文であるが、その解説に本人の言辞の代わりに利用された「口伝」の中に永享八年の年次があることから、この新『六甲占』自体は、「口伝」段階より一世代以上後に撰述されたことになる。本書は、この新『六甲占』に基づいて「家君」が本書撰者に教授したものを、本書撰者が書き留めたものとなる。この場合、「家君」は新『六甲占』撰者本人か一世代以上後の者、本書撰者は「家君」の一世代後の者となる。永享八年の「口伝」撰者は、『暦林問答集』の撰者として知られる賀茂在方の可能性が高く、新『六甲占』撰者は、在方の子息在貞、ないし在貞の子息で『吉日考秘伝』の撰者として知られる在盛段階ごろの賀茂氏当主の可能性があり、「家君」は在盛段階ほどの賀茂氏勘解由小路家当主、本書撰者はその子息（在栄か、その子孫ほど）の可能性が出て来ることになる。ちなみに、六壬式占文は、賀茂氏勘解由小路家の者では、同家の最後の当主となった在富のものまでが知られる。

この想定の場合、鎌倉時代前期以前成立の原『六甲占』と、室町時代の永享八年以後成立の新『六甲占』、そして本書の特徴となる「家君」の教説面という三者の内容面での位置関係はどうなるであろうか。

編目の立つ本文、編目はみえないが同列とみてよい本文、本文はみえないが編目が立っていたとみられるものは、原『六甲占』段階からのもの、つまり鎌倉時代前期以前からのものとなろう。そこで問題となるのは、室町時代の新『六甲占』段階で改変された可能性のあるものの扱いであるが、特にⒽの場合、(あ)の後半部から(い)は、室町時代の改変の可能性もあるのではないであろうか。もちろん原『六甲占』段階からであったとみることも可能ではあろうが。ただこの場合、(あ)の前半部およびそれに対応する㋺、つまり『六壬占私記』は、鎌倉時代前期以前の成立となって来る。筆者は一応『六壬占私記』の成立は、平安時代中期以降、応永五年以前とみているので、大分絞り込めたことになる。

「言」「口伝」などの説明文は、室町時代のものとなるので、ⒶⒷの六壬課式の示し方、Ⓓ十二籌法の特有とみられる家説、ⒺⒻⒼといった雑事占の特有な解釈などは、室町時代のものとなる。ただ先述のとおり、原『六甲占』の段階から中には同趣旨の解説文の付いたものもあったであろうし、特に、六壬課式の示し方などは、平安時代からのものとみてよいように思うのであるが、どうであろうか。

位置関係のはっきりしないⒸⓀⓂⓃはやはり何ともいえない。ただⒸの「或説」は室町時代のものであろう。

本書撰者への「家君」の教授を反映する部分は、Ⓕの末尾、Ⓘの末尾、Ⓛ、およびⓄの「御説」、Ⓢの「家君仰」で明らかとみられるが、Ⓐの「一課不見事」の末尾などでも窺えるかもしれない。

Ⓟ七曜暦、ⓆⓇ天文占といった六壬式と直接関係のない章の場合は、「家君」の教説の可能性が高いが、『六甲占』の書名が、原『六甲占』を受けただけのものとすると、室町時代の新『六甲占』の段階から所在したとみておいてよいのかもしれない。南北朝

時代ごろ以降であれば、賀茂氏も天文占に関与するようになるからである。

いずれにせよ、以上に述べて来たことは、想定されるいくつかの可能性の一つに過ぎず、より適切な解釈がほかに出来ないか、さらに検討を進めなければならないであろう。また、本書は、三分冊の一冊とすると、その第一分冊目の可能性が高いので、残り二冊は、書名不詳のまま現在に伝存していないであろうか。精査をお願い出来れば幸いである。

【賀茂氏勘解由小路家略系図】

在方┬在貞（勘解由小路）┬在盛─在栄─在重┬在富─在種
　　│　　　　　　　　　└在政　　　　　　└在親
　　└在成

○在方…文安元年（一四四四）薨。　○在貞…文明五年（一四七三）薨。
○在盛…文明十年（一四七八）薨。　○在富…永禄八年（一五六五）薨。

付　『六甲占抄』翻刻

凡　例

一　天理大学附属天理図書館吉田文庫所蔵本（吉4768）をもって底本とした。

一　字体は、原則として常用漢字を用い、異体字・略体字は正字に改めたが、一部底本の字体をそのまま用いた箇所もある。

一　底本には、一部読点・返り点などを付した箇所もあるが、すべて私案によって振り直した。

一　底本は、本記・割注気味・割注の三様で書され、割注気味の一文の中に割注気味の一文を挿入した箇所もあるが、本記・割注気味の区別はあえてしなかった。ただし、一部活字を小さくした箇所があり、また、底本で一部とられている体裁に従い、一段下げて示してみた。改行も多く底本に従ったが、一部文意により行を改めたものがある。

一　底本の転倒符による訂正（G）は、その指示に従い、補入符による訂正は、底本のままに補入符「。」をもって示し、抹消による訂正は、抹消字句の左傍に見せ消し記号の「ミ」を付して示し、抹消字句が判読不能のものは▒で示し、訂正の字句が書される場合は、右傍に示した。

一　底本で、章立て部分の頭部に付された「〇」（朱書とみられる）、正日時・仮令文などに付された合点「┐」（朱書とみられる）は省略した。Bの初伝・中伝・終伝を示す囲い（朱書とみられる）や、Cの「或説」全体の囲い（墨書か）も省略した。

一　底本の、本文とは別紙・異筆とみられる表紙・裏表紙を除く丁替わりは、各丁の表・裏の終わりの字句の下に「└」を付して示し、次行の冒頭に11《オウ》のごとく注して、明示した。

一　校訂上の注記は、右傍に（　）で示し、また、Oでは「○」を付して注記した。

一　留意すべき字句で底本に従ったものは、次のとおりである。

　句（勾陳）、騰蛇、岡（天岡）、

一　紙背文書の翻刻は、行わなかった。

一　本翻刻は、写真版により行なったが、いずれかの機会に実見の上、同筆・異筆や、朱書・墨書の別など若干の不備を克服したいと思っている。

「六甲占抄　　　　　　　　　　　　青松　」

（表紙）（別紙・異筆）

「共三冊」

1オ 六甲占抄出

A　一　四課三伝事、

A′　一　四課者、九用法曰、先見二日上神一、是謂一課、次見二日上神本位之上神一、是謂二課、次見二辰上神一、是謂三謂（課）、次見二辰上神本位之上神一、是謂四課、

a　言、仮令、正月甲子日午時占文、以二月将徴明一加レ午、寅上ハ小吉、五ノ占、先見二日上神一、言、甲上ノ神ヲ見之也、得二小吉未一、是ヲ為二ス一課ト一、次日上神本位之上神ヲ謂二フ二課ト一、言、盤ノ未カ上ヲ云也、得二神后子一、是二

1ウ　課ノ神也、次見二ニ辰上神ヲ一、得二太一巳一、言、子ノ上ノ神ヲ云也、是ヲ為二三課ト一也、次見二辰上神本位之上」神ヲ一、得二タリ河魁戌ヲ一、言、盤ノ巳カ上ノ神ヲ云也、巳カ上ニ得二タリ河魁ヲ一、仍四課ノ神ハ戌也、大既如レ此也、

正月

甲子日午時占文、

a　未、（一課）一空、　五、　神、（二課）　未、青蚍、　巳、陰裳、　戌、（四課）六六、　四課説如レ此也、
巳、（三課）陰裳、

b　但、四課ノ中ニシテ一課不レ見事アリ、能々可二勘察レ之也、

仮令、正月甲子日巳時占文、以二月将徴明一加レ巳、寅上ハ伝送、四ノ占、甲上ハ伝送申、是一課謂二一課ト一、為二タリ日上神一、次日上神本位申カ上、得二功曹寅一、是ヲ為二二課ト一也、次子カ上ニ得二先勝午一（勝先）、是謂二三課ト一、為二辰上

2オ　神ト一、次辰上神」本位午上ニ得二神后子一、是ヲ為二四課一也、但、此四ノ占文ノ中、日辰上始中終之間ニ、無二子ノ神一、然ハ無二四課一、有二三課一、余占文猶有リ三課ノ之類。多之、推之不レ知、宜レ求二博達広才一乎、

正月甲子日巳時占文、

b　申、一課　青蛇、　四、功、二課　申、后白、　申、青蛇、　亥、朱句、
午、三課　白后、

辰上ノ神ハ午也、午ノ本位カ上ノ神ハ神后子也、此占形ニ無二シ神后ノ神一、不審々々、

A″一　三伝者、九用法曰、用神為二一伝一是将也、用神本位之上神、為二二伝一是中也、二伝本位之上神、為二三伝一是終也、

c　言、仮令、正月甲子日辰時占文、以二月将徴明一加レ辰、寅上ハ従魁、三ノ占、用ニ得二功曹一、為二一伝一、功曹ノ本」

2ウ　位寅カ上ニ得二従魁酉一、是為二二伝ト一、従魁ノ本位酉カ上ニ得二天罡辰ヲ一、是ヲ為二三伝ト一也、

正月甲子日辰時占形、

c　酉、句朱、　三、功、一伝　未、后白、　二伝　酉、句朱、　三伝　辰、玄玄、
未、空一、

B一　始中終事、

d
甲子日、亥、陰、昼、裳、夜、　始、又将、又用神トモ云、　中、中分昼、　終、終分昼、
酉、裳、昼、陰、夜、　一、勝、酉、青、昼、騰、夜、　卯、朱、昼、句、夜、　子、后、昼、白、夜、　酉臨神也、

C一　有気無気事、
3オ
王相ヲ為二有気ト一、死囚老為二スト無気ト一、吉事者、値《アハ、》二有気ニ一吉、値二ハ無気ニ一凶、吉《悪》事者、値二ハ無気一吉、値二ハ、有気ニ一凶、」
仮令、春ノ占文ニ木火ノ用ニ値ハ、有気ノ占文、土金水ノ用ニ値ハ、無気占文、他効レ之、
此説不レ用レ之、
或説曰、依二問人之姓一、定二ム有無気ヲ一、
仮令、春占文ニ水姓ノ人。来問占文、金木ノ用ニ値ハ、金生水、水生木ト相生シテ有気トス、又云、火姓人、金水ノ用ニ値ハ、火剋金、水剋火ト相剋シテ無気トス、他効レ之、」

D一　十二籌事、一・二ノ占文ノ事也、
3ウ
九用法曰、陽神用者、子酉寅亥辰丑午卯申巳戌未、
陰神用者、丑辰亥寅酉子未戌巳申卯午、
言、一ノ占文ノ用ニ得二神后子一者、神后ハ是陽神也、則二ノ占文ニハ以二従魁酉ヲ一加二テ本時上一見《占》レ之、次ニ三ノ占文ニハ以二功曹寅一、加二テ本時ニ一▒占レ之、次第ニ至二マテ十二一、九用法、陽神ノ用者ノ下ニ、如レ所レ次可レ占レ之、陰神用、亦効レ之、若同占文ニ値ハ、以二次ノ神ヲ一加二本時一、可レ占レ之、加神ハ者雖二転変スト一、時ハ如二ク一ノ占文一、

4オ　e

可レ占レ之也、

仮令四月丁亥日、時加レ巳、

一ノ占文、七占、用勝先得二陽神一、故以二大衝卯一、加レ巳、為二一ノ占文一、

二ノ占文、十二占、又卯次キ以二伝送申一、加レ巳、為二二占文一、

三ノ占文、七占、与二一ノ占文一同、故申ノ次キ以二太一巳一、加レ巳、為二三ノ占文ト一、

四占文、十占、言三ノ占文、与レ一同意ナルカ故ニ、次キ以二四ノ占文意ヲ一、為二ソ三占文ト一、可レ占レ之也、

陰神用、又効レ之、

」

E一　推産期篇曰、

神后加レ所レ畏、過レ期而生、

4ウ

言、神后ハ水神也、丑未辰戌幷戊巳(己)皆土神也、神后是等ノ神ノ上ニ加ハ、」為レ加レ所レ畏、土剋水ノ故也、

口伝云、神后加レ所レ畏者、過レ期而生産ニ云云、

F一　上剋下、男、下剋上、女、

口伝云、上者日上神ヲ云、下者用ノ神ヲ云也、日上神剋レセハ用ヲ、上剋下也、用神剋ニセハ日上神ヲ一、下剋上也、

余効レ之、

推訴詔(訟)勝負篇、亦有レ之、以レ是可レ知レ之也、

G一　推疾病篇曰、白虎剋レ日重、日剋二白虎一軽、

5オ　f　言、日者日上神也、白虎、日上神ヲ剋セハ、病重シ、日上神、剋二白虎一、病軽シ、
口伝云、白虎者金神也、占二相剋一時ハ、棄二金神ヲ一、以二乗神一可レ占二相剋一也、
仮令、正月丙寅日、時加レ巳、四ノ占、日上神得二徴明亥一、白虎乗二天岡一、天岡者土神也、日上神者水神也、為二土剋水一之故ニ、白虎剋二日上神ヲ一也、亦日上神剋二白虎一事モ」以レ是可レ知レ之也、

G′一　口伝云、白虎土水ノ神ニ乗シテ、病人ノ行年・本命・日・辰ノ上ニ加ラハ、最重シ、
言、白虎者金神也、値二テ土水之神一、其勢弥盛ニシテ、殺二害ス病人ヲ一、土生金、金生水之故也、

G″　(口伝脱カ)白虎乗二火神一、加二病人行年・本命・日・辰上一者、少シ軽シ、(言脱カ)火神ハ白虎相剋ノ神也、故白虎失レテ勢、不レ得二強盛一故也、白虎者金神、火剋金ノ故也、惣シテハ乗神ヲ以テ立二相生・相剋一、不レ用二所レ司(主)金神一也、

H一　占待人篇云、用得二前一一、始発、前二、半道、前三、至、前四、倚レ門待レ之、前五、敷レ座待レ之、天一、忽来、天后、通レ書、大陰、静居、玄武、他所行、大裳、遅来、白虎、病煩、天空、留レ居過レ季、

5ウ　b　言、仮令、正月甲子日、時加レ巳、四ノ占、用ニ得二タリ功曹ヲ一、亦、立二テ天一神ヲ一、頌二ニ九人ヲ一、功曹ノ上ニ天后乗セリ、是用ニ功曹・天后ヲ得タリ、他」効レ之、

I一　可レ慎年事、九用法曰、
病事
男、以二功曹一加二騰蛇・白虎・天岡・河魁一、大歳上為レ年、
女、以二伝送一加レ之、大歳下為レ年、

g　口伝云、丙辰歳十二月七日戊辰、時○加レ巳ニ、騰蛇乗二神后一、在二リ巳上ニ一、白虎乗二勝先一、臨二ム亥上ニ一、河魁在二
卯上ニ一、天罡在二酉上ニ一、如レ此見定テ、以二功曹ヲ一騰蛇ノ臨下加レ巳ニ、大歳上ハ丑未男、大歳下又丑未女、各対向
ノ神ヲ指也、又以二功曹ヲ一天罡ノ臨下加レ酉、大歳上ハ卯酉男、大歳下巳亥女、此年ノ人当二其慎ニ一、以レ二知レ四、
女之年又不足指之、功曹・伝送対向ノ神也、故○皆不レ出二此中ヲ一矣、人魂飛行之時、以レ是可レ指二慎ノ年一也、
6オ　大歳上者今年○丙歳丙辰歳、以二辰上一為二謂大歳上一、」以二辰下ヲ一謂二大歳下一也、
口舌・失物・慶賀指年事、大方如レ此、巨細者明白於九用法也、九用法明白也、

J一　甲子日、二ノ占、卦曰、旦夕炎上・斬関・無婬、十二辰飛魂、四子・八申・十二辰喪魄、
h　言、四月子時・八月申時・十二月辰時ノ占文ナラハ喪魄ノ卦也、余効レ之、

K一　占文昼夜分別事、
以二四夜・八昼一可二分別レ之、寅・卯・辰・巳・午・未・申・酉、以二此八支一為二昼分ト一、以戌・亥・子・丑、以二四
支一為二夜分ト一、」
6ウ　春・夏・秋・冬、▒昼・夜○長短雖レ異長短一、○□時占文昼夜分別事、可レ守二用四夜八昼一也、

L一　指月日期事、
月ヲ指事、用ト臨ム神トヲ以、為二月期ト一、
d　仮令、甲子日、一占、勝酉、勝先ハ用ノ神、酉ハ臨神也、以三月以二五月・六月・○八月一為二月ノ期ト一也、

言、酉ハ八月建、勝先午領㆓六月㆒、午ハ又五月建、故五・六・八ノ三月ヲ以テ、為㆓月期ト㆒、他効之、

日指事、甲・乙ノ占文ナラハ、以㆓庚・辛日ヲ㆒、為㆓慎日㆒、皆以㆓相剋ノ日ヲ㆒、為㆓慎ノ日㆒也、

指㆓日数㆒事、見㆓タリ九用法ニ㆒、以㆓魁・罡ノ臨下ヲ㆒、可㆑計㆓日数㆒也、」7オ

M一　魁・罡ト名目スル事、

魁者、河魁也、罡者、天罡也、

N一　理運、沙汰ノ〻〻（理運）ヲ云、怪所、言、怪異ノ在所ヲ云、辞字事、不審、御薬事、御病事ヲ云也、天子ニアラスハ（ズバ）御薬ト書ス（ズ）、

O一　（異筆カ）御説曰、終神、用神ヲ剋セハ、聞事・失物ナントニハ喜アリ、　○合点符「|」墨書か。」

7ウ P一　七曜暦、晨《アシタ》・夜半《ヤハン》・昏《ユウヘ》事、

以㆑寅為㆑晨、以㆑子為㆓夜半㆒、以㆑戌○為㆑昏也、

仮令、十二月一日、月躔、夜半斗十四度卅四分六十八、昏牛一度廿分六十八、　此斗十四度ハ一日ノ子時ニ、月斗宿ノ十四ニアリ、二日ノ昏○夕ニ至テ、月牛ノ一度ニアリ、

十六日、望、月躔、夜半柳六度五十五分五十、晨柳九度五十八分廿五、　言ハ、此夜半ハ十六日ノ子ノ時、月柳ノ六度ニアリ、十六日ノ晨旦ニ至テ、月柳九度ニアリ、

朔・望・晨・昏ノ分別、能々可二存知一レ之也、他月可レ同レ之矣、」

8オ　Q一　星、闘・陵・歴・蝕、

孟康曰、陵ト云ハ、謂二相冒過ヲ一也、蝕ト云ハ、謂二星月相陵テ不レヲ見也、韋昭曰、経レ之為レ歴、災掩スルヲ為レ陵ト、

星相撃、為レ歴ト、災掩ヲ為レ陵ト、星相撃○為レ闘ト、

R一　星、犯・守・合・散、

孟康云、犯ストト云ハ謂二七寸已内光芒相及ヲ一、韋昭曰、自下往触レヲ之ニ、曰レ犯ト、居二ルヲ其宿ニ一、曰レ守ト、孟康曰、同舎スルヲ為レ合ト、五星有レテ変、則其精散セルヲ、為二妖星ト一、

S一　懐妊有無占、常以二天上丙一、加婦人本命、生月之上、

言、此天上丙ト云ハ、盤ノ丙也、家君仰、天上ト云ハ、孔子曰、天ニ有五行、」

8ウ　（原裏表紙）」

（裏表紙）（別紙）」

（天理大学附属天理図書館本翻刻第九七七号）

第二章　六壬式占の古占書の伝存状況を巡って

はじめに

日本の陰陽道では、中国の六朝期から北宋の間に撰述された六壬式の古占書が主に利用されていたが、それらの古占書は、撰述された時期のほか、後世に印刻された時期によっても、その字句や章句に特徴的な性格がある。また、日本の陰陽師が中国で撰述された古占書を書写したり、それらに基づいて新しい占書を撰述し直したりした際も、陰陽道の賀茂・安倍両氏、あるいは両氏内の諸家の位置によって、特徴的な性格が認められる。

本稿では、これらのいくつかの特徴的な性格を勘案しながら、賀茂氏と安倍氏、さらには両氏内の諸家が所持した『黄帝金匱経』や『神枢霊轄経』あるいは『新撰陰陽書』といった中国撰述の古占書・古典籍や、陰陽師撰述の『占事略決』や『六壬占私記』などの諸書の性格を探ってみたいと思う。

一　十二月将・十二天将の名称を巡って

(1)

六壬式占で用いられる要語の中でも、十二月将名と十二天将名、特に十二月将名を巡っては、前漢末・後漢初の六壬式の誕生時からの変遷をたどることが出来る。

安倍晴明撰『占事略決』にみえる各々の名称は、次のとおりである。

十二月将の名称は、正月将より順に、

徴明・河魁・従魁・伝送・小吉・勝先・太一・天罡（剛）・大衝・功曹・大吉・神后。

十二天将の名称は、天一貴人を中心として、

青龍・勾陳（尊本は勾陣）・六合・朱雀・騰蛇・天一貴人・天后・大陰・玄武・大裳・白虎・天空。

右は、主に第二章課用九法・第四章十二将所主法・第五章十二月将所主法にみえるところによったが、河魁は、尊本・京本とも雑事占の第二十八章占病死生法では二ヶ所で、天魁となっている。また、「勾陣」は、尊本で一統されるほか、京本でも雑事占の第二十七章占病祟法では、この字を用いている。(1)

これらの名称は、陰陽道ではその後も通用され続けたようで、陰陽道の六壬式占文や、陰陽師が撰述したことが明らかな『新撰六旬集』『六甲占抄』等々も、陰陽師が書写したものとみてよい中国撰述の古占書類なども、みなほぼこれと同様である。従って、この用字は、陰陽師が関与したものであることの指標としても利用してよいであろう。

『占事略決』のこの用字は、六朝期から初唐ごろの間のものに、陰陽道なりの参酌が加えられ、陰陽道通用のものとされたようであり、おそらく九世期中ごろの滋岳川人の段階には、すでにこのような形で整備されていたのであろう。しかし、中国では時期によって大分変遷がみられ、また六朝期から初唐ごろの間だけでも多少の相違がみられる。中には各段階の指標となりそうなものもあるので、次に各々の名称の相違点を中心に整理してみよう。(2) なお、本著奥付載の表Ⅰ・表Ⅱに名称の変遷を一覧してあるので、適宜御参照いただきたい。

まず、十二月将名の相違点の特徴を整理すると、後漢初の六壬式盤の天盤に刻される十二月将名で相違の目立つのは、河魁を「魁」、天罡を「天剛」、神后を「神後」とする点である。

徴明は、「徴明」と報告するものもあるが、後漢代の『論衡』難歳篇も徴明としており、修正すべきであろうと思われる。なお徴明は、『神定経』の撰述を命じた北宋の仁宗の諱の禎を避け、仁宗崩御後の撰述・印刻書は、「登明」に改められている。(3) 六朝期の『黄帝竜首経』や唐代の『大唐六典』『太乙金鏡式経』（太一式占書）が登明とするのは、これらが南宋以後の印刻であることを示しており、南宋以降の撰述書の、南宋代の『六壬大占』や明代の『武備志』『六壬大全』などはみな登明としている。

勝先を勝光とするのは、北宋の『神定経』以降の特徴であるが、それ以前の撰述書で印刻の際に改められているのは『太乙金鏡式経』だけのようである。

太一は、後漢初式盤では「大一」と報告され、北宋以後は「太乙」とする。『太乙金鏡式経』も太乙とする。十二天将の天一貴人を「天乙貴神」などとするのも同様である。

太・大の用法は、十二天将の大陰・大裳を含め、陰陽道では主に太一のみ太字を用いるのに対し、中国では主に大吉を除き太字を用いている。ただ『卜筮書』は太衝・大衝が併用されるなど統一はされておらず、陰陽道でも一統されているわけではない。

神后は、後漢初の式盤のほかは、この字が用いられている。

問題は、河魁と天罡であるが、河魁は、六朝期以後「天魁」も併用される。六朝期の銅製式盤は、天魁と報告されるが、『黄帝竜首経』『卜筮書』は併用しており、『神枢霊轄経』も、その佚文と想定される条文をみると併用しているようである。『大唐六典』『神定経』は天魁としており、天魁を公式の名称とする時期もあったが、南宋以降は、河魁で一統されている。

天罡は、陰陽師が関与したものは、多くが罡の異体字の「罡」を用いている。『卜筮書』は「罡」とする。六朝期の銅製式盤は、剛の異体字の「罡」と報告され、『太乙金鏡式経』や『神定経』はじめ、北宋以後の撰述書ないし印刻書は「罡」とする。天罡は、式盤の天盤上では、北斗七星の配図された春分——秋分ラインの秋分八月中気・八月将で、北斗七星の柄尾に当てられ、本来的には罡・剛を用いるべきなのであろう。しかし、六朝期から初唐のころ「天罡」とする時期があり、陰陽道もそれに従ったのであろう。六朝期の銅製式盤は、刻銘を確認し直した方がよいかもしれない。

罡・罡・罡・剛の用字については、陰陽を意味する剛柔についても同様のことがいえる。『占事略決』などは「罡」、『卜筮書』は「罡」と、天罡と同様の字を用いるのに対し、『神定経』は、「天罡」と「剛柔」とを使い分けている。

十二天将の名称は、後漢の趙曄撰『呉越春秋』にみえるものが早い例ではないかとみられる。六朝期から初唐段階の名称は、六朝期の銅製式盤の背面記事や『卜筮書』から知られる。『占事略決』など陰陽道通用のものとの相違点を整理すると、次のようになる。

天一・天乙、太・大の相違は先述のとおりである。騰蛇は、陰陽道では主にこの字が通用されるが、『卜筮書』もこの字であり、陰陽道は、このころの名称に従ったのであろう。銅製式盤は、正字の「蛇」と報告され、『神定経』や『黄帝竜首経』ほかの北宋以後の撰述書・印刻書は、ほぼみな正字の「螣蛇」としている。

大裳は、銅製式盤の報告や『卜筮書』ほかの中国の典籍類ではみな「太常」とする。従って、裳字は、日本への請来当時に日本側で読み誤ったまま陰陽道の通用となったのかもしれない。

白虎は、『卜筮書』『大唐六典』は「白獣」とするが、これは唐朝の避諱によるとされる。ただし、白獣は北宋以後は踏襲されていない。なお、陰陽道で白獣としないのは、陰陽道では『卜筮書』より前の占書に基づく名称を通用していたことを意味しているのであろう。

問題は勾陳であるが、これは京本の用字で、尊本は「陣」を用いる。しかし、銅製式盤の報告、『卜筮書』『黄帝竜首経』はじめ中国の典籍類では「陳」とする。本来は勾陳とすべきなのであろう。なお、『神定経』と宋本の『大唐六典』は「句陳」としており、中国では「句」を用いる時期もあったようである。陰陽道でも「句」を用いることがあるが、この点については後述する。

さて以上の分析で、陰陽道では、『卜筮書』にきわめて近いが、『卜筮書』よりはやや早い段階の古占書の名称を利用していたことが明らかに出来たと思うが、それは、陰陽道の教科書とされた『黄帝金匱経』にみえる名称が、陰陽道通用のものとして早くから定着していたからであろう。『黄帝金匱経』よりやや遅れて撰述された『神枢霊轄経』も、『黄帝金匱経』と同様の用字であり、陰陽道ではこの段階のものがほぼ定着していたのである。

河魁についてさらにいえば、『占事略決』の前段の各章の使用例から、教科書とされた簡略な総合書の『黄帝金匱経』は、「河魁」を用いていたとみてよいであろう。専門書として扱われたいわゆる「課経集」もこの字の可能性が強いと思うが、『卜筮書』と同様併用されていた可能性もあろう。『卜筮書』では、第五経狡童迭女卦・第九経竜戦卦・第十経斬関卦という『占事略决』にもみえる三章で河魁とし、また、『占事略决』にみえない第三経徳孕卦、第八経無淫・解離卦の両章でも河魁とするが、第一経始終卦・第十五経二煩卦の両章では天魁とする。現在のところ、この両用に何か意味があるのか、何ともいえないようである。

『神枢霊轄経』の河魁・天魁の両用にも、現在のところ何らかの意味を見出すことは出来そうにない。『占事略决』の後段に属する雑事占の十章の本記は、『神枢霊轄経』に基づいているのではないかとみているが、河魁は、第二十七章・第三十四章・第三十六章にみえ、天魁は第二十八章にみえる。うち第三十四章は『神枢霊轄経』文であることが確実視される。真福寺文庫本『六壬占私記』では、第一章が天魁、第二章・第四十五章が河魁とし、第二章は『占事略决』の第三十四章に対応する『神枢霊轄経』文、第四十五章は『六壬大撓経』文である。雑事占の発達段階からみると、天魁の方がやや古い段階のものを伝えているかともみられるが、何ともいえないとしておいた方が無難かもしれない。雑事占では『黄帝竜首経』も両用されており、さらに細かな分析を続ければ、何らかの意味が見出せるようになるかもしれない。

（2）

さて、先に陰陽道が関与した占書・占文類・典籍類の十二月将名・十二天将名は、早くからほぼ定着していたように述べたが、注意を要するものもいくつかある。

まず、勾陳・勾陣については、前述のとおり『占事略决』の尊本は、本記の第四章・第二十七章と、注記の第二十六章の第十六の三ヶ所で勾陣とし、京本は、第四章で勾陳とするが、第二十七章では勾陣とする。この「陣」の用字は、独特である。

また、尊本の第二十六章の第二新故卦の注記⑨の中に「登明」がみえる。その典拠書は不明であるが、陰陽師が関与したことが明らかな占書類では、これが唯一の例外のようである。

鎌倉時代の安倍氏の撰ではないかとみられる宮内庁書陵部所蔵『陰陽道旧記抄』では、「太衝」「太裳」の用例がみえる。『集霊金匱経』佚文の太衝・太裳、『六壬式枢機経』佚文の太衝・大裳であるが、この太・大の両用については、あまり気を使わなくともよいのではないであろうか。[4] この書では、勾陳の使用例はみえないようである。

建武五年（一三三八）以前に日本に所在したことが確認される真福寺文庫本『六壬占私記』の場合は、先述の河魁・天魁の両用がみられるほか、勾陳を「句陳」とする特徴がある。みな典拠書は不明であるが、第四十章六畜逃亡法にみえる句陳字を含む条文は、『占事略決』第三十三章占六畜逃亡法や、『黄帝竜首経』第二十一章にはみえず、おそらくこれらより新しい段階の法を伝えているとみられる。天岡の「罡」はじめ、その他は陰陽道の通用に従っている。

室町時代の賀茂氏の撰とみられる天理図書館吉田文庫本『六甲占抄』も、勾陳には「句」を用いている。天岡は「岡」とし、他は陰陽道の通用どおりである。

医道書の『医心方』にも、特徴的なものがみえる。『医心方』巻二十四には、産事占に関する六壬式占の条文が、第三章知胎中男女法と、第二十三章占推子寿不寿法・第二十四章占推子与父母保不保法・第二十五章占推子禍福法にみえる。また六壬式ではないとみられるが、第十六章相生子属七神図に十二天将名がみえる。みな『産経』の佚文を伝えているようであるが、第三章とその他の章とには、使用法に相違が認められる。

第三章は、『占事略決』第三十章占産生男女法の中に対応する条文が認められ、『黄帝竜首経』第五十六章では「旧説云」として示される条文に対応するので『神枢霊轄経』に基づく可能性が高いのではないかとみているが、ここでは、天岡が「罡」、大裳が「太」「大」の両用とするほか、徴明・勾陳など陰陽道の通用どおりとなっている。

それに対し、その他の章では、螣蛇・天罡など陰陽道の通用と同様である一方、天魁がみえ、勾陳は、「句陳」「牞陳」（第十六章・第二十三章）とする。注目されるのは、第二十三章に「太常」、第二十五章に「登明」がみえることであり、ともに右傍に「裳歟」「徴歟」として修正が加えられている。また勝先は、勝光とも読めそうな字体となっている。『医心方』は、日本の医道の学者丹波康頼の撰で、永観二年（九八四）成立。右は『日本古典全集』所収の影印本によっている。どういう事情があるのか、奇妙にも思えるが、仁宗崩御（一〇六三年）後に撰述ないし書写・印刻された典籍が日本に伝来しており、それに基づいて追補されたのか、その知識に基づいて書写の際などに改変されたのかなどの可能性を想定しないわけにはいかないであろう。(5)

『五行大義』にも複雑な事情が窺える。(6)『五行大義』は、陰陽家のほか、藤原頼長らの公卿、三善氏や卜部氏（吉田家）も関与した鎌倉・室町時代の鈔本（古写本）が伝わっている。徴明を「微明」とする一本もあるような異質性もあるが、おおむねは陰陽道通用のものと同様である。「天罡」と報告されるものも、写本段階では「罡」と認められるのではないであろうか。注目されるのは、元弘相伝本が「勾陳」とする一方、天文鈔本や高野山霊宝館文など「勾陣」とする鈔本も存在することと、他の鈔本は「太裳」とするのに対し、高野山霊宝館本が「太常」とすることである。ただ登明とする鈔本は報告されていない。

元弘相伝本は、元弘三年（一三三三）以前の書写とされるが、関与者については報告されない。天文鈔本は、吉田兼右が、天文九年（一五四〇）・十年に書写し、同二十四年までに加点したものであるが、もとをたどると、康治元年（一一四二）藤原頼長所持の本に、書写・加点が加えられていったもので、天養元年（一一四四）安倍氏所蔵の一本で加点、保元元年（一一五六）安倍泰弘（泰茂）書写（この年十七歳であるが、信憑性はどうであろうか）、建久二年（一一九一）泰茂の息泰忠秘蔵と、安倍氏泰親流（のちの土御門家）の姿を色濃く伝えるものである。高野山霊宝館本は、巻五だけの零本であるが、宝治二年（一二四八）以前の古鈔本とされる。ただ関与者については報告されない。

一方、陰陽師が所持した中国撰述の古占書の日本伝来については、次のようなことがいえそうである。『黄帝金匱経』系統の諸本、および『神枢霊轄経』『六壬式枢機経』は、奈良時代、遅くとも九世紀末までには請来されており、『六壬大撓経』も九世紀中ごろには伝来していたであろう。『神枢秘要経』『六壬瓶記』などは、十一世紀中ごろまでには伝来していたであろう。これらは延久二年（一〇七〇）の賀茂道平と安倍有行間の相論を伝える『安倍有行記』にみえ、陰陽道の六壬式の専門書として活用されていたものである。保延六年（一一四〇）の安倍泰親・同広賢・賀茂在憲間（実際には彼らの上位の賀茂守憲・安倍晴道らも参加していたはずである）の相論を伝える『諸道勘文』にみえるものは、『安倍有行記』の段階ですでに伝来している。問題は、『安倍有行記』『諸道勘文』にみえない『黄帝妙心経』と『集霊金匱経』であるが、この両経は、その佚文の内容をみると雑事占のものであり、両度の相論では引勘されにくい内容である。従って両度の相論にみえないからといって、十一世紀中ごろまでに伝来していなかったとはいえず、伝来時期には『神枢秘要経』などと同時期と、十二世紀後半以降との二つの可能性があることになろう。

また『占事略決』の尊本・京本の注記にみえる古占書は、尊本では『神枢霊轄経』『六壬大撓経』『黄帝妙心経』『集霊金匱経』『角遊』であり、京本では『黄帝金匱経』『金海』『六壬大撓経』『神枢秘要経』、『六壬占私記』にみえる古占書は、『神枢霊轄経』『金海』『六壬大撓経』『集霊金匱経』、それに書名は確認できないが、『六壬式枢機経』と、単に「経」とみえる『黄帝金匱経』（「課経集」）である。

つまり、陰陽道で教科書・専門書として活用された古占書は、十一世紀中ごろまでにはほとんど伝来していたといってよく、『黄帝妙心経』と『集霊金匱経』の両経は、十一世紀中ごろまでに伝来していた可能性と、十二世紀末ごろに伝来した可能性とがあるということになろう。

九世紀以前の伝来書は、遣唐使などがもたらしたものであり、『六壬大撓経』は、最後の遣唐使となった承和度に請来された可能性が高いとみているが、十世紀末から十一世紀前半ごろに伝来した古占書は、宋客と呼ばれる宋人との交流の過程で、あるいは場合によっては、賀茂保憲の請により『符天暦』を請来した日延のような渡宋僧によってもたらされた可能性もあろう。ただこの段階までの伝来本の場合は、仁宗崩御から延久度の相論まで六年程しかなく、『神定経』に近い「句陳」や「太常」という表現の占書の伝来はあり得ても（ただし『神定経』自体の伝来の可能性は認められない）、「登明」とする占書の伝来は考えにくいであろう。

十一世紀後半から十二世紀前半の占書の伝来は、あえて想定する必要はなさそうに思うが、十二世紀後半になると平清盛の日宋貿易などに伴う伝来の可能性が想定されるようになる。この段階では、中国は北宋から南宋に移っており、「登明」とする占書の伝来も十分想定される。「登明」とする占書の伝来は、『占事略決』尊本の注記や『医心方』の存在からほぼ明らかとみてよく、この種の占書の伝来は、この段階であったとみてよいであろう。ただそれが、『黄帝妙心経』『集霊金匱経』の両経そのものであったのか、書名の伝わらないその他の占書であったのか、現段階では不詳といわざるを得ないであろう。

以上のような事情を勘案すると、陰陽道でほぼ定着しているようにみえる十二月将・十二天将の名称の中で、注意を要する勾陳と登明の用例については、次のようなことがいえるのではないかと考えている。

『占事略決』の尊本・京本や『五行大義』の天文鈔本に特徴的にみえる「勾陣」は、安倍氏泰親流、中でも室町時代の土御門家に直接連なる泰茂流の家説を伝えるのではないであろうか。一方、『六壬占私記』『六甲占抄』に共通する「句陳」は、中唐ごろから北宋中ごろまでの中国での用例を参酌し、賀茂氏が家説として使用していたものではないであろうか。そして、後述するような理由をも勘案すると、『六壬占私記』は、『六甲占抄』と同様賀茂氏の撰ではないであろうか。筆者は以前、この書を鎌倉時代の賀茂氏の撰かとしたことがあるが、この「鎌倉時代の」というのは、この書が鎌倉時代後期の成立とされる『本朝書籍目録』にみえないことによったが、『本朝書籍目録』には平安・鎌倉時代の陰陽師の撰述書で記載されないものがかなりみえ、これにみえないからといって、これ以降の撰述とはいえないであろう。従って『六壬占私記』の撰述は、『集霊金匱経』の伝来時期によっては、十一、十二世紀にまでさかのぼる可能性もあることになろう(7)。

「登明」の用例については、この字を用いる占書、ないしはその知識の伝来はもはや疑いようがあるまいが、陰陽師が直接関与した占書・典籍類では、「登明」を使用していた占書でも大部分は転写の際に徴明に修正されているとみてよいであろう。従って、「登明」が使用されるかされないかは、必ずしも占書の撰述・書写の時期の特定の指標とはならず、『占事略決』の尊本の注記は、むしろ引出の際に修正し忘れたものとみるべきなのであろう。一方、『医心方』のように陰陽師が直接関与したとは思えない典籍の場合は、撰述・書写の指標として利用することも許されるのではないであろうか。

むろんこれらは、書写段階の姿に基づいて慎重に検討すべきものであり、古写本や陰陽師自筆の占文、ないしはそれを忠実に伝える写本・占文類の総点検が必要となろう(8)。

また、十二月将・十二天将以外の六壬用語についても、同様の検証作業が必要であろう。たとえば、占時の季節との関係をみる五行王相死囚老法の場合、『占事略決』第九章のこの字句・順序をとるのは、筆者がみた限りでは『白虎通徳論』だけのようである。『淮南子』『五行大義』あるいは『神枢霊轄経』などは、これとは相違していたようである。『占事略決』は、おそらく『黄帝金匱経』に従ったのであろうが、その意味付けには典籍類の総点検が必要となるであろう。

違が認められる。

二　賀茂・安倍両氏の所持本とその相伝を巡って

（1）

『黄帝金匱経』系統の諸占書を巡っては、賀茂氏と安倍氏との間、あるいは両氏内の諸家の間で、所持本の性格に相違が認められる。

たとえば、その卦遇の始終卦では、賀茂道平所持本と、安倍有行所持本との間に字句の相違が認められるが、この道平所持本と有行所持本との間の相違は、有行所持本の方が転写の際に誤写を犯したものとみることが許されよう。また、玄胎四牝卦の場合は、安倍泰親所持本はこの卦を所載しているのに対し、安倍広賢所持本はこれを欠いているように見受けられる。広賢所持本には欠陥があったようである。

賀茂・安倍両氏の所持本の多くは、もともとは賀茂保憲が所持していたものであって、賀茂氏所持本は、保憲の師の葛木氏より保憲が相伝した本と、保憲自筆の書写本、およびその転写本が相伝されていったものであろうし、安倍氏所持本は、安倍晴明自筆の保憲所持本の書写本と、安倍氏諸家による晴明自筆本の転写本やその再転写本が相伝されていったものであろう。その間に加点や修正が施されることもあったであろうし、新たな占書の撰述・伝来もあったであろうが、特に十世紀後半までに請来されていたことが確実な『黄帝金匱経』や『神枢霊轄経』などについては、おおむねこのように捉えておいてよいであろう。

右に例示した二件も、このような転写・相伝の事情の中で発生した各所持本間の相違を反映しているものもあるのではないかと思うのであるが、この間の事情を窺う上で示唆的な記事を、少し追ってみよう。

賀茂保憲・安倍晴明間の諸典籍を巡る関係について、その性格を窺えそうな記事が二件みえる。

唐の呂才撰『大唐陰陽書』巻三十二、三十三の両巻は、暦注の配当に利用されたのではないかとみられる暦道の専門書であるが、その京都大学人文科学研究所所蔵本、およびその系統の写本は、賀茂保憲所持本の転写本で、保憲所持本は、おそらく葛木氏所持本自体、ないしはそれを底本とする保憲の書写本に、嘉祥元年（八四八）に大春日真野麻呂が書写した一本によって対校を加えたものであったようである。天理図書館吉田文庫本の方は、安倍氏伝来本であるが、そのもとは嘉暦二年（一三二七）に安倍氏の者が書写したもののようである。(9) その吉時凶時の注記は、院政時代以降の賀茂氏の特徴を伝えているので、筆者は、院政時代以後のある時期に賀茂氏が所持していた一本を転写したものではないかとみている。おそらく暦道に直接関係のなかった安倍晴明は、その転写には関与していなかったのであろう。

『続古事談』に、賀茂保憲が所持した『百家集』なる典籍の授受を巡って、安倍晴明と、保憲の子息の光栄との間に争論があったことを伝える記事がみえる。(10) その記事自体は、院政時代の安倍泰親と賀茂氏との間の確執を反映した説話に近いものであって、事実としては、保憲所持本は光栄に伝えられ、晴明は保憲所持本を転写して所持していたのであろう。『百家集』は、現在日時・方角関係の佚文が数件伝わっているが、日時・方角の吉凶は陰陽道の職務内容であるので、晴明もその転写を許されたのであろう。

その後百年以上は、転写・相伝の事情を窺えるような記事は見出せないが、院政時代の安倍泰親の段階から、具体的な事例も見出せるようになる。

安倍晴明撰『占事略決』の京本は、保元元年（一一五六）、泰親が四十七歳の時に、子息の親長に授けたものの転写本である。尊本は、貞応六年（元年、一二二二か）の某人の書写（泰統の書写で、正応六年、永仁元、一二九三かという説もある）とされ⑾、書写人、書写年に疑問もあるが、いずれにせよ、泰親が子息の泰茂に授けた転写本から出ていることは疑いない。

石清水文書の『安倍有行記』は、建久三年（一一九二）に石清水の宗清が、安倍泰成所持本を書写したものの転写本で、もとは、泰親が子息の泰成に授けたものであろう。

若杉家文書の『小反閇作法』は、転写・相伝の事情を知る上でも貴重な史料である。この書は、仁平四年（久寿元、一一五四）四十五歳の泰親が十五歳の子息泰弘（泰茂）に授けた書から出ている。その後数回（泰忠・泰俊であろう）の相伝があった可能性があるが、建長二年（一二五〇）に、泰俊の子息の維弘が、それらの相伝の事情をも録した（ただし、虫損があるので書写しなかったという）泰茂自筆の書を書写し、加点した上で伝授を受けた。次いで維弘の子息の泰統も、十六歳の時この書で伝授を受けた。この被伝授者の維弘・泰統の花押は自署である。以降もこの維弘自筆書写本が、いく代かの相伝の際の伝授本に利用され、伝授の都度伝授者が書判を加えていっている。もちろん、これらの伝授者の花押も自署である⑿。

安倍泰親は、四十代後半に所持本を自ら書写し、子息たちに授けていったようである。泰親自身が相伝した書や、泰親自筆の書写本自体は現在に伝わらないが、泰茂書写本が二、三代の伝授本とされた可能性があり、維弘書写本は、数代の伝授本であったことが確認される。

これらのことを勘案すると、諸書の相伝については、一般的にはこのようなことがいえるであろう。嫡家の相伝の場合は、初祖伝来の相伝本が嫡子に代々相伝される一方、庶子には家父自らの書写本が授けられ、庶家の場合も、家祖以来の伝来本がその家の嫡子に授けられ、一家の相伝本とされる一方、庶子には当主の書写本が授けられることもある。泰親の場合でいうと、父祖の有行―泰長と相伝された書は、嫡男の季弘に授けられ、二男業俊・三男泰茂や泰成・親長らには、泰親自筆の転写本が授けられたということになろう。もっとも泰親の相伝の事情には、後述のように複雑なものがあったようであるが。また、このような相伝の事情は、『小反閇作法』の相伝状態をみても明らかなとおり、父子間ばかりではなかったようであるので、慎重に検討しなければならない問題ではあろう。

次に、保憲・晴明段階の諸書がどのように相伝されていったと予想されるか、両氏の嫡家・庶家の移動状況を概観しておきたいと思う[13]。

賀茂氏は、保憲以後、光栄―守道―道平と続き、道平の後は、長子道清が三十歳程で若死にしたため次子の道言が継いだ。道言の後は、嫡子光平が継いだ。しかし、保安ごろ（一一二〇ごろ）光平が五十代後半で没した後、混乱があったようである。光平の弟の守憲は、まだ序列が下位で、道言の弟の成平はすでに没し、成平の長子宗憲も下位であったため、賀茂氏内の筆頭となったのは、庶家（道平の庶兄?・陳経の孫）ではあるが長老格の家栄であった。この時家栄は、光平と同世代で、宗憲・守憲より十五歳以上年長の五十五歳であった。家栄は十五年間程陰陽道首座でもあり続けて、保延二年（一一三六）に七十一歳で没し、賀茂氏筆頭は宗憲となったが、二年後に没し、守憲が筆頭となった。この間家栄家は、家栄の弟保栄を継子に擬していたが、保栄は家栄と同年の二ヶ月前に五十七歳で没してしまった。また家栄は、早くに宗憲の次子憲栄をも養子としていたようであるが、久安四年（一一四八）守憲が六十代後半ほどで没してのち、賀茂氏筆頭となったのは、この憲栄であった。六歳年長の実兄在憲を越える扱いを受けており、家栄家が嫡家のような状態となっていたといえようか。在憲家が、賀茂氏筆頭となり、嫡家に直るのは、憲栄が保元元年（一一五六）に四十九歳で没してのちのことである。

このようにみてくると、延久二年の相論の際の道平所持本は、保憲―光栄と相伝された保憲所持本自体であった可能性が強いといえよう。一方、保延六年の相論は、賀茂氏方は、保栄・家栄・宗憲が相次いで没した直後で、守憲（五十代後半）が賀茂氏筆頭、在憲（三十九歳）が二番目となった時期に起こったことになるが、守憲家が嫡家の地位を保っていたか、家栄家（憲栄）が嫡家となっていたか、いずれにせよ在憲家は庶家で、その所持本も数度の転写を経たものであったといえよう。

安倍氏は、初祖晴明の子に、吉平・吉昌、吉平の子に時親・章親・奉親がいたが、章親の後は続かず、奉親は吉昌の養子に入ったので、吉平―時親家が嫡家、吉昌―奉親家が庶家となった。庶家の奉親家は、親宗―宗明―広賢と継いで、安倍氏内でも独自の地歩を築いた。嫡家の時親家は、有行―泰長―政文と継いだが、政文が、父泰長の没後三年目の天治元年（一一二四）に、三十五歳で若死にしたことで問題が生じた。政文家は、弟の泰親が継いだが、まだ十五歳の若年で（泰長の実子でもなかったようである）、晴道の庇護を受けなければならなかった。晴道は、有行の弟国随の孫で、政文と同世代、この年三十七歳ではあったが、安倍氏の長老格として、泰親の元服や天文道の伝習などに当たった。このころ晴道は「氏長」と称されている。安倍氏長者を意味するかどうか何ともいえないが、庶家でありながら嫡家の扱いを受けていたようである。泰親は、成長して晴道と相論を起こし、院勢力の庇護を受けたことも手伝って、嫡家の地位を取り戻したとみられるが、晴道家も、独自の地歩を築いていった。(14)

泰親は嫡子季弘に期待するところが大きかったようであるが、季弘は、泰親が寿永二年（一一八〇）三月に七十四歳で没して間もないころ入京した、木曾義仲の祈禱師を勤めたことから、元暦元年（一一八四）に源頼朝の奏請により免官された。同時に嫡子の地位も失ったようで、嫡家は泰親の次子の業俊、次いで三子の泰茂、ないしは八子で泰茂家を継いだ泰忠に伝えられ、この泰忠家が嫡家となった。

このような流れの中で、晴明自筆本やその転写本は、どのように相伝されていったと予想されようか。まず庶家の広賢へは、晴明自筆の書写本（吉昌被伝授本）ないしは吉昌書写本、吉平書写本（奉親被伝授本）など、晴明段階のものや、それに近いものがそのまま伝わった可能性が強いように思われる。庶家の晴道へは、時親かその子の国随の書写本が伝わったとみられ、晴明段階からみると少し転写の回数が多くなっていよう。

問題は晴明自筆の正本の相伝状況であるが、吉平から政文まで相伝されていたことは確実視してよいと思う。しかし、その後はどうであろうか。晴道が相伝した形となり、そのまま晴道流に相伝されていった可能性が一つ考えられる。また、泰親が相伝し、季弘家に相伝された可能性や、さらに季弘から業俊を経て泰茂に相伝された可能性も考えられる。

現在晴明自筆の文書の相伝状況を知らせる記事が一つ報告されている。若杉家文書中の延慶三年（一三一〇）八月八日付安倍淳房譲状（原本）である。子息の宗光に譲渡する家蔵文書と所領のうち、家蔵文書について、

この文書は、いわゆる大刀契五帝神祭以下の文書で、曩祖（晴明）御自筆である、

とみえる(15)。淳房は、季弘家の末であるが、淳房家は、季弘免官後、弟の業俊の三子の孝重を養子に迎え、改めて立て直された家で、この段階ではすでに庶家に属する。その淳房家に晴明自筆本が相伝され、所領と同様財産として扱われていたこと、宗光は淳房の次子であるので、長子の淳宣らにも譲与するだけの量が相伝されていた可能性があることなどが注目されるが(16)、陰陽道書や天文道書などの実用書ではどうだったのであろうか。相続問題のほか、学問の伝習の際の授受の問題もからんでくるので、この文書と同列に扱うわけにはいかないのではないかとも思う。

いずれにせよ、有行所持本は、晴明自筆本か、それに非常に近い、晴明段階の姿をよく伝えているものとみることが許されよう。それに対し、泰親所持本は、有行所持本（政文相伝本）をほぼそのまま継承していた可能性のほか、晴道ないしは他家よりの再転写本の可能性もあり、後者の場合は、粗悪本の可能性も出て来るので、慎重に扱わなければ

ばならないことになるであろう。たとえば、先述の『五行大義』の天文鈔本のもとが、なぜ初祖ないし家祖伝来本ではなく、藤原頼長所持本だったのかという点も、気になるといえば気になる問題ではあろう。

（2）

賀茂道平らの所持本について、相伝の事情から想像される各人の所持本の性格は、現在に伝わる佚文を含む条文の字句や章句の異同から、事実として知ることが出来そうである。

『黄帝金匱経』や『神枢霊轄経』の条文は、実は、書名は明示されないが、その本文であろうことが推察される条文を相当量見出すことが出来る。特に『黄帝金匱経』の課経ないし課経集の場合は、『占事略决』の本記が簡略な総合書（教科書）の課経、『占事略决』の尊本・京本の注記や、『陰陽道旧記抄』にみえる条文が「課経集」のもの、『卜筮書』が初唐の四巻本とみられ、『占事略决』の解説編で述べたとおり、総合書（教科書）の課経、「課経集」、『卜筮書』の順で複雑化していったことが、かなりの確率でいえそうである。次に、この点を踏まえて各人の所持本の字句・章句上の特性を探ってみよう。(17)

賀茂道平所持本のうち、総合書の最善本の十巻本『黄帝金匱経』は、同佚文史料23より、賀茂在憲も所持していたとみてよいが、道平所持本と在憲所持本には一ヶ所字句の相違が認められる。もっとも、この字句の相違は、所持本というより出典史料の性格に帰すべきものかもしれない。確証はないがいくつかの徴候から、安倍氏はこの書を所持していなかったのではないかとみられる。ただし、五行相生相剋法の「経釈」文自体は、賀茂・安倍両氏とも同様であったことが、史料17と、20および日鬼法の京本注から確認出来よう。これは、教科書段階からのものとみてよいであろう。

道平所持の「課経集」については、安倍有行所持本より、道平所持本の方が正確であることが、史料40により確認される。

賀茂在憲所持本は、十巻本については、先述のとおりである。総合書では、史料16より、安倍広賢所持本の方が正確のようである。ただ、十二月将所主法の本文の配列・表現自体は、賀茂・安倍両氏とも同様であったとみてよさそうである。これも教科書段階からのものであろう。「課経集」については、史料40 41 42に対応する部分で、なぜ『新撰陰陽書』の方を引出したのであろうか。所持本に欠陥があったのではなく、引勘態度に問題があったのであろうとは思うが、問題となるといえばなるかもしれない。

安倍有行所持本は、総合書は、十巻本以外のもの、つまり教科書であったとみられ、「課経集」は、史料34では『卜筮書』と相似た本文を伝えるが、史料40では、道平から一ヶ所字句の誤りを指摘されている。史料44に対応する『新撰陰陽書』でも、道平から字句の誤り三ヶ所、章句の脱文一ヶ所を指摘されており、その所持本は、道平所持本より、誤字・脱文の目立つものだったようである。

安倍泰親は、書名については無頓着であったらしい。安倍有行の場合は、史料40で「金匱経」文とするのを、道平から「曾門経」文と訂正されているが、有行自身も「曾門経」を認識していたことは、史料34で確認される。しかし泰親の場合、史料41で、道平・広賢が「曾門経」文とするのと一連の条文を「金匱経」文としている。これがもし所持本の書名を反映したものとすると、総合書・「課経集」の書名・巻名だけでなく、両者の区別自体もなされていなかったのではないか、もしそうなら泰親所持本は相当の粗悪本だったのではないかという方向にまで問題が広がってしまうので、この書名の問題は、とりあえず他のいくつかの例と同様、引勘態度の問題と解釈しておきたいと思う。

泰親所持本は、総合書は、史料12 14から、賀茂氏所持本・安倍広賢所持本と同様とみてよい。つまり同様の教科書を用いていたとみてよいであろう。「課経集」は、史料33によれば、安倍広賢所持本の方が良質のようにみえる。史料41では、広賢所持本・在憲所持『新撰陰陽道』・『卜筮書』に共通性があり、同等のものとみてよさそうである。なお、現存の『占事略決』尊本・京本の本記および注記や、『陰陽道旧記抄』にみえるところは、おおむね泰親所持本の姿を伝えているとみてよいであろう。

安倍広賢所持本は、総合書は、史料16から、在憲・泰親所持本と同様のものを備えていたとみてよく、質的には、在憲所持本より良質であったとみられる。「課経集」は、史料33より泰親所持本より良質、史料42からは、泰親所持本と等質で同性格とみられるが、問題点が残る。まず、史料37狡童迭女卦の場合は、泰親の「金匱経」の引出文に対し、広賢は「本経に見えず」と主張している。「課経集」自体にみえないのか、「課経集」を三巻本とみた場合の上巻「金匱経」にみえない（が、下巻「曾門経」などにはみえる）という意味なのか、在憲の主張のように、「課経集」の「経」文にみえない（が、「仮令」文にはみえる）という意味なのか、三つの解釈が可能のように思うが、次の例をみると、広賢所持の「課経集」は、この卦を欠いていた可能性もあろう。

史料38玄胎四牝卦は、泰親の「金匱経」の引出文に対し、広賢は「金匱経には載っていない、どの金匱経を指しているのか」と批判して、「本条」を引出する。このことから、広賢所持の「課経集」は、この卦が欠落していたことは確実といえよう。またその「本条」文は、『占事略決』のこの卦の本記と比較すると、泰親引文が一部のみの引出ながら同文であるのに対し、広賢の「本条」文は、本記の全文にわたるが、字句の異同の目立つものとなっている。『占事略決』の本記は簡略な総合書（陰陽道の教科書）の課経文とみられるのに対し、広賢の「本条」文は、「課経集」の欠落した条文か、広賢が相伝した『占事略決』の本記文かという二つの可能性があり、この字句の異同は、総合書の課経と「課経集」との相違と、『占事略決』の相伝の間に発生した相違との二つの可能性があることになる。その質もどちらが良質か何ともいえないというのが現状であろう。ただ、教科書段階での各人所持本間の相違はそれ程甚だしくはなかったとみられるので、この「本条」文は、欠落した「課経集」文の可能性の方が高いのではないであろうか。(19)

賀茂光栄所持本の史料37絶紀卦の場合は、『占事略決』の解説編で述べたとおり、『占事略決』の本記、光栄所持本、『卜筮書』の順で発達していたことが確認出来るものである。光栄所持本は、釈文に「法」のほか「章」を用いることに特徴がある。書名が伝わらないので確証はないが、筆者は、十巻本の課経か「課経集」の条文ではないかとみている。独立した課経集の本文は断片的にしか伝わらず、条文全体の構成を知る手段は他にないが、光栄所持本は、「章」字を備えた詳密な課経集文であり、それが光栄所持の「課経集」自体であったのか、あるいは十巻本はそのような詳密な課経を備えたものであったのかとみるのである。

史料44十雑卦を巡っては、『新撰陰陽書』の伝存状況を知ることが出来る。『卜筮書』第十六経の卦遇名は、十雑卦・親疎卦・物類卦などが考えられるが、ひとまず十雑卦としておくと、この卦遇が「課経集」段階でどのように所在していたか何ともいえない。しかし、陰陽道ではこの一文を『新撰陰陽書』から所引していることは、少なくとも「課経集」段階ではこの一文は所在しておらず、『卜筮書』に至って補入されたものであることを示していよう。

陰陽道では『新撰陰陽書』文として伝わるこの一文は、『五行大義』にもみえ、もとは『五行十雑』から来ているのであろうが、各々を対比すると、各々の性格が次のように浮かんで来る。まず『五行大義』は、脱文があり、誤字も目立つ。『卜筮書』と賀茂道平所持本は、同一の典籍を利用したのかと思う程一致性が高いが、『卜筮書』の方に誤字がある。おそらく『卜筮書』に所収された某占書（初唐の四巻本課経集）と初唐の王璨撰『新撰陰陽書』とで、どちらかがどちらかを典拠としたというより、ほぼ同時期に所在した同一書といってもよい程の『五行十雑』をともに利用したとみた方がよいと思うが、『卜筮書』の誤字は、某占書を『卜筮書』に所収する際に発生した誤写によるものであろ

う。実際『卜筮書』は必ずしも善本ではなく、誤字・脱文が目立つものである。(20)

『新撰陰陽書』は、『黄帝金匱経』などとともに奈良時代から陰陽道の教科書とされた書であるが、道平所持本は、この陰陽道の教科書を保憲が書写し所持していた本である可能性が高いであろう。安倍有行所持本は、保憲所持本を安倍晴明が書写した本自体である可能性が高いように思うが（もちろんその転写本である可能性もあるが）、脱文と誤字があり、書写（転写）が十全ではなかったことを窺わせる。晴明が書写に利用した本が、つまり晴明が保憲かその弟の保遠から閲覧を許された本が欠陥本であったのか、それとも晴明が書写の際誤写を犯したのか、気になるところではあるが、そこまでは窺えそうにない。それはともかく、教科書段階でも安倍氏所持本より賀茂氏所持本の方が良質であることは、注目すべきことであろう。また道平所持本は、奈良時代に請来されて以来何度かの転写を経ているであろうが、にもかかわらず、初唐の姿を直接伝える『卜筮書』より良好の状態を保っているという事実も驚嘆に価する。それは、賀茂氏が葛木氏を継ぐ暦家出身であったことと関係があろう。暦家は造暦の際の一字一句に細心の注意を必要とされていたからである。

『神枢霊轄経』も賀茂氏所持本の方が良質だったとみられる徴候がある。『占事略決』第二十八章占病死生法の尊本にみえる注記は、本来は第三十四章占聞事信否法にかけるべきものであるが、その『六壬大撓経』佚文に続く数文と対応するものが『六壬占私記』第二章処聞虚実占法にみえる。筆者はこれは『六壬式枢機経』文と『神枢霊轄経』文とからなるのではないかとみている。この注記が、両経に直接基づくものなのか、それとも『六壬占私記』を介したものなのか、何ともいえないが、筆者は両経に直接基づくものであろうとみている。全文は『占事略決』本文・参考史料編の方で掲げてあるので、ここでは相違の目立つ箇所だけ摘出しておく。②〜⑦は、条文番号、右傍の（　）内は『六壬占私記』による修正。なお、条文番号①は、『占事略決』第三十四章の本記文の番号。

②……、日上神刻(剋)辰上神、……、③……、
④若刻(魁)岡(臨)三日辰及年、……、
⑤……、正日上(時)、時勝……、時勝従(辰)上刻(神)、……、
⑥……天主之(空臨)日辰、……(可信、不比者)無任(信)也、
⑦……、日比者、○　不信也、

『六壬占私記』は、『大撓経』佚文はなく、別の条文が②の前にあり、途中にも別の条文があるが、②〜⑦に対応する部分は、②〜④が一連で、続いて尊本注記では欠く『六壬式枢機経』佚文と同文がみえる。このことから②〜④は、『六壬式枢機経』文とみている。次いで、⑥⑤⑦の順、数文を空けて『占事略決』第三十四章の本記文①がみえ、⑥を「神枢云」とする。このことから⑤⑥⑦および本記文①は『神枢霊轄経』文とみている。

『六壬占私記』と対比すると、尊本注記の方の誤字・脱文が目立つ、誤字の中には、剋・信などのように転写の際に発生し易いものもある。特に臨は、『六壬占私記』では、旁りだけで記す部分もあり、『陰陽道旧記抄』など私的な書では、かなり崩した草書体で記されている。旁りだけの草書体の字は、転写を重ね判読が難しくなり、文意も理解出来なくなると、「三」とか「之」とかとしか読めない字体で転写されることになるであろう。しかし④の魁や、⑤の辰上神のように、転写の際に発生するとは考えにくい字体の場合は、書写の底本の段階からの問題も考えなければならないであろう。

このようなことから筆者は、晴明か泰親が書写に利用した『神枢霊轄経』や『六壬式枢機経』は、あまり良質なものではなかったのではないかと考えている。また、良質な状態を伝える『六壬占私記』は、先述の「句」字の性格をも勘案すると、賀茂氏所持本の姿を伝えているとみることが許されようし、現存本の『占事略決』尊本は、注が加え

られてから、さらに数回の転写を経ており、現存本の書写者は、すでに六壬式の知識にさえ薄くなっていたのではないかと思うのである。(21)

おわりに

まず、十二月将・十二天将の名称の変遷・異同を検討することで、建武五年に日本に所在したとしかいえなかった『六壬占私記』が賀茂氏の撰であり、十世紀後半から十一世紀代か、あるいは十二世紀後半から鎌倉時代にかけてかに撰述された可能性が高いことを指摘してみた。

また、賀茂光栄・賀茂道平ら賀茂氏の嫡家所持本は、賀茂氏のみが所持した可能性のある『黄帝金匱経』系統の中で最も詳密な十巻本のほか、「課経集」や『神枢霊轄経』も、六朝期から初唐のころの姿をよく伝える善本であったこと、陰陽道の教科書とされた簡略な総合書の『黄帝金匱経』は、賀茂氏・安倍氏ともその所持本はほぼ等質であったこと、同じく教科書でも『新撰陰陽書』は、賀茂氏所持本の方が良質であったこと、ただ、賀茂氏庶家の扱いであった在憲の所持本には、やや見劣りする点もあったこと、安倍氏嫡家の有行所持本は、賀茂氏嫡家所持本より見劣りする点が目立ち、その原因を賀茂保憲と安倍晴明との関係の中に見出すことも出来そうであること、安倍氏庶家の広賢所持本は、泰親所持本より良質である一方、錯乱も目立つこと、その原因は、家祖吉昌ないし奉親からの相伝状況に求められようが、晴明所持本段階からの問題にも留意した方がよいかもしれないことなどを述べてみた。

問題は安倍泰親所持本であるが、広賢所持本より見劣りする点があることが気になる。教科書は同等であったとみてよいが、「課経集」が見劣りすることは、『神枢霊轄経』も劣悪だった可能性のあることをも考え合わせると、祖父有行所持本を直接相伝出来たのか、『安倍有行記』も有行自筆本自体を相続出来ていたのか、直接の学問の師であり、もともとは庶家でありながら当時嫡家の扱いを受けていた晴道から、劣悪本を伝授された可能性はないのかという、相伝上の問題がつきまとうからである。

と同時に、この問題は、安倍晴明撰『占事略決』の現存本の質の問題とも関係してくる。教科書の『黄帝金匱経』に基づく箇所はあまり問題ないと思うが、「課経集」に基づく注記や、『神枢霊轄経』に基づく後段の十章とその注記などの場合は、晴明段階のほか泰親段階をも視野に入れなければならなくなる。この点は、個々の事例に即して慎重に検討して行くべき問題ではあろう。

本稿は、一九八三年から八五年にかけて、六壬式の解明に専念していた頃のメモ類に基づいて再調査したものであるが、学問的にはごく初歩的な段階からの不備も目立つので、せめて刺激剤程度のものとして、なにがしかでもお役立ていただければ幸いである。

註

（1）『占事略決』の尊本・京本、『神定経』などの略称、陰陽師所持の「課経集」などの呼称については、本著第一部の用例に従った。『占事略決』『六壬占私記』ほかの章立ては、たとえば『占事略決』四課三伝法第一を第一章と呼称するなど簡略化した。

（2）後漢初の六壬式盤の十二月将名は、次の報告書によった。
武威磨咀子漢墓出土後漢初漆塗り木胎式盤は、『文物』一九七二年一二号。「微明」と報告される。
于省吾所蔵後漢象牙盤は、于省吾『双剣誃古器物図録』下。
なお前漢末楽浪石巌里出土漆塗り木胎式盤の天盤残片（小泉顕夫編『楽浪彩篋塚』）も、河魁を「魁」と報告する。後漢初楽浪王盱墓出土木製式盤（原田淑人・田沢金吾編『楽浪―五官掾王盱の墳墓』）は、『大唐六典』の名称で報告されているようなので、参考にし難い。

上海博物館所蔵六朝期銅製式盤は、厳敦傑「式盤綜述」（『東洋の科学と技術』所収）によった。前記後漢初式盤についても、この論考を参照している。これらの刻銘は、正確に報告されているか、再確認が必要であろう。

『五行大義』は、中村璋八『五行大義校註』、『卜筮書』は、前半は『吉石庵叢書』所収の影印本、後半は金沢文庫保管原本の写真版、『大唐六典』は広池学園事業部公刊本、『武備志』は、『和刻本明清資料集』所収本、『景祐六壬神定経』は、『百部叢書集成』所収本、『黄帝竜首経』『黄帝金匱玉衡経』は『正統道蔵』所収本、『太乙金鏡式経』『六壬大全』などは『欽定四庫全書』本、『六壬大占』は『宛委別蔵』本によっているが、諸書の最善本の検索は行なっていない。

（3）避諱については、後述のものも含め、註（1）前掲厳敦傑論文や、『吉石庵叢書』の羅振玉の勘記、西岡芳文「金沢文庫保管の式占関係資料について」（『金沢文庫研究』二八二）、同「『卜筮書』（初唐鈔本）について」（『三浦古文化』五四）によっている。『卜筮書』の「白獣」は、高祖の祖父李虎の避諱。

（4）大衝の大字・太字を巡って相論のあったことが、『徒然草』一六三にみえる。

（5）『医心方』のこの各章ごとの用字の相違については、転写段階の書写者の分担関係が影響している可能性もありそうであり、書誌学的な解明も望まれよう。

（6）註（2）前掲中村著書の解説九頁以降、および一七〇頁以降参照。

（7）『六壬占私記』が日本で撰述されたものとみる確かな根拠はないが、その引用書が日本に所在した占書に限られることからこうみている。また、『六壬大撓経』はともかく『集霊金匱経』が日本にもたらされたのが九世紀以前にさかのぼる可能性は少ないのではないかとみられるので、十世紀ごろ以降に日本で撰述されたものとみている。『六壬占私記』撰述者の縁辺に日本に所在した占書以外には所在しなかったという可能性は、中国においてはほとんど望めないのではないであろうか。賀茂氏の撰とみる根拠も、本論中で述べたとおりで、確定的なものではない。

（8）勾陣・勾陳について、本著で勾陳を採用した理由について述べておく。古記録類にみえる陰陽師の六壬式占文では、活字本によると大部分が勾陣と報告されている。これは、賀茂氏・安倍氏や時期による区別もない。ただ『本朝世紀』は特異な性格を伝えている。すなわち、この書もはじめは勾陣とするが、久安ごろより大部分が陣と書した上に陳と修訂し直している。筆者も『卜筮書』とこの修訂とに従ってみたのであるが、この修訂には、どのような事情が隠されているのであろうか。この修訂は、賀茂氏・安倍氏の別なく施されているので、個々の占文に基づき書き直されたというより、一度勾陣と書したものを、ある時期に一括して修訂を施したものとみた方がよいのではないかと思われる。その間の事情としては、『本朝世紀』の撰者の藤原通憲が、はじめに持っていた勾陣の知識を勾陳に改めた可能性がまず想定される。その場合、はじめに持っていた勾陣の知識と、その後修訂の必要を感じさせた勾陳の新知識がどのようにもたらされたかが問題となって来る。通憲の父実兼は陰陽師に師事して六壬式を習学していたようであり、通憲も父からであろうか六壬式についても一通りの知識を持っていたとみられるが、その後何らかの事情で知識を改めるようなことがあったのかもしれない。活字本から知られるこのような事情からすると、勾陳も、陰陽道でははじめは大裳と同様に誤って勾陣と受容されていた可能性があり、晴明段階でも勾陣と理解されていた可能性が高いかもしれない。その後、通憲が賀茂氏から新知識を得たのか、通憲の新知識が賀茂氏に影響を与えたのか、賀茂氏の方が勾陳に修正し家説とするというような事情があったのかもしれない。この間の事情については、このほかにもさまざまな可能性が想定されようが、ただ注意しておかなければならないのは、活字本の場合は翻刻者の思い込みが入り込む余地もあり得るということである。また、古記録の転写段階で問題が生じている場合もあるであろう。実際活字本をみる限りでは、翻刻者段階のほか転写者段階でも十全な占文は望めないようである。この問題は、出来るだけ陰陽師の原占文に近い段階にさかのぼって慎重に検討すべきであろう。なお京本が、第四章で勾陳とする一方、第二十七章で勾陣とするのは、泰隆書写本段階までは第四章も勾陣とあったものを、現存京本の書写者が第四章のみ勾陳に修訂したものかもしれない。この点は、現存京本の書写者を知る手がかりとして利用出来るかもしれない。

ちなみに天文道書の若杉家文書『三家簿讃』は、星名に螣蛇・天一・太一・天罡などの字を用いている。勾陳星については、鈎陳とするが、右傍に陣と注して訂正する。壁陳についても、左傍に「陣イ」と注する。安倍氏泰親流には、星名についても陳に陣字を当てる拘りがあったようである。大東文化大学東洋研究所編『若杉家文書『三家簿讃』の研究』参照。

（9）山下克明「『大唐陰陽書』の考察」（『東アジアの天文・暦学に関する多角的研究』所収）参照。

(10) 山下克明『平安時代の宗教文化と陰陽道』九一頁参照。
(11) この点については、中村璋八『日本陰陽道書の研究増補版』三二頁、村山修一『陰陽道基礎史料集成』三八二頁参照。貞応六（元）年段階では泰統真筆の可能性はほとんどなく、村山氏は、貞は正の誤りで、正応六年泰統書写説を唱えられている。ただ泰統真筆は江戸時代の土御門泰福の勘記から来ているが、泰福は確かな根拠を持っていたのであろうかという疑問がある。泰統の花押は十六歳の時のもので参考になるか分からないが、『小反閇作法』にみえる。それと対比すると、これはそれとは異なる。もし泰福の勘定に根拠があるとすると、貞応元年に安倍某（泰忠、六十六歳か。この花押は泰忠のものか）が書写し、のち泰統が転写したが、泰統の転写を示す奥書はない、つまりこの花押は泰統の摸写という可能性もある。筆者は、その注記の転写状況から、泰忠・泰俊などの段階より、さらに数度の転写を経て、六壬式の知識も薄くなった泰統段階の方が都合がよいという印象は持っているが、どうであろうか。当事者が年号を誤るであろうかと考えると、右の可能性もあるのではないかとも思うのである。なお註（21）をも参照。
(12) 註（11）前掲村山著書一八二、三六四頁参照。ただし、本文、その注記、最初の奥書と、維弘の奥書との関係については、もう少し検討する余地があるのではないかという印象も持っている。
(13) 賀茂・安倍両氏の系図については、詫間直樹・高田義人編著『陰陽道関係史料』所収の『医陰系図』参照。この書には『陰陽道旧記抄』も翻刻されている。
(14) 安倍泰親の特異性や、晴道との確執については、註（5）前掲山下著書や、拙稿「安倍泰親の占験譚をめぐって」（『東洋研究』一三二）など参照。
(15) 註（5）前掲山下著書、一五〇頁。
(16) この安倍淳房譲状の所伝状況でも明らかなとおり、孝重・淳房家が室町時代前期に断絶したあと、その家蔵典籍・文書類も多くが土御門家に移されたようである。従って、季弘相伝本の伝存状況としては、その断絶後の土御門家相伝の可能性もあり得ることになる。山下克明「『陰陽博士安倍孝重勘進記』の復元」（『年代学（天文・暦・陰陽道）の研究』所収）参照。
(17) 以下で利用する『黄帝金匱経』佚文史料番号は、本著第三部第四章「『黄帝金匱経』の佚文集成」所掲の条文番号に従っている。

(18) 陰陽師の所持した「課経集」は三巻本であったとする説、つまり『黄帝金匱玉門曾門経』三巻が「課経集」であったという説に立つ時は、泰親所持本の書名は、この書名ではなく、単に『黄帝金匱経』とのみあったものか、「課経集」は四巻本であったという説に立つ時は、泰親所持本には「曾門経」という内題はなかったのではないかなどといったことが問題となる可能性もあろうが、あえてそこまで想像しなくともよいのではないであろうか。

(19) 安倍広賢所持本の場合は、「課経集」三巻本説・四巻本説のいずれに立つかによっても、所持本の性格上の問題か、それとも引勘態度上の問題かという点について微妙なぶれが生じて来る。細部については、本稿の付記を御参照いただきたい。なお、「課経集」三巻本説に立った初出段階では、佚文史料36類卦を「曾門経」とする点を疑問視し、「玉門経」とすべきところを「曾門経」の物類卦と混同し、見誤った可能性もあるかとしていた。『占事略決』の第一気類物卦と、『玉衡章』第一経の気類物卦、『卜筮書』第十六経の十雑・親疎・物類卦の構成要件の発展度ないしは別卦の可能性や配置関係などは不詳である。

(20) 『卜筮書』の不良性については、註(3)前掲西岡芳文「『卜筮書』(初唐鈔本)について」でも触れられている。

(21) ただ、六壬式の知識が薄くなった段階というより、その知識が薄い段階、つまり習学の進まない若年の段階の可能性も成立しそうである。たとえば、本論中でも触れたとおり、『五行大義』天文鈔本は泰茂十七歳の時の書写と伝えられている。典籍の授受には、伝授者が書写する場合と、被伝授者が書写する場合とがあったようである。註(11)では前者の立場から現存尊本の書写者についての筆者の見解を付説してみたが、『占事略決』の解説編では、後者の立場からの推論を展開してみた。

付記

本著再録に際し、初出段階のものに多少修正を加えた部分があるので、この間の事情についてお断わりしておきたいと思う。本稿初出段階では、陰陽師の所持した「課経集」を三巻本とする説、つまり『黄帝金匱玉門曾門経』三巻を「課経集」とみる説に立っていたが、可能性としては、『黄帝金匱玉門曾門経』三巻は、陰陽道の教科書とされた三巻本の総合書であり、その下巻の「曾門経」が総合書の課経に当てられていた、一方、「課経集」は四巻本であり、「曾門経」の名はたとえば内題のような形で「課経集」にも受け継がれていたとする説も成立しそうである。つまり、「曾門経」は、上巻「金匱経」、中巻「玉門経」、下巻「曾門経」という三巻本の総合書ないし「課経集」の下巻説と、課経・「課経集」とも「曾門経」と呼び得るものという説との三様の解釈が成立しそうである。

本著では、全体を通しては「課経集」三巻本説・四巻本説のいずれに立つか留保する立場に立ったので、註（19）に付記した部分を含め、この立場と齟齬しそうな箇所いくつかを修正した。そのほかにも本著第一部の『占事略決』解説編などとの兼ね合いで修正した箇所がある。

なお、各陰陽師の所持本と引勘態度の関係については、「課経集」三巻本説・四巻本説のいずれに立つかによって論点にぶれが生じて来るので、ここで改めて整理し直しておきたいと思う。

賀茂道平は、書名に関して正確な認識を持っていたとみてよさそうであるが、史料40始終卦は、その配列順からみて三巻本説の下巻の可能性も残りそうであり、その「曾門経」は、三巻本の下巻か四巻本の内題か何ともいえない。ただ三巻本説では中巻の可能性もありそうであり、四巻本の内題説を支持するかもしれない。

賀茂在憲は、書名に関してはあまり注意を払っていなかったように見受けられる。史料37狡童迭女卦も、三巻本説でも中巻か下巻に配されていたことになるとみられるので、その「金匱経」は、三巻本説の上巻の書名とはいえない。これは、所持本の問題というより、引勘態度の問題であろう。

安倍有行は、史料40始終卦については明らかに引勘上の不注意とみてよい。その「金匱経」は、三巻本説でも上巻の書名とは考えにくいからである。史料34帷薄不修卦の「曾門経」は、始終卦と同様三巻本説では中巻の方が相応しいとすると、四巻本の内題説を支持するかもしれない。

安倍泰親については、本論中および註（18）で述べたとおりである。

問題は安倍広賢である。史料32元首卦・史料33伏吟卦の「金匱経」は、三巻本説の上巻を支持しそうであり、史料42始終卦の「曾門経」もその可能性は残る。しかし史料36類卦の「曾門経」は、類卦は三巻本説では中巻が相応しいので、成立しない可能性の方が高い。その解釈としては、一つは、史料36は、三巻本説での下巻に配された可能性のある物類卦と見誤ったとするもの。初出段階ではこの見解を述べてみた。もう一つの解釈としては、史料36・42の「曾門経」は、四巻本の内題を忠実に反映したものである一方、史料32・33の「金匱経」は引勘の際の不注意であったとみるもの。広賢は書名上の認識はそれなりに持っていたようであるが、三巻本説・四巻本説いずれの立場に立つにせよ、引勘態度上の問題がからんで来そうである。ただ、広賢所持本には錯乱も目立つようであり、三巻本説での各巻の書名、ないしは四巻本説での各巻ごとの内題が正しく書されていたかという所持本段階の問題も顧慮しなければならないであろう。

問題が複雑となるのでここでは深く追究しないが、賀茂道平らの所持本は詳密な総合書である十巻本の課経であって、安倍有行ら所持の「課経集」とは全く同一の書とはいえないという立場に立つとどうなるであろうか。字句・章句上や、経文・釈文・仮令文という本文構成上の問題のほか、書名ないしは内題上の問題もいろいろな可能性が生ずることになるが、ただ、有行らも「曾門経」の認識はあった以上、少なくとも書名ないしは内題上の問題については、大きな相違はなかったとみておいてよいことになろう。

これらの問題については確定的なことは何もいえず、ここではある想定に従っていくつかの可能性を指摘してみたまでである。ほかにもより妥当性の高い可能性があるかもしれない。それらの解明は、しかるべき専門家の方々の本格的な研究に期待しておいた方がよさそうである。

第三章 『黄帝金匱経』について

はじめに

『黄帝金匱経』は、日本の陰陽道で古代・中世を通じて専用された六壬式占の占書である。陰陽道では、『黄帝金匱経』『神枢霊轄経』『六壬式枢機経』の三経が、六壬式占の占書として重用されたが、中でも『黄帝金匱経』は、奈良時代から『周易』『新撰陰陽書』『五行大義』と並んで、陰陽生必修の教科書の一つとされ、安倍晴明が『占事略決』を撰述する際も、最も基調となる典拠書として活用された。

本書は、おそらく中国の南北朝期ごろまでには、その原形が形成されていたとみられるが、その後何人もの学者の手で、増補・改変が加えられたとみられ、書名だけでも、本書の系統とみられる占書が数種類著録されている。陰陽道で『黄帝金匱経』と呼ばれる占書も、いく種類かの通称とみた方がよさそうである。

ところが、中国でも日本でも『黄帝金匱経』系統の占書は早くに散佚し、その全貌は不明となってしまい、わずかに残された佚文からその姿を窺い知るしか手段がなくなってしまった。ただ幸い、書名の明示される佚文のほか、書名は明示されないものの、この系統に属するとみてよい占書の佚文もそれなりの量が残されている。また、安倍晴明撰『占事略決』や北宋代の『景祐六壬神定経』(『神定経』と略称)などを通じて、その全貌もある程度までは窺うことが出来そうである。何よりも『卜筮書』巻二十三に採録された初唐代撰述ないし書写のこの系統の某占書によって、初唐代の姿が一部分ではあるが知られる。つまりこの系統のいく種類かの占書の比較対照の規準となり得るものが現存するのである。

本稿では、現在知られる佚文を含むこれらの条文を比較検討することで、本書の性格を可能な限り探ってみたいと思う。

なお、次章で示す佚文集成は、そこから想定されるある構想に基づいて、書名の明示されない佚文を含め、一つの試みとして配列し直してみたものである。書名の明示される佚文については、通し番号として1～44の佚文史料番号を付してあるので、適宜御参照いただきたい。

本稿で主に利用した資料は、次のとおりである。各々の性格については、本著奥に参考文献一覧として掲げてあるので、詳しくはそちらを御参照いただきたい。各々に示した略称で呼ぶものもあるので、御注意いただきたい。

①『安倍有行記』、延久二年（一〇七〇）の安倍有行・賀茂道平間の相論に関する一件史料。安倍有行勘文・同重勘文、賀茂道平勘文・同重勘文と略称。②『陰陽道旧記抄』、安倍氏側の史料。③『景祐六壬神定経』、『神定経』と略称。④『黄帝金匱玉衡経』、『金匱章』『玉衡章』とも略称。⑤『黄帝竜首経』。⑥『諸道勘文』、保延六年（一一四〇）の安倍泰親・安倍広賢・賀茂在憲間の相論に関する一件史料。各人の勘文と略称。⑦『占事略決』、尊経閣文庫所蔵本（尊本と略称）、京都大学図書館所蔵本（京本と略称）。⑧『卜筮書』巻二十三、『卜筮書』と略称。⑨新美寛編・鈴木隆一補『（本邦残存典籍による）輯佚資料集成』続、『輯佚資料集成』と略称。⑩『六壬占私記』、賀茂氏側の史料とみている。

一　『黄帝金匱経』の諸本

『黄帝金匱経』の書名については、陰陽道の教科書を規定した『続日本紀』に『黄帝金匱』、陰陽生が実際に習学したことを示す、康和四年（一一〇二）の太政官符に『黄帝金櫃経』とみえる。[1] 字句は異なるが、これらは同一の書とみてよいであろう。[2]

九世紀末に日本に現存した漢籍を録した『日本国見在書目録』五行家にみえる二十点近くの六壬式関係の占書のうち、本書に直接関連すると思われるのは、次の四点である。

黄帝注金匱経、十、

黄帝金匱疏、四、陳氏撰、

黄帝金匱玉門曾門経、三、

黄帝金匱誡経、一、

中国の書目類で、本書との関連性が直接窺えるのは『新唐書』芸文志にみえる、

金匱経、三、曹士蔿、（『宋史』芸文志にもみえる）

だけである。しかし、後述するように『黄帝金匱経』は、『黄帝式経』の発展したものとみられるので、黄帝式系統の書名を探すと、『隋書』経籍志に、

黄帝式経三十六用、一、（『新唐書』芸文志の、曹氏撰と同書か）

黄帝式用当陽経、二、（『新唐書』芸文志の「黄帝式用常陽経、一」と同書か）

の両経がみえ、梁以降亡佚したとされる『六壬式経』三巻も、この系統の原初的なものとみてもよいのではないかと思われる。筆者は先の『黄帝式経』とはこの書のことではないかとみている。なお、『日本国見在書目録』に、「黄帝式用常年経、一」とみえる占書が先のと同書とすると、日本には、黄帝式系統の占書が五種類請来されていたことになる。このほか『黄帝金匱経』系統の占書を扱う際に注意しておいた方がよいと思われる占書として、『日本国見在書目録』にみえる。

釈六壬式六十四卦法、四、
式経尺(釈)三十六用決、一、朱先生撰、
式占十二将決、一、

なども挙げられる。

また、はじめにも触れたとおり、『卜筮書』巻二十三は、具体的な占書名は不詳であるが、初唐代の撰述ないし書写の某占書の三巻目に相当するとみられ、初唐段階の姿そのものが知られるのである。

陰陽道では『黄帝金匱経』は、教科書として平安時代を通じて利用され、また安倍晴明が『占事略決』を撰述する際や、延久・保延両度の賀茂・安倍両氏間の相論の際も重要な典拠書として利用されているが、このように陰陽師がさまざまな場面で利用した『黄帝金匱経』とは、具体的には書目類にみえるこの系統の占書のどれに相当するのであろうか。教科書とされた『黄帝金匱経』とは具体的にはどの占書であったのであろうか。そして、安倍晴明が『占事略決』の撰述に利用したものや、相論で典拠書とされたものは、教科書自体であったのであろうか。それとも別の占書であったのであろうか。

西岡芳文氏は、金沢文庫本『二十八宿図幷五行法』に、

黄帝拭経之内、上巻名、金匱経、中巻名、玉門経、下巻名、曾門経、

とみえることから、『黄帝金匱経』系統のさまざまな混乱した書名に脈絡がつけられたかのようにお考えのようであるが、(3)実際には書名ないしは巻名上の問題のほか、佚文を扱った陰陽師側の態度も問題となって来るので、事はそれ程単純ではないようである。

次に、佚文にみえる若干の徴候から窺える本書の巻次と構成について整理してみよう。

まず、史料1より、『黄帝金匱経』には、「式義」という章があったことが知られる。また、これより『黄帝金匱経』は、『黄帝式経』の「経」文に説明文（釈文）を加え、増補改変したものであることが知られよう。

一方、史料32より、『黄帝金匱経』には、「第一篇」という章立てがあったことが知られる。その内容は、『金匱章』の「第一経曰」に同文がみえ、元首卦のものである。元首卦は、三十六卦とも六十四卦ともいわれる卦遇のうちの六十四卦の首に置かれるものである。従って、この『黄帝金匱経』は、元首卦を第一章とする卦遇を説明した書ということになる。

すると、史料1の「式義」は、序などに続き、卦遇を含む説明文の章より前置されるべきものであろうから、史料1の『黄帝金匱経』と、史料32の『黄帝金匱経』が同一の書とは考えにくいことになる。

実は、六壬式占書には、卦遇だけを詳しく説明した、いわゆる課経集だけのものと、卦遇を含む六壬式の諸法や、その基礎となる天地説や陰陽五行説などの理論面をも説明した総合的なものとがある。史料1のは総合書、史料32のは課経集を示しているのではないかと思われるのである。

『占事略決』や『神定経』は、総合的な占書に属するが、それらと佚文とを照合してみると、課経に前置されてしかるべき佚文が相当量見出される。つまり総合書としての『黄帝金匱経』は、卦遇を含む六壬式の諸法ほかを説明した

ものであったということになるであろう。ものでで、それは、その先行形態の占書である『六壬式経』三巻段階からのことであったということになるであろう。

その中で注目されるのは、史料20と史料23にみえる「注」文の存在である。この「注」文は、史料20より「経」文に付されたものであることが知られるが、おそらく経文・釈文に続けて、ある撰者がさらに「注」として増補改変を加えたものであろう。

従って、陰陽道で参考にされた総合書としての『黄帝金匱経』には、経文・釈文だけのものと、それにさらに注文を加えたものとの二種類があったことになるが、この経文・釈文だけの総合書は何であろうか。『六壬式経』三巻と同様三巻本であって、この書が陰陽道の教科書とされた『黄帝金匱経』だったのであろうか。

一方、さらに注文を加えた総合書は何であろうか。「注」の言葉から想起されるのは『黄帝注金匱経』十巻であるが、あるいはこの注文を加えた総合書は、『黄帝注金匱経』十巻だったのではないであろうか。『神定経』も全十巻であり、詳密な経釈文にさらに注文を加えた総合的な占書であれば、十巻程の総量は必要だったのではないかとも思うのである。

また、『占事略決』尊本は、三十六卦大例所主法第二十六の、気類物卦第一で、その卦の構成要件を例示する「仮令」文を、「或疏」としている。ある疏にいうの意味であろうが、この「疏」は何であろうか。『黄帝金匱疏』四巻であろうか。

この『黄帝金匱疏』四巻が総合書であったのか、それとも独立した課経集であったのか、何ともいえないが、陰陽師が所引した佚文の中には、先述の史料32以外にも、独立した課経集の佚文とみられるものが相当量見出される。この陰陽師が所持した課経集が、『黄帝金匱疏』四巻自体であったのか、それともその他の課経集であったのかも不詳としかいいようがないが、ここではとりあえず陰陽師が所持した課経集を、「課経集」と総称しておきたいと思う。

次に、総合書の卦遇を除く諸法と、卦遇法つまり総合書の課経・「課経集」との両節に分けて、佚文や『卜筮書』『占事略決』『神定経』などから窺える、陰陽道で典拠として利用された『黄帝金匱経』の諸本の性格を検討して行きたいと思う。まず、卦遇を除く諸法の検討から始めることにしよう。

二 卦遇を除く諸法——教科書と十巻本——

(1)

総合的な占書の体裁をとる『占事略決』は、六壬式占の根幹となる六壬課式の立て方から始まるが、同じく総合的な占書の体裁をとる『神定経』は、それより前に六壬式の理論的な基盤となる古代中国の世界観を説明した各章が配され、この部分に配されるべき『黄帝金匱経』の佚文もかなりみえるので、総合書は、六壬式の理論面を説明する各章から始まっていたと推察される。これは、教科書も十巻本も同様であったであろう。

史料1式義は、『神定経』には同種の説明文がみえないが、総合書の冒頭部、序文中か第一章目辺りに配されていたものであろう。『六壬大撓経』は、その序文でこの一文をそのまま転載していたのであろう。「黄帝経」と後漢の鄭玄の説を援用した釈文とからなるが、釈文には、六壬式の立場からの文飾が大分加えられているようである。この「黄帝経」がいわゆる『黄帝式経』で、おそらく『六壬式経』三巻そのもの、ないしは同等の書とみてよいのであろう。『黄帝金匱経』は、その経文に釈文を追補したものであることも、この一文によってほぼ確認出来たとみてよいであろう。

『神定経』巻一は、天より始めて、地・四時・日（十干）・辰（十二支）・陰陽・五行、五行の諸関係を示す五色など、四方・四門、支干陰陽五行説の徳・刑などの二十章よりなり、巻二のはじめにも、相生・相剋の両章が配されている。

総合書にもこれらの章があったのではないかと思われるが、史料2～5と、史料17～22は、その裏付けとなるのではないかとみられる佚文である。

史料2・3は、十二支、史料4は、五性・五蔵、史料5は、四門、史料17～21は、支干陰陽五行説の諸法、史料22は、数に関連するものである。このうち史料3の「六壬王式経」は、「六壬式経」ではないかとみられるが、具体的には、史料2と同様『黄帝金匱経』に相当するとみてよいのではあるまいか。また『神定経』は、「黄帝」と「金匱」を別書扱いにしているが、史料8・22より、同書、ないしは同文を含む密接な関連のある書とみてよいのではあるまいか。

史料5の「黄帝」の四門説は、六壬式の立場からのものであり、具体的には式盤の地盤の四門の説明文とみられる。四門と対になる四方について、『神定経』は「楽産」の説を採用するが、これは、六朝期陳の楽産撰『神枢霊轄経』を指すのではあるまいか。『神定経』の地盤の説明は、六朝期を代表する両六壬式占書でなされているといえよう。当然のことながら『黄帝金匱経』では、四門だけでなく四方についても説明されていたはずである。

支干陰陽五行説に関する各章も、先の式義と同様、その釈文は直接漢代の原典に帰ってなされており、それに六壬式の立場からの文飾が加えられていたとみてよいようである。『五行大義』にも同種のものがみえ、同文もみえるが、この書は『黄帝金匱経』より後次のものであり、また説や用字に相違するところもあるようなので、あくまでも参考に供すべき資料に止まるであろう。

たとえば、史料3は、『五行大義』に同文を含む一文がみえるが、直接的には前漢の『淮南子』天文訓に基づくものであり、それに文飾を加えたものとみてよいであろう。

史料21の陰陽師所持本『黄帝金匱経』の相刑説は、『神定経』と同内容を伝えている。『神定経』の方は、『黄帝金匱経』に基づくというより、その原典に帰って「翼奉伝」（『漢書』翼奉伝であろう）を直接の援用としているようである。それに対し、史料21は、典拠名は伝えず、文章も整理し直されているようであるが、同じ名称の三刑説に立ち、その説明文も、むしろ『神定経』の方に省略された部分があるのではないかと思える一文となっている。『五行大義』の場合は、刑名が示されず、また『神定経』にみえず『黄帝金匱経』にもなかったのではないかとみられる干刑支説がみえるという相違がある。

この『黄帝金匱経』は漢代の説をよく反映し、『五行大義』に先行する姿を伝えるという性格は、典拠名は知られないが『黄帝金匱経』段階の姿を伝えているのではないかとみられる条文でも認めることが出来る。『占事略決』の解説編でも述べるとおり、『占事略決』は教科書とされた『黄帝金匱経』に基づいて撰述されたものとみられるが、その第九章五行王相死囚老法の五気の順序と「老」字は、後漢班固撰『白虎通徳論』に一致する。『神枢霊轄経』『五行大義』などの後次の典籍では順序が異なり「老」字も「休」字を使用しており、「老」字は六朝期のある段階に「休」字に改変されたのではないかとみられる。なお『神定経』所引の「黄帝」文は「休」字を用いる。教科書段階より後次の可能性もあるが、『神定経』撰者による改変の可能性もあろう。

『神定経』は続けて、十二月将・十二天将と、月・時刻の採り方といった、六壬式の占法上の問題に直接関係する章を立てる。このうち、史料43は、月の採り方、史料8は、時刻の採り方に関わる佚文である。『神定経』の月の採り方は、前漢の『三統暦』によるとして示される、毎月の太陽の二十八宿への固定された入宿度に、北宋の『崇天暦』による太陽の入宿する時点をもって占月を採るというものである。史料43は、このうち暦法による太陽の入宿度の部分に相当するものであり、そこにみえる宿度は、後漢の『四分暦』に一致するという。

また、『神定経』の時刻の採り方は、『崇天暦』による暁・昏の中星の出没の際の宿度によるというもののようである。『黄帝金匱経』では、暦法によるものかどうかはっきりしないが、史料8の表現をみるとその可能性もあろう。その際の暦法も『四分暦』だったのではあるまいか。

陰陽道では、占月は節月、占時は、旦は寅刻～酉刻、暮は戌刻～丑刻を採っており、この点『黄帝金匱経』とは相違する点もあったといえよう。ちなみに『六壬式枢機経』佚文史料1によると、この書では旦・暮を陰陽道通用のものとしていたようであるが、この点は中国撰述の書としては考え難いことであり、この部分には中臣志斐猪養の私案が入っているのかもしれない。

『占事略決』は、史料6に対応する六壬課式の立て方から起筆される。史料6は、その手順の最初の部分の説明文であり、式盤を操作する際の作法（いわゆる式儀）と、天地式盤の組み合わせ方から四課の立て方、四課から用（初伝）を求める際の基本的な方法までとが説明される。『占事略決』第一章は、式儀がみえず、用から三伝を求める基本的な方法の説明文が加わった形となるが、本文自体は両者はほぼ同文といってよい程よく似ており、『占事略決』もこの部分の本文自体は、『黄帝金匱経』にそのまま従っているとほぼ断定してよいであろう。特に他の占書類では「本位上神」と表現されることの多い箇所を「本位所得之神」と表現するが、これは『黄帝金匱経』段階の姿そのものを伝えているのであろう。

『神定経』は、史料6に続けて章を分けずに四課から用そして三伝を求める、いわゆる課用九法を説明する。『占事略決』では第二章が対応する。両者を対比すると、ほぼ同内容を伝えているが、『黄帝金匱経』段階の本文をかなりよく伝えている部分と、改変の進んだ部分、新たに加えられた部分があり、その全体を佚文とみるわけにはいかないようである。詳細は『占事略決』の解説編の方に譲るが、『占事略決』にみえず『神定経』に至ってはじめてみえる虎視課の中の異法のいわゆる別責課は、『黄帝金匱経』段階にはまだ存在しなかったものであろう。

なお史料7は、京本では課用九法の昴星課にかけられている。経文に続く釈文中の構成要件文に相当するが、本来は課用九法の章ではなく、卦遇の章の虎視卦にかけるべきものかもしれない。むしろ「課経集」の佚文とすべきなのであろう。京本で遙剋課・伏吟課・反吟課にかけられた佚文も「課経集」のものとみた方がよさそうである。

『占事略決』第三章に説明される天一治法は、『六壬式経』佚文史料1として伝わる天一貴人位置のほかか、『占事略決』や六朝期の銅製式盤の背面記事にみえるような、十二天将の前後の向きの求め方の説明文も、『黄帝金匱経』段階にはあったとみられる。その旦暮法は、先述のように星の出没で説明した史料8の条文を含む本文であったであろう。

史料9・10に伝えられる十二天将およびその所主については、『占事略決』『神定経』ともに『黄帝金匱経』段階の姿をどの程度伝えているかはっきりしない。ただ『神定経』は大分増補改変が進んでいるようであり、特に五気ごとの所主の部分は、『神枢霊轄経』文で増補してあるようである。

一方、十二月将とその所主については、史料11～16により、その全貌がかなりの程度知られる。『神定経』所引の史料11でその全貌のかなりの部分が伝わるが、陰陽師所持本の佚文の史料12・14・15・16により、やや陰陽師所持本の方が詳しいか、表現に多少相違するところがあるかとみられる箇所もあるものの、同文の箇所も含まれている。一方、『占事略決』第五章と対比すると、『占事略決』の方が大幅に簡略化されている箇所があるとともに、『占事略決』の方で加筆された箇所もあるようである。それらを総合すると、『黄帝金匱経』段階の本文は、

○月、日月合宿在○、其神○○、月建在○、○……○、故曰○○、

というものであり、さらに、吉凶や所主も備わっていたようである。『占事略決』ではさらに五行・陰陽と「為○○」

とされる部分が加筆された形となっている。『玄女式経』佚文史料3では五行がみえるが、『占事略決』では、『黄帝金匱経』以外の占書で補入された可能性があるかもしれない。

『神定経』は第三十六～三十九の各章で、卦遇にまで昇華しない段階の諸関係とその所主について説明する。史料25～31および22は、そこにみえる「金匱経」「黄帝」佚文である。史料25では得体、史料29～31では神将内戦・外戦や、陽の憂事・陰の憂事といった諸関係とその所主が説明され、史料26～28と、史料22では、特殊な指期法が説明されている。これらは『占事略決』では史料22を除いてみえないが、陰陽道では、得体、それと対になる得礼、神将内戦・外戦を利用した例がみえる。もっとも、それらは『神枢霊轄経』や『六壬大撓経』を典拠書としたものである。しかし、陰陽師所持の『黄帝金匱経』に所載されていたことが確実とみられる日鬼（官鬼）も陰陽道では『六壬大撓経』を利用した例があり、これらは陰陽師所持本にも所載されていたとみておいてよいであろう。特に史料22は、『占事略決』第二十五章に直接対応するものがみえるので、これらがどのような形で配されていたかは分からないが、所載されていたことだけは確実とみてよいと思うのである。

また、卦遇についても、卦遇の章とは別に非常に抽象的で簡略化されたものが所載されていた可能性がありそうに思う。総合書の体裁をとる明代の『六壬大全』巻一にこのようなものがみえるが、いわゆる六壬歌がこれに該当するのであろう。

なお、史料24は、陰陽師側の史料にみえる佚文である。ある卦遇の仮令文の所主文とみられるので、次章の佚文集成ではかりに所主の項に配したが、本来は「課経集」佚文として扱うべきものであろう。

また、後次の占書の中には「金匱経」「曾門経」として雑事占に関する佚文が相当量みえる。『黄帝竜首経』にも「金匱云」として二件みえる。陰陽師側の史料では『黄帝金匱経』に雑事占の存在は確認出来ず、あるいは『隋書』経籍志などにみえる『六壬式経雑占』九巻など別書の佚文の可能性もありそうに思えるので、ここでは採録しなかった。この点についてでは、『六壬占私記』の検討の際などに、雑事占の方法上の発達度などの面から諸書にみえるものとの比較検討をもう少し進めてみたいと思っている。

（2）

さて、『黄帝金匱経』と通称される占書のうち陰陽道で教科書とされたものと、専門書として扱われたとみられる十巻本との性格について、もう少し検討を加えてみたいと思う。

『占事略決』を含め陰陽師所持本の佚文と、中国所伝の『神定経』にみえる佚文とを対比すると、史料6の式儀・四課法等、史料8の旦暮法、史料11以下の十二月将所主法、史料17以下の相生相剋法、史料21の相刑法および史料22の指期法について、多少の章句・字句の異同は認められるものの、彼我に非常に近縁性の高い本文が伝わっていたことが知られる。『黄帝金匱経』は、『黄帝式経』つまり『六壬式経』三巻の経文に、主に漢代の典籍を援用しながら注釈を加えたものとみられるが、これらの本文は、その原初段階からの姿を伝える基本的な部分であり、教科書・十巻本を含め総合的な体裁をとるこの系統の占書であれば、ほぼ同様の内容のものを含んでいたのであろう。

そのうち『占事略決』を含め陰陽師所持本の佚文の多くは、教科書の条文を伝えているのであろうとみるのであるが、その根拠として挙げられるのは、賀茂氏所持本と安倍氏所持本との等質性である。史料11以下の十二月将所主法では、史料16につき在憲所持本に一字、広賢所持本より見劣りする点が認められるものの、ほぼ等質であったとみてよいようである。史料17以下の相生相剋法についても、史料20と『占事略決』京本注記間、相刑法についても、史料21と同尊本注記間というように、尊本注記にやや見劣りする点があるものの、賀茂氏所持本と安倍氏所持本との間の等質性が認められる。両氏所持本でこのようにほぼ同等といってもよい程等質性の高いものは、教科書とされたもの以外には考え難いと思うのである。

一方、十巻本については、筆者は現在のところ、賀茂氏は所持していたが、安倍氏は所持していなかった可能性もあるのではないかとみている。現在十巻本の本文を伝えているものに、史料20と23の両件があるが、注目されるのは史料20の方である。その経釈文は、教科書の本文と同等とみたものと同文であるが、この部分は教科書も十巻本も同等の本文を伝えていたのであろう。注目されるのは、続いて記される「注云」文「又云」文である。「注云」文は、相剋、直接的には下剋上（日鬼）の所主に関するものとみられ、「又云」文は、上剋下（日財）の所主に関するものである。このうち「又云」文の総体が『神定経』にみえ、「霊轄経曰、……説云」として示される。所引のされ方から断定してもよいのかという疑問も湧くが、『金匱章』第二経にみえるものはこれとは表現が大分異なり、『黄帝金匱経』系統の条文とは考え難いものである。この「説」文は、『神枢霊轄経』内の一説とみてよいのであろう。つまり「又云」文、すなわち「説」文は『神枢霊轄経』文であり、十巻本は、教科書とも共通性の高い経釈文に、さらに『神枢霊轄経』など後続の占書で注文を追補したものとみられるのである。

この十巻本を安倍氏が所持していなかったとする明確な証拠は何もなさそうである。ただ、安倍氏所持本からの佚文の中にこの「注」文の存在を窺わせるようなものが見出せないことと、たとえば史料9・14や、史料20の賀茂道平の批難に対する安倍有行の重勘文中などにみるように、安倍氏には引勘の際に配慮に足りないところが目立つが、その原因の一つとして、所持本自体に問題があったのではないか、その所持本は書名や経・釈・注などが明確に区別されたものであったのであろうかといった、安倍氏所持本への疑念があることとから、このようにみるのである。引勘態度の問題については、次節でもう一度取り挙げたいと思う。

専門書の中には安倍氏の所持しないものがあったのではないかという点については、滋岳川人撰『金匱新注』も、その可能性があるのではないかとみている。『六壬大撓経』佚文史料2〜9にみるように、十二天将と十二月将については、賀茂在憲が「新金匱及大橈経云」として引勘している。

『六壬大撓経』は、その序文を『黄帝金匱経』式義からの引用に頼っているように、『黄帝金匱経』との関連が深い占書であるが、この「新金匱」は、滋岳川人撰『金匱新注』ではないであろうか。そして「新金匱」と『大撓経』とに同文があるのは『金匱新注』が『大撓経』文を注文として利用したからなのではないであろうか。つまり滋岳川人は、『金匱新注』の撰述に際し、『黄帝金匱経』の新たな注釈に『大撓経』を利用したのではないかとみるのである。『大撓経』は中国で撰述された『神枢霊轄経』などより後次の占書であるが、十巻本が『神枢霊轄経』によって加注したのに対し、それより後次の『大撓経』によって新注したところに『金匱新注』の意義があったのであろう。

この『金匱新注』を安倍氏が所持していなかったという点についても、明確な証拠はない。ただ、安倍氏が『大撓経』は所持していたのは明らかであるが、安倍氏側の史料に、それと『金匱新注』との関連性を窺わせる記事がみえないという意味で、安倍氏はこの書も所持していなかった可能性もあるのではないかとみるのである。

三　卦遇法——総合書の課経と独立書の「課経集」——

（1）

総合書の課経と独立書の課経集との関係を巡っては、『占事略決』の解説編では、次のようにごく単純に類型化して話しを進めてみた。

すなわち、『占事略決』の課経の本記は、教科書段階の本文をよく伝えるが、その教科書の課経は、『六壬式経』の経文に新たな釈文などを加えただけの原初的な姿を伝えたものである。一方、陰陽道で専門書として利用された「課経集」は、陰陽道側の史料で、「金匱経」「曾門経」などの書名らしきもので示される佚文がその条文に該当し、教科書段階の原初的な釈文や仮令文に増補改変を加えたものである。『卜筮書』はそのような課経集のうち、「課経集」段階よりさらに増補改変を加えた初唐段階の四巻本課経集の三巻目に相当する。南宋代の『黄帝金匱玉衡経』は、『黄帝金匱経』系統の占書群の中に含めるのはどうかとも思うが、その中には「課経集」段階、さらには教科書段階にまでさかのぼる条文があるとみてよさそうである。そして、陰陽道側の史料にみえる佚文の中で、書名らしきものが明示されないものでも、『卜筮書』や『黄帝金匱玉衡経』の中に同文ないし同趣旨の一文が認められる場合は、『占事略決』の本記にみえないものはもちろんみえるものでも、とりあえず「課経集」文として扱う。

このように単純に類型化して、それぞれの本文は、教科書・「課経集」・『卜筮書』の順で発達していった跡をたどることが出来るとしてみたのであるが、個々の問題点と筆者なりの見解とについては、解説編の方で詳述してあるので、ここでは、次章の佚文集成に所収した「課経集」段階の佚文とみられる条文の性格の問題を中心に、若干の補足説明と検討を加えてみたいと思う。

教科書の課経が原初段階の姿を伝えるとみる根拠としては、まず卦遇の総数とその配列順の問題を取り挙げたが、この点については次節で扱うことにする。

解説編ではまた、用語の表現の問題や本文構成の問題も扱ってみたが、ここでは教科書段階の課経の本文上の問題について、まず簡単に整理し直しておこう。

課経の本文は、経文・釈文に、それぞれ卦遇の構成要件文と所主文があり、仮令文にも、例示の正日時のほか、その局の構成要件文と所主文が付くというのが基本となっている。経文は構成要件文も所主文も『六壬式経』段階のものが比較的よく後世に伝わったが、釈文は、増補改変が繰り返され、重層化もなされていった。仮令文は、原初段階では正日時の例示だけであった可能性があるが、構成要件文・所主文が付されたあとも、増補改変が繰り返された。ただ、例示の正日時は、説の発展の後も、原初段階のものがそのまま踏襲された可能性がある。

『占事略決』の本記は、構成要件文は、経文のみのもの、経文に釈文を付するもの、釈文のみのものの三通りがあるが、経文が教科書段階の本文を伝えるのに対し、釈文には晴明が文意を取って作文し直したものもありそうである。その所主文は、『卜筮書』にもみえる八件の卦遇だけでも四件が経文のものを伝えているようであり、重層構造を取るものも教科書段階の経釈文をよく伝えているのではないかと思われる。例示の正日時は教科書段階からのもの。仮令文の構成要件文などは教科書段階ではなかった可能性がある。ただ、佚文集成では示さなかったが、気類物卦と新故卦の割注文の中に『黄帝金匱疏』文がありそうである。細部には注意すべき点もあるが、詳細は解説編の方を御参照いただきたい。

この本文上の問題は、「課経集」段階を中心に据えてみた場合は、どのようになるであろうか。佚文集成では、「金匱経」「曾門経」と占書名らしきものが明示されるもののほか、陰陽道側の史料にみえるものでその佚文とみてもおかしくなさそうなものも参考として採録してみたが、とりあえず比定すべき該当占書の問題は棚上げにして、佚文ないしは佚文とみてもおかしくない条文を中心に、窺えそうに思えるところを、次に整理してみよう。

「課経集」段階の経文らしきものは、占書名の明示されるものでは、構成要件文は、史料33・35が知られ、所主文は、史料32・33・35・41が知られる。ただ経文は、構成要件文も所主文も原初段階からそれ程変化はなかったとみられるので、『占事略決』や『卜筮書』『黄帝金匱玉衡経』の条文でも経文に該当しそうなものは、「課経集」段階にも所在したとみてよいであろうかと思われる。特に『黄帝金匱玉衡経』の中には、史料32と同列に扱ってよい条文が相当量みえる。佚文集成には殊さら採録しなかったが、教科書段階からあったものかどうかはしばらく置いて、「課経集」佚文としては扱ってもよいであろうと思われる。

釈文とみられるものは、構成要件文では、まず史料7をこれとみてみた。そのほか、史料35・36にもみえそうである。書名の明示されないものでは、伏吟卦・反吟卦の対となる条文がこれに該当しようか。三交卦の『陰陽道旧記抄』所引佚文はこれに該当するとみてまず誤りあるまい。『卜筮書』にもほぼ同文がみえる。この佚文の中には釈文の所主文、および仮令文の構成要件文・所主文もみえる。教科書段階にはなかったはずの条文である。

釈文の所主文は、史料33・35・38にみえ、史料40は、賀茂道平がその釈文と明言している。占書名の明示されないものは、その大部分が釈文の所主文に該当する条文とみられる。『占事略決』元首課・重審課の中にも、「課経集」段階の釈文の所主文が採用されているとみてみた。これらは、教科書段階から「課経集」段階に発展する際、釈文の所主文がいかに大きく増補改変されていったかを物語っているとみてよいのであろう。

仮令文の正日時の問題については解説編の方に譲る。その構成要件文・所主文は、史料37にみえ、在憲は仮令文と明言している。炎上卦の『占事略決』尊本で本記文とされる条文は、仮令文の所主文とみている。教科書段階にはなかったものであろう。

「課経集」段階では、『卜筮書』と同様仮令文の後に付された条文があったとみてよいが、史料34はこの部分の佚文。『卜筮書』にもほぼ同文がみえる。贅咠寓居卦に引いた尊本注記⑧は、この部分の十二天将ごとの所主文に該当するとみてよいであろう。

そのほか、閉口卦の『六壬占私記』所引文は、「課経集」文とみてよいであろう。経文・釈文・仮令文がみえるとみてよい。三奇卦の佚文は、経文の所主文であろうか。『卜筮書』にも同趣旨のものがみえる。その次の一文は、釈文の構成要件文に付随するものであろうが、教科書段階では、課経ではなく、卦遇以外の法の巻、つまり上巻の中で、一章を立てて説明されていたものであろう。『卜筮書』にはみえない。十雑卦は、「課経集」段階にもあり、その経文は『卜筮書』などにみえるものとほぼ同文のものであったであろう。しかし、陰陽道側の史料で『新撰陰陽書』文として伝わる一文は、ほぼ同文が『卜筮書』にもみえるが、もともと「課経集」段階にはなかったものであり、『卜筮書』段階ではじめて新加されたものであろう。

教科書・「課経集」・『卜筮書』の各段階で発達した跡は、表現の相違や、補入・新加された条文の存在でたどることが出来る。さらに説に発達の跡がたどれるものもあり、三者間の発達はまず確実とみてよいであろう。この問題も解説編の方で詳述してあるので、そちらを御参照いただきたいが、ここでは佚文集成採録の条文で確認出来るものを指摘しておこう。

教科書・「課経集」間の新加条文の存在は、先述の三交卦・炎上卦などで確認される。なお三交卦の新加条文は、『卜筮書』にもほぼそのまま受け継がれている。短文の補入では、史料33伏吟卦にその存在が認められる。この卦では、『神枢秘要経』への進展の際にも短文が補入されていることが、その佚文史料10で確認される。その尊本注記④は『神枢秘要経』文であり、教科書・「課経集」にはみえなかった一文であることから、加注者が注記したのであろう。

説の発達の面では、竜戦卦にその痕跡が認められる。尊本注記⑤中のⓘ文の「兄弟年立」の一文は、京本注記⑥の『金海』佚文と同じく、教科書段階の経釈文の構成要件文にはなかった、釈文の構成要件文である。この新加の要件の部分は、ほぼ同様の表現で『卜筮書』にも受け継がれている。もっとも『卜筮書』では、仮令文の後に長文の条文が新加されており、竜戦卦では三段階の発達の跡をたどることが出来る。

「課経集」・『卜筮書』間の発達の跡は、短文の補入の面では、史料37、条文の新加の面では、先の竜戦卦のほか、始終卦・十雑卦でも認められる。説の発達の面では、狡童迭女卦にその痕跡が認められるのではないかとみている。尊本注記⑤文は「課経集」佚文かどうか確認が出来そうにないので「不詳」としてみたが、「課経集」段階でも所在したとみておかしくないものである。この条文は、教科書段階からあった終伝六合・玄武の要件に対応する釈文の構成要件を含む所主文である。かりにこの条文自体が「課経集」文ではないとしても、「課経集」段階で同様の表現のものは新加されていたとみてよいであろう。ところが『卜筮書』では、釈文の構成要件文・所主文は、例示の正日時の特殊な構成要件に対応して、その表現が改変されるという特殊化が進んだために、終伝玄武の要件と、それに対応することの条文は、表現上は削除されてしまっている。要するに狡童迭女卦の場合は、教科書・「課経集」間での、同じ要件に立ちながらの釈文の新加という発達と、「課経集」・『卜筮書』間の終伝玄武の要件の削除と、それに伴う釈文の改変という発達との、三段階の発達の跡が認められるのである。

なお『占事略決』の尊本・京本の注記の中には、先の伏吟卦や狡童迭女卦と同様に「課経集」より後次とみられる『神枢霊轄経』や『六壬大撓経』『神枢秘要経』などの釈文もかなりみえる。その多くは占書名が明記されないので、どの占書の佚文かは内容面から判断していくしかない。中には伏吟卦の尊本注記④と反吟卦の尊本注記⑨、無祿卦の尊本注記⑥と絶紀卦の尊本注記④のように対となるものもあり、内容的にも「課経集」段階より後次のものの方が多いようである。ここでは『卜筮書』『黄帝金匱玉衡経』に同文ないし同趣旨の条文がみえる場合に限り、かりに「課経集」佚文とみてみるという方針に立っているので、この狡童迭女卦の佚文のように「課経集」段階にあったとみてもおかしくないようなものでも、『卜筮書』にはみえないためにとりあえずは「課経集」文とはみなさないという佚文も出てくる。逆に、『卜筮書』などに同じ表現がみえるからといって、先の伏吟卦の『神枢霊轄経』佚文のように「課経集」佚文とみるのは早計という場合もあり得るのである。一応ここでは、狡童迭女卦のこの一文が後次の占書のものであるとしても、「課経集」が教科書とこの後次の占書との中間に位置すると認められるので、同趣旨の表現の一文は「課経集」段階からあったであろうと判断してみたのである。

いま一つ注目されるのは、史料35絶紀卦の賀茂光栄所持本の存在である。光栄所持本の佚文と思しきものは天網卦にもみえ、ともに光栄の詞中・占文中にみえるものであるので、本文の姿そのものを伝えているとはいえないのであるが、天網卦の条文は、教科書段階と同内容のものとなっている。史料35の方は、教科書・『卜筮書』と同内容のものを多く含みながら、短い章句の順序は、教科書とは異なり、『卜筮書』と同様となっている。ただし、『卜筮書』とは表現に異なるところがあり、しかも「章曰」という言辞が挿入されている点が特徴的である。この「章曰」で示される章句は、紀ないし継命という語の語釈に相当し、「章」字で示される某典籍に基づいて語釈したことを明示したものである。教科書・『卜筮書』ともこの章句を含むが、その明示自体は省略された形となっているのである。この光栄所持本が「課経集」であったのか、同じく「課経集」といってもいく種類かあるうちの別種であったのか、『卜筮書』の基づいた課経集と同種のものとみてもよいのかなどといった微妙な問題も顧慮しなければいけないのであるが、ともかく全く別系統の占書というのではなく、「課経集」と同列のものとして扱うことは許されるのではないかと思う。従って、この絶紀卦でも三段階の発達は認められるとみてよいであろう。

なお、紀・継命の字句の問題は、解説編では、紀は、晴明が基づいた教科書段階のもの、継命は、尊本の加注者（安倍泰親）が「課経集」に基づいて改変したものという可能性を指摘している。このように尊本の加注者が「課経集」に基づいて改変した可能性のある字句としては、虎視卦の沈・深なども挙げられるのではないかとみている。

（2）

　ここで、今まで棚上げにして来た教科書・「課経集」に比定されるべき具体的な占書の問題を取り挙げてみたいと思う。この問題には、筆者の構想や、陰陽師の所持本ないしは引勘態度など微妙な問題が絡んで来るので、断定的なことは何もいえないが、現在次の二通りの可能性を追究している。すなわち、一つ目は、課経集には一巻本・四巻本のほか三巻本もあり、「課経集」は三巻本であって『黄帝金匱玉門曾門集』三巻（以下三巻本と略称）がこれに該当するのではないかというもの。二つ目は、三巻本は総合書であって、教科書とされたのがこの書であり、「課経集」は四巻本だったのではないかというもの。

　『占事略決』の解説編でも述べたとおり、筆者は三十六卦と六十四卦という総卦遇数とその配列順について、次のような構想を懐いている。これは、前著でも利用した、筆者の基本的な構想である。すなわち、原初的な段階の総合書の課経は、三十六卦を採用し、配列順も無秩序であったが、『式経釈三十六用決』一巻のような一巻本課経集の段階で、元首卦を首とし、卦遇法の発達順に三十六卦を配するといった整備が加えられた。そしてさらに三巻本ないし四巻本に増巻された段階で、一巻本段階の配列に、三十六卦以外の卦遇が挿入されていった。つまり、『六壬式経』三巻や、教科書とされた原初的な総合書では、その三巻目が課経に当てられており、この段階の課経は、三十六卦を無秩序に配列したものであったが、六十四卦を採用する「課経集」では、元首卦を首とする秩序立った整備がなされていたとみるのである。

　この「課経集」を三巻本と想定する根拠としては、次のようなものが挙げられる。筆者の構想する六十四卦の配列順は、本著奥付載の表Ⅲにもみるように『金匱章』『玉衡章』『卜筮書』、そしてこれらにみえない卦遇群の配列順によく合致するが、陰陽師側の史料では、史料32元首卦の「金匱経第一篇」と史料40始終卦の「曾門経」の存在が、この配列順と符合するような印象を与え、中国側の史料でも、『呉越春秋』巻五にみえる九醜卦の「金匱第八」、同巻七にみえる天網卦の「玉門第一」が符合するようにもみえる。また、『六壬大全』にみえる「曾門経」が『卜筮書』にみえるものと大部分が対応しているということも挙げられよう。

ただ、この想定にはいくつか弱点がある。まず史料32の「金匱経」が書名を反映しているのかという安倍広賢の所持本ないし引勘態度の問題、なぜ陰陽師側の史料に『玉門経』の姿が全くみえないのかという点、この想定では教科書に比定されるべき占書が知られないという点などである。この教科書に比定されるべき占書が知られないという点は、教科書は日本で撰述されたものではないか、とすると解説編で問題とした、原初段階から「課経集」段階への発達での改変や、安倍晴明の撰述段階での改変についても考え直すべき点が出て来るのではないかといった、微妙な問題が派生して来そうである。

また、『卜筮書』と「曾門経」との関係も問題となって来る。陰陽師側の史料や『六壬大全』で知られる「曾門経」と『卜筮書』との関係は、『六壬大全』にみえる「曾門経」とは跻跔・十雑の両卦を除く十三卦が対応し、陰陽師側の史料では、史料40の始終卦が対応する。ただ、跻跔・十雑の両卦と史料24の名称不詳の卦遇の存在から、「曾門経」を三巻本の下巻とみた場合には、『卜筮書』はこれとは完全には一致しないことになる。本著奥付載の表Ⅴなど参照。『卜筮書』と「曾門経」の卦遇の多くが対応するという点は何ら問題にならないと思うが、その「曾門経」を三巻本の下巻とみると問題が生じてくる。すなわち、課経集には三巻本と四巻本があったと想定した場合、四巻本は、三巻本に大幅に増補改変を加え分巻したものとなろうが、『卜筮書』に三巻本の下巻の「曾門経」の卦遇が多くみえると、卦遇は同一の配列順をとっているという立場に立った場合は、『卜筮書』を四巻本の三巻目とするというような分巻は不可能なのである。もちろん、配列順も変更したと想定すれば、それも可能となり、先に挙げた『卜筮書』と「曾門経」の不一致の点も、かりに「曾門経」を三巻本の下巻としても何ら問題にならないことになる。しかし、この想定は妥当であろうか。この点に思いを至すと、「課経集」を三巻本と比定することに躊躇を覚えざるを得ないのである。

一方、三巻本は教科書であり、「課経集」は四巻本と想定することは可能であろうか。筆者は一応、原初的な『黄帝金匱経』は三巻で、総合書であり、これが教科書とされたとみているので、この点は矛盾しない。この場合、上巻『金匱経』は、第二節で述べたような卦遇を除く諸法を説明したものとなろう。ただ、卦遇も六壬歌のような抽象的な表現で所在した可能性はあろう。そして、下巻『曾門経』がその課経に相当することになろう。課経全体が「曾門経」となれば、課経集もその総体が「曾門経」ということになり、先述の不一致などの問題は、はじめから発生しないことになる。

その際の問題点の一つ目は、陰陽師側の史料で「曾門経」とあるのはともかく、「金匱経」とあるものをどう解釈するかということであるが、この点については後でもう一度取り挙げたいと思う。問題点の二つ目は、現在一巻本にせよ四巻本にせよ、課経集に「曾門経」の書名を冠したものが一件も見出せないということである。現在のところ「課経集」の有力候補の一つとしては『黄帝金匱疏』四巻が想定され、『卜筮書』も四巻本課経集の三巻目とみられるが、具体的な占書名の知られる課経集で「曾門経」を冠したものはない。課経集にせよ「課経集」にせよ、独立した課経集は『曾門経』と呼び得るものであったのであろうか。しかしこの問題も、史料40を参考にすれば解釈が可能なのではないかと思う。

史料40始終卦で賀茂道平は、安倍有行所引の「金匱経」文に対して、「曾門経」文であり、しかもその釈文として、有行の引勘態度を批難するとともに、「一部の書といえど、その名相い分かつ」と述べている。道平は、『黄帝金匱経』

の中に『金匱経』と『曾門経』が所在することを承知していたのである。始終卦は教科書の課経段階では所載されなかった卦遇である。この道平所持本の占書名は厳密な立場に立つと、具体的には知られないとすべきなのであろうが、「課経集」段階では、始終卦が「曾門経」に所載されていたことは確実とだけはいえるであろう。この場合、「曾門経」の名は、かりに「課経集」の書名としては表に出ていなくとも、内題などの形で明示はされていたとみた方がよいことになるであろう。もちろんこの史料だけでは、この「曾門経」が、「課経集」総体の通称か、三巻本の下巻の書名か断定は出来ないのであるが。

このように教科書の課経は、三巻本の『黄帝金匱玉門曾門経』の下巻『曾門経』に比定される一方、「曾門経」の名は、課経集や「課経集」そしておそらく『卜筮書』も含め、一巻本や四巻本課経集の総体の書名ないし通称としても受け継がれていたとみる時、その中巻、つまり教科書の中巻の『玉門経』はどのような性格のものとして捉えられるであろうか。『呉越春秋』巻七にみえるような課経の書とも思えるものとは別の性格で捉えることが出来るのであろうか。この点について筆者は、『玉門経』は教科書段階の総局に当てられていた可能性もあるのではないかという想像を巡らせている。

中国南北朝期の北斉の顔之推撰『顔氏家訓』雑芸篇には、「竜首」「金匱」と並んで「玉燮」「玉暦」という六壬式占書がみえる。おそらく、この四書は『黄帝式経』系統の一連の書で、「竜首」は、『黄帝竜首経』にも通ずる雑事占書、「金匱」は、課経以外の諸法と課経とを含む理論書、「玉暦」は、当時施行の暦法で六壬式占に用いる月・日・時刻を示した暦日書といえるのではないかと思うが、この「玉燮」は総局ではないであろうか。日本で九世紀中ごろに滋岳川人が陰陽道独特の六壬課式を案出した際は、『金匱新注』で理論面を一新したが、『六甲』六帖はそれに伴い一新された総局である。六壬式では理論面だけではすべてを網羅しきれない程細部の変化が著しいため、理論によりながらも実際に立てた総局がどうしても必要となるが、『玉門経』は、教科書段階の総局だったのではないかと想像するのである。もっとも、『六壬式経』三巻とともに梁以降亡佚したとされる占書の中には『決式立成』九巻という総局を掲げたものではないかと思える大部の書がみえるので断定的なことはいえないが、『六壬式経』段階から付属する総局はあったとみた方がよいのではないかとも思う。明代以降でも『六壬大全』に総局が所載される一方で、『大六壬立成大全鈐』という大部の総局書があった。もし『玉門経』が教科書段階の総局であったとしても、滋岳川人が『六甲』六帖を撰述した段階で、陰陽道の総局はこれに切り替わったはずであり、陰陽道側の史料にも、当然のことながら中国側の北宋ごろ以降の占書類にも、『玉門経』の姿が窺えないのは頷けるように思うのである。

もちろん金匱・玉門などは一般称的なものであって、この字句があるからといって、個有の占書の書名であるとも、まして同一書の書名であるとも想定する確証は何もないのであるが、中国側の史料でも陰陽道側の史料でも、徴候程度のものにせよ上記の二通りの解釈が成立しそうに思える以上は、やはり三巻本が、原初的な総合書か、それとも三巻仕立ての課経集か、つまり、陰陽道の教科書か、それとも三巻本「課経集」かという問題は、留保しておいた方が無難ということになるのであろう。

ところで、史料32の「金匱経第一篇」を、「課経集」は三巻本で、その上巻の『金匱経』を意味し、元首卦はその第一章に所載されていたと解釈すると何の矛盾も生まれないが、三巻本は教科書で、教科書の課経も「課経集」総体も「曾門経」と呼び得るものであったという解釈に立つと、非常に冴しい問題が残ることになる。その原因は何であろうか。「課経集」三巻本説を支持するものであろうか、それとも安倍広賢の所持本に何か問題があったのであろうか、あるいは広賢の引勘の仕方に問題があったのであろうか。占書の比定が決着しない以上、この問題にも確かな回答を得ることは出来ないのであるが、次節では陰陽師側の所持本と引勘態度の問題をもう少し追究してみたいと思う。

（3）

『安倍有行記』『諸道勘文』には、延久・保延両度の賀茂・安倍論争の際に取り挙げられた「金匱経」「曾門経」という書名らしきものと、その所持本の本文とがみえ、賀茂・安倍両氏の陰陽師達の所持本の性格や、引勘態度の問題が、かなりの確度で窺える。そのうち、書名らしきものの引出態度を一覧したものが、本著奥付載の表Ⅵである。

それによると、まず賀茂道平は、課経以外で「金匱経」、課経で「曾門経」と使用し分けているようであり、史料40より書名の問題も確かな認識に立っていたことが知られる。ただ、始終卦は、四巻本「課経集」ではその三巻目に配されていた可能性が高く、三巻本「課経集」では、下巻に配されていた可能性もあるが、中巻に配されていた可能性は残りそうであり、史料24の卦遇の配され方によっても、その「曾門経」が、三巻本「課経集」の下巻を指すか、「課経集」総体の通称かは不詳ということになる。

安倍有行の場合は、「課経集」を「曾門経」とも認識していたことは、史料34で知られる。ただその「曾門経」が何を意味するかは道平と同じ理由で不詳ということになる。史料40については、所持本の問題というより、引出の際の誤りとみるべきであろう。

賀茂在憲は、史料37が気になるが、その「金匱経」の部分は泰親の引勘にそのまま従ったものである。在憲は、史料33・36・41でも書名については泰親に難を加えていないので、その「本経」が具体的に何を指すのかは、判断出来ないということになろう。

安倍泰親は、課経以外も「課経集」もすべて「金匱経」で一統している。その解釈としてまず思い浮かぶのは、泰親は書名に関しては無頓着であったというものである。しかし、所持本自体に問題があったという可能性に立った場合はどうなるであろうか。たとえば泰親所持の「課経集」に「曾門経」の内題がなく、その存在も理解していなかったと解釈した場合は、有行所持本より相当の劣悪本であった可能性も出て来ることになろう。

安倍広賢の場合は大きな問題が残る。まず史料36と42から広賢は「曾門経」の存在は知っていたことになる。また史料32・33から「金匱経」にも理解があったことになる。その「金匱経」「曾門経」は何を意味するのか。史料32よりは三巻本「課経集」の上巻の意味ともとれる。史料33・42もこの解釈を支持しそうである。しかし史料36はこの解釈では齟齬が生じそうである。類卦は、三巻本「課経集」では中巻に配されていた可能性の方が高いからである。とするとこの「曾門経」は、「課経集」の総体を意味するものとなるが、この解釈では史料32と矛盾する。

広賢は、このように引出態度に一貫性の欠けるところがあったことになりそうであるが、その原因は所持本の性格にもあるのではないであろうか。広賢は史料37で、泰親の引勘に対し「本経に見えず」とする。この場合は、狡童迭女卦は三巻本「課経集」では下巻に配された可能性が残るので、（その上巻）『金匱経』にはみえない（が、下巻にはみえる）、在憲と同様の意味合いで「金匱経」（の経釈文）にはみえない（が、仮令文にはみえる）という解釈がまず思い浮かぶが、次の史料38を参考にすると、広賢所持本自体に所載されていなかった可能性もありそうである。

史料38では、泰親の引勘に対し、「この卦は金匱経に載せない、どの金匱経に載るというのか」として「本条」文を引勘する。「本条」という言葉は、当時一般的には「本文」と同様に典拠書として公認された典籍の条文の意味合いで使用されるものである。しかし、書名自体が争点となっているこの場面では、広賢所持の「課経集」自体に所載されていなかったのは明らかなようであるので、この「本条」を（「金匱経」の条文ではなく）「曾門経」の条文と解釈するのには無理があろう。むしろ書名が不詳となった某占書の条文と解釈する方が妥当なところであろう。その場合、「課経集」自体には本来玄胎四牝卦が所載されていたはずであるから、それが所載されず、書名不詳の条文として別途に所在していたということは、広賢所持本はもとから正しく書写・成巻されたものではなかった、ないしはもとは正しく書写・成巻されていたが相伝の間に錯乱が生じていたなどといった可能性が出て来ることになろう。

以上に陰陽師引出の書名らしきものの分析を行なってみたが、やはり三巻本が教科書であるのか、それとも三巻本「課経集」であるのか明証を得られなかった。ただ、陰陽師間の所持本や引勘態度の問題点はいくつか指摘出来たので、字句や引勘態度で問題となるところについて、もう少し分析を進めてみよう。

字句の問題では、史料40で、安倍有行は、賀茂道平からその誤りを指摘されている。また、十雑卦に関連しても、これは『新撰陰陽書』文であろうが、やはり有行は、道平からその誤りを指摘されている。『新撰陰陽書』は『黄帝金匱経』とともに陰陽道の教科書とされた書であり、陰陽師なら誰でも書写し所持していたはずであるから、その字句の誤りは重大な意味を持って来るであろう。また、史料33によると、これは誤字というわけではないが、泰親所持本には広賢所持本より見劣りする点があったようである。なお字句の問題では、たとえば史料23の、ほぼ等質であるべき十巻本の本文で、道平所持本と在憲所持本との間で字句の異同がみられるが、これは所持本段階の相違のほか、各史料の転写の際に生じたものの可能性も残る。字句の問題は、このような派生的な要素による場合も多いので、史料類の性格に明確さが欠ける際は、特に慎重に対拠する必要があるであろう。

引勘態度の問題では、賀茂道平・安倍有行間では、史料9と40で、道平が有行を批判した例がみえる。史料9は、教科書段階の条文にかかるもので、有行が「金匱経（「注」とあるのは史料の転写段階での誤写とみてよい）」文として、『神枢霊轄経』文とみられる条文まで引勘してしまったことを道平が批難したもの、史料40は、先述の書名の問題と字句の問題のほか、「経」文ではなく、「釈」文であることを正しく認識せずに引勘したことを道平が非難したものである。

また、賀茂在憲・安倍泰親間でも、教科書段階と「課経集」段階との引勘態度が問題となっている。教科書段階の史料14では、泰親は「金匱経」文として、下に「本条云」として引勘したのと同一の条文を引勘してしまったが、在憲は、「どの金匱経にみえるのだ」、「「本条」とは何だ、当道公認の典拠書目録にはみえない私家の鈔草に過ぎないのではないか」、「占病祟法の所主に同内容のものがみえるが、もしそうだとすると異なる占事の所主を利用してはならないという禁忌を犯していることになる」と、計三点の非難を浴びせている。

「課経集」段階の史料37では、在憲は、「泰親の引勘文は、経釈文ではなく仮令文であるのに、「経云」として引勘したのは学道に背くもので、条文の抽出の仕方が拙ないというべきだ」と非難する。

これらの字句や引勘態度を巡る争点では、安倍氏の有行・泰親より、賀茂氏の道平・在憲の方が正しかったとみてよいようである。本文的にも学道的にも、正統性は賀茂氏の側にあったとほぼ断定してよいであろう。

最後に、陰陽師の所持した「課経集」に該当する具体的な占書について、もう少し検討を加えてみよう。

「課経集」については、『占事略決』気類物卦の割注文に付された尊本の「或疏」の存在から『黄帝金匱疏』四巻がこれに該当するとする見方が有力視される。しかし、三巻本課経集の存在はしばらく置くとしても、『釈六壬式六十四卦法』四巻や『卜筮書』などほかにも候補となりそうなものがあり、また、安倍晴明自身「三十五卦、六十四卦法あり」などと述べていることから察せられるとおり、数種類の「課経集」をみていた可能性がありそうであるので、そうとも断定は出来ないであろう。そのうち『卜筮書』ないしは『卜筮書』と同列に位置付けられるような某課経集は、候補から外してよいと思う。陰陽道側の史料に、「課経集」段階から『卜筮書』段階に発展した際に修正・新加された条文の痕跡が窺えないからである。

ここでその可能性を検討したいのは、十巻本の課経の存在である。『六壬大全』などをも参考にすると、十巻本には六壬式占の理論面や課用法、諸種の所主法、総局など教科書段階と共通するもののほか、十二支・二十八宿の分野説や、場合によっては雑事占も所載されていた可能性もありそうにも思うが、課経も所載されていたであろう。その課経は、一巻というより、三巻ないし四巻が当てられ、卦遇数も六十四卦を採用していた可能性はないであろうか。つまり、独立した「課経集」と同等程度のものが課経とされていた可能性はないかとみるのである。

そこで注目されるのが、史料35と40は『卜筮書』段階での新加以外の部分で、『卜筮書』との相違の際立つものである。もちろん、光栄所持本が『黄帝金匱経』系統の占書の佚文である保証は何もないし、史料34・37などにみるように「課経集」と『卜筮書』では、ほぼ同文とみえるところでも全く同文というわけではないので、多少の相違は許容範囲内ともいえよう。ただ、史料35・40の相違は釈文の質そのものに関わりそうであることを思うと、『卜筮書』が基づいたものとは異なる系統の課経集文が存在した可能性がありそうにも思う。もっとも「課経集」自体がそのようなものであった可能性も否定出来まい。特に、史料40の場合は、安倍有行も同列のものを所持しているので、「課経集」文の可能性の方が高いとみた方がよいのかもしれない。しかし、史料35の際立った特異性も気になるのである。

要するに、史料35と40、とりわけ史料35の光栄所持本の場合は、可能性としては、「課経集」とは異なるところのある十巻本の課経文、「課経集」文自体などの可能性があり、十巻本の課経についても、「課経集」とは異なるところがある、「課経集」と同列などといったさまざまな可能性が成立し得るので、断定的なことはおろか、妥当性の段階でも何ともいえないのである。

ただもし、光栄所持本・道平所持本、そして史料37の在憲所持本が十巻本の課経文であり、かつ、安倍氏所持の「課経集」文と同列に近いものでありながら、相違するところもあるようなものであったという見方に立った場合はどうなるであろうか。先に、書名らしきものの引出の問題、字句の相違の問題、引勘態度の問題として指摘してみたものも、論旨を大分変更しなければならない部分も出て来ることになるであろう。

延久度の賀茂道平・安倍有行間の相論を裁定した陣定文で、源師房らの公卿は、本文上・学道上の問題について、「本条を勘申しなければ、にわかには証拠とし難い」「たしかに本書と対すれば、真偽はおのずから顕然となるのではないか」として、「おのおの本書を献じさせてはどうか、占書・字句の異同は、義理の合否や文書の優劣によって明らかとなるであろう」と意見を具申している。その後、各々の所持本が提出され、占書名や本文の対比が行われたのかどうかは不詳である。その結果の部分が判明すればと思わずにいられないが、致し方ない。ただ、公卿らもその重要性を十分認識していたことは、注目しておく必要があるであろう。

ともかく、延久・保延両度の賀茂・安倍論争で問題となった本文や引勘態度について、賀茂氏側が善本を有し、学道的にも厳しかったのに対し、安倍氏側には問題の残る面もあったことが、かなりの確度でいえそうであることは、賀茂氏と安倍氏との、所持本や学道上の問題を巡る基本的な性格として、留意しておかなければならないことではあろう。

おわりに

『黄帝金匱経』とは、陰陽道で教科書とされたもののほか、専門書として利用されたものなど、この系統の占書群の通称であるとする視点から、『黄帝金匱経』と通称される占書群には、六壬式占の理論面や、六壬式占の諸法全般を説明した、いわば総合的な占書と、卦遇法を説明した、いわゆる課経の部分のみを独立させた課経集とがあったこと、原初的な総合書は、六朝期の梁以後亡佚したとされる、同じく総合書の『六壬式経』三巻に注釈（釈文）を加えたものであり、三巻本であったであろうこと、この原初的で簡略な三巻本の総合書に対し、さらに『神枢霊轄経』など後続の占書で注釈（注文）を加えた詳密な総合書もあったとして、陰陽道で教科書とされたものは、原初的で簡略な三巻本の総合書ではなかったか、それに対し、専門書として利用された詳密な総合書とは『黄帝注金匱経』十巻、いわゆる十巻本がこれに該当し、教科書は、賀茂・安倍両氏とも共通性の高いものを所持していたが、十巻本は、安倍氏は所持していなかった可能性もあるのではないかとしてみた。

一方、課経集については、総卦遇数を三十六卦とする一巻本や、六十四卦とする三巻ないし四巻本があり、四巻本にも数種類はあったとみ、陰陽道で専門書として利用されたものは、安倍晴明が実用した可能性の高い『黄帝金匱疏』四巻という四巻本のものが有力視される、ただ後述するようにそのように同定出来るか不審な点も残るので、とりあえず「課経集」と呼んでみるとしてみた。

これらは、現存する『黄帝金匱経』系統のものとみられる条文を、次のように比較的単純に類型化し、比較検討してみた結果の現段階での一応の到達点である。すなわち、安倍晴明が『占事略決』の撰述に利用したのは教科書とされた書であり、その本記には、教科書段階の本文も伝わっており、陰陽道側の史料にみえる課経にかかる佚文の中には「課経集」段階の本文が伝わっているとしてみた。

その比較対象として利用したものでは、『神定経』にみえる佚文は、字句に多少異同もみられるが、『占事略決』の本記と、ほぼ同文を含め共通性の高いものが認められ、課経以外の諸法の検証に耐え得るとみてみた。また、課経ないし「課経集」については、『卜筮書』については、この書は初唐段階の四巻本課経集の三巻目で、その本文は、『占事略決』の課経・「課経集」・『卜筮書』の順で発達した跡がたどれるとみ、この書の基となった課経集は、「課経集」との共通性が高そうだとみてみた。南宋代の『黄帝金匱玉衡経』については、後世の書で『黄帝金匱経』系統の書とはいえないのではないかとも思うが、中に「課経集」段階、さらに教科書の課経段階にまでさかのぼる条文がありそうであるとみてみた。陰陽道側の史料にみえる課経にかかる佚文のうち「課経集」段階のものとみたのは、『卜筮書』『黄帝金匱玉衡経』に同文ないし同趣旨に立つ条文のみえるものである。

以上の個々の具体的検証の多くは、『占事略決』の解説編の方で進めてあるので、本稿では、陰陽道側の史料にみえる佚文を中心に、その性格を検討してみた。その結果一応たどり着けたとみてみた結論めいたものが上述来のものである。

ただし、本稿では、『占事略決』の解説編や本稿の主幹となる論旨より発展させた部分もある。主幹となる論旨では、教科書や「課経集」の具体的な占書の比定は留保する立場に立ったのであるが、陰陽道側の史料にみえる佚文を扱う場合は、各陰陽師の所持本の性格や、引勘の態度などについても注意を払わなければならず、これらは、具体的占書とも連動する問題であるので、その比定は避けて通るわけにはいかないからである。

そこで問題としたことの一つ目は、『黄帝金匱玉門曾門経』三巻は、教科書とされた原初的な総合書に比定されるか、それとも、三巻本の「課経集」とみるかということ、二つ目は、賀茂氏が依拠した「課経集」は、十巻本の課経であり、安倍氏所持の「課経集」とは若干異質な面もあるものであったかということである。しかし、ともに早急な結着を着けられるような性格のものではなく、本稿ではいくつかの可能性を並記する形をとった。その現段階での一応の結論めいたものは、本著第三部第二章の付記の方に整理してあるので、御参読いただきたい。

無論、以上に述べて来たことは、いくつかの徴候から論旨を比較的単純化し、いく度も構想を練り直し、試行錯誤をくり返しながら比較検討した結果を結論めかして整理してみたものであり、今後も試行錯誤を重ねなければならないようなものである。延久・保延両度の賀茂・安倍論争で争点となったものについては、ある程度確信も持てようが、大部分がある種の徴候の範囲内に属するものであり、信用出来ないと評価されても致し方ない側面を含んでいる。中には妥当性の高そうな徴候もあるが、類推に類推を重ねたものも多く、その一つ一つが再検証を必要とするものであることを認めなければならない。克服すべき不備も随所に散見するようである。たたき台の一つとして、お役立ていただけるようなところがなにがしかでもあれば幸いである。

最後に、延久二年の相論で勝訴したのは、賀茂道平ではなく、安倍有行であった。本文的にも学道的にも、正統性は道平に認められると思うが、有行の方が勝訴したのはなぜであろうか。その相論を裁定した陣定文をみると、勝訴の主因は、有行が水剋火吉象説を唱えたことにあったようである。確かに、水剋火を、水が火を厭ずる吉象とみることは当時も行われている。しかし、六壬式占では、普通は相剋は凶象とされる。有行説は、公卿の趣向に沿うものであったが、六壬式占としては学道的に冴しい点が残るものであったといえそうなのである。

『続古事談』五には、安倍晴明は「才覚は優長ならず」とする人物評がみえる。晴明は、呪術面ではともかく、学道面では問題のあったことが早くから喧伝されていたようである。本文・学道の両面で問題のあるのは、晴明以来安倍氏代々の特徴であったようであるが、安倍氏のこの性格が、六壬式の根本的な占書である『黄帝金匱経』を巡っても確認されることは、刮目して余りあるものがあるといえるであろう。

註

(1) 『続日本紀』天平宝字元年十一月癸未条。

(2) 『朝野群載』十五、同年八月七日付。

(3) 西岡芳文「金沢文庫保管の式占関係資料について」(『金沢文庫研究』二八二)。

付記

本著収録に際し、初出段階のものを大幅に改稿した。殊に第三節とおわりには新稿に近いものとなっている。また、その佚文集成の部分は新加・修正の上、分章化し、次章に掲出した。初出段階の付表については、本著奥に一括して掲出したが、表Ⅲとして掲げた、卜筮書・六壬大全「曾門」「定章」対照表は一部割愛した。本著では「曾門経」の問題は留保したためと、曹士蔿撰『金匱経』や『六壬大全』などの問題は今回は検討対象からはずしたためとによる。

ここで、初出段階と論旨を変更した事情について、若干補足説明を行なっておきたいと思う。

本著収録に際し改稿ないしほぼ新稿した主な理由は、一つには『占事略决』の解説編でより詳細な検討を進めてあるからであるが、一つには、当初の構想に変更を加えた部分があり、それに伴い論旨も多少変更を余儀なくされたからである。

もともと初出論文は、『占事略决』の読解・解説とは別途に構想を立てていたものを、本著の企画が持ち上がったのを機に、急遽その参考編となるよう変更したものであるが、その基となった構想を立ててから十数年経過する間に、草稿類は紛失し、記憶の欠落も急速に進んでおり、全体的な構想や細部の検証は、すぐさま参考編執筆に利用するのに耐えられるような状態ではなくなっていた。一応、往時以前のメモ類に基づいて無難なところでまとめたつもりであったが、読解・解説編の執筆の過程で齟齬する部分がいろいろ出て来た。そのうち基本的な構想の水準で齟齬を来たしそうになったのが、『黄帝金匱玉門曾門経』の扱いである。初出論文では、この書を三巻本「課経集」としており、翌年執筆の「晴明公と『占事略决』」（『安倍晴明公』所収）や「六壬式の古占書の伝存状況をめぐって」（『東洋研究』一四三。若干改稿の上、本著第三部第二章所収）でも、この立場を踏襲していたが、実は構想に無理のありそうなことは前年から判明していた。要するに、卦遇の配列順に関する基本構想と、「曾門経」を三巻本「課経集」の下巻とみる構想との間にははじめから齟齬する可能性がありそうだったのである。往時、この問題をどう扱っていたか、今となっては全く不詳である。

筆者は、本著を一通り執筆し終えた二〇〇三年三月現在、『黄帝金匱玉門曾門経』は、簡略な総合書で教科書とされた占書という印象の方を強くしているが、本著では教科書・「課経集」の具体的な占書の比定は留保する立場をとっており、本稿も、主幹となる論旨はこの立場に立ち、副次的な立場として、具体的な可能性を並置するという立場に立ったので、本稿の論旨もこの立場からのものに変更したのである。

この基本構想の変更から来る論旨の変更については、前章所収の拙論は、その付記で説明したとおりであるが、「晴明公と『占事略決』」の場合も、留保する立場に立った時は、若干論旨の変更を必要とする箇所が出て来る。実は、校正の段階で修正しようかとも思ったのであるが、明らかな誤りというわけでもないので差し控えた。一五一頁上段、一五二頁上段辺りに修正箇所がありそうである。またこの拙論には、細部にいくつか本著と趣旨の異なるものがある。この拙論執筆後に細部検証をやり直したことによるが、このような構想上の立場や、細部検証上の解釈の相違から来る論旨のぶれは、確信を持って断定的なことをいえそうなものがほとんどない場合は、見解の相違の許容範囲内のこととしてお許しいただきたいと思う。本論中でもお断わりしたとおり、本稿で指摘したものより妥当性の高そうな可能性は他にもあるであろうから、その意味でも、本稿は、たたき台の一つ程度の価値しかないであろう。

次に、「金匱経」「曾門経」などとして現在にも伝わりながら、本稿では扱わなかったものについて、若干触れておきたいと思う。

一　『明文抄』一に、陰陽師の安倍時親と文章博士藤原国成との間に、伏日につき争論があった際、『後漢書』の註記に利用された「金匱経」が問題となった記事がみえるが、この「金匱経」は、本稿でいう『黄帝金匱経』とは別書であろう。漢代の『堪輿金匱』などを指すのではないであろうか。伏日は、六壬式占の諸法の中に関連性のありそうなものがみえない。ただし、伏吟課の伏字に関連してであれば『黄帝金匱経』にも同趣旨の一文があった可能性はある。しかしかりにあったとしてもそれは、『堪輿金匱』段階の表現が釈文として利用されていただけであろう。「時親無陳旨」と表現されるが、これも紀伝道の立場からの修辞であろう。山下克明『平安時代の宗教文化と陰陽道』八九頁参照。

二　堪輿説と関連性がありそうなもので、清代の『欽定協紀弁方書』に、「金匱経」（歳幹合・九醜）、「玉門経」（四離・四絶）、「曾門経」（歳徳・歳刑・八専・三合）の佚文がみえる。九醜（九醜卦）・四離（天寇卦）・四絶（天禍卦）は、『黄帝金匱玉衡経』、八専（五柔日）は、『卜筮書』と、各経にみえる説は、卦遇の配列順に関する筆者の基本構想と合致する点がありそうにもみえるが、各佚文の説明内容は、堪輿説段階に止まり、六壬式占、特に『黄帝金匱経』段階の説としては相応しくないように思える。

本稿でいうものとは直接の関連性はないとみておいた方がよさそうに思う。

三　雑事占に関して、『黄帝竜首経』にみえる「金匱」佚文二件のほか、『武経総要』に、兵占に関する「曾門経」佚文が七件みえる。いずれも六朝期段階ごろの発達度とみておかしくない程度のものであるが、本論中で述べたのと同じような理由で、本稿でいうものと同一の書ないしは同列の書というのには躊躇を覚える。もし淵源が六朝期段階ごろにあるとしても、その出所は『六壬式経雑占』など別書を想定した方がよいのではないかとも思う。

なお『協紀弁方書』『武経総要』中の佚文の情報の多くは、西岡芳文氏から寄せられたものである。西岡氏からは、そのほかにも南宋代の『六壬大占』など多くの情報を頂戴している。この場を借りて深謝させていただきたいと思う。

第四章　『黄帝金匱経』の佚文集成

『黄帝金匱経』の佚文集成の試みは、すでに新美寛編・鈴木隆一補『(本邦残存典籍による)揖佚資料集成』続でなされているが、中国所存の『景祐六壬神定経』や、日本所存のものでも『占事略決』諸本の注記、『安倍有行記』『陰陽道旧記抄』など利用されなかった典籍も多く、大幅な追補が可能である。

本章では、前章で検討を重ねたところの現段階での一応の結論めいたものに従い、いま一つの試みとして、佚文集成の作業を行なってみたいと思う。すなわち、本章では、次のような方針に従い、佚文の集成を試みてみた。なお、出典史料の略称などについても、前章に準じた。

一　『神定経』の「黄帝」「金匱」、日本所存典籍の「金匱経」等々、書名の明示される、ないしは明示されていると認めてよい佚文は、そのすべてを、頭部に1〜44の条文番号を付して掲出した。

二　書名の明示はないが、諸種の事情からその佚文と認めてよいと思われるものは、「参考」として、その条文を広めに掲出した。そのうちなお不審の残るものは「(不詳)」と付記した。

三　ただし、その本文を伝えているとみてよい『卜筮書』『占事略決』の本記や、佚文を伝えているとみてよいであろうと思われる『黄帝金匱玉衡経』中の条文、あるいは『黄帝竜首経』『武備志』など後世の占書・典籍類に「金匱経」「曾門経」などとみえる佚文については、ここでは多く掲出しなかった。一応、陰陽道の教科書・「課経集」段階までの検討に資することを目的としたためと、本著第二部『占事略決』本文・参考史料編との重複を避けるためとによる。

四　佚文の配列順は、『占事略決』の起筆以前に配すべきものは、ほぼ『神定経』に従い、起筆以降については『占事略決』に従った。ただし、卦遇の章については、本著第一部『占事略決』解説編で述べた筆者の構想に従い、まず三十六卦、次いで三十六卦以外の順で配した。

五　各条文の末に、参考史料や筆者なりの解説を付したものがある。そこでは、本章独自の符号（ⓐなど、㋑など、①など）のほか、『占事略決』本文・参考史料編などで利用した符号（条文番号の①・㈠などや、章句番号のⓐなど）を利用したものもある。

六　『黄帝金匱経』系統の諸本、特に総合書の教科書・十巻本や、独立書の「課経集」の別などの検討、あるいは書誌学的に必要な検証作業などについては、殊さらには行なっていない。

七　『黄帝金匱経』系統の諸本ごとの再現作業は、本章とは別の次元の問題として扱うべきであろうが、その際の参考資料の一つとして、お役立ていただけるところがいささかでもあれば幸いである。

黄帝金匱経

式義

1　『陰陽道旧記抄』

大橈序云、黄帝経云、壬任也、生万物、故謂之壬、々数六、謂之六壬、鄭玄云、壬者任用也、所以常運六甲无窮、謂之六任、々為水、五行自水始也、位在北方、々々為幽闇、々々鬼神之所処焉、所以卜者皆説〔託〕於鬼神、以知将来、

故用六壬為各《マヽ》経、見金櫃経式義、

十二支　子

2　『諸道勘文』賀茂在憲勘文

金匱経云、……又云、子者孳也、言気動、万物孳萌始発、万物結実、成就生於亥中、謂之子、……、

○参考『神定経』釈辰第五、『五行大義』第一釈名、第二者論支干名

申

3　『諸道勘文』賀茂在憲勘文

六壬王式経云、申者呻也、盛徳既畢、将恐安危、積蓄財貨、慮其損失、心違於内、自有呻吟、其罪既彰、恐聞在上、衆悉聚集、其懐憂愁云々、

○参考『神定経』、『五行大義』

五性・五蔵

4　『神定経』釈五性、第十

仁、……黄帝曰、木主於肝、

義、……黄帝曰、金主於肺、

礼、……黄帝曰、火主於心、

智、……黄帝曰、水主於腎、
信、……黄帝曰、土主於脾、
○参考『五行大義』第十四雑配、第四者論配蔵府

四門

5　『神定経』釈四門、第十四
黄帝曰、四門開張時、有括蔵、昔大撓造甲子、執十二辰於地、開四門也、
天門　在西北、西北者戌亥之間、秋冬相交之際、草木黄落天門之内、故天門在西北也、
地戸　在東南、東南者辰巳之間、春夏相交之際、万物已生、蟄蟲早出、故地戸在東南也、
人門　在西南、西南者申未之間、秋夏相交之際、万物既成、而後死、人之象也、故人門在西南、
鬼門　在東北、東北者丑寅之間、春冬相交之際、万物死而復生、鬼之象也、故鬼門在東北、

式儀・四課法・課用法

6　『神定経』釈用式、第三十一
金匱経曰、用式之法、朝向南、暮向北、常以左手執鬼門、右手転月将、以加正時、
視日辰上下陰陽、以立四課、
日上神、為日之陽神、日上本位所得之神、為日之陰神、
辰上神、為辰之陽神、辰上神本位所得之神、為辰之陰神、

四課之中、察其五行、先取相克者、為用、

○参考『占事略决』第一章

課用九法　昴星（第六）

7『陰陽道旧記抄』

金匱経曰、

岡日為陽、々之性首於天、故仰視之、

柔日為陰、々之性首於地、故伏視之、

○参考『占事略决』第二章第六

○『同右』同京本頭注④

　岡日為陽、陽之性首於天、故仰視之、

　柔日為陰、陰之性首於地、故伏視之、

天一治法　旦暮法

8『暦林問答集』昼夜時尅法

金匱経云、見星為暮、星没為旦、

　『占事略决』第三章、京本頭注⑤

金云、昼夜之分、以星決、星没為旦、星出為夜也、

『神定経』釈昏暁、第二十七
黄帝曰、暁昏之法、以星没為暁、星出為昏、

十二将所主法　螣蛇

9『安倍有行記』安倍有行重勘文
金匱(経)注曰、主驚恐、在囚気驚囚撃(繋)、囚撃(繋)者、非王者之所恐也、
○賀茂道平重勘文にて訂正。また道平、「囚気驚囚繋」の文なしと有行を難ず。
○参考『占事略決』第四章
前一螣蛇、火神、家在巳、主驚恐怖畏、凶将、
○『同右』同尊本頭注
在休上憂疾病、
○『神定経』釈天官、第二十九
前一螣蛇、天乙奉車都尉、家在丁巳、火神、驚恐怪異、……在囚上有囚繋恐怖、在休上有疾病怪異事、
○『諸道勘文』賀茂在憲勘文
螣蛇……又神枢霊轄云、在床(休)上主疾病、
○『神定経』は、引文の出典を示さず、『黄帝金匱経』の本文とどういう関係にあるか不詳である。ただ大分増補改変が進んでいるであろうという印象を受ける。道平が有行を非難した「囚気」云々の一文は、『黄帝金匱経』文ではなく、『神枢霊轄経』文であることは確実であろうとみられる。尊本注記も『神枢霊轄経』文とみてよいであろ

う。同種の注記は、天一貴人・後一天后にもみえる。

大裳

10　『諸道勘文』賀茂在憲勘文

金匱経云、大裳主冠帯衣服、吉将也、

○参考『占事略決』第四章

後四大裳、土神、家在未、主冠帯衣服、吉将、

○『神定経』

後四太常、天乙卿也、家在己未、土神、主財物田宅衣服賞賜事、

十二月将所主法

11　『神定経』釈月将、第二十三

正月将徴明、金匱経曰、建寅之月、陽気始達、徴召万物、而明理之、故曰徴明、

二月将天魁、金匱経曰、建卯之月、万物皆生、各求根本、以類合聚、故曰天魁、

三月将従魁、金匱経曰、建辰之月、万物皆長、枝蘂花葉、従根本而出、故曰従魁、

四月将伝送、金匱経曰、建巳之月、万物盛茂、陽気所伝、而通送之、故曰伝送、

五月将小吉、金匱経曰、建午之月、万物小盛、陰気始生、奉陽之功、故曰小吉、

六月将勝光、金匱経曰、建未之月、万物壮大、踰本而生、故曰勝光、

七月将太乙、金匱経曰、建申之月、万物畢秀、吐穂含実、孔穴自任、故曰太乙、
八月将大罡、金匱経曰、建酉之月、万物強固、柯條已定、核実堅剛、故曰天罡、
九月将太衝、金匱経曰、建戌之月、万物成熟、収穫聚之、枝幹剝毀、故曰太衝、
十月将功曹、金匱経曰、建亥之月、万物大聚、功事成就、計定於功、故曰功曹、
十一月将大吉、金匱経曰、建子之月、陽気復始、君得其位、恵化日施、故曰大吉、
十二月将神后、金匱経曰、建丑之月、歳功畢定、酒醴蜡祭百神、故曰神后、

伝送

12『諸道勘文』安倍泰親勘文
金匱経云、四月、日月合宿在申、其神伝送、月建在巳、万物茂盛、陽気所伝也、而通達之、故云伝送、

小吉

13『諸道勘文』賀茂在憲勘文
金匱経云、小吉、未、吉神也、
○参考『占事略決』第五章、五月小吉

功曹

14『諸道勘文』安倍泰親勘文

金匱経云、十月、日月合宿在寅、其神功曹、月建在亥、万物大聚、功成事就、定計於曹、又主徴召、
○参考　『占事略決』第五章、十月功曹
○泰親勘文続けて「又功曹主氏神」とあり。この点について、賀茂在憲は「見何金匱経哉」と非難する。泰親は、この引文に次いで『本条』文の「功曹主氏神」「太一主仏法」「伝送主形像」の三条を引出する。従って、「金匱経」に対して引出される前の功曹所主文も『黄帝金匱経』文ではなく、泰親所持本に付された注記文の引勘、ないし『本条』文の誤引とみられるが、この三条はみな『占事略決』第二十七章にみえ、占病祟法の際の所主文である。
この点についても在憲は、
　称本条、何書之名目哉、当道文書目録之中、所不見也、若私家之鈔草歟、難為指南、但文占病之時、求祟之推歟、然者不叶准拠、可有禁忌歟、
と非難する。すなわち、『本条』とは何の書か、公認の当道文書目録にはみえないものであり、私家の鈔本に過ぎないものか、もしそうなら指南とはならない。またその条文内容もし占病祟法の所主文を指しているのなら、今回の神事占の所主に、病事占の所主を利用することは、異なる占事の所主を混用してはならないという禁忌を犯すことになり、準拠とするに足りないものであると非難している。

大吉

15　『諸道勘文』賀茂在憲勘文
金匱経云、大吉者、十一月、合宿在丑、月建在子、陽気始生、君復其位、恵化日施、故曰大吉、

神后

16　『諸道勘文』賀茂在憲勘文
金匱経云、神后是(者)、十二月、合宿在丑(子)、月建在丑、歳功大定、酒醴蜡祭、以報百神、故曰神后、又云、（史料2文）又曰、肇陽、又為地主神也、
○安倍広賢勘文、出典名を示さず、次の一文を引出。
　神后者、歳功畢定、酒醴蜡祭、以報百神、故曰神后、吉、
○参考『占事略決』第五章、十二月神后

五行相生相剋法

17　『廿八宿図幷五行法』金沢文庫本
五行相生相尅法、
木生火、火生土、土生金、金生水、水生木、
木尅土、土尅水、水尅火、火尅金、金尅木、
金化而水生、水流而木栄、木動而火明、火炎而土平、土積而金成、此五行相生之精、而相愛者也、
金入火而消亡、火得水而滅光、水遇土而不行、土値木而腫瘡、木遇金而折傷、此五行相尅之精、而相悪者也、（以上金匱経）

18　『神定経』釈相生、第二十一

金匱経曰、二気交会各五、五行謂金木水火土、循環而無端、故金化而水生、水流木栄、木動而火炎、火炎而土平、積土而金成、此五行相生之情、而相受也、故、金生水、水生木、木生火、火生土、土生金、是為相生也、

19　『神定経』釈相克、第二十二

金匱経曰、五行者、各有相悪也、故金入火而銷亡、火得水而滅光、水得土而不行、土得木而腫瘡、木逢金而折傷、此五行相克之情、遞相悪也、故金克木、木克土、土克水、水克火、火克金、是謂遞相悪也、

20　『安倍有行記』賀茂道平勘文

黄帝金櫃経云、火得水而滅光、此五行相尅之精、而相悪者也、

注云、此五行相反而成凶者也、

又云、水入火、驚恐六畜亡、

案注云、水火相反、必有相害、

○参考『占事略決』第十五章、日財法（但し、順序変更）

　木財土、土財水、水財火、火財金、金財木、

○『占事略決』第十六章、日鬼法（但し、順序変更）

　木鬼金、金鬼火、火鬼水、水鬼土、土鬼木、

○『同右』第十六章、京本注

　木遭金而折傷、此故畏也、火得水而滅光、土値木而腫瘡、金入火而消亡、水遇土而不行、

○『神定経』釈神変、第三十七
霊轄経曰、……説云、
金入木、主縣官闘訟、
土入水、主亡遺財物、室有病人、
木入土、主牢獄口舌相傷、
水入火、主驚恐六畜亡失、
火入金、主囚繫、有罪女人争競之事、

○相剋関係のうち、日財は、木土水火金の剋・財、日鬼は、金火水土木の賊・鬼の順をいい、主に日干と用との相剋関係に用いる。道平勘文の「注」文は、相剋のうち下賊上（鬼）の所主に関する注文、「又云」文も注文で、上剋下（財）の所主に関する注文とみられる。この財の所主の総体とみられるものが、『神定経』釈神変に「説云」としてみえる。この説文は、『神枢霊轄経』の一説文であろう。とすると、道平勘文の「注」文は『神枢霊轄経』文であり、道平引勘の典拠書の『黄帝金匱経』は、後続の占書を注文に利用したものとなろう。なおその「案注」文は、道平の私案文であろう。なお道平のこの難を受けた有行の重勘文には冒頭部に「各本書所見也」とあり、有行は本書を検索し直したようにもみえるが、果たして本当にそうしたか不安の残るものとなっている。

五行相刑法

21　『暦林問答集』釈歳刑、第十
金匱経云、刑凡有三、第一、衰謝之刑、有五、謂金木水火土之刑、

第二、制御之刑、有十、謂十干之刑、
第三、不遜之刑、有三、謂十二支之刑也、……、
第一云、衰謝刑者、金剛也、刑自在西方、火猛也、刑自在南方、木落帰根、刑在北方、水流皈末而不皈、刑在東方、
土王於四季、故天能刑之、今按、(下略)

○撰者賀茂在方、制御刑・不遜刑は、歳刑に関係あらずとして引勘せず。

○参考『神定経』釈刑、第十六

伝曰、刑者刑戮之謂也、一曰、衰謝之刑、謂金木水火土止(之)刑、
二曰、制禦之刑、謂十干之刑也、
三曰、不遜之刑、謂十二克(支)刑、
翼奉伝曰、金剛火強、各在其方、木落帰根、水流趨末、
巳酉丑、金之位、在西方、言金恃其剛物莫与対陽気、八月従酉而入、因而挫之、故金刑在西方、
寅午戊(戌)、火之位、在南方、言火恃其強物莫与対陽気、五月生於午、因而挫之、故火刑在於南方、
亥卯未、木之位、木落帰方、言葉落復根、亥卯未木之根、刑在北方、言木恃其栄観、故陰気刑之使凋傷也、
申子辰、水之位、水流趨末、水性東流、逝而不返、其謂之末也、故水刑在東方、言水恃陰徳、故陽刑使之不帰也、
土位在中央、寄旺四季、以未為長生、丑為冠帯、墓在辰、天刑在戌、此言、土力最大、天能刑之、故天刑在戌、
制禦之刑者、謂十干也、辰来克日、為逆乱、故加刑、以制禦之、凡干刑所加、戦闘不出其下、甲刑在申、乙刑在
酉、丙刑在子、丁刑在亥、戊刑在寅、己刑在卯、庚刑在午、辛刑在巳、壬刑在戌、癸刑在未、
不遜之刑者、謂十二支也、義有三段、

第一、寅刑巳、巳刑申、申刑寅、為無恩之刑、言寅中有雑火、不恤巳中雑金、故寅刑巳、巳生庚金、又效尤巳裏之雑土、不恤申中之雑水、水故往刑申、申立下巳見所生巳裏之土、被寅刑、故又往刑寅、此為無恩之刑也、

第二、恃勢之刑者、言未土恃長生、而欺丑之始冠帯、故未刑丑、丑恃冠帯、而欺戌土之先被刑、故丑往刑戌、戌再遷其怒、自恃自首甲戌往刑旬末癸未、此為恃勢之刑、

第三、無礼之刑者、言陽精自生日、陽気在子、而卯為日門、子為卯父、鼎立無卑恭之礼、是以卯子為無礼之刑也、

翼奉伝曰、子為貧狼、卯為陰賊、王者為忌失之辰、

辰午酉亥、自刑、義見上矣、

○『占事略決』第二十六章第二十一、曲直卦、尊本注、④木落帰本、

○『同右』第二十六章第二十五、潤下卦、尊本注、⑤水流帰末、

○『卜筮書』第十二経、刑徳卦

金岡火強、自処其郷、木落帰本、水流皈末、故寅午戌、為火、刑在南方、

巳酉丑、為金、刑在西方、

申子辰、為水、刑在東方、

亥卯未、〇(為木)、刑在北方、

是為刑、主其辰、日主其徳、

○『五行大義』第十一、論刑では、支自相刑、支刑在干、干刑在支の三種とし、各刑の名称はみえない。また、支自相刑は、衰謝刑と不遜刑、支刑干は、制御刑に相当するので、『黄帝金匱経』には、干刑支に相当するものがみえないことになる。

五行数法

○参考　『陰陽道旧記抄』

水生数一、成員六、火生数二、成員七、木生数三、成員八、金生数四、成員九、土生数五、成員十、

知吉凶期法（**指期法**）

22　『神定経』釈卦略、第三十九

黄帝曰、数之一魁離日、仮令、占事、河魁加未、未数八、河魁数五、五八四十、為吉凶之事在四十日之内也、余準此、

『黄帝竜首経』占諸望行者吉凶来否、第二十六

金匱云、数以魁離日、仮令、魁加未、未数八、魁数五、五八四十、為吉凶在四十日内、行人当之、為四百里也、他皆倣此也、

所主　用

23　『安倍有行記』賀茂道平勘文

金匱経注、所謂、用者、万事可施行者、占体、先以用可為宗者也、

○有行、初伝凶、中伝・終伝吉より、吉象と推断するも、道平、本文を引勘し、用を宗とすべしと難ず。史料40～42参照。

『諸道勘文』賀茂在憲勘文

金匱経、……同経注云、所謂用者、万事可施行者、占之体、先以用可為宗者也、

○安倍泰親、初伝吉、終伝凶より凶象と推断するも、在憲、『金匱経』の「始吉終凶」の文は、あらかじめ占者を喩す詞として、これを難じ、本文を引勘す。

○この一文は、用＝初伝の枢要性を一般的に問いたものとみられるので、四課法か課用九法の章の注文ではないであろうか。

用伝相剋

24

『安倍有行記』賀茂道平勘文

曾門経云、伝得所勝、雖吉神将并、其事疑、万事皆相欺殆、

○有行の吉兆多しの推断に対し、凶兆の一例として引勘。初伝神后子水と、中伝小吉未土とは、相剋関係にある。

○この一文は、ある卦遇の、ある特定の正日時の占断を示す仮令文中のもので、初伝吉神・吉将、中伝ないし終伝の月将は、初伝と相剋関係にあり、その十二天将は天空の局ではないかと思われる。

得体等

25

『神定経』釈将伝、第三十六

金匱経曰、伝得其体、而無憂、

仮令、功曹為用、伝得神后、又与吉将并者、故曰、伝得其体、而無憂、

○得体、初伝・中伝が、下生上の関係、かつ吉将をいう。吉象。上生下の関係は、得礼、吉象。

26 『神定経』釈卦略、第三十九

黄帝曰、幾共始至、為方来、

27 『同右』

黄帝曰、在其中、為已至、占事、孟夏用起伝送、金生巳(已)、故云、巳(已)至、

又曰、幾其時、晩為巳(已)去、謂、季夏土王金相之時、火神休気、所以始謝為晩、故曰巳(已)去、

又曰、凡占吉凶、未来巳(已)去之期、視神、将来為来、事去為去事也、

吉凶期者、仮令、正月占事、其人年立寅、太乙為朱雀加年、則本年四月丙丁日、当有縣官・失火事、

若徴明為玄武臨年、則去歳十月壬癸日、有亡遺・盗賊・逃叛之事、

○朱雀・巳――寅(年立)

巳、四月建により、正月よりみて未来、巳・丙丁は火、朱雀の象は縣官・失火。

○玄武・亥――寅(年立)

亥、十月建により、正月よりみて事去、亥・壬癸は水、玄武の象は、亡遺・盗賊。

28 『同右』

金匱経曰、歳月日時、為期、得歳、不出歳、得月、不出月、得日、不出日、得時、不出時也、

仮令、歳在亥、用起徴明（亥）、為事在今歳、二月用太衝（卯）、為事在今月中、寅日用起功曹（寅）、為事在今日、用起神后（子）、事在旬中、午時占事、用起勝光（午）、事在須臾、（史料22に続く）

29

『同右』

黄帝曰、将得所勝、禍従外来、

仮令、年上見功曹（寅）、将得太陰、金将克木、故禍従外来、

○大陰金将・寅木神——人年

勝は上剋下。金将・木神は、将剋神の関係にある。

30

『同右』

黄帝曰、将得所畏、禍従内出、

仮令、伝送（申）臨午、将得青竜木将、木畏金神、故禍従内出、審其内出、終伝以知事之情偽也、

陽之憂事、発他人、言、日辰上賊神将也、

陰之憂事、発於己身、言、神将下克日辰也、

○青竜木将・申金神——午

畏は、下剋上。木将・金神は、将畏神（神剋将）。

○天将（将）・月将（神）——日干・日支

陽の憂事、日辰が、その上の将神を剋する時。

陰の憂事、将神が、その下の日辰を剋する時。

31『同右』

黄帝曰、神将内戦、禍害難解、神将外戦、禍微易解、神克将、為内戦、将克神、為外戦、

○29・30・31は、初伝の月将（神）と天将（将）の相剋関係、神将内戦（神剋将）と神将外戦（将剋神）との所主を示す。すなわち、

神将内戦…禍従内出、禍害難解　神将外戦…禍従外来、禍微易解

六十四卦大例所主法（課経集）　○（　）内は、『占事略決』第二十六章の卦遇番号。

元首卦（3）

32『諸道勘文』安倍広賢勘文

金匱経第一篇云、入不入、是為最急、神以五行、立事情之本、将以天官断吉凶之決、

○参考『金匱章』第一経㈠㈡

第一経曰、日辰陰陽中、有相剋者、為用、是謂、入不入、是最急者也、

○参考『占事略決』第二章第一、本記④

○『同右』第三元首卦、尊本注、④他人、

重審卦（4）
○参考『金匱章』第二経㊂
○参考『占事略決』第二章第一、本記③
○『同右』第四重審卦、尊本注、④我身、

聯茹卦（20）
○参考『金匱章』第三経㊁
○参考『占事略決』第五、尊本注
⑥（不詳）柔日、占盗賊、皆隣也、比、宅之人、不出邑里、比（皆）春近也、
○『同右』第二十、尊本注、⑦（不詳）盗賊不出也、

傍茹卦（5）
○参考『金匱章』第三経㊁

蒿矢卦（6）
○参考『金匱章』第五経㊁
○参考『占事略決』第二章第五、京本注
⑥金曰、上剋下、憂臣、下剋上、憂主、休廃、為老人、王相、丁荘也、

○『同右』第六、尊本注⑤・⑥（不詳）

虎視卦（7）

○参考『金匱章』第六経㈡

○参考『占事略决』第二章第六、京本注④（先引佚文史料7）

○『同右』第七、尊本注⑥（不詳）

⑦柔日、居家有憂、（下文は不詳、『神枢霊轄経』文か）

伏吟卦（8）

33『諸道勘文』安倍泰親・広賢両勘文の合文

金匱経云、天地閇吟、陰陽各帰家、①故無所択、ⓐ聞憂不憂、聞喜不喜、ⓙ天地之合不容須臾、ⓓ合者将離、ⓔ居者将移、②ⓕ関梁杜塞、③ⓖ諸神各帰家、

○泰親勘文、①「故無所択」なし。②「関梁杜塞」なし。広賢勘文、③「諸神帰家」とし、「各」なし。賀茂在憲勘文は、泰親勘文を引き写すのみ。

○参考『金匱章』第七経㈢

○参考『占事略决』第二章第七、京本注

⑤謂、十二神皆帰其家、名曰、閇吟也、

○『陰陽道旧記抄』

閇吟、十二神各帰其家、名曰、――、（下略）

反吟卦（9）

○参考『占事略決』第二章第八、京本注

⑩謂、十二神各反其位、故曰、反吟、

陰陽無親卦（17）

○参考『玉衡章』第七経

帷薄不修卦（12）

34『安倍有行記』安倍有行重勘文

曾門経云、天地之道、備於三才、天一、地二、人三、是也、

○参考『卜筮書』第二経（B）

所謂、天地之道、備於三才、天為一、地為二、人為三、

○仮令文の後にみえる。

九醜卦（26）

○参考『金匱章』第八経㈠

無祿卦（28）

○参考『卜筮書』第六経

○参考『占事略決』第二十八、尊本注

⑤六畜死亡、従者離別、……⑦孤独、無子孫、

絶紀卦（29）

35○参考『権記』寛弘八年五月九日条、賀茂光栄占文の占推条中

ⓐ四下剋上、ⓑ法曰、絶紀、ⓗ亡其先人必有孤子、○章曰、ⓔ臣事君、子事父、今皆下賊上、為絶紀、ⓒ臣害其君、子害其父、

男妨父、女妨母、ⓕ故曰、ⓒ亡其先人、ⓕ是謂孤子、

○参考『卜筮書』第七経、『占事略決』第二十九

贅聟寓居卦（16）

○参考『金匱章』第九経㈡

○参考『占事略決』第十六、尊本注

⑦以神将□（論カ）其吉凶、⑧若見勾陣、内闘諍、

乱首卦（14）

○参考『玉衡章』第八経㊀

⑪逆気侵上、必害長老、

○参考『占事略決』第十四、京本注

気類物卦（1）

36 『諸道勘文』安倍泰親勘文

金匱経云、同位為類、

○安倍広賢、「曾門経云」とす。賀茂在憲、書名に関し、難を加えず。

○参考『玉衡章』第一経㊁

新故卦（2）

○参考『玉衡章』第二経

○参考『占事略決』第二、尊本注

⑦新、百事皆新物也、故、娶婦皆是再嫁、或故交通、今数（欲カ）取之、

⑩陽與（為カ）方来、陰為已去、

天綱卦（27）

○参考『玉衡章』第五経㊁、『呉越春秋』巻七「玉門第一」

○参考　『権記』寛弘八年十一月二十日条の賀茂光栄詞中

六壬天網、々々ⓒ万物悉尽、ⓓ身死家亡、

天獄卦（36）

○参考　『玉衡章』第九経㊂

三光三陽卦（31）

○参考　『玉衡章』第十経

竜戦卦（15）

○参考　『卜筮書』第九経

○参考　『占事略決』第十五、尊本注

④（ⓕ不詳。『神枢秘要経』文か）

⑤ⓖ出者勿南、入者勿北、（ⓗ不詳。『卜筮書』は、この部分に㊃のⓓ文がある）

ⓘ兄弟年立之、戸(争カ)財異居、

○『六壬占私記』七

愚云、卯為日門、酉為月門、

斬関卦

○参考『卜筮書』第十経

37

狡童迭女卦（11）

『諸道勘文』賀茂在憲勘文

（安倍泰親勘文）金匱経云、親族蔽匿、使不得見（者、今拠勘申之旨、引検本経之処）、仮令、六月戊戌日、時加辰、神后ⓐ○為用、将天后、ⓑ○終（於）○六合、ⓒ○以此占人、若無逃女、当有己（亡）婦、親族蔽匿、使不得見、

○在憲、続けて、泰親の引文を難じて、

　忘本釈之義、引仮令之文、学道之法、豈以可然乎、可謂拙文籍断簡之道歟、

とす。安倍広賢は、泰親引文を「不見本経、文違義戻」とす。

○参考『卜筮書』第五経

○参考『占事略決』第十一、尊本注

⑤（不詳）伝於（終）玄武、為婦女逃亡、伝於（終）六合、為蔵俳（匿カ）他人婦女、⑦独出独入、

○『卜筮書』を参考にすると、泰親引文は、「課経集」の例示の正日時の戊戌8局・旦治の仮令文の所主文であるのは確実のようであり、従って在憲の「本経・釈文の義を忘れ、仮令の文を引勘するとは、学道の法に背くもので、本文抽出の仕方が拙ないとしかいいようがない」という非難は正しい。教科書の『黄帝金匱経』経釈文とみられなくもないが、他の箇所では「課経集」より引勘しており、『占事略決』は「弊」字としている。なお、『卜筮書』は○印部、それぞれⓐ「臨戌」、ⓑ「事起女婦、伝」、ⓒ「為度私門」を補入した形となっている。

跅跪卦（18）

○参考『卜筮書』第十四経

無婬卦（10）

○参考『玉衡章』第六経

三交卦（13）

○参考『卜筮書』第十一経

○参考『占事略決』第十三、尊本注

⑧皆以将、決之、

○『陰陽道旧記抄』

三交卦云、大衝・従魁、為六合・大陰、為門戸之神、閇匿万物、匿罪人、

三交云ハ、謂、用ニ得大衝、為一交、将得六合、為二交、用発其中、為三交、以此占人、家匿罪人之象也、

玄胎四牝卦（19）

38『諸道勘文』安倍泰親勘文

金匱経云、占遇此卦者、含経計、欲有建立、

○安倍広賢勘文、「先件卦不載金匱経、何金匱哉」として、「本条」文を引勘す。
本条云、占遇此卦者、皆始有経計、将欲建立、故来耳、占非旧事也、事之善悪、以将言之、若無謀計、則妻妾将有子、

○参考『占事略決』第十九
謂、……若占遇此卦者、其人始含経計、欲有建立、占事、是新、善悪、以将云之、若無計謀、即妻妾将有子也、

○広賢所引の「本条」文は、『占事略決』本記文に似るが、右傍に•印を付した字句に異同がみえる。広賢は、なぜ「この卦金匱経に載せず」というのか、また、広賢所引の「本条」文は何であろうか。一つの可能性として、この「本条」文は「課経集」文であるが、広賢所持の「課経集」からは欠脱していたことも想定出来よう。

炎上卦　(22)

○参考『占事略決』第二十二、尊本本記
③経曰、若見三火、将得白虎、皆方為焼死事、

○この「経」文は、「課経集」で例示される正日時（甲戌6局・旦治）の仮令文の所主文であり、加注者（安倍泰親か）が補入したものであろう。

閉口卦

39　『六壬占私記』第三十五、追捕亡叛法
経曰、閇口、閇口陰、有汝後、謂、……、

仮令、正月甲子日、加卯時、天罡為玄武加申、為陰、陽有大吉加巳、女亡、責陽、当言西南行、至申地、男亡、責陰、当○（東）南行、至巳地也、

○参考『金匱章』第十経

第十経曰、閉口、閉口陰、有汝後、……仮令、……、……、

正月甲子、時加卯、天罡為玄武而加申、天罡為陽也、陰在大吉、加巳、男亡、東南行、巳地求之、女亡、西南行、申地求之、

○この「経」は、『黄帝金匱経』ひいては『黄帝式経』であろう。

【甲子2】 正月甲子日、卯刻

甲子旬、玄武の陽＝神后（子）、玄武の陰＝従魁（酉）、

玄武の陽　子――辰
　　　　　丑――巳　陰→責男＝巳地
玄武　　　辰――申　陽→責女＝申地
玄武の陰　酉――丑

始終卦

40　『安倍有行記』安倍有行勘文

金匱経云、占諸事、初吉終凶者、其事、初吉終凶也、初凶終吉者、其事、初雖不宜、後吉也、

○賀茂道平、重勘文で、二点を難ず。

本経無所見、曾門経、有始終之釈、若件文歟、雖一部之盡(書)、其名相分、
就中、其事初雖不宜、後吉之文、不似本文、不宜之字、是凶字也、

すなわち、一点目は書名の件で、有行引文は「金匱経」ではなく、「曾門経」文であり、かつその釈文とする。また、道平は、「金匱経」と「曾門経」は同一の書の各巻の巻名であることを承知していた。二点目は字句の問題で、有行引文中の「不宜」は、「凶」であると指摘。後引の『卜筮書』で、有行の訛謬が確認されるということが出来よう。

41

『諸道勘文』安倍泰親勘文

金匱経云、始吉終凶、先吉後凶、

○安倍広賢勘文は、泰親勘文を引き写すのみ。賀茂在憲勘文は、書名に難を加えず、「占者を喩す詞にて、文の肝心にあらず」と難ずるのみ。

42

『諸道勘文』安倍広賢勘文

曾門経云、始凶終凶、自窮於凶、

○参考『卜筮書』第一経（A）

経曰、始之与終伝、自相窮進退軽重、何喜何恐、始吉終吉、自窮於吉、始凶終凶、自窮於凶、始吉終凶、先吉後凶、始○(凶)終吉、先凶後吉、神将倶和、如子帰母、為大吉、相剋不和、為大凶、

○『諸道勘文』賀茂在憲勘文

新撰陰陽書云、始凶終凶、自窮於凶、

○『卜筮書』を参考にすると、史料41 42は経文で、42 41の順。『卜筮書』には40と同文がみえないが、道平の重勘文を参考にすると、40は、42 41文を含む経文に続く「課経集」の釈文で、『卜筮書』ではこの釈文の部分は改変されていたとみてよいであろう。なお、在憲がなぜ『黄帝金匱経』文ではなく『新撰陰陽書』文を引勘したのか疑問も残るが、後述の十雑卦と同様、『新撰陰陽書』にも『黄帝金匱経』と同様の条文が引載されていたのであろう。

三奇卦（**死奇卦・刑奇卦・徳奇卦**）

43 『輯佚資料集成』（『希麟音義』巻五所引）

金匱経、月主憂患、日主福徳、故月為刑奇、日為徳○（奇）、

常以冬至日、在斗二十一度四分度之一、春分之日、在奎十四度、夏至之日、在東井二十六度、秋分之日、在角二度四分度之一、差此、則為失度也、

○参考『卜筮書』第十三

経曰、三光所臨、更立、三奇、斗為死亡、月為憂患、日為福徳、……謂、日月星為三光、斗為死奇、月為刑奇、○（日）為徳奇、……、

十雑卦（**物類卦**）

44 ○参考『安倍有行記』安倍有行重勘文（賀茂道平重勘文中の難文で修訂）

新撰云、陰陽五行、万物所在、吉凶之応、各以其類言之、或吉中有凶、凶中有吉、ⓐ或徴凶而有大吉、或徴吉而有

大凶、凶則視其所救①、吉則視ⓑ其所害、凶而有救、不至於禍、吉而有凶ⓒ、不及於慶②、純凶則禍成ⓓ、純③吉則福至ⓔ、言ⓕ挙百事、姓音④不同、日辰㋑神将上下㋺不和、四時王相、新㋩故差別、和同則吉也㋥、

○『新撰陰陽書』文であろう。道平、「今検件書、文字相違」として、四点の難を挙ぐ。①救より六文字を欠く点、②慶を憂と誤る点、③純を終と誤る点、④音を意と誤る点。後述の『卜筮書』で有行の訛謬が確認される。

○参考『卜筮書』第十六経（W）、『六壬大全』巻八、物類卦、顔色の段、『五行大義』巻二、第十二、論害

○『卜筮書』は、右引文とほぼ同文であるが、四箇所相違がある。すなわち㋑「辰」を「時」とし、㋺「下」を欠き、㋩「新」を「雑」とし、㋥「也」なし。いずれも『卜筮書』の方の誤りとみられる。『五行大義』は、省略・異同の目立つものとなっている。すなわちⓐより十四字分を欠き、ⓑを観、ⓒを害、ⓓを大、ⓔを深とする。また ⓕ以下はみえない。

○「課経集」段階では、『卜筮書』の「経」文に類する一文はあったとみられるが、この引文（『新撰陰陽書』佚文）は、まだ所載されていなかったのではないであろうか。

付記

初出段階では、前章の初出論文に付して公表したが、本著再録に際し分章化するに当たって、前文を新稿した。また、『占事略決』尊本・京本の注記と『卜筮書』との対比による「課経集」段階の本文とみられるものを中心に、書名の明示されない条文を「参考」条文として大幅に新加した。初出段階の条文の配列や、解説文の中に修正を加えた箇所も若干ある。特に雑事占に関する条文は割愛した。

第五章　『神枢霊轄経』等の古占書と　その佚文集成

日本の陰陽道で古代・中世を通じて専用された六壬式占は、中国の北宋以前の古法と密接な関連のあるものであり、その占書も、中国で撰述されたものが利用された。

中国で撰述された古占書の様子は、『隋書』『旧唐書』経籍志や、『新唐書』『宋史』芸文志、『通志』芸文略などの書目類に著録されるもので窺うことが出来、相当量が日本に請来されていたことも『日本国見在書目録』で知ることが出来る。

中でも、奈良時代から陰陽道の教科書とされた『黄帝金匱経』、奈良時代から陰陽道と関連のあった陳の楽産撰『神枢霊轄経』、『六壬式枢機経』の三書は、陰陽道の重要な典拠書とされ、安倍晴明が『占事略決』の撰述の際に利用したのも、これらの書であったとみられる。九世紀ごろに請来された『六壬大撓経』も重用され、滋岳川人が『金匱新注』の撰述に利用したとみられる。院政時代には、『集霊金匱経』『神枢秘要経』等も典拠書として利用されていた。

しかし、これらの古占書は、一部を除き多くが早くに散佚し、現在ではごく少数の佚文でしか、その姿を窺うことが出来ない。そこで、六壬式占の古法の解明作業に先立って、その佚文集収作業が必要不可欠となるのである。

佚文集成の試みは、すでに新美寛編・鈴木隆一補『(本邦残存典籍による) 揖佚資料集成』続でなされているが、『安倍有行記』や、『占事略決』諸本の注記など利用されなかった典籍も多く、また『道蔵』所収本など中国の類聚本は全く利用されていないため、相当量の追補が可能である。

本稿では、古占書の佚文集成のいま一つの試みとして、北宋以前の古法を伝える資料を中心に、佚文集成の作業を行なってみたいと思う。各古占書の配列は、五十音順に従った。なお遺漏も多く、文献学的な不備も目立つと思うが、古法の解明に資するところがなにがしかでもあれば幸いである。

なお、『黄帝金匱経』については、本著第三部第四章で試みており、本稿の参考資料も、それに準じているので、そちらを御参照いただきたい。

角　遊

左の一条のほか、一切不明。

卦遇　新故卦

1 『占事略決』三十六卦大例所主法、第二十六、新故卦第二、尊本傍注⑥

角遊云、地六丁亥馬、乗土神、凶、三伝是也、

金　海

隋の蕭吉撰。『隋書』経籍志、兵部に三十巻、『旧唐書』経籍志・『新唐書』芸文志、兵部に四十七巻、『日本国見在書目録』兵家に三十七巻とある。『天文要録』に、「金海散精篇三巻」とみえ、『天地瑞祥志』に三条の佚文がみえるという。

所主

1　『安倍有行記』賀茂道平勘文

金海云、凡占事、但視支干上下相生、有王相気、前後吉将、三伝終始、伝而相生、万事吉安、伝而相剋、以察其患、

2　『安倍有行記』安倍有行重勘文

金海云、皆以剋深言之、即知物類、規（視カ）日辰大歳之上、非相剋深、則不所憂、占事通体、能察此術、

3　『諸道勘文』賀茂在憲勘文

金海云、三伝、以考始終善悪、

卦遇　竜戦卦

4　『占事略決』三十六卦大例所主法、第二十六、竜戦卦第十五、京本傍注⑥

金海《天一》曰、卯日占事、用起卯上、酉日占事、用起酉上、人羊（年）立之、分離動揺、不可復合也、

○参考『卜筮書』第九経

経曰、……人年立之、……天地解離、不可復合、

雑事占

5　『六壬占私記』二十八、賊来否法

金海云、正二三月、卯、四五六月、巳、七八九月、申、十十一十二月、亥、是神加日辰、即賊来也、

金

『黄帝金匱経』『金海』などの佚文の可能性があるが、不明。なお、『占事略決』天一治法第三、京本頭注⑤の「金」文は、『黄帝金匱経』文とみられる。

課用九法　遙剋課

1　『占事略決』課用九法、第二、第五（遙剋）　京本頭注⑥
金曰、上剋下、憂臣、下剋上、憂主、休廃為老人、王相丁荘也、

十二天将　白虎

2　『占事略決』十二将所主法、第四、後五白虎、京本脚注
□（金カ）云、白虎、主刀兵、為皮革・刀兵・口舌也、

玄女式経

『隋書』経籍志に『玄女式経要法』一巻、『新唐書』芸文志に『玄女式経要訣』一巻とみえ、『宋史』芸文志、『通志』芸文略にも、玄女を冠する占書が数点みえる。また『日本国見在書目録』五行家には、『玄女経』一巻とみえる。しかし、これらと佚文との対応は、不詳。

式盤

1　『神定経』巻二、釈造式、第三十
玄女曰、造式之法、以楓子為天、楓子者楓樹之別株、自生大枝、傍遠望与母斉近視高下異也、又以棗心為地、以象天地陰陽之象、楓者衆木之精、棗者群木之使、物之霊者、莫過於此、

十二月将

2　『五行大義』第二十、論諸神
玄女拭経云、六壬所使十二神者、神后、主子、水神、大吉、主丑、土神、功曹、主寅、木神、太衝、主卯、木神、天岡、主辰、土神、太一、主巳、火神、勝先、主午、火神、小吉、主未、土神、伝送、主申、金神、従魁、主酉、金神、河魁、主戌、土神、微（徵）明、主亥、水神、（中略）
神后主婦女、大吉主田農、功曹主遷邦、太衝主対吏、天岡主殺伐、太一主金宝、勝先主神祀、小吉主婚会、伝送主掩捕、従魁主死喪、河魁主疾病、徵明主辟召、

十二天将

3　『五行大義』第二十、論諸神
玄女拭経云、（史料2）又、十二将者、天一、土将、前一騰蛇、火将、前二朱雀、火将、前三六合、木将、前四勾陳、土将、前五青竜、木将、後一天后、水将、後二太陰、金将、後三玄武、水将、後四太裳、土将、後五白虎、金将、後六天空、土将、
天一已如前解、騰蛇、主驚恐、朱雀、主文書、六合、主慶賀、勾陳、主拘礙、青竜、主福助、天后、猶是神后、天一之妃、太陰、主陰私、玄武、主死病、太裳、主賜賞、白虎、主闘訟、天空、主虚耗也、

十二客法

4『神定経』釈次客、第三十三
玄女曰、陽将、臨正時、先用後三、次用前五、陰将、加正時、先用前五、次用後三、仮令、十二月占事、第一人、用月将神后、第二人、用月将後三従魁、第三人、用前五功曹、余皆倣此例、
○『占事略決』十二客法第二十、これに同じ。

所主

5『安倍有行記』賀茂道平勘文
玄女経云、日為官、辰為民、

6『暦林問答集』釈金剛峯、第六十四
玄女云、不知五行之相剋、日辰之吉凶者、如盲馳於曠野、

7『神定経』釈将法、第三十六
玄女曰、六壬之道、皆取三伝相生、則吉、相剋、則凶、伝見天乙貴人、詔命、朱雀、文書・口舌、六合、嫁娶・婚姻、句陳、闘訟・田土、青竜、貞観君子、天后、婦女・貴人、太陰、所処娶婦、玄武、陰私・奸宄、太常《（裳）》、冠帯・仕官、白虎、死喪・折傷、天空、万事欺詒、螣蛇、驚恐・怪異、
8玄女曰、占万事、大要視支干上下相生、相生・有気・前後吉将、三伝終来剋始、当此之時、遠行万里、入水不溺、入兵不傷、人病不死、悪寇不逢、所求必得、所作必成、出幽入冥、所為神霊、以此秘法、示之昭明、

黄帝妙心経・妙

左の条文以外、不詳。『妙』も同書か。

土王時

1　『陰陽略書』

土用事、……黄帝妙心経云、土王時、不動五寸、

『陰陽道旧記抄』

黄帝妙心経云、王時、不動五寸、

雑事占

2　『占事略決』占病祟法、第二十七、尊本傍注⑧

妙云、病者死期、以月将、若大歳上神為白虎、不生歳中也、月建上神為白虎、不出月中也、日上神為白虎、不日中也、不出只此時、死也、終得白虎、与魁罡幷者、必死也、

3　『同右』尊本頭注⑩

極戒《(ママ)》妙文云、甲乙日用金、丙丁用水、戊己日用木、壬癸日用土、幷是小身《(為カ)》剋命、必死也、甲乙日用土、丙丁日用金、戊己日用火、庚辛日用木、壬癸日用水《(火)》、幷是為命封《(剋カ)》身、病者必愈也、不死也、天罡加孟、不死、加仲、人煩《(久カ)》、加。《(季脱)》、死《(カ)》、白虎与今日日辰同類、病久煩、用起木、以丙丁日差、以庚辛日刻、用火、以戊己日差、以壬癸日刻、用起土、以庚辛日差、以甲乙日刻、用起金、以壬癸日差、以丙丁日刻、用起水、以甲乙日久也、

黄帝竜首経

『隋書』経籍志、『新唐書』芸文志に二巻、『宋史』芸文志、『通志』芸文略（太一の部）に一巻とみえる。『日本国見在書目録』では、「竜首経一」「黄帝竜首経二、董氏撰」とあるが、「黄帝竜首経二」が本書であろう。「竜首経一」「董氏撰」は太一式占書で、梁・董氏注『太一竜首式経』三巻（『隋書』、梁以後亡佚書）・一巻（『新唐書』『通志』）のことであろう。これ以前、北斉の顔子推撰『顔氏家訓』雑芸篇に『竜首』とあるのも、本書と関係があろうか。

『正統道蔵』など所収の現存本は、上下二巻。日本に現存する典籍類にみえる佚文では、書名は欠くが、ほぼ同文とみられる条文を伝えるものがある。これらの佚文は、本書のものであり、現存本は、六朝期段階の姿をよく伝えているとみてもよいのではあるまいか。しかし、六朝期段階のものそのものとみるわけにもいくまい。

七十二章にわたってさまざまな雑事の占法を解説する。その法は、六壬式の発達段階としては、三伝の段階にまで発達した『黄帝金匱経』系統より古いが、また新しい法を伝える部分もあり、古法に基づく雑事占が、特殊に発達したものとみられる。『金匱』三条、『光明符』一条、『式経』十二条、『史蘇○（亀脱カ）経』一条、『集霊記』一条、『神枢』十一条の佚文も伝える。史料4は現存本にみえないが、別書の佚文であろうか。

なお、『占事略決』の雑事占の各章の本記文には、左引のほかにも本書との関係で捉えられるものがあるが、『占事略決』の解説編の方で扱う。

雑事占

1　『黄帝竜首経』占諸君吏吉凶法、第十一将及小吏、始入官、臨政視事時、慎無令、人年上神賊初拝除日、又無令、所出門上神賊人年上神、文官欲得青竜、武官欲得太常(大裳)、与日辰相生、不欲相刑剋、（『神枢』史料12に続く）

○参考『陰陽略書』着座日、付入官日

臨臣(官)時、仮令、無令、年上神剋拝除日、勿令、門上神剋年上神也、

○『陰陽略書』入官日

入官日、無令、其年上神剋初拝日、勿令門上神剋年上神也、又日辰上神、与青竜・大裳相生、吉、雖不相生、不欲相刑也、

2　『黄帝竜首経』占諸望行者吉凶来否、第二十六

必当視所至地之陽神、以卯為限、以子午上神、為至期、

東方南方、以酉為限、子上神為至期、

西方北方、以卯為限、午上神為至期、

仮令、望酉地人、従魁加戌、為已発、加子、為半道、加卯、為得限、当来以午上神、為至期、午上神得神后、以壬癸亥子日至、

仮令、望巳地人、太一加午、為已発、加酉、為得限、当来以子上神、為至期、子上得伝送、期庚辛申酉日至、（下文略す。『占事略決』本文・参考史料編参照）

○参考『占事略決』占待人法、第三十一

一云、東南行人、以子上神、為至期、西北行人、以午上神、為至期、

○『六壬占私記』七、行人来不(否)法

又云、東南行人、以酉為限、以子上神、為至期、西北行人、以卯為限、以午上神、為期、愚云、卯為日門、酉為月門、子為陽路、午為陰路、

仮令、望巳地人、太一加午、為巳日発、加酉、為得限、子上得伝送、当以庚辛申酉日至、他效之、

○本著第三部第一章「吉田文庫本『六甲占抄』について」参照。

3 『黄帝竜首経』占始挙事、有風雨否法、第六十九

又一法、以月将加時、竜在前三(六合)・前五(青竜)者、雨、在後二(大陰)・後四(大裳)者、風雨旱、虎在前、亦風、功曹為竜、伝送為虎、卯為雷、子為雲、雲従竜、風従虎、虎竜所乗神、有気、必有風、竜虎与雲雷并者、必有大風雨、

○参考『占事略決』占有雨不法、第三十五、尊本傍注③④⑤

直陰、而雨従竜、風従白虎、占時、青竜・白虎所乗神、有気、則有風雨、青竜・白虎与雷雲并者、大雨也、卯為雷、子為霊(雲)也、

○『同右』京本傍注③④

青竜好雨、白虎好風、雨従竜、風従虎、青・白所乗之神、有気、則有風雨也、

十二支分野

4 『五行大義』第五、論配支幹

竜首経曰、子、斉青州、丑、呉越楊州、寅、燕幽州、卯、宋予州、辰、晋兗州、巳、楚荊州、午、周三河、未、秦雍州、申、蜀益州、酉、梁州、戌、除州、亥、衛并州、

光明符

梁の簡文帝（梁王栄）撰。『隋書』経籍志に、十二巻、録一巻とみえる。『新唐書』芸文志、『通志』芸文略にもみえる。

所主

1　『黄帝竜首経』占諸吏安官否法、第十四
光明符云、以月将加月建、行年上、見休老之気者、免官、

式経

『式経』と題する占書は、『隋書』経籍志に、梁以降亡佚書の『式経』三十三巻、『式経雑要』九巻と、桓安呉撰『式経』一巻（『新唐書』にも）がみえる。『旧唐書』『新唐書』には、宋琨撰『式経』一巻がみえ、『通志』は、式経の部を立てる。これらの占書が、六壬式・太一式などのどの系統のものか、左引の佚文が、どの占書のものか、など一切不詳である。ただ、『黄帝竜首経』所引のものは、先述の『式経』三十三巻や『六壬式経雑占』九巻などの雑事占専門の占書の条文を伝えているのであろう。なお、史料2と史料7などとの関係から、「三十六禽変」は、本書の編名かともされる。

五行

1　『五行大義』第三、論数、第四者、論納音数

式経云、金為骸骨、木為棺槨、

十二支　寅

2　『秘符略』巻八六八

式経三十六禽変曰、寅、為衣裳・文繡、五音、為車匱、為系詳、為五綵、為弓窮、五音、班犬虎、

巳

『五行大義』第二十四、論禽蟲、第二者、論三十六禽

3式経云、巳、有騰虵之将、

未

4式経云、未、為小吉、主婚姻・礼娉、

申

5式経云、金気盛時、能老万物、猴猿貌也、

亥

6式経云、亥為雑水、穢濁廁溷之象、猪之所居、猪色玄、象水色也、其蹄分者、陰象也、五更必起、不失其常、如水有潮、不違期也、

7禽変云、（酉）暮為死土、

禽変云、（戌）暮為死火、

雑事占

8　『黄帝竜首経』占聞盗吉凶亡人所在欲捕得否法、第十九

仮令、五月甲寅日巳時、小吉加巳、魁為玄武、甲寅木日辰也、並制玄武、賊必不敢闘也、法背水攻火、又建今日辰及起其後二攻其前四、仮令、今日甲子後二在戌、当従戌攻辰是也、又無令、囚対王相攻、言夏壬癸不可向四維也、他准此、為囚死当王、如秋甲乙、不可西向攻盗賊也、必以陰攻陽、背子亥登明神后、向勝先太一、攻此当慎之、自五月巳下皆式経正文、

9 『同右』占六畜放牧自亡不知所在各随其類以其亡時占之、第二十一

式経云、東西南北各帰其世是也、

10 『同右』占諸欲知病人死生法、第二十二

（文初不明。「説者」よりか）此並式経文也、

11 式経曰、白虎陰陽有気傷病日人年者、死、人年上神王相尅白虎者、愈、病日生白虎者、亦愈、白虎生病日者、死、白虎与病日同類者、為之安久也、

12 『同右』占知囚繫罪軽重法、第二十三

式経云、先建繫日日辰陰陽而取其当者而伝其始終、終休罪重、終囚加罪、終死罪重後軽、

13 白虎所居之神、与勾陳并、賊其繫日者、死、の注記文、

式経曰、仮令、以甲乙日繫勾陳所居在金神上者、此為勾陳勝繫日者、即被論罪也、若勾陳居土神上者、此為繫日勝勾陳、即免被論罪也、

14 『同右』占諸欲行求事者、第二十五

式経云、辰上神傷其地年、所求難得、後自亡遺、

15 『同右』占諸市買求利吉凶法、第三十三

式経云、審問所之之郷東西南北四維、得与年相生多王相之気者、即有福、估市有利、不逢賊盗、所居見好、所欲皆得、但青竜居有気之神而加有気之郷、即得財、若青竜制人年、即無所得、

16『同右』占内寄者吉凶法、第六十五

式経曰、凡有室宅、欲内他人者、慎無令、時下辰之陽神臨日辰、皆今日日辰為害辰、仮令、十月甲寅、○（申時脱カ）、功曹加申、此為時下之神害今日之辰也、謂申上之神伝送加寅之上、下剋日辰、日辰復在申上、被剋也、時下者、諸日所加十二辰也、辰之陽神者、今日時下支上神也、謂不欲此支上神令加其所臨日辰、傷今日辰也、又各従豹尾来、不可諸物皆同、仮令、十月丁巳日申時、以月将功曹加申、太一臨亥、太一巳之陽神火也、亥水也、亥遇剋丁巳、為害主、為所臨日辰害今日日辰也、他准此、其合主一賊入家、仮令、七月癸巳日、太一加此、合、倣之、

17『同右』占怪祟悪夢法、第六十六

式経云、神在外、比隣受殃、在門、家人受殃、在内、身受殃、又曰、人年日辰上見戌、犬怪、見酉釜鳴、見申、兵刀不葬鬼怪、見木（未カ）、墓鬼呼怪、見午、馬血怪、見辰巳、竜蛇怪、見寅、鳥獣怪、見丑、牛畜風塵怪、見亥子、猪風怪也、

18『同右』占知死人魂魄出否法、第六十七

式経云、以家長行年加子若大歳、人年命日辰上、見魁罡小吉螣蛇白虎、有鬼、

19式曰、魁罡臨甲、鬼在門、臨乙在戸、臨丙在堂屋、臨丁在竈、臨戊在庭及房、臨己在碓磑、臨庚在雞栖、臨壬在猪囲、臨癸在厠、

集霊記・集霊経

『隋書』経籍志、『新唐書』芸文志、『通志』芸文略に、『黄帝集霊』三巻とみえるが、関係は不詳。各佚文の関連性も不詳。なお、南宋代の『六壬大占』にも「集霊」とみえる。

雑事占

1　『黄帝竜首経』占諸望行者吉凶来否、第二十六
集霊記云、凡望行人、以甲乙日占、用得巳午神者、為将至、用亥子神者、為背日、背日為不至也、

十二支　寅

1　『五行大義』第二十四、論禽蟲、第二者、論三十六禽
集霊経云、寅為少陽、五色玄黄、

所主

2　『神定経』釈将伝、第三十六
集霊経曰、人年上見水神、用起金神、臨火、水能救金、火見水、則滅、此為有救、無咎、
3　『神定経』釈卦略、第三十九
集霊経曰、欲知吉凶期者、（看遅速）仮令、春占、功曹・太衝為用、則喜事、旦至、為春木王故也、

集霊金匱経・集・集霊

『日本国見在書目録』や『安倍有行記』『諸道勘文』には、本書の名はみえず、院政時代以降、陰陽道の典拠書となったとみられる。前述『集霊経』などとの関係は不詳。中国六朝期〜唐初より、さらに新しい法を伝えるとみられる。

雑事占・所主

1　『門葉記』七、康永二年（一三四三）十二月五日付、賀茂在実勘文

一　推歳中災変事、

謹検集霊金遣（匱）経云、常以小吉加戌、視正月朔上、言之、

○拙稿「太一式占の命期説と六壬式占の厄歳説について」（『天文・暦・陰陽道』所収）参照。

2　『陰陽道旧記抄』

集霊金匱経云、（日父・辰母・時子）陽神風、陰神雨、青竜好雨、水神又雨、井星臨日辰、雨、

3太一、主弓箭、大吉、主宅田、神后、主竹・衣服、伝送、主刀釼宝、功曹、主仙人・貴人、白虎、主風、太衝、主風、太裳、主糸綿、白虎、□、

十二月将　勝先

4　『占事略決』十二月将所主法、第五、尊本頭注

集霊云、勝先、有他心也、

雑事占

5　『占事略決』占待人法、第三十一、尊本傍注⑤
集云、天岡加子午、以庚日至、加丑未、以辛至、加寅申、以戊日至、加卯酉、以己日至、加辰戌、以丙至、加巳、以丁日至之也、
○参考『六壬占私記』七、行人来不(否)法
又云、……天岡加子午、庚日至、加丑未、辛日至、加寅申、戊日至、加卯酉、己日至、加辰戌、丙日至、加巳亥、丁日至、

6　『占事略決』占盗失物得否法、第三十二、尊本傍注④
集霊云、天岡加孟、内人男子、未出、可得之、天岡加仲、男女共取、得也、天岡加季、外女取也、出、不可得也、
○参考『六壬占私記』三十六、盗物蔵処法
天岡加孟、内人取之、未出、可得、加仲、男女共取之、半可得、加季、外女取之、出畢、不可得、

7　『六壬占私記』四十四、居宅吉凶法
集霊云、日為人、辰為宅、日上神剋辰上神、為人貧宅、宅不安、辰上神剋日上神、為貧宅、人宅安隠(穏)也、又云、為(日)日(為)人、時下辰為宅、時下辰剋日、為不安、日辰倶吉、可居、倶凶、不可居住、時下傷、為滅口、若家長本命、与天一相剋、為宅不安也、

神枢霊轄経・神枢霊轄・霊轄経

陳の楽産撰。十巻。『旧唐書』『新唐書』『宋史』『通志』、および『日本国見在書目録』にみえる。陰陽道では、『黄帝金匱経』『六壬式枢機経』と並んで、基本的な典拠書とされた。早くに散佚したが、相当量の佚文が残る。後述の『神枢』文も、その多くが本書の佚文であろう。また、『占事略決』の本記や諸本の注記、『六壬占私記』などの中には、書名不詳ながら一連のものとみられる条文がみえる。ここには採録しないが、これらも本書の佚文とみてよいであろう。『占事略決』の解説編を参照されたい。

序ないし序に相当する一文（史料1）や、式盤・十二天将・十二月将などをも解説する総合的な占書の体裁を備えていたが、比重は、雑事占に置かれていたとみられる。

なお、後述の『神枢』史料20より、本書の雑事占の第五番目の章は、「第五、占所聞虚実篇」というものだったとみられる。

天地・陰陽・五行・二十八宿の理

1　『二十八宿図并五行法』

先儒云、天者圓裏方外崻之形、名陰陽、清濁二気之所分也、於是陽精至純者、化而為火、火精至純者、凝而為日、日之孕育者、為木、為土、陰精之至純者、為月、月之孕育者、為金、為水、金木水火土之純精、五色一律、分二十八宿、散為内外三百八十官、而為天之文、（神霊霊轄、文名也、楽産撰）

四方

2　『神定経』釈四方、第十三

伝曰、四方者、東西南北之謂也、

東、楽産曰、燧星、見斗杓、指於左、万物蠢然而生、故変動為東、東者動也、

南、楽産曰、燧星、見斗杓、指於前、純陽用事、其気覃敷、万物懐妊、故変任為南、南者任也、

西、楽産曰、燧星、見斗杓、指於右、万物高斉、故変斉為西、西者斉也、

北、楽産曰、燧星、見斗杓、指於後、而陽気潜伏、故変伏為北、北者伏也、

朔・望・晦

3　『陰陽略書』暦注諸神吉凶

朔日（中略）神枢霊轄云、璧経云、勿西行、

上下弦者（中略）神枢霊轄云、月八日勿南行、

望日者（中略）神枢霊轄云、勿東行、

晦日（中略）神枢霊轄云、璧玉経云、勿北行、

十二天将　騰蛇

4　『安倍有行記』賀茂道平勘文

重察神枢秘要・神枢霊轄等之説、騰虵有気・無気之時、常為凶者也、

○『諸道勘文』賀茂在憲勘文にも「神枢秘要等云」としてみえる。ただし「成凶」とする。

5　『諸道勘文』賀茂在憲勘文

神枢霊轄云、在休上、主疾病、

○本条文については、拙稿参照。

勾陳

6『諸道勘文』賀茂在憲勘文

神枢霊轄云、勾陣、主稽留、

十二月将　神后

7『諸道勘文』賀茂在憲勘文

神枢霊轄云、詩緯云、水神、信也、又云、氷之精、主信、

十二客法

8『神定経』釈次客、第三十三

霊轄経曰、用次客法、第一客、月将加正時、第二客用、月建加太歳、第三客用、太歳加月建、第四客用、月建加日干、第五客用、歳干加正時、第六客用、月将加日干、第七客用、月将加太歳、第八客用、太歳加月将、第九客用、月将加本命、第十客用、月将加行年、第十一客用、太歳加本命、第十二客用、太歳加行年、

十二籌法

9『神定経』釈次籌、第三十四

霊轄経曰、次籌之法、皆以第一籌、用月将、若用、陽将、則先用後三、而前五、若用、陰将、則用前五、而後三、逆順、更籌終而復始、

一法、以太歳上神、三伝、以知三事、以月建上神、三伝、以知三事、以日上神、三伝、以知三事、以正時上神、三伝、以知三事、則十二籌・次客、備焉、

○『占事略決』十二籌法第二十一にみえるものと、解釈次第ながら陰神用の場合が異なる可能性が残る。

行年法

10　『神定経』釈行年、第三十五

霊轄経曰、男一歳、従丙寅順行、従一歳移一辰、十一歳丙子、二十一歳丙戌、余皆倣此、終而復始、順行而数、女一歳、従壬申逆行、移一辰、一歳壬申、十一歳壬午、余皆倣此、終而復始、逆行而数、

所主

11　『安倍有行記』賀茂道平勘文

神枢霊轄曰、占事不但三伝以詳吉凶、須周覧日辰大歳及其人行年、見吉将神将不内戦、而与天一相生、即皆有慶、神将内戦者、甲子日勝先為白虎加申（甲カ）、天罡為玄武加子、雖与天一相生、白虎金与勝先火相剋、此神将内戦也、

12　『諸道勘文』安倍泰親勘文

神枢霊轄云、用得其母、伝得其子、雖得凶将、無咎、（得礼）

13　『神定経』釈神変、第三十七

霊轄経曰、木神加木、主文書・木器、以至縣官、火神加火、憂婦女・口舌、或因田宅、以至官司、土神加土、或争田園・家宅、離散・移動、金神加金、主遷移、或分財・異居、水神加木（水カ）、主争財帛・鰥寡之象、

説云、金入木、主縣官・闘訟、土入水、主亡遺財物、室有病人、木入土、主牢獄・口舌・相傷、水入火、主驚恐・六畜亡失、火入金、主囚繫、有罪女人争競之事、（日財法）

○「説」文、日財法の所主については、拙稿参照。

14　『神定経』釈常例、第三十八

霊轄経曰、上克下、事起男子、下克上、事起女人、上克下、憂軽、惑属他人、下克上、憂重、或至己身、辰克日為用、或時克辰、皆禍従外来、日克辰、辰克将、皆禍従内起、伏吟、事近、返吟、事遠、比用、主比隣・親近、（昴星課）仰視・俯視、剛日、遠行、稽留関梁、柔日、伏蔵、不出邑里、八専逆順、皆主淫乱・動揺、事起婦人、（課用九法）四上克下、客勝主人、皆為賊害臣下之象、室家之孤独、四下克上、主人勝客、皆為悖逆之道、妨害二親滅亡之象、（無祿卦・絶紀卦）

天乙臨二門、皆主動揺、不甯其居、（跖跪卦）

日辰陰陽在天一前、主事速、在天一後、主事遅也、

雑事占

15 『武備志』所引『大六壬兵帳鈎玄』

霊轄経曰、占賊、已去・未去、以月将加正時、視天岡所加、即知去否、（其法、以月将加正時、若天岡加孟、主賊未去、加仲、欲要去、加季、必已去矣）

○参考『六壬占私記』二十九、賊去否法

云、正時斗岡加日辰、即去、余神、不去、又云、天岡加孟、尚有、加仲、欲去、加季、即去、

神枢秘要経・神枢秘要・秘要経・秘要・神枢要経

『宋史』芸文志にみえる『神枢万一秘要経』一巻が、本書であろうか。『日本国見在書目録』にはみえず、院政時代

の史料よりのみみえる。『神枢霊轄経』より後次で、佚文による限りでは雑事占を含まない総合的な占書とみられる。
『占事略決』諸本の注記の書名不詳の条文の中には、本書の佚文がかなりあるのではないかとみられる。

十二支　亥

1　『諸道勘文』賀茂在憲勘文
神枢秘要云、亥残也、所以、万物胞胎、成就生於亥中、（成就以下、子に関する一文の衍入か。在憲の誤引か）

十二天将　天一貴人

2　『諸道勘文』賀茂在憲勘文
神枢秘要云、天一、主帝王・福徳、

騰蛇

3　『安倍有行記』賀茂道平勘文
重察神枢秘要・神枢霊轄等之説、騰蛇、有気・無気之時、常為凶者也、
『諸道勘文』賀茂在憲勘文
神枢秘要等云、騰蛇、有気・無気之時、常成凶者也、

4　『安倍有行記』安倍有行重勘文
神枢秘要云、「騰蛇相害、驚恐変怪相喜、」雖驚無事也、

5　『同右』賀茂道平重勘文
神枢秘要云、（史料4）検件説、「騰蛇盍着《喜者》、謂乗火神、臨火郷也、」而雖臨火郷、乗水神、是為不相喜、其咎可重也、
而（有行）申可無恐之由、

○安倍有行が自説の水剋火吉象を補強するために、史料4で騰蛇の喜説を引勘。それに対し、賀茂道平は、史料5で騰蛇の喜は、騰蛇火将が火神に乗り、火郷に臨んだ場合であって、今度は、騰蛇は火郷に臨むが、水神に乗るので、騰蛇の喜に該当しないと難を加えたもの。『神枢秘要』文は、史料4・5の「　」内を合したもので一文とみるべきであろう。

【戊戌3】 延久二年九月丙戌日、申刻、

初伝　騰蛇火・神后水――丙火

6『諸道勘文』賀茂在憲勘文

神枢秘要云、騰蛇者、廻徨曲、冝達車呻吟、

所主

7『安倍有行記』賀茂道平勘文

神枢要経曰、凡用伝、得鬼、而有憂、（日鬼）

8神枢秘要経云、凡用、始生而終死、憂有喪死・廃毀之象、（初伝有気、終伝死気）

卦遇　類卦

9『諸道勘文』賀茂在憲勘文

神枢秘要云、類卦、留停、常者、止殿、

伏吟卦

10『同右』賀茂在憲勘文

神枢秘要云、天地伏吟、陰陽各帰其家、故無所択、剛日ⓗ、欲行中止、柔日、伏蔵不起云々、天地之合ⓙ、不容須臾、

ⓓ合者将離、ⓔ居者欲移、

○参考『占事略决』三十六卦大例所主法、第二十六、伏吟卦、第八、尊本傍注④

ⓗ罡日、欲行中止、柔日、伏蔵不起、

跅跪卦

11『占事略决』三十六卦大例所主法、第二十六、跅跪卦、第十八、京本傍注⑥

秘要曰、君子遷官、小人得罪也、

神　枢

雑事占の『神枢』文は、大部分が『神枢霊轄経』文であろうと思うが、不確定な部分も残るので、とりあえず分置してみた。

雑事占

1『占事略决』占待人法、第三十一、尊本脚注④

神枢云、以出時、加大歳、魁罡為至日也、

○本著第三部第一章「吉田文庫本『六甲占抄』について」参照。

2『六壬占私記』二、処聞虚実占法

神枢云、大陰・天空、臨人年・日辰、其言無信、

3『同右』五、呼客来不(否)法

一説云、(神枢云)常以月将加今日之辰(イ云日辰上)、時上見河魁、必来、其急、見天岡、今欲至、見神后、且欲至、見功曹・伝送、小時至、見従魁、有道、見勝先、欲至、更止、見大衝、在道、復還、見徴明、虚言、不来、見太一、虚□不来、縫宮時、不来、干吉支傷、不来、日辰加孟、不来、明堂時来、天岡・小吉加日辰、来、支干倶凶、不来、

4 『同右』六、主客吉凶法

神枢云、時剋日辰之陽神前臨之辰、賊今日辰、皆害主人、

仮令、十月丁巳、時加亥、是時剋日辰也、又、太一臨亥、太一辰、亦陽神臨亥、亥遙剋丁巳、是其也、必害主人、

又、日辰陰上神(本位也)、勝日、則主人受後敗、

仮令、七月甲午日、太一加申、陰得伝送、伝送遙剋甲、是也、主人有後敗也、

5 『同右』七、行人来不法(否)

神枢云、三千里行、観将軍下、千里行、観大歳下、五百里行、観月建下、百里行、観日下、五十里行、観時下、為期、

6 『同右』七、行人来不法(否)

神枢云、用孟、未発、中(仲)、有道、用季、欲至、天地返吟、亦至也、

7 『同右』二十三、船行吉凶法

次以月将加時、天河加地井、……

凡、卯・酉・未、為天河、午・丑・亥、為地三井、神枢云、勝先・六壬・六癸、為地三井、

8 『同右』二十三、船行吉凶法

神枢云、天私門二・地禁戸四、六合・青竜・大陰・大裳之時、行於万里、不傷兵、不溺水、不染病、不焼火、蒙天

地之福者也、処求得、万事大吉也、
天私門二、謂、大衝・小吉、地禁戸四、謂、除・定・危・開也、

9 『同右』三十五、追補亡叛法

神枢云、徳勝刑、追之、可得、刑勝徳、不可、日上神剋辰上神、即得、辰上神剋日上神、不得、

10 『同右』四十一、求覓人物法

神枢云、日辰有天一下、相見、或日有天一下、辰魁罡下、亦相見、日辰倶有魁罡下、道上見之、倶不在魁罡下、与天一下、不相見、処求不得、

11 『黄帝竜首経』占星宿吉凶法、第五

神枢云、伝送・従魁下是也、

12 『同右』占諸君吏吉凶法、第十一

神枢云、欲入文官・武官、必今日辰陰陽中及用伝中、有青竜・大常（裳）者吉也、

13 神枢曰、凶期、以青竜・大常（裳）所畏、為憂期、以四時之気、休老囚死為所坐軽重、他效此、

14 『同右』占諸吏君安官舎欲知家内吉凶法、第十三

神枢、所謂安不安、以神言、則是此篇之例也、

○則以下『竜首経』撰者の案文か。

15 『同右』占諸吏安官否法、第十四

神枢云、日辰陰陽、倶囚休廢者、当失職矣、

16 『同右』占諸欲遠行使出吉門法、第二十四

又法、欲将帥出行、欲令、天罡臨四季、為神樞外、百事吉、神枢又云、无令所之(行)之郷傷其年、乃有喜、仮令、欲行行人年立四季、此為所之(行)之郷傷其年也、他效此、

17『同右』占欲献宝物以遺(遣)尊貴知勝吉凶法、第五十二

神枢曰、仮令、二月乙卯日午時、伝送臨辰、欲遺二千石璧玉、伝送為所奉之物、又為辰上神、而青竜所居神好之、此為二千石必悦而受之也、好之為相生也、彼人剋所貢之物、為貪而受之、若畏所貢之物、物剋之、則不敢受也、所謂、皆欲令今日之辰王相、及所貢之物類与彼相好、即悦而受之也、

18『同右』占求婦女有両三処此婦女可取誰者為良相宜法、第五十四

神枢曰、天后在陽、或乗王相之気、為好而且少也、若天后囚死為醜老、又神后加孟、長女、加仲、中女、加季、少女亦柔、以天罡年上神遇火、火加金、為色赤白亦柔、以天罡所加之、凡大衝・従魁・登明・小吉、為太陰或用、此者皆陰翳婦人之位、其人主為再嫁之象。

19『同右』占夫婦相便安否法、第五十五

神枢曰、去与留視喜憂、注云、夫妻和睦為留、不和者為去、皆視日辰、若吉神善将臨日辰、上下相生者、為留、若悪神将臨日辰、上下相剋者、為去而不睦也、

20『同右』占諸聞王甲有罪吉凶法、第五十九

説云、……然此例、多不可備挙、並在神枢第五、占所聞虚実篇、

21『同右』占内寄者吉凶法、第六十五

神枢曰、若欲寄止於人家、神后臨行年者、主人欲謀危客、日辰上見天魁・白虎者、主人欲謀殺客、日辰上見登明・天空者、主人欲謀誘客、並宜急去、若日辰上見吉将・王相・相生者、並吉、無他故也、

○参考　『六壬占私記』六、主客吉凶法

説云、日辰上見吉神将・王相、主人長者可住止、……、或神后加客年、主人欲欺謀、急去、住必凶、……、

又云、日辰上見河魁及白虎、主人欲殺客、見徴明・天空、主人欲謀誘客、明堂・縫宮時、急、主人不吉、将殺人、

（史料4に続く）

22　『武備志』所引『大六壬兵帳鈎玄』

神枢経曰、欲知賊在何所、以月将加正時、視大吉所臨之方、則知賊之所在也、

新撰陰陽書

唐の王粲撰。三十巻。天平宝字元年（七五七）に、陰陽生必修の教科書の一書とされる。ここでは、六壬式関係の佚文のみ採録。史料3・4は、本著第三部第三章「『黄帝金匱経』について」参照。

所主

1　『諸道勘文』安倍泰親勘文

新撰陰陽書云、月合神、主事合、並吉也、

2　『安倍有行記』賀茂道平勘文

新撰陰陽書、凶騰虵、臨人年・日辰、憂驚恐、失精魂、

『諸道勘文』賀茂在憲勘文

新撰陰陽書云、騰虵臨人年・日辰、憂驚恐、失精魂、

卦遇　始終卦

3　『諸道勘文』賀茂在憲勘文

新撰陰陽書云、始凶終凶、自窮於凶、

十雑卦

4　『安倍有行記』安倍有行重勘文（賀茂道平重勘文中の難文で修訂）

新撰云、陰陽五行、万物所在、吉凶之応、各以其類言之、或吉中有凶、凶中有吉、或徴凶而有大吉、或徴吉而有大凶、凶則視其所救①、吉則視其所害、凶而有救、不至於禍、吉而有凶、不及於慶②、純③凶則禍成、純吉則福至、言挙百事、姓音④不同、日辰神将上下不和、四時王相、新故差別、和同則吉也、

○『新撰陰陽書』文であろう。道平、「今検件書、文字相違」として、四点の難を挙げる。①救より六文字を欠く点、②慶を憂と誤る点、③純を終と誤る点、④音を意と誤る点。右引文は、道平難文により修訂済。

心中占

左の一条以外、一切不明。

所主

1　『安倍有行記』安倍有行重勘文

心中占云、触類而決吉凶、就事、而論禍福、

范蠡式経

中国戦国時代の越相范蠡に仮託された式占書としては、『隋書』経籍志に、『越相范蠡玉筍式』二巻がみえるが、梁以降亡佚したとされる。日本では、『日本国見在書目録』にはみえないが、左の一条のほか、『占事略決』十二客法第二十に、

又有范蠡十三人法、省而不載、

と、安倍晴明の私案文がみえる。また『新撰六旬集』丁未巳3、暮治、占怪夢の段に、

君復、有避君之忠臣、此所謂、越王代、呉国至五湖時、范蠡、済越王辰辞退而逃去、得此占、遂不保也、

とあり、本書にこの故事にまつわる占断が載っていたかもしれない。『呉越春秋』にはみえないようである。

所主

1　『安倍有行記』安倍有行重勘文

范蠡式経云、王相・相生、吉、囚死・相剋、凶、若三伝和合、雖云凶将、反成喜也、

六壬式経

『隋書』経籍志に『六壬式経』三巻がみえるが、梁以後亡佚したとされる。ただその系統は、『黄帝式経』『黄帝金匱経』系統に受け継がれたのではないかとみられる。

六壬を冠する占書は、『隋書』『新唐書』に『六壬式経雑占』九巻ほかがあり、『日本国見在書目録』にも、『六壬経』二巻ほか三点がみえる。しかし、これらも陰陽道で利用された可能性は少ないように思われ、『諸道勘文』賀茂在憲勘文にみえる「六壬王式経」も、直接的には『黄帝金匱経』を指すのではないかとみられる（本著第三部第三章「『黄帝金匱経』について」参照）。

天一治法

1　『五行大義』第二十、論諸神

六壬拭経云、十二神将、以天一為主、

甲戊庚日、旦治大吉、暮治小吉、乙己日、旦治神后、暮治伝送、丙丁日、旦治微《（徵）》明、暮治従魁、六辛日、旦治勝先、暮治功曹、壬癸日、旦治太一、暮治太衝、

六壬式枢機経・枢機経

中国の書目類にはみえないが、『日本国見在書目録』に、『六壬式枢機経』二巻とみえる。『本朝書籍目録』には、

枢機経、陰陽寮従八位下暦志悲《（斐）》連猪養撰、

とみえるが、暦生などであった中臣志斐連猪養が、請来本を書写したものであろう。ただ、史料1の内容は中国撰述の占書としては相応しくないように思える。中国撰述書に若干私案を加えたような形の占書であったかもしれない。彼は、天平勝宝二年（七五〇）美濃国大目、天平宝字五年（七六一）陰陽允。中臣志斐氏は、奈良時代以来、代々暦・天文・陰陽に通じた家柄である。

本書は、『黄帝金匱経』『神枢霊轄経』と並んで、陰陽道の最も重要な典拠書とされた。それも、奈良時代から陰陽道と密接な関連を持っていたからであろう。

『六壬占私記』には、左引のほかにも相当量の本書佚文が採録されているとみてよいように思われるが、不詳であるので、後考を待ちたいと思う。

天一治法　旦暮

1『輯佚資料集成』（『三部経音義』四所引）

六壬枢機経、寅為旦、戌為暮、

雑事占・所主

2『陰陽道旧記抄』

枢機経云、亡奴婢（求斗星下、一云、亡婢、求昴・軫星下、奴、翌《（翼）》・亢星下）、亡布帛（求辟下）、亡船（求軫・太衝下）、亡穀船（求翌《（翼）》・太一下）、亡衣裳（求功曹下、神后下）、亡銭財（求伝送・小吉之下）、亡羅納（求翌《（翼）》・尾下）、亡箭刀兵（求井・太一下）、亡文書（求功曹下）、亡馬（求勝先下、一云、亡走倉、求□《（箕カ）》下）、亡牛（求大吉下）、亡鶏（求従魁下、一云、飛鳥、求昴星・魁下）、亡凡物（亢下）、亡貴人（求斗星下）、亡諸侯（求七星下）、

3天一（主皇者）、大裳（主諸侯）、青竜（主二千石）、神后（主庶人・諸婦人）、天后（主皇后・夫人）、青竜・六合・天后・大裳（主官祿）、魁・岡（主疾病）、白虎（主死亡）

4空亡、加日辰、不信、

○参考『六壬占私記』二、処聞虚実占法

空亡・孤、臨日辰、無信、神枢云（史料2）

5射覆蔵物、用神、為左右、（陽神、為左、陰神、為□（右））、
6□（酒）味、従魁、加木、味酸、加火、味苦、加金、新熟、色白、味辛、加水、甘美、一云、淡而不美、加土、甘、亦以天岡決之、天岡、加孟、酸、加中（仲）、清、加季、美也、

六壬式占准瓶記・六壬瓶記・瓶記

『通志』芸文略に、『六壬瓶記』一巻とみえるのが、本書であろう。『日本国見在書目録』にはみえず、院政時代の史料にみえる一書である。

十二月将　太一

1　『諸道勘文』賀茂在憲勘文
六位（壬式）或占准瓶記云、巳字似己、故為火災、

所主

2　『安倍有行記』賀茂道平勘文
六壬式占准瓶記云、丙丁日、用起水神、為日鬼、主官鬼、并遇凶将、官家不喜、（日鬼）

3　『同右』安倍有行重勘文
同瓶記経云、「丙丁日、水神為螣蛇、驚動不楽也」者、殊不重事歟者、

3’　『同右』賀茂道平重勘文
瓶記云、（史料3）今検件書、「螣蛇乗水神、驚動不楽鬼吏他（也カ）、為兄弟、家有剥爛」者、何不為重忌哉、

○有行の水剋火吉象説に対し、道平が史料2を引勘し、凶象説を展開したが、有行は、史料3で再度反駁した。ところが、道平の重勘文によると、これには二点の誤りがあったようである。一点目は、史料2に対する直接の反論ではなかったこと。二点目は、引勘の仕方に問題があり、「不楽」から「不重」と解釈したが、さらに続く下文にいよいよ不吉な文言があるのを見落したこと。『准瓶記』のこの部分は、史料2と、史料3'の「　」内とを合したような一文であったとみられる。有行の引勘態度のほか、有行所持本自体にも問題があった可能性がある。

六壬大撓経・大橈経

『通志』芸文略に、『六壬大橈経』三巻とみえるのが、本書であろう。『日本国見在所目録』にはみえないが、九世紀には日本に請来されており、滋岳川人の私の家蔵となり、その著『金匱新注』の撰述に利用されたのではないかとみている。しばしば「新金匱及大橈経」として引勘されるが、この「新金匱」は『金匱新注』ではなかろうか。雑事占を含む総合書。『占事略決』諸本の注記の書名不詳の条文の中には、本書の佚文も混入しているとみられる。陰陽道では、『黄帝金匱経』『神枢霊轄経』『六壬式枢機経』の三経に次ぐ、重要な典拠書の地位を与えられていたようである。

序

1　『陰陽道旧記抄』

大橈序云、黄帝経云、壬任也、生万物、故謂之壬、々数六、謂之六壬、鄭玄云、壬者任用也、所以常運六甲无窮、謂之六任、々為水、五行自水始也、位在北方、々々為幽闇、々々鬼神之所処焉、所以、卜者皆説《託》於鬼神、以知将来、

故用六壬為各経（ママ）、見金樻経式義、

十二天将　天一貴人

2『諸道勘文』賀茂在憲勘文

新金匱及大撓経云、天一者、人皇之霊也、

勾陳

3『同右』賀茂在憲勘文

新金匱及大橈云、（史料8）勾陳主留連、

大陰

4『同右』賀茂在憲勘文

新金匱及大橈経云、（史料6）同経云、大陰者、請求神道、銭財相通、

白虎

5『同右』賀茂在憲勘文

新金匱及大橈経云、白虎主瞋怒、

十二月将　徴明

6『同右』賀茂在憲勘文

新金匱及大橈経云、徴明主天社、

伝送

7『同右』賀茂在憲勘文

新金匱及大橈経云、伝送、主猿罕落山林、不知所住、

太一

8 『同右』賀茂在憲勘文

新金匱及大橈云、太一主火災、

功曹

9 『同右』賀茂在憲勘文

新金匱及大橈経云、功曹、主戦挌、憂往来、還官入舎事、注云、憂往来還官入舎、祭祀后土、浮花少実、

○この「注」文が、滋岳川人の私案文、つまり同撰『金匱新注』の佚文であろうか。

所主

10 『安倍有行記』賀茂道平勘文

大撓経云、凡決吉凶、皆以神将・三伝言之、①三伝和合、②凶将及(反)成有喜、伝而得礼、万事有理、用木伝火、他皆效此、

伝見官鬼、見事不喜、用木伝金也、③皆效此、(得礼・日鬼)

○安倍有行重勘文、①三伝なし、②将なし、及、反とす(ただし、及は転写の際の誤字であろう)、③他あり、

11 『諸道勘文』安倍泰親勘文

大橈経云、母伝子、為得礼、又為順道、順道則罄無不宜、此用式之通例也、(得礼)

卦遇　乱首

12 『占事略決』三十六卦大例所主法、第二十六、京本傍注⑨

大撓経云、乱首卦、皆為凶逆、下欲犯上、百事皆凶、占田宅不安、

雑事占

13 『占事略決』占病死生法、第二十八、尊本傍注

大撓云、伝(聞)用人死虚実、正日時、日上神有気、伝不是(見)白虎者、不死、日上神無気、見白虎者、必死、有実也、又云、日辰陰陽有白虎、宜(且カ直)用神為死気所勝、亦死也、辰上神剋日上神、皆信、日上神刻(剋)辰上神為虚也、辰上神与日上神相可信明、与日上神相生為和合神、可信也、若魁罡臨日辰及年、其言不可信也、又云、正日上(時)、時勝日上神、為信、時勝従上(辰上神)刻、不可信也、大陰・天空臨日辰、所言無信也、物類・日比者、○(信、不比者脱カ)不信也、

○「辰上神剋日上神」以下の数文は、占聞事信否法第三十四の注記文とすべきものであり、『大撓経』文かどうか不詳。『六壬式枢機経』『神枢霊轄経』文とみた方がよいかもしれない。『六壬占私記』二、処聞虚実占法に、数文のすべてがみえ（右引は、これで修訂）、そのうちの一文は、『神枢』文（史料2）である。本著第一部第三章および第三部第二章参照。

14 『陰陽道旧記抄』

算尽法、常以大吉加本命、天岡加行年、即為算尽也、見大撓経、

○拙稿「太一式占の命期説と六壬式占の厄歳説」（『天文・暦・陰陽道』所収）参照。

15 『六壬占私記』四十五、官爵得否法

大撓経云、以月将加時、駅馬与寅申并、見日辰人年上、及三伝中、則得官、不并、則無官、
又云、彼人年命及日辰上、見駅馬・印綬、或用起、皆得官、印綬者、河魁・大裳是也、……、
凡駅馬神者、申巳寅亥申巳寅亥、十二次、是為駅馬神、

付記

本著再録に当たって初出時の論題「六壬式占の古占書について—その佚文集成の試み—」を表題のように改めた。本論中では大きな改変は加えなかったが、多少追加・修正したところもある。

初出公表後一年程のちに公表した「六壬式占の古占書の伝存状況を巡って」（本著第三部第二章）で多少所論を展開したが、それに従って各古占書の成立時期、ないしは日本への請来時期を整理し直すと、次のようになろう。

Ⅰ中国初唐以前成立、奈良時代以前請来……金海・玄女式経・黄帝竜首経・光明符・式経・集霊記・神枢霊轄経・新撰陰陽書・六壬式経・六壬式枢機経

Ⅱ唐代成立、平安時代初期（九世紀）請来……六壬大撓経

Ⅲ北宋以前成立、平安時代中期（十一世紀）以前請来……神枢秘要経・心中占・范蠡式経・六壬瓶記

Ⅳ北宋以前成立、平安時代中期ないし同後期請来……黄帝妙心経・集霊金匱経

もちろん、これらも一応の目安にしか過ぎず、確かな根拠があるわけではない。また、上掲以外に、南宋以降成立の占書、ないしはその知識が、院政時代ないしは鎌倉時代に請来されていた可能性は高い。

付表等

【表Ⅰ】 十二月将名異同一覧

①	②	③	④	⑤	⑥	⑦	⑧	⑨	⑩
正月徴明	微明			徴(微)明		登明	登明		登明
二月河魁	魁	魁	天魁		天(河)魁	天魁	×	天魁	天(河)魁
三月従魁									
四月伝送									
五月小吉									
六月勝先							勝光	勝光	
七月太一	大一	大一				太卜	太乙	太乙	
八月天岡	天剛	天剛	罡	天罡(罡カ)	天岡	天閠	×	天罡	天罡
九月大衝	太衝	大衝	太衝	太衝	太(大)衝	太衝	太衝	太衝	太衝
十月功曹									
十一月大吉									
十二月神后	神後	神後							

註

① 『占事略決』尊本・京本。

② 武威磨咀子漢墓出土後漢初漆塗り木胎六壬式盤（『文物』一九七二年一二月号）。微明は徴明と修正すべきか。『論衡』難歳篇ほか後漢代のものも徴明とする。

③ 于省吾所蔵後漢頃象牙六壬式盤（于省吾『双剣誃古器物図録』下）。

○ 前漢末楽浪石巌里出土漆塗り木胎六壬式天盤残片（小泉顕夫編『楽浪彩篋塚』）も、河魁を「魁」とする。

○ 後漢初楽浪王旴墓出土木製六壬式盤（原田淑人・田沢金吾編『楽浪―五官掾王旴の墳墓』）は、翻刻名を『大唐六典』に頼っているようなので、ここではとりあげない。

④ 六朝期銅製六壬式盤。

⑤ 『五行大義』所引『玄女拭経』佚文。

⑥ 『卜筮書』。

⑦ 『大唐六典』巻十四。

⑧ 『太乙金鏡式経』巻一。

⑨ 『神定経』。

⑩ 『黄帝竜首経』。

○ 登明は北宋仁宗の諱禎を避けたもの。

【表Ⅱ】十二天将名異同一覧

①	②	③	④	⑤	⑥	⑦	⑧	⑨
前五青竜								
前四勾陳	勾陣	勾陳	勾陣（陳）	勾陳	勾（句）陳	勾陳	句陳	勾陳
前三六合								
前二朱雀								
前一騰虵		騰蛇	騰蛇（虵）	騰虵	螣蛇	螣蛇	螣蛇	螣蛇
天一貴人						天乙貴神	天乙貴神	
後一天后								
後二大陰		太陰	太陰	太陰	太陰	太陰	太陰	太陰
後三玄武								
後四大裳		太常	太裳（常）	太常	太常	太常	太常	太常
後五白虎				白獣	白獣			
後六天空								

註

【表Ⅱ】　十二天将名異同一覧　448

①　『占事略決』京本。
②　『同右』尊本。
③　六朝期銅製式盤、地盤背面記事（上海博物館所蔵。厳敦傑「式盤綜述」『東洋の科学と技術』所収、翻刻文による）。
④　『五行大義』所引『玄女拭経』佚文。
⑤　『卜筮書』。
⑥　『大唐六典』。
⑦　『太乙金鏡式経』巻一。
⑧　『神定経』。
⑨　『黄帝竜首経』。
○　『六壬占私記』は、①にほぼ等しい。
○　⑤⑥白獣は、高祖の祖父李虎の避諱による。

【表Ⅲ】 六十四卦対照表

金匱章	六壬大全	占事略決	新撰六旬集	備考
1（元首）	1 元首	3 元首卦	元首卦	1
2（重審）	2 重審	4 重審卦	重審卦	2
3（聯茹）	3 知一	20 聯茹（知一）卦	聯茹卦	3
4（傍茹）	4 渉害	5 傍茹卦	傍茹綴瑕卦	4
5（蒿矢）	5 遙克	6 蒿矢卦	蒿矢卦	5
6（虎視）	6 昴星	7 虎視卦	虎視卦	6
7（伏吟）	9 伏吟	8 伏吟卦	任信卦	7
8（九醜）	62 九醜	26 九醜卦	九醜卦	8
9（贅壻）	36 贅壻	16 贅聟寓居卦	贅聟寓居卦	9
10（閉口）	31 閉口	×	×	10
玉衡章				
1（気類物）	75 ？物類（親疎）	1 気類物卦	気卦・類卦・物卦	11 12 13
2（新故）	76 新故	2 新故卦	新卦・故卦	14 15
3（天禍）	48 天禍	×	天禍卦	16

4（天寇）	50 天寇	×	×	17
5（天網四張）	51 天網	27 天網卦	天網四張卦	18
6（無婬）	×	10 無婬卦	無淫卦（無婬卦）	19
7（陰陽無親）	10 反吟・無依	17 陰陽無親卦	無依卦	20
8（乱首）	35 乱首	14 乱首卦	乱首卦	21
9（天獄）	49 天獄	36 天獄卦	天獄卦	22
10（三光三陽）	11 三光 12 三陽	31 三光三陽卦	三光卦	23 24
（三陰）	56 三陰		三陰卦	25
卜筮書				
1（始終）	78 始終	×	×	26
2（帷薄不脩）	8 八専	12 帷薄不脩卦	帷薄不脩卦	27
3（繁昌徳孕）	24 繁昌徳孕	×	×	28
4（繁昌旺孕）	25 旺孕	×	×	29
5（狡童迭女）	38 淫泆	11 狡童迭女卦	狡童迭女卦	30
6（無祿）	43 無祿	28 無祿卦	無祿卦	31
7（絶紀）	43 絶嗣	29 絶紀卦	○［絶紀卦］	32
8（解離）	39 40 解離・蕪淫	×	×	33
9（竜戦）	57 竜戦	15 竜戦卦	竜戦卦	34

10（斬関）	30 斬関	35 斬関卦	斬関卦	35
11（三交）	34 三交	13 三交卦	三交卦	36
12（刑徳）	32 刑徳	×	×	37
13（三奇）	58 死奇（三奇）	×	×	38
14（跅跑）	65 励徳	18 跅跑卦	励徳・跅跑・徴服卦	39
15（二煩）	47 二煩・杜伝	×	×	40
16（十雑）	73 十雑 75 物類	×	×	41
	10 反吟・無依・無親	9 反吟卦	反吟卦	
	68 玄胎	19 玄胎四牝卦	玄胎四牝卦	42
	67 全局（曲直）	21 曲直卦	曲直卦	43
	67 全局（炎上）	22 炎上卦	炎上卦	44
	67 全局（稼穡）	23 稼穡卦	○	45
	67 全局（従革）	24 従革卦	従革卦	46
	67 全局（潤下）	25 潤下卦	潤下卦	47
		30 五墳四殺卦	五墳四殺卦	48
	19 軒蓋	32 高蓋駟馬卦	高蓋駟馬卦	49
	21 斲輪	33 斲輪織綬卦	○	50
	20 鑄印	34 鑄印乗軒卦	○	51

52	伏殃卦		61 伏殃	
53	喪魄卦		54 喪魄	
54	飛魂卦		55 飛魂	
55	天吏卦			
56	竜徳卦		16 竜徳	
57	三寄卦		13 三奇	
58	神断魄化卦		53 魄化	
59	天羅卦		52 天羅	
60	地網卦		52 地網	
61	遊子卦		33 遊子	
62	地角卦			
63	地通卦			
64	×〔飛禍卦〕			

註

・『六壬大全』は、巻五・六・七・八の課経によった。巻一の課目とは、番号が異なる。『六壬大全』にはさらに二十八の卦遇がみえるが、割愛した。

・『占事略決』『新撰六旬集』欄の×印……存在の認められない卦遇。

・『新撰六旬集』欄の○印……欠脱部分に存在の想定される卦遇。
・同右の［ ］……陰陽師の占例で確認される卦遇。
・備考欄の1～64は、通し番号としてかりに付したものであり、六十四卦を反映するものではない。実際には、六十四卦に数卦達していないとみられる。

【表IV】 正日時対照表

卦遇	黄帝金匱玉衡経	占事略決	注
元首	正月甲子日、寅刻、甲子1 十二月壬申日、寅刻、壬申12 正月甲戌日、未刻、甲戌6	正月甲子日、寅刻、甲子1	
重審	二月戊子日、卯刻、戊子3 二月壬辰日、寅刻、壬辰2 正月乙巳日、未刻、乙巳6	二月乙巳日、午刻、乙巳6 ※	
聯茹	正月辛亥日、卯刻、辛亥2 注 二月丙午日、未刻、丙午7 正月壬辰日、辰刻、壬辰3	五月辛亥日、卯刻、辛亥6	不合
傍茹	八月甲申日、寅刻、甲申8 七月甲子日、亥刻、甲子4 正月辛酉日、午刻、辛酉5	四月辛酉日、卯刻、辛酉5 ※	
蒿矢	四月辛酉日、巳刻、辛酉7 五月甲午日、戌刻、甲午1	正月甲戌日、寅刻、甲戌1 ※	

	正月己卯日、寅刻、己卯1		
虎視	二月戊子日、寅刻、戊子2		
	九月乙未日、辰刻、乙未11		
	正月戊寅日、未刻、戊寅6	六月戊寅日、寅刻、戊寅6 ※	
	正月己丑日、申刻、己丑7		
伏吟	甲子10	十月甲子日、寅刻、甲子10	
九醜	二月壬子日、酉刻、壬子9		
	十一月乙卯日、辰刻、乙卯1 注	四月辛酉日、辰刻、辛酉6 注	1)不明
	八月戊子日、卯刻、戊子9		
贅智寓居	二月甲戌日、寅刻、甲戌2	十月甲戌日、午刻、甲戌2 ※	
	乙未7		
	丙申7		
	甲辰8		
	乙丑1		
天網	二月庚子日、巳刻、庚子5	二月庚子日、巳刻、庚子5	
無姪	二月甲子日、卯刻、甲子2	二月甲子日、午刻、甲子2 ※	
	八月庚辰日、申刻、庚辰2		
陰陽無親	正月庚寅日、巳刻、庚寅4	庚寅4	

		正月壬午日、巳刻、壬午4	正月壬午日、巳刻、壬午4	
		正月壬子日、巳刻、壬子4	正月庚子日、巳刻、庚子4 ※	
	乱首	正月甲申日、卯刻、甲申2	正月甲申日、卯刻、甲申2	
		辛巳6	正月辛巳日、未刻、辛巳6	
	天獄	七月庚申日、未刻、庚申12 注		不合
		七月丁卯日、巳刻、丁卯10 注		不合
		正月乙未日、申刻、乙未7 注		不明
		二月乙酉日、巳刻、乙酉5	二月乙酉日、巳刻、乙酉5	
	三光	正月甲寅日、巳刻、甲寅4		
		六月戊辰日、辰刻、戊辰8		
ト筮書	帷薄不脩	正月甲寅日、未刻、甲寅6		
		三月丁未日、午刻、丁未7		
	狡童迭女	六月戊戌日、辰刻、戊戌8	六月戊戌日、辰刻、戊戌8	
		正月庚午日、卯刻、庚午2	正月庚午日、卯刻、庚午2	
	無祿	正月己巳日、辰刻、己巳3	正月己巳日、辰刻、己巳3	
	絶紀	正月庚辰日、辰刻、庚辰3	正月庚辰日、辰刻、庚辰3	
	竜戦	正月丁卯日、辰刻、丁卯3		

斬関	正月乙巳日、午刻、乙巳5	正月乙巳日、午刻、乙巳5	
	正月庚午日、卯刻、庚午2	庚午2	
		甲午2	2)
		正月庚寅日、卯刻、庚寅2	
三交	正月己未日、卯刻、己未2	正月乙未日、卯刻、乙未2 ※	
	正月丁酉日、寅刻、丁酉1	正月丁丑日、寅刻、丁丑1 注	3)不合
跰跪	正月辛亥日、寅刻、辛亥1	正月辛亥日、寅刻、辛亥1	
	八月甲子日、子刻、甲子6		

註

(1) 九醜卦の構成要件のうち、四仲（子卯午酉）時の要件を満たしていない。『呉越春秋』巻五にみえる金匱第八の九醜も同様。古説段階のものを伝えるか。

(2) 斬関卦は、『占事略決』、数種の占書によるものか、安倍晴明の私案によるのか、無用な検討と、誤りが認められる。

(3) 三交卦の正日時は、安倍晴明の引勘段階か、その後の転写の際か、誤りがあると認められる。

・ ※印……局に直すと共通性の認められるもの。

○ 上掲以外で、『占事略決』の正日時の例示に不審の残るもの。

・ 稼穡卦の正日時は、古説段階のものを伝えるか。

・ 斲輪織綬卦の正日時は、仮令文の説明文と合致するようにもみえるが、その三伝そのものが成立しない。古説段階のものを伝えるか。

【表Ⅴ】 卜筮書・六壬大全所引「曾門」対照表

卜筮書	六壬大全所引「曾門」
1 始終	○ 似・略
2 帷薄不脩	○ 似・略
3 徳孕	○ 似・略
4 旺孕	○ 似・詳
5 狡童迭女	○ 似異混淆
6 無禄	○ 似・略
7 絶紀	○ 似異混淆
8 解離	○ 似・詳

卜筮書	六壬大全所引「曾門」
9 竜戦	○ 似
10 斬関	○ 似異混淆・詳
11 三交	○ 近似混淆
12 刑徳	×
13 三奇	○ 似
14 跖跪	×
15 二煩	○ 似・略
16 十雑	経、似

【表VI】陰陽師間の対立と 金匱経・曾門経対応一覧

史料	卦遇他	賀茂道平	賀茂在憲	安倍有行	安倍泰親	安倍広賢	備考
9	騰蛇	金匱経		金匱注 1)			注は書写の誤
14	功曹		金匱経		金匱経 2)		
16	神后		金匱経			｜	
24	不明	曾門経					×
32	元首					金匱経一篇	金匱章一経
33	伏吟		｜		金匱経、略	金匱経、詳	金匱章七経
34	帷薄不脩			曾門経			卜筮書二経
36	類		｜		金匱経	曾門経	玉衡章一経
37	狡童迭女		金匱経、本釈 仮令		金匱経 3)	不見本経	卜筮書五経
38	玄胎四牝		｜		金匱経	本条 4)	×
40	始終	曾門経、正釈		金匱経、誤 5)			卜筮書一経
41	始終		｜		金匱経	｜	
42	始終		新撰陰陽書			曾門経	
44	十雑	新撰、正		新撰、誤 6)			卜筮書十六経

註

(1) 有行、『神枢霊轄経』文とみられる「囚気」云々まで引勘、道平の難を浴びる。
(2) 泰親、経文に続けて「本条」文を引勘。在憲の難を浴びる。
(3) 泰親、「仮令」文を引勘、在憲の難を浴びる。
(4) 広賢、「不載金匱経」として、「本条」文を引勘。
(5) 有行、書名と字句との二点を訛謬。道平の難を浴びる。
(6) 有行、字句四点を訛謬。道平の難を浴びる。新撰は『新撰陰陽書』であろう。

【参考史料一覧】

一　安倍有行記……延久二年（一〇七〇）の賀茂道平・安倍有行間の相論に関する一件史料。両者の訴陳・重訴陳状（勘文）や、それを裁定した陣定文などからなる。大日本古文書『石清水文書』一、『石清水八幡宮史料叢書』五に翻刻される。

二　陰陽道旧記抄……安倍氏に伝わる古説を抄録した書。承元三年（一二〇九）に執行された泰山府君祭の都状（案文）の紙背に書され、鎌倉時代前期の成立とみられる。宮内庁書陵部所蔵土御門文庫本の写真版によったが、詫間直樹・高田義人編著『陰陽道関係史料』（二〇〇一年、汲古書院）に翻刻される。

三　景祐六壬神定経……北宋の景祐年間（一〇三四―三八）成立。仁宗御製の序を有する楊維徳らの奉勅撰書。十巻。巻一・二のみ現存。『仰視千七百二十九鶴斎叢書』（『百部叢書集成』）所収本による。

四　黄帝金匱玉衡経……金匱章・玉衡章の両章よりなる。『正統道蔵』所収本による。

五　黄帝竜首経……黄帝式経系統の雑事占書。二巻。北斉の顔之推撰『顔氏家訓』雑芸篇に「竜首」とあるのが、本書のこととみられる。『正統道蔵』所収本による。

六　諸道勘文……保延六年（一一四〇）の賀茂在憲・安倍広賢・安倍泰親らの相論に関する一件史料。三者の訴陳の部分のみ現存。『新校群書類従』雑部所収本による。

七　占事略決……安倍晴明撰。天元二年（九七九）成立。前田育徳会尊経閣文庫所蔵本（『神道大系』論説編一六に、注記も含めて翻刻される）、京都大学附属図書館清家文庫本（中村璋八『日本陰陽道書の研究増補版』に、相当量の注記も含めて翻刻される）の写真版による。宮内庁書陵部所蔵土御門文庫本の写真版、京都府立総合資料館所蔵若杉家本（村山修一編著『陰陽道基礎史料集成』所収の写真版）も参照。

八 卜筮書巻二十三……奈良時代に請来された古鈔本。初唐に撰述ないし書写された諸占書の集成本。もともとの巻次なども不詳であるが、大部の書であったとみられる。巻九の佚文と、巻二十三のみ現存。巻九佚文は、亀卜の五兆ないし五兆占とみられる占法による雑事占（占産生男女）を伝える。巻二十三は、「式三」「課用法第三」とある。式一が課用法第一、式二が課用法第二と解釈して、独立した課経集である某六壬式占書の三巻目とみているが、たとえば、式一が太一式、式二が遁甲式で、式三は六壬式を指すといった解釈が可能とすると、大部の六壬式占書（総合書）の課経部分の三巻目の可能性も残ることになる。本文四〇七行のうち、前半三五九行分が羅振玉校刊『吉石庵叢書』続（『羅雪堂先生全集』初編一八）に影印される。後半四九行分（第一行目は、前者の末行の下半部）は、神奈川県立金沢文庫保管本（原本）の写真版による。『三浦古文化』五四に、西岡芳文氏による翻刻本が所収される。なお最近、前半部の原本も上海図書館に現存することが確認された。林鳴宇「称名寺旧蔵『授菩薩戒儀 湛然』について」（『金沢文庫研究』三一二、二〇〇四年三月）参照。

九 新美寛編・鈴木隆一補『（本邦残存典籍による）揖佚資料集成』続。

十 六壬占私記……撰者・成立年ともに不詳。表紙（本文と紙質が異なる）の見返りに記される記事から、建武五年（北朝暦応元、一三四〇）に日本に所在したことは明らかとみられている。目次から、百九章にわたる雑事占書であることが知られるが、第四十六章目の途中より後半を欠く。名古屋市大須真福寺文庫所蔵。筆者筆写本によったが、西岡芳文氏筆写本も参照させていただいた。

後記

筆者が『占事略決』の存在をはじめて知ったのは、前著にも誌したとおり一九七〇年のことである。大学の卒業論文の準備のために同年七月故野田幸三郎先生をお訪ねした時にお教えを受け、早速宮内庁書陵部所蔵本を写真に納め利用し始めた。

当初は、それと『古今図書集成』所収本や現代の占書若干とで、陰陽道の六壬式占文の解明作業を進めていたが、七九年に中村璋八先生の京都大学附属図書館所蔵本を底本とする翻刻本が公けにされてからは、それを書き込み本に利用するようになった。そのころには、『正統道蔵』所収本や『武備志』も利用するようになっていたが、故遠藤克己先生とも御交誼を結ぶことが出来たことから、先生御所持の清代や現代の占書類も参考にさせていただけるようになった。

陰陽道の六壬式占の復元作業に本格的に取り組んだのは、八二年末から八四年にかけての二年間程である。丁度九世紀段階に次ぐ十世紀段階の怪異占に関する論考の準備を始めたころの八二年夏、中村先生の主催される駒沢大学の中国文学研究会の夏季合宿に参加させていただいた際、先生が『新撰六旬集』の翻刻に着手されていることを伺い、筆者も六壬課式の速知の必要性を痛感していたことから、まず陰陽道の六壬課式の再現作業を始めたのである。

その再現作業自体は、思いの外難行しながらも翌年正月末までに、一ヶ月半程で一通り果たすことが出来、中村先生ほか諸先生にも御報告し、その再現作業の経過をまとめた小論も遠藤先生にお目通しいただいていたのであるが、同年夏ふとしたことで『卜筮書』の存在を知り、古占書への知識の薄さを思い知らされた。当時ある辞典の「筮書」という項目の執筆を承引しながら何のことか冴っている時に、桃裕行先生から『卜筮書』の存在を知らされ、赤面した次第である。余談ながら「筮書」についても、その後易勘文の古文書用語のことと知り、桃先生から命期易・暦図などのお教えも受け、易についての新知見も広げることが出来た。

八三年から八四年にかけては、陰陽師の占文や具注暦の吉時・凶時注との対比による再現した六壬課式の確認作業や、怪異占の占文の再現・検証作業に追われる傍ら、古占書の翻刻・検索も進め、八三年十二月に『六壬占私記』を筆写し、翌年二月には『六甲占抄』他の写真版を入手した。国立国会図書館架蔵の『二占要略』『六壬類聚』などを入手したのもこのころのことと思う。『神定経』『六壬大全』の入手は、中村先生をお訪ねした時であるが、八四年夏のことではないであろうか。

こうして八三年中に執筆した小論（第一次草稿・第二次草稿）に改稿を重ね、八四年中も小論の試行錯誤を繰り返していたのであるが、この時の小論類（第三次草稿）は、当該時期に翻刻した史料類や書き込み本、遠藤先生はじめ諸先生・同学諸兄から送られた資料類とともに一切を紛失してしまった。手元に残ったのは、八三年三月ごろまでに準備し使用していた史料類やノート・カード類と、副本用に用意しておいた複写本だけであった。唯一の救いは、中村先生の翻刻本が公表された直後に複写し、その後永く書き込み本として利用していた私用の『占事略決』が残っていたことである。『占事略決』の書き込み本は、八三年小論の執筆開始に際し新調し、九〇年代に入っても、下出積與先生翻刻の『神道大系』所収本などを底本に何種類か作製していたが、旧来の方にも新しい書き込みを加えていたようである。もしこの書き込み本と、副本用の複写本が残されていなかったら、前著はともかく、本著の執筆は望めなかったであろう。

この紛失がいつごろ起こったのかはっきりしない。ただはじめて気が付いたのは、八六年か八七年ごろ、古代学協会編の論文集に寄稿する拙論を用意しようとした際、『安倍有行記』『諸道勘文』の書き込み本と読解ノートの紛失に気付いた時である。その時は、急遽論題を別に用意していた「物忌」に変更したが、その元論文自体も紛失しており、愕然としたことを覚えている。

八八年から九一年にかけては記憶の欠落が急速に進行し、往時のことは忘却に任せるしかなくなっていたが、当時『陰陽道叢書』の編者の末席に名を連ねていたことと、九〇年に佐藤均氏の急逝に遇ったこととから、何とか骨子だけでも公けにしておいた方がよいかと思い、その第四巻目所収の「古代・中世の占い」と前著とを粗述してみた。「古代・中世の占い」は、怪異占と陰陽道に関する拙論の素案・カード類から書き起こしてみたもの、前著は、六壬課式の再現に集中した八二年末から翌年正月の間のノート類に負ったもの。九三年正月から三ヶ月で書き上げたが、本著と異なり『神定経』などの再調査はほとんど行わず、ノート類に直接負ったため、たとえば伏吟課・反吟課の部分などは非常に煩雑なものとなっている。もちろん再現作業当時の悪戦苦闘ぶりがそのまま表に出てしまったためであるが、『神定経』などにより整理し直すべきだったところである。

その後は、幸い年代学研究会や大東文化大学東洋研究所の御厚情で拙論を発表する機会が与えられたので、往時以前の草稿類やメモ類に基づいて成稿し直したものを細々と公表している次第である。

さて、本著所収の拙論の直接の成稿ないし初出年次は次のとおりである。

○第一部……新稿。直接的には二〇〇二年二月より執筆開始。

○第二部……新稿。本文編は〇〇年十二月、参考史料編は〇一年三月執筆。〇四年二月に最終調整。

○第三部　第一章……『中村璋八博士古稀記念東洋学論集』所収、九六年。
○第三部　第二章……『東洋研究』一四三、〇二年。
○第三部　第三章・第四章……『東アジアの天文・暦学に関する多角的研究』所収、〇一年。ただし、〇二年に全面的に改稿した部分がある。
○第三部　第五章……『東洋研究』一三七、〇〇年。

第三部第一章を除いては、大部分が本著の企画が持ち上がってからの新稿であるが、この間にも論旨が多少進展したところがある。その間の事情について、個々には各論考の末に付記の形でお断わりしてあるが、ここで本著執筆の進展状況に沿って、改めてお断わりしておきたいと思う。

本著出版のお話しがはじめてあったのは〇〇年春ごろではないかと思うが、筆者の現況ですぐに執筆出来そうなのは『占事略決』だけであったので、その読解を中心にしてということで企画を立ててみた。ただ、「『黄帝金匱経』について」は、別の企画でそれ以前から準備を進めていたので、それと「六壬式占の古占書について」を、『占事略決』の読解の参考に資する形に直して、〇〇年八、九月にまず執筆した。同年十二月から翌〇一年四月にかけては、注記を含めた『占事略決』の本文編と訓読・解釈編の執筆、次いで参考史料とその解説の執筆の傍ら、参考史料に対応して本文編などに条文番号を付し、また本論の解説編の素案をメモの形で書き進めた。そして五月より本論の解説編の成稿を始めたのである。ところが、課経と「課経集」の段で、当初の構想に齟齬する点がありそうなことを感じた。その問題点を解決出来ないまま、七月から十月にかけては、当初の構想のままに「晴明公と『占事略決』」（『安倍晴明公』所収、〇二年）と、「六壬式の古占書の伝存状況をめぐって」とを執筆した。後者は今回は見送るつもりでいたものであるが、本論だけでは説明不足になりそうな印象を持ったので、準備不足のまま急據成稿したものである。

同年十二月より改めて本論解説編の執筆に取りかかったが、前回と同じ箇所で頓挫した。この時点で構想そのものの修正の必要性を痛感し、参考史料の解説の全面改稿と条文番号の振り替えから、『占事略決』書き込み本の新訂、本論素案の練り直しを進め、翌〇二年二月より執筆を始めたのが、本著第一部所収の本論である。

〇二年初頭に当初の構想や条文番号を大分改変したため、〇一年十月以前執筆のものと齟齬する箇所が出て来たので、「『黄帝金匱経』について」は、問題箇所を全面的に改稿した。ただ、当初の構想は誤りと断定する程の根拠もなさそうなので、とりあえずは態度を留保する立場をとり、態度を決めなければならない部分などは、両方の立場からのものを示してみた。この間の事情については、おのおの付記などでお断わりしたとおりである。付記など無用のようにも思うが、一度記憶の欠落を経験すると、些細なことにも拘泥せざるを得なくなるようである。

こうして、〇二年九月ごろまでに、ひとまず本文・参考史料編、読解編を含めると四百字詰で千枚を越える草稿を書き上げ、そのうち解説編を中心に〇三年三月までに成稿し直したものが本著である。本著本論の直接の執筆期間は一年弱であるが、構想段階からでは三年、最初に読解作業を始めてからでは三十三年かかったことになる。

なお、今回は、『占事略決』読解編と、参考史料編の解説、『六甲占抄』の読解は見送ったので、『安倍有行記』ほかの読解とともに機会を改めて公表出来ればと思っている。

先にも述べたとおり、本著は十七年から二十年以上前に断続的に書き込んだ『占事略決』の書き込み本に基づいて、副本として用意しておいた史料類を参考史料に利用したものであり、佚文史料集成も二十年以上前に起こした原稿をそのまま利用した箇所が大分ある。『黄帝金匱玉衡経』と『黄帝竜首経』の書き込み本は何とか残っていたが、そのまま利用出来るようなものではなく、書き込み本ほかが紛失した『安倍有行記』『諸道勘文』『六壬占私記』『卜筮書』などは、改めて全面的に読解し直すというようなことはせず、現況の許す範囲で必要箇所だけを検討し直してみたものである。

また、筆者は日本史出身であり、陰陽道の六壬式占の再現作業も、もともとは平安時代の精神文化を理解するために始めたものである。占い一般に特に興味があるというわけではなく、漢籍の素養も素人同然といった方が相応しい状態である。

従って、本著は、日本史の専門家の方々の目からみると、書誌学・解釈学等々ごくごく基礎的な学問の段階から初歩的な不備が目立つものであろうし、占いや漢学の専門家の方々には、物足りなさが目に余るようなものであろう。筆者にとっても、往時の第三次草稿自体が試行錯誤の途次のものであったが、本著がそのころの水準にどれ程迫れているのか不安の残るものとなっている。今回は、学問的水準はひとまず置いて、とにもかくにも烏有に帰することなく、公けに遺すことの方を優先したので、たたき台ないしは刺激剤としてお役立ていただけるところがなにがしかでもあれば幸いといった程度のものであることを御諒承しておいていただきたい。

最後に、本著刊行への道をお開き下さった中村璋八・大谷光男両先生、六壬式占の再現作業に取り組んだ当時、学問の厳しさをお教え下さった故竹内理三・故桃裕行両先生、陰陽道一般や六壬式占に関する情報をお寄せ下さった山下克明・西岡芳文両氏に深く感謝の意を述べさせていただきたいと思う。とりわけ故佐藤均氏には、いくら深謝してもしたりないものを感じている。桃先生はじめ諸先生方や山下氏ら同学諸兄と御交誼を結び、往時学界活動めいたものが出来たのも佐藤氏を介してであったが、本著が日の目をみたのには、佐藤氏の直接のお蔭がある。先程この『占事略決』の書き込み本が紛失していたらと述べたものは、実は中村先生の翻刻が公表された直後に、佐藤氏が複写して下さったものである。佐藤氏の書き込みもあることから、その後大切に保管しておいたのである。ともかくこのような形で出版出来、再び闇に葬らずに済んだことを御報告させていただきたいと思っている。
また、世間にほとんど周知されていないこの分野の、しかも未熟な点の多く残る本著のようなものの刊行を御承引下さった汲古書院に、謝意を申し述べさせていただきたいと思う。

二〇〇三年三月

著　者　誌す

著者略歴

小坂　眞二（こさか　しんじ）

1947年、静岡県生まれ。

早稲田大学大学院文学研究科博士課程後期単位取得退学。

現在、大東文化大学東洋研究所兼任研究員。

主な編書・論文：『陰陽道叢書』全４巻（共編、名著出版、1991～93年）、「物忌と陰陽道の六壬式占」（『後期摂関時代史の研究』所収、吉川弘文館、1990年）、「安倍泰親の占験譚をめぐって」（『東洋研究』132、1999年）

現住所　〒251-0872　神奈川県藤沢市立石一丁目１-30

安倍晴明撰『占事略決』と陰陽道

平成十六年十一月　発行

著　者　小　坂　眞　二

発行者　石　坂　叡　志

印刷所　中台整版　モリモト印刷

発行所　汲　古　書　院

〒102-0072　東京都千代田区飯田橋二－五－四

電　話〇三（三二六五）九七六四

ＦＡＸ〇三（三二二二）一八四五

ISBN 4－7629－4167－0　C3010

KYUKO-SHOIN, Co.,Ltd.　Tokyo